Helmut Wolkenwand
Der Müllmann

PIPER

Zu diesem Buch

Manchmal glaubt Heinrich, er ist der Einzige, der sich in dieser Republik überhaupt noch um etwas schert. Regeln sind ihm wichtig – im Alltag wie in seinem Beruf als Killer, oder als »Müllmann«, wie Heinrich sich nennt. Wenn schon alle machen, was sie wollen, muss es wenigstens einen geben, der der Gesellschaft ein klein wenig Recht und Ordnung verschafft. Also beseitigt Heinrich menschlichen Müll. Zu dumm nur, dass sein ausersehenes Opfer vor Heinrichs Augen kurzerhand von einem anderen Killer erledigt wird. Das kann er nicht auf sich sitzen lassen ...

Helmut Wolkenwand, geboren 1958 in Frankfurt am Main, arbeitet bei der Abfallentsorgungsgesellschaft Offenbach. »Der Müllmann« ist sein erster Kriminalroman.

Helmut Wolkenwand

Der Müllmann

Kriminalroman

Piper München Zürich

Mehr über unsere Autoren und Bücher:
www.piper.de

Originalausgabe
September 2011
© 2011 Piper Verlag GmbH, München
Umschlagkonzept: semper smile, München
Umschlaggestaltung und -motiv:
Hauptmann & Kompanie Werbeagentur, Zürich
Satz: Kösel, Krugzell
Gesetzt aus der Scala
Druck und Bindung: CPI – Clausen & Bosse, Leck
Printed in Germany   ISBN 978-3-492-26448-8

Das Café gefiel mir. In einer ruhigen Seitenstraße in Bornheim gelegen, konnte man durch das Fenster mit dem goldenen Schriftzug eine kleine Grünanlage mit Platanen sehen, und eine junge Frau, die ihre Hund Gassi führte, der gerade an einer der Platanen genüsslich sein Geschäft verrichtete. Ich war gespannt ob sie die Hinterlassenschaft auch wegräumen würde.

Dann fiel mein Blick wieder auf jemanden, der genauso unappetitlich war wie das, was der Hund gerade entweichen ließ. Der coole Businessmann, der zwei Tische weiter saß.

Sein Name war Lucio Valente. Wie Katherina Valente. Ein Künstlername, den er sich ausdachte, weil Rossi ihm zu gewöhnlich war. Rossis gab es in Italien mehr als bei uns die Schmidts. Vielleicht sah er sich ja auch als ein Künstler. Oder dachte einfach, er brauchte einen klangvolleren Namen. Vielleicht hielt er sich auch für eine Art von Ein-Mann-Mafia, da konnte man ja auch nicht einfach nur Alfonso Rossi heißen.

»Ihr Latte Macchiato«, unterbrach Anette meine Gedanken. Ich nickte ihr dankend zu, schenkte ihr ein Lächeln, das sie mit einem Lächeln ihrerseits quittierte, auch wenn es etwas müde wirkte. Sie hatte mir vorhin schon erzählt, dass sie seit heute Morgen um vier auf den Beinen war, ihre Kleine hatte zurzeit einen Husten und deshalb ihre Mama die ganze Nacht lang wachgehalten.

Wenn man unseren Freund Lucio oberflächlich betrachtete, konnte man ihn für einen Banker halten.

Davon gab's in Frankfurt ja auch genug, aber die tummelten sich lieber unter Ihresgleichen am Börsenplatz, als in einem solchen Café viel zu wenig für den Kaffee zu bezahlen.

Dass Lucio sein Haar gelte war nur ein kleiner Hinweis. Die goldene Rolex ein anderer. Und das goldene Kettchen an seinem Handgelenk durfte auch nicht fehlen.

Auf der Straße, direkt vor unserem kleinen Café geparkt, sah man den nächsten Hinweis, einen feuerroten Ferrari. Rossi, halt. Dahinter, auf der Grünanlage, die junge Frau mit ihrem Hund, die sich unauffällig aus dem Staub machte. Vom Hundebaggy keine Spur.

Lucio war ein Zuhälter. So eine unschöne Bezeichnung, er wäre auch wohl der erste, der es abgestritten hätte. Nein, hätte er gesagt, er wäre ja nur ein Agent. Ein Vermittler. Er vermittelte abenteuerlustigen jungen Frauen günstig Wohnungen und Herrenbekanntschaften. Oder, wenn die Nachfrage vorhanden war, auch Damenbekanntschaften. Wenn seine Kunden nicht zufrieden mit dem Service der Damen waren, erklärte er den Damen freundlich und bestimmt, dass heutzutage die große Chance im Dienstleistungsgewerbe lag und man alles daran setzen sollte, eine Kundenbindung zu erreichen. Wenn's dabei auch mal blaue Flecken gab... manche jungen Frauen heutzutage waren so ungeschickt, dass sie gleich zweimal in dieselbe Tür liefen.

Vorhin hatte eine junge Frau ihn aufgesucht, ganz offensichtlich eine Studentin, sie hatten sich kurz unterhalten, sie hatte sich angehört, was er zu sagen hatte, nur kurz gezögert und dann genickt. Jemand, die kurzentschlossen ihre Chance ergriff.

Wie gesagt, der Dienstleistungssektor hatte noch

Wachstumschancen. Er gab ihr einen Schlüssel und erklärte ihr klar, dass er am Abend vorbeikommen würde. Die Art, wie sie ihn dabei musterte, sagte mir, dass sie darüber nicht so glücklich war, aber in ihrem erwählten Nebenjob musste man da wohl durch. Als sie ging, sah ich ein dickes Buch aus ihrem Rucksack ragen, irgendetwas mit Betriebswirtschaftslehre ... vielleicht wollte sie einfach auch nur Unternehmerin werden und hatte gerade gelernt, wie man selbst zum Angebot werden konnte.

Nein, Valente war kein Zuhälter. Nur ein Agent. Wie in einer Künstleragentur. Oder sogar Unternehmer.

Unternehmungsfreudig war er ja. Weil sein Job so langweilig war, peppte er ihn ein wenig auf. Manche seiner Damen waren auch unternehmensfreudig und besuchten ihre Bekanntschaften auch mal zu Hause. Und weil er so ein lieber Kerl war, sorgten sie dafür, dass Lucio ebenfalls diese Bekannten besuchen konnte. Ohne dass seine Kunden davon wussten. Sonst hätten die hübschen Fotos wahrscheinlich deutlich weniger natürlich gewirkt. Wenn er schon mal in fremden Häusern stöbern kann, dann auch gleich richtig, schließlich weiß man nie, ob man nicht etwas findet, was man gebrauchen kann.

Die Geschäftsidee war genauso einfach wie einleuchtend. Die Bekanntschaften mit den großen Häusern besaßen dicke Brieftaschen und hatten meistens irgendetwas zu verlieren. Vielleicht auch nur das Geld der Ehefrau. Wenn Valente seinen Kunden dann anbot, diese Fotos gegen ein kleines Entgelt zu »verlieren«, würden sie sich schon nicht beschweren. Zum einen war er nicht gierig, zum anderen hatten sie meist mehr zu verlieren, als Lucio kostete. Diese Art der Erpressung musste wohl die zweitälteste Masche der Welt sein.

Nur hatte sich Lucio diesmal den falschen Deppen ausgesucht. Deshalb hatte er jetzt ein Problem.

⊕ Ich war jetzt seit sechs Jahren wieder zu Hause. Nach all dem Mist, den ich im Irak erlebte, hatte ich zuletzt doch etwas Glück gehabt. Keine Ahnung, warum sie den amerikanischen Piloten zu mir in die Zelle steckten, vielleicht nur, weil die anderen Zellen überfüllt waren.

Das musste man den Amis lassen, sie fackelten nicht lange. Drei Tage später ging die Tür zu unserer Zelle auf. Drei Marines standen davor, und einer fragte mich, ob ich Lust hätte, bei ihnen einen Flug zu schnorren. Und das, obwohl sie mich tragen mussten.

Man konnte über sie denken, was man wollte, aber ich war ihnen dankbar.

Nur, als ich wieder nach Hause kam, stellte sich heraus, dass man mich für tot gehalten hatte. Was mich, ehrlich gesagt, kaum wunderte. Schließlich hatte Gernhardt sich viel Mühe gegeben. Irgendwie schien niemand so richtig erfreut darüber zu sein, dass sich die Nachricht von meinem Tod als falsch erwiesen hatte. Zumal ich dazu neigte, der offiziellen Version zu widersprechen. Damit es nicht zu peinlich wurde, musterten sie mich aus gesundheitlichen Gründen aus, zahlten mir meinen Sold nach und legten eine fette Abfindung obendrauf. Schließlich wiesen sie mich deutlich darauf hin, dass es in meinem Interesse wäre, wenn ich meine Version der Ereignisse schnell vergessen würde.

Damit ich das auch klar und deutlich verstand, gab es noch ein kleines psychologisches Gutachten als Zusatzpräsent, das mir freundlicherweise einen gehörigen

Knacks im Oberstübchen attestierte. Sollte ich also weiterhin darauf bestehen, die offizielle Version anzuzweifeln, brauchten sie nur mit dem Psycho-Wisch zu wedeln, und das Ganze löste sich in Wohlgefallen auf.

Nun, irgendwie hatten sie damit ja auch recht.

Dass ich mich ab und zu mit einer toten Ratte unterhielt, schien mir selbst auch nicht ganz normal.

Beschwer dich nicht. Es hätte schlimmer kommen können.

Das konnte man zwar so sehen, aber es kam auch so schon schlimm genug. Kaum zu Hause angekommen, erfuhr ich nämlich, dass mein nichtsnutziger Schwager meine Schwester ins Krankenhaus geprügelt hatte. Zwei Tage später war sie verschwunden. Zurück blieb eine blutverschmierte Küche und meine Nichte, Ana Lena.

Was das Glück anging, auf einer Zugfahrt von Berlin nach Frankfurt lernte ich Bernd kennen, der mir mit meinen Krücken und dem Gepäck half. Wir kamen ins Gespräch, und er erzählte mir von seiner Idee für ein krisensicheres Geschäft. Er hatte die Idee, ich das Geld, und wir taten uns zusammen. Bis jetzt so ziemlich die einzige Entscheidung in meinem Leben, die ich noch nicht habe bereuen müssen.

Viel besser hätte es gar nicht laufen können, und ich hatte nicht einen einzigen Grund, mich zu beschweren ... außer dass mich die Langeweile beinahe umbrachte.

Bis ich einen Anruf von einem Freund aus alten Tagen erhielt. Jemand hatte seine Tochter entführt, und er wollte sie wiederhaben. Die Polizei kam in seinem Fall nicht infrage, die wären nur zu erfreut darüber gewesen, ihm endlich auf die Füße treten zu können.

Es gab da diese kleine Angelegenheit in St. Petersburg, bei der wir uns schon einmal zusammengetan hatten, um uns gegenseitig den Arsch zu retten. Und als der kleine Finger seiner Tochter mit der Post eintrudelte, legte Alexej ihn gleich auf Eis und dachte sofort an mich.

Und ich wiederum dachte sofort an einen anderen Freund, der solche Herausforderungen schon immer genossen hatte. Sein Spitzname war Brockhaus, und der Name war Programm. Es gab wohl auf der Welt keine Datenbank, die ihm nicht schon beim ersten Hackversuch bereitwillig vor die Füße fiel.

Ist schon irgendwie seltsam, dass einer meiner besten Freunde ein Hacker war, den ich wahrscheinlich nie in meinem Leben wiedersehen würde, und ein anderer sich dadurch auszeichnete, dass er eine Frau geheiratet hatte, die schwor, mich umzubringen, nachdem sie mich in Grund und Boden gevögelt hatte.

Ich war nicht gerade von der russischen Mafia begeistert, aber die chinesischen Triaden mochte ich noch weniger. Sie sind mir zu hinterhältig. Bei den Russen wusste man wenigstens, woran man war, bei den Chinesen war ich mir nie ganz sicher, ob sie lächelten, weil sie freundlich sein wollten, oder weil sie sich darauf freuten, einem demnächst die Haut in Streifen abzuziehen.

Damals, so schien es, hätte die kleinste Provokation zu einem Bandenkrieg geführt ... und genau deshalb hatte Alexej mich dazu geholt. Ich war ansatzweise neutral. Wenn man das so nennen konnte.

Mit mehr Glück als Verstand und der Hilfe von Brockhaus war es mir möglich gewesen, das Problem mit minimalem Blutverlust zu lösen.

Danach sprach es sich herum, dass ich bereit war,

mich diskret um diverse kleine Probleme zu kümmern. Seitdem hatte sich daraus ein netter kleiner Nebenjob entwickelt, der mir meist mit einem Auftrag mehr einbrachte als mein Anteil an unserer Firma im gesamten Jahr.

Als ich noch beim Geheimdienst tätig war, war Dankbarkeit nur ein eher abstrakter Begriff gewesen. Schließlich war es ja geheim, wofür man dankbar war. Wenn man es war. Nun aber zeigten meine Kunden ihre Dankbarkeit. Mit Freundschaft, Gefälligkeiten, Wohlwollen, aber meistens eben mit dicken Schecks.

Das eine Mal, als mich jemand anschließend hat umlegen wollen, war ja eine Ausnahme geblieben.

Es war also im Prinzip das Gleiche, was ich vorher für den Dienst getan hatte, nur besser bezahlt und weniger blutig. Bisher hatte ich auch noch niemanden töten müssen.

Gib schon zu, du hast es auch vermisst.
Auch das.

Letzte Woche hatte mich Marvin angerufen und mir sein Problem geschildert. Tatsächlich war ich überrascht gewesen, dass er von mir gehört hatte, aber eigentlich hätte es mich nicht verwundern müssen, schließlich gab es schon immer eine Verbindung zwischen Wirtschaft und der Unterwelt. Man wusste voneinander und stach sich nur ein Auge aus, wenn es sich gar nicht vermeiden ließ.

Ich hatte allerdings selbst schon geschäftlich mit Marvin Schröder zu tun gehabt. Er besaß eine Import-Export-Firma, die hauptsächlich mit Metallschrott Umsätze machte. Marvin war etwa in meinem Alter, stets extrem gepflegt, hatte eine hübsche Frau, zwei erwachsene Kinder und einen Dalmatiner.

Er war außerdem so stockschwul, dass er wohl als Einziger letzten Winter keinen Heizungszuschlag hatte zahlen müssen. Wahrscheinlich hatte er den ganzen Häuserblock geheizt. Er war zudem vollständig geoutet. Letztes Jahr traf ich ihn auf einer Party, bei der er mir anvertraute, dass er einen der Kellner oberscharf gefunden hat. Seine Frau fand es wohl auch okay, so kamen sie sich wenigstens nicht in die Quere. Wenn ich mich nicht irre, hat sie an dem Abend eine der Hostessen abgeschleppt.

Von Marvin auf Lucio zu kommen, lag nicht gerade nahe. Schließlich vermittelte der ja Kontakte zu exklusiven Damen.

Marvin hätte auch zur Polizei gehen können, aber er wünschte eine diskrete Lösung. Womit wir beim Thema Windeln wären. Schwul sein war für Marvin kein Problem, aber dass er sich eine von Lucios Damen mietete, damit sie ein Kleid seiner Mutter anzog, ihm die Windeln wechselte und dann das Popöchen verhaute, das war ihm dann doch peinlich. Aber dass er Westerwellchen wählte nicht.

Man konnte Marvin leicht unterschätzen. Er war einer von diesen freundlichen Menschen, die nie laut wurden, immer ein offenes Ohr für andere hatten und sich um ihre Freunde kümmerten. Anfangs brauchte ich trotzdem eine Weile, um mich an ihn zu gewöhnen, vor allem als er noch an mir herumbaggerte. Er schien ehrlich enttäuscht, dass er nicht bei mir landen konnte.

»Wie, du bist noch nicht mal bi?«, hatte er mich ganz enttäuscht gefragt und dabei noch eine Schnute gezogen, die wohl sexy sein sollte. Aber nachdem das Thema dann erledigt war, entpuppte er sich als ein angenehmer netter Kerl, mit dem man Pferde stehlen konnte. Vielleicht gerade weil er schwul war.

Für seine Freunde würde Marvin alles tun. Aber wenn man ihm auf die Füße trat, dann konnte er ganz schnell richtig zickig werden.

»Ich kann mich über Lucios Service nicht beschweren«, hatte er mir erklärt. »Die Damen sind bezaubernd. Aber das letzte Mal ist er etwas zu weit gegangen. Schau selbst.« Er hatte den Monitor zu mir gedreht, damit ich besser sehen konnte, und nun sah ich zu, wie Lucio durch die Tür desselben Zimmers schlich, in dem Marvin und ich nun saßen. »Überwachungskamera«, erklärte Marvin und wies mit dem Finger hoch zur Decke. »Vor drei Jahren hatten wir einen Einbruch hier, und ich dachte, wenn es noch einmal geschieht, möchte ich wenigstens zusehen.«

Nun, das taten wir jetzt. Lucio ging zum Schreibtisch, durchsuchte zielstrebig die Schubladen und fand dann offensichtlich das, was er gesucht hatte. Eine Mini-CD.

»Das sind meine Kalkulationsunterlagen«, hatte Marvin säuerlich erklärt. »Alle meine Geschäftsdaten, Kontakte und Angebotsgrundlagen. Wenn sie in die falschen Hände fällt, bin ich erledigt. Ich will sie wiederhaben.«

»Ich dachte, es ginge um die Windelgeschichte?«

»Das?« Er schien ernsthaft amüsiert. »Meinst du wirklich, dass ich mich mit so einem Mist erpressen lasse? Ich hab meinen Spaß, es schadet keinem, und irgendwie ist es fast schon jugendfrei. Ich meine, jeder hat mal Windeln angehabt. Wenn mich damit jemand erpressen will, würde ich nur laut lachen. Aber diese CD kann mich ruinieren.« Er hatte sich vorgebeugt, und als ich in seine Augen sah, war ich froh, dass er nicht auf mich sauer war. »Besorg mir die CD. Und richte Lucio einen schönen Gruß von mir aus. Mach ihm klar, dass ich es nicht lustig finde. Und besorg mir Marcias Nummer. So grandios hat mich noch keine rangenommen.« Er hatte ungläubig den Kopf geschüttelt und geradezu empört hinzugefügt: »Er dachte wohl, ich bin ein Weichei, das alles mit sich machen lässt, nur weil ich manchmal Windeln trage!«

Richtig. Es war völlig schleierhaft, wie jemand nur auf so eine Idee kommen konnte.

Deshalb saß ich jetzt in diesem Café und überlegte mir, wie ich es einrichten sollte, ein kleines, aber intensives Gespräch mit unserem Freund zu führen. Eine Idee hatte ich ja schon. Schließlich wusste ich, wo er anschließend hingehen wollte.

Offenbar gefiel es unserem Freund Rossi zu Hause nicht, und er benutzte das Café als sein Büro. Er trug eines dieser Klemmtelefone im Ohr, hatte ein weißes Mac-Notebook mit Surfstick auf dem Tisch und war schwer beschäftigt. Es störte ihn nicht sonderlich, wenn andere mitbekamen, was er so tat. Und er war sich auch nicht zu schade, hier auch zwischendrin einfach mal eines seiner Mädchen zu ohrfeigen, weil sie ihm nicht den gebührenden Respekt gezollt hatte. Kein Wunder, dass Anette einen weiten Bogen um ihn machte. Alles in allem war er ein aufgeblasener kleiner Pascha, dessen selbstzufriedenes Grinsen mir gewaltig gegen den Strich ging. Nur heute fehlte dieses Grinsen. Offenbar gab es etwas, das ihn bedrückte. Vielleicht hatte er heute einen schlechten Tag.

Mal abwarten, dachte ich. Mit etwas Glück konnte ich ihm den Tag ja noch mehr versauen.

Ich hob die Hand, um Anette herbeizuwinken, mein Cappuccino war alle, und Lucio sah schon wieder auf seine Uhr. Zum dritten Mal innerhalb einer Minute.

Anette kam, ich schenkte ihr ein nettes Lächeln, das mit einem strahlenden Lächeln ihrerseits beantwortet wurde, und bestellte meinen zweiten Cappuccino. Ich war erst das dritte Mal hier, aber ich hatte mich bereits mehrfach mit ihr unterhalten und wusste zum Beispiel, dass sie es sehr bedauerte, nur so wenig Zeit für ihre kleine Tochter zu haben. Lucio hingegen rief sie immer noch mit dem Namen Babs, die, so Anette, schon seit drei Monaten nicht mehr hier arbeitete.

Anette wollte mir gerade noch etwas von ihrer Tochter erzählen, als die Tür aufging und nicht nur die kleine Glocke im Türrahmen bimmelte, sondern auch meine inneren Alarmglocken heftig läuteten.

Es war nicht nur die weite Lederjacke, auch nicht die Hand, die der Typ in der Jacke hatte (denn in Deutschland schätzte ich die Wahrscheinlichkeit grundsätzlich als höher ein, dass einer nachfühlte, ob er seine Brieftasche dabeihat, als dass er eine Waffe ziehen will) ... es war die Art, wie er sich umsah und dann den Blick auf Lucio richtete.

Was die Wahrscheinlichkeiten anging: Diesmal war es keine Brieftasche ... sondern eine Walther PPK. Die kleine 7.65er, die man aus den alten James-Bond-Filmen kannte. Ganz klassisch hier sogar mit einem Schalldämpfer.

So ein Ding hätte ich nicht verwendet, zu wenig

Durchschlagskraft und nicht besonders zielgenau. Aber wenn man aus zwanzig Zentimeter Entfernung jemandem zweimal in den Kopf schoss, dann war derjenige meistens doch zuverlässig tot.

Genau das tat unser Neuzugang. Er trat an Lucio heran, zog die Waffe, schoss ihm zweimal in den Kopf, steckte die Waffe wieder ein, nahm Lucios Aktenkoffer, öffnete ihn, legte das Notebook und Lucios Handy hinein, klappte den Koffer wieder zu, sah einmal in die Runde, nickte mir freundlich zu und ging.

Den Koffer nahm er mit.

Ich sah es vom Boden aus, unter mir hatte ich Anette begraben, die heftig protestierte und mit den Fäusten gegen meine Brust trommelte. Offenbar bekam sie keine Luft.

Mist, dachte ich. Das wird Marvin gar nicht gefallen.

Und auch mir nicht. Vor allem nicht, dass der Kerl mir zugenickt hatte, als würde er mich kennen. Wenn dem so war, dann lag der Vorteil ganz auf seiner Seite, denn Sonnenbrille oder nicht, ich war mir sicher, dass ich ihn noch nie zuvor gesehen hatte.

Anette fing an, unter meinem Gewicht zu keuchen, also rollte ich mich von ihr herunter, mittlerweile war die Gefahr ja wohl vorüber. Die anderen Gäste des Bistros sahen nur verständnislos zu Lucio hin, der nun langsam von seinem Stuhl rutschte. Eine ältere Dame hielt noch immer ihre Kaffeetasse hoch, schüttelte dann den Kopf, nahm einen Schluck und murmelte etwas von schlechtem Benehmen.

Niemand schrie.

Nur mein Telefon fing an zu klingeln. Ich ging dran.

»Hi, Heinrich, kann ich noch zu Oskar gehen?« Das war meine Nichte Ana Lena. Oskar war das Pflegepferd, an den sie ein Teil ihrer überschüssigen Energie verschwendete und ihr Sinn für Timing war perfekt. »Ich bin dann pünktlich wieder zu Hause!«

»Mach das«, sagte ich, während ich zusah, wie das Blut von Lucio heruntertropfte und die Pfütze auf dem Boden immer größer wurde. Irgendwie war mir im Moment nicht so sehr danach, die üblichen Diskussionen mit Ana Lena zu führen. Was vielleicht ein Fehler war.

»Was ist los?«, fragte sie und bewies wieder einmal ihr Gespür. Ihre Mutter war genauso gewesen, der hatte ich auch nur selten etwas vormachen können.

»Nichts«, antwortete ich ihr. »Bin nur gerade etwas beschäftigt. Sieh einfach zu, dass du pünktlich zu Hause bist.«

Ich legte auf und sah zu, wie ein junger Mann zu Lucio hinging und ihn mit der Fußspitze antippte. Ich schätzte ihn auf Ana Lenas Alter, also sechzehn oder siebzehn. Er hatte dreckig blondes Haar, das er sich mit lila Spitzen aufgehübscht hatte. Ob's ihm half, von der Akne abzulenken, wagte ich zu bezweifeln.

»Ist er tot?«, fragte ein Mädchen, das kaum älter als vierzehn sein konnte.

»Ich glaube schon«, antwortete der junge Mann, um gleich darauf sagenhaften Scharfsinn zu demonstrieren: »Er hat zwei Löcher im Kopf und atmet nicht mehr.«

»Im Fernsehen sieht das anders aus!«, beschwerte sie sich und zog eine Schnute. »Irgendwie voll nicht echt!«, stellte sie fest. Ich fragte mich, was sie an der Szene auszusetzen hatte, für mich war die Sauerei blutig genug, offenbar hatte ich schon zu lange nicht mehr ferngesehen. »Das hat ja kaum geknallt«, erklärte sie dann auch prompt allen, die sich das Gleiche fragten.

»Und bluten tut er auch so gut wie gar nicht«, beschwerte sich der junge Mann. Keine Ahnung, was er wollte. Was hatte er erwartet? Einen Springbrunnen vielleicht? Die Pfütze wurde auch so mit jedem Tropfen größer.

»Hat schon jemand die Polizei gerufen?«, fragte ein älterer Mann über den Rand seiner Zeitung hinweg.

Anette war mittlerweile aufgestanden und sah sich nur fassungslos um.

»Sie sollten die Polizei anrufen, Fräulein«, schlug der ältere Mann gewichtig vor. »Schließlich ist das hier Mord. Dafür ist die Polizei zuständig.« Er faltete die Zeitung akkurat zusammen. »Hat jemand den Mörder genau gesehen? Man will sicherlich eine Beschreibung hören.«

»Es war ein Mann«, behauptete das Mädchen. Immerhin, das war schon was. Sie zündete sich eine Zigarette an. Wie man heutzutage noch in dem Alter mit Rauchen anfangen konnte, entzog sich meinem Verständnis. Zudem stand sie direkt unter dem Rauchverbotsschild. Nun, Mord war auch verboten.

Anette murmelte etwas Entschuldigendes in meine Richtung und eilte hinter die Theke, wo das Telefon an der Wand hing. »Auch so ein Italiener«, erklärte das Mädchen in der Zwischenzeit. »Oder es war ein Türke. Dunkelhäutig. Schwarze Haare hat er gehabt und stechende Augen.« Ihre Augen glänzten. »Und einen geilen Knackarsch.«

Die junge Frau besaß entweder eine beachtliche Beobachtungsgabe oder mehr als genügend Phantasie. Vielleicht auch einen Röntgenblick. Ich jedenfalls hatte durch seine Sonnenbrille die Augen nicht sehen können. Aber schwarze Haare hatte er gehabt, da hatte sie recht, und leicht gebräunt war er auch. Was den Knackarsch anging, konnte ich nicht mitreden, ich sah das wohl etwas anders. Vielleicht sollte ich Marvin dazu befragen.

Im Hintergrund hörte ich Anette, wie sie versuchte, dem Beamten auf der anderen Seite der Leitung zu vermitteln, dass hier tatsächlich jemand erschossen worden war. Ja, ganz sicher. Nein, er ist tot ... Ja, Irrtum ausgeschlossen. Woher sie das weiß? Weil sie es gesehen hat. Ob er noch atmet ... Anette schaute den Telefonhörer fassungslos an und holte tief Luft. Nein, er atmet nicht mehr. Deshalb wäre es ja auch ein Mord, den sie hier der Polizei meldet!

»Bedienung, können Sie mir bitte noch einen Kaffee bringen?«, fragte die ältere Frau höflich, der das Telefonat nun schon zu lange dauerte.

»Und mir die Rechnung«, fügte der Mann mit der Zeitung hinzu. »Ich habe jetzt wirklich keine Zeit, mich mit der Polizei herumzuschlagen!«

⊕ Ich gab gerne zu, dass es mich auch etwas irritierte. Zum einen befanden wir uns hier in einem Café in Bornheim und nicht in einer zwielichtigen Bodega in Kolumbien. Zum anderen machte man so etwas einfach nicht. Wenn so etwas schon nötig ist, dann erledigt man das doch bitte diskreter. Man geht nicht einfach so in ein Bistro, in dem ein Dutzend Zeugen sitzen, und ballert in der Gegend herum!

Und warum zur Hölle hatte der Kerl mir zugenickt? Egal was es zu bedeuten hatte, eines war jetzt sicher ... es wurde kompliziert. Es hatte auch kaum Sinn, mich zu verdrücken, ich hatte hier gestern mit Kreditkarte gezahlt und Anette kannte meinen Namen.

Das Glöckchen an der Tür bimmelte erneut, diesmal war es der junge Mann, der sich mit Lucios prall gefüllter Brieftasche verdrückte. »Hey!«, rief das Mädchen und sprang auf, um ihm hinterherzurennen. »Gib mir was ab, du Mistkerl!«

»Die haben beide nicht bezahlt«, beschwerte sich der ältere Mann empört. Anette schüttelte nur den Kopf, seufzte und sah Hilfe suchend zu mir herüber.

»Mach dir keine Gedanken, Anette«, versuchte ich sie zu beruhigen, »die Polizei wird sie schon finden.«

»Bitte, ich möchte noch einen Kaffee!«, rief die alte Frau erneut und sah dann missbilligend auf die rote Pfütze herab, die sich langsam unter Lucios Kopf ausbreitete. »Und vielleicht sollte das mal jemand aufwischen«, fügte sie noch mit leicht tadelnder Stimme hinzu. »Ich finde, das gehört sich einfach nicht!« Damit hatte sie sicherlich auch recht. Auch wenn ich nicht ganz sicher bin, was genau sie meinte. So vorwurfsvoll sie den Toten ansah, konnte es auch sein, dass sie ihm vorwarf, hier unpassend verstorben zu sein.

Sieben Minuten später hielt ein Streifenwagen vor der Tür und zwei Polizisten stiegen aus, um ganz gemächlich hereinzustiefeln. Sie fanden Anette vor, die ältere Frau und mich, sowie einen weiteren Gast, der zwischenzeitlich hereingekommen war, um sich den Schlamassel ganz genau zu besehen. Lucio war das egal, er hing noch immer da, als würde er gleich vom Stuhl rutschen, hatte sich aber keinen Millimeter mehr bewegt.

Die Polizistin besaß langes, volles, üppiges, blondes

Haar, blaue Augen und sah aus wie ein Rauschgoldengel in einer viel zu großen Uniform. Kaum einen Millimeter über der Mindestgröße sah sie im ersten Moment so aus, als ob man sie vor einem Windstoß beschützen müsste. Allerdings war sie es, die sich über den Toten beugte. »Der ist wirklich hin«, stellte sie ungerührt fest und richtete sich wieder auf. Sie zog einen Streifen Kaugummi aus ihrer Jackentasche und hielt sie ihrem Kollegen hin. »Du auch einen?«

Der schüttelte nur den Kopf, sprach in sein Funkgerät und bedeutete gleichzeitig Anette mit einer Geste, ihnen zwei Kaffee zu machen.

Ich fand es faszinierend. Seit den Schüssen waren nunmehr zwölf Minuten vergangen. Der Polizist ging geschäftig raus an die Tür und sah sich suchend um, als stünde der Mörder vielleicht noch irgendwo, sah erwartungsgemäß nicht viel und kam auch gleich wieder herein.

Hatte er damit vielleicht sogar das Richtige getan? War ja möglich, dass es das ja wirklich gab, dass der Mörder an der Ecke stand und zusah, was die Polizei so trieb. Heutzutage schien mir alles denkbar.

»Die Kripo ist gleich da«, teilte der Polizist uns dann gewichtig mit. »Ich muss Sie deshalb alle bitten, solange hierzubleiben, bis wir Sie vernehmen können!«

Das hatten sich auch andere schon gedacht, deshalb waren fünf Gäste zwischenzeitlich schon gegangen.

»Haben Sie auch fettarme Milch für meinen Kaffee?«, fragte die Polizistin höflich und kaute ihren Kaugummi.

Anette stellte der Polizistin wortlos eine Packung fettarme Milch auf die Theke und kam dann zu mir an den Tisch, um sich erschöpft in den Stuhl neben mir fallen zu lassen.

»Ich habe mich noch gar nicht bedankt«, sagte sie leise.

»Wofür?«

»Dass Sie mich beschützen wollten.«

Ich schüttelte den Kopf. »Nicht der Rede wert. Sie waren nicht in Gefahr.«

»Meinen Sie?«, fragte sie skeptisch.

»Er hatte es nur auf unseren italienischen Freund abgesehen.«

»Mag sein, aber das wussten Sie ja nicht.« Sie seufzte. »Ich komme wahrscheinlich zu spät nach Hause«, teilte sie mir bedrückt mit. »Mein Babysitter geht um sechs und dann ist meine Kleine alleine! Und mein Chef meint, ich soll das hier alles regeln, bis er kommt. Aber das ist erst um acht!« Sie sah mich fragend an. »Was meinen Sie, wie lange wird das mit der Vernehmung dauern?«

Ich zuckte die Achseln. Bislang hatte ich es vermeiden können, vernommen zu werden, mir fehlte darin die Erfahrung. Wenigstens in Deutschland. Eines war beruhigend: Wahrscheinlich würden keine langen Stöcke zum Einsatz kommen.

Aber ich musste zugeben, dass auch ich neugierig war, zu sehen, wie das hier weiterging.

»Der Gedanke zählt«, sagte sie, und ich sah sie fragend an, ich hatte den Faden irgendwie verloren.

»Als Sie sich auf mich geworfen haben«, erklärte sie. »Das war richtig ritterlich!« Die Art, wie sie mich ansah, war mir fast schon peinlich, ich war froh, als der Polizist sich vor uns räusperte und anfing, die Personalien aufzunehmen.

Draußen vor dem Bistro wurde es etwas voller, als ein weiterer Polizeiwagen und ein grüner Van ankamen. Die Kripo und die Spurensicherung, so wie es aussah. Ich sah auf die Uhr, seit den Schüssen waren zwanzig Minuten vergangen.

»Ist das Schmidt mit dt, t oder tt?«, fragte der Polizeibeamte. Schmitt. Mit Doppel-t. Schmidt hatte ja jeder. War wie mit Rossi, man will ja nicht die Masse sein.

»Schmitt. Mit zwei t bitte«, antwortete ich, allerdings etwas abgelenkt, da meine Aufmerksamkeit von einer Frau gefangen wurde, die gerade hereingekommen war.

Groß war sie und athletisch, vielleicht etwas jünger als ich, Ende dreißig also. Sie hatte ihr volles schwarzes Haar zu einem Pferdeschwanz zusammengebunden, dennoch sah man, dass es schwer zu bändigen war, diese Sorte Haar, die so fest ist, dass man ein Buch auf die Frisur legen konnte ... Ich lächelte, weil ich mich gerade an ein junges Mädchen erinnerte, das mir frustriert genau das vorgeführt und sich darüber aufgeregt hatte, dass sie für ihr Haar angeblich eine Drahtschere brauchen würde.

Die Frau ging mir bis fast an die Schultern, trug Sportschuhe und Jeans, unter der sich ein fester Hintern abzeichnete, eine grüne Windjacke, zu drei Vierteln offen, darunter ein weißes T-Shirt mit dem Bundesadler darauf. Aber es war das fein gezeichnete, fast schon aristokratische Gesicht mit den dunkelgrünen Augen, das mich fesselte, vor allem das entschlossene Kinn. Das Mädchen mit den Drahthaaren und dem Buch darauf hatte das gleiche Kinn besessen. Marietta? Je länger ich sie ansah, desto sicherer wurde ich mir. Eines war sicher, von uns beiden hatte sie sich eindeutig besser gehalten.

Ja, das war Marietta. Kein Zweifel möglich. Vielleicht wurde das heute doch noch ein guter Tag. Nun, dachte ich mit einem Blick zu Lucio, nicht unbedingt für ihn, aber vielleicht für mich.

Bist du etwa nervös?

Das konnte man so sagen. Dass mir die Handflächen das letzte Mal so geschwitzt hatten, war jetzt gute zweiundzwanzig Jahre her. Bevor ich all meinen Mut zusammengenommen hatte, um sie zu küssen.

Und dann bist du Depp zur Bundeswehr gegangen.

Tja, noch eine dieser Entscheidungen, die man in Muße bereuen konnte. Vor allem wegen ihr. Marietta, wenn sie es wirklich war, widmete uns allen nur einen kurzen Blick, ein knappes Nicken zu den Streifenbeamten folgte, der Rest ihrer intensiven Aufmerksamkeit galt bereits schon Lucios sterblichen Überresten.

Bis jetzt hatte sie es noch nicht für nötig befunden, sich uns vorzustellen. Wer und was sie war, konnte man sich allerdings auch denken, ohne dass sie einen Ausweis vorzeigte. Sie trug eine Pistole im Gürtelholster, und als sie sich vorbeugte, um Lucio besser sehen zu können, rutschte die Windjacke hoch und man sah eine lederne Tasche für die Handschellen. Außerdem trug sie einen roten Slip.

Ich lehnte mich im Stuhl zurück und sah zu, wie sie in aller Ruhe die Szene in sich aufnahm. Sie ließ sich Zeit, während draußen ihre Kollegen mehr oder weniger geduldig warteten.

Nur einer, ein langer, schlaksiger Kerl in einem dunkelgrauen Anzug – wie Lucio trug auch er italienische Maßmode, vom Schuhleder bis zum Hemd und der Krawatte –, wagte sich hinein. Sie sah nur kurz auf und schenkte ihm ein feines Lächeln; er sagte nichts, stellte sich mit den Händen in den Hosentaschen daneben und sah sich die Sauerei ebenfalls gelassen an. Ich schloss messerscharf, dass dies ihr Kollege sein musste. Hageres Gesicht, volles strohblondes Haar, Lachfalten, ein permanent leicht amüsierter Gesichtsausdruck, lachende graublaue Augen, schmale elegante goldene Uhr. Wenn dies ein Film wäre, hätte man mit ihm nie die Rolle eines Kommissars besetzt ... Ich konnte ihn jetzt schon nicht leiden. Was natürlich nichts damit zu tun hatte, dass sie ihn angelächelt hatte.

Schließlich wandte sich ihre Aufmerksamkeit dem Rest des Raums und damit auch uns zu, ich sah, wie sie methodisch die Augen schwenken ließ, konnte fast hören, wie sie sich im Geiste Notizen machte, sich alles einprägte.

Auch das kannte ich von ihr.

Ihr prüfender Blick war nun bei mir angekommen. Ich ging jede Wette ein, dass sie mit geschlossenen Augen genau beschreiben konnte, wo der Zuckerstreuer stand und wie meine Krawatte aussah ... und jetzt erschien eine feine senkrechte Falte zwischen ihren Augenbrauen, bevor sich ihre Augen kurz weiteten, um dann geflissentlich wieder von mir wegzusehen.

Mein eigener Gesichtsausdruck war eher neutral, mir war nach Lächeln zumute, aber die Umstände schienen mir im Moment doch eher unpassend. Auch wenn Lucio wohl nichts dagegen hatte. Nur dass der mich im Moment wenig interessierte. Ich war viel eher neugierig, wie es Marietta in den letzten zwanzig Jahren so ergangen war.

»Guten Tag«, sagte sie dann. »Ich bin Hauptkommissarin Steiler, und dies ist mein Kollege Kommissar Berthold.« Sie musste geheiratet haben. Früher hieß sie Bordeaux. Wie der Wein. Sie sah sich im Raum um. »Sie sind alle Zeuge des Mordes gewesen?«, fragte sie dann.

Wir nickten brav. Ich auch. Nur war ich nicht so ganz bei der Sache.

Wer zu spät kommt, den bestraft das Leben. Sie ist verheiratet. Vergiss es.

Ich unterdrückte einen Seufzer, und Marietta sah zu mir hin, aber nur kurz, da die alte Dame etwas zu vermelden hatte.

»Der nicht«, sagte sie und funkelte unseren Zaungast aus blassblauen Augen an. »Der ist erst nachher reingekommen.« Sie hob drohend einen Finger in seine Richtung. »Der da ist nichts anderes als ein Schaulustiger, der sich an dem Unglück seiner Mitmenschen labt!«

»Was tu ich?«, fragte dieser und schaute die ältere Dame etwas verwirrt an.

»Sich ergötzen!«, erklärte sie ihm. »Das ist unchristlich, junger Mann!«

»Ich mache nur meine Arbeit!«, protestierte er.

»Und Sie sind?«, fragte Marietta höflich. Die Sorte von Höflichkeit, bei der man in Deckung gehen sollte. Unserem Herrn hier schienen allerdings überlebenswichtige Instinkte abzugehen.

»Martin Landvogt.« Er lächelte gewinnend. »Ich bin freischaffender Journalist.«

»Sind Sie das?«, fragte nun Kommissar Berthold leise, wirkte dabei immer noch amüsiert. In etwa wie ein Haifisch. Die zeigten auch erst ihre Zähne, bevor sie zubissen.

Herr Landvogt nickte. »Dies ist ein öffentlicher Ort«, versuchte er es dann und setzte ein gewinnendes Lächeln auf.

»Dies ist vor allem ein Tatort«, erklärte Berthold. Er wies mit dem Finger auf die Tür. »Sie gehen jetzt dort hinaus, bis hinter die Absperrung und melden sich dann bei dem Kollegen in dem VW-Bus.« Er sah zu seiner uniformierten Kollegin hin, die immer noch an ihrem Kaugummi kaute und gleichzeitig den Kaffee schlürfte. Irgendwie fand ich das auch faszinierend.

»Wir haben seine Personalien«, beantwortete diese Bertholds unausgesprochene Frage. »Nur hat er als Beruf Künstler angegeben«, fügte sie vorwurfsvoll hinzu und nahm noch einen Schluck Kaffee. Anette hatte ihr vorhin nachgegossen, also war der Kaffee noch heiß ... ihr Schlürfen füllte die momentane Stille, und sie wurde noch nicht einmal rot dabei.

»Das ist er wohl auch«, meinte Kommissar Berthold und sah diesen Landvogt mit einer steilen Falte zwischen den Augenbrauen an. »Ein echter Dichter, wenn ich mich richtig an Ihren letzten Artikel erinnere.« Mir schien das kein Kompliment zu sein. »Soll ich es Ihnen noch mal erklären? Oder möchten Sie in Handschellen rausgebracht werden?«

»Schon gut«, sagte Landvogt und hob die Hände. »Ich weiß, wo ich nicht erwünscht bin.«

»Wenn man es Ihnen erklärt!«, bemerkte die ältere Frau spitz, kurz bevor er die Tür erreichte. Der Herr Journalist blieb im Türrahmen stehen und grinste die ältere Dame breit an. »Noch mal, danke schön, dass Sie gepetzt haben!«, legte er nach und zog die Tür hinter sich zu.

»Ich habe nicht gepetzt!«, protestierte die Dame und schaute in die Runde, um Bestätigung zu erhalten. »Schließlich ist es nur die reine Wahrheit!«

»Sicherlich«, beschwichtigte Marietta sie. Für sie

schien das Thema Landvogt jetzt erst einmal erledigt.
»Sie drei wurden also Zeugen des Mordes?«

Anette nickte. »Wir drei und noch fünf andere Gäste.« Sie sah zu den Streifenpolizisten hinüber. »Das habe ich Ihren Kollegen auch schon gesagt«, teilte sie uns hoheitsvoll mit.

»Dann muss ich Sie alle bitten, mit aufs Präsidium zu kommen, damit wir Ihre Zeugenaussage aufnehmen können.«

»Das würde ich lieber hier machen«, kam der überraschende Einwurf von der Seitenlinie.

»Das geht leider nicht, Frau ...« Marietta sah die ältere Dame fragend an.

»Mayer. Louise Mayer. Habe ich auch schon diesem netten jungen Mann gesagt«, meinte die Dame und lächelte freundlich, während sie mit ihrer Tasse den einen Polizisten ausdeutete. »Ich würde das gerne hier erledigen. Ich wohne um die Ecke, und nachher kommt meine Enkelin zu Besuch, und das käme mir jetzt gar nicht recht, irgendwohin mitzukommen.«

Falsche Antwort, dachte ich und lehnte mich entspannt zurück, um das Schauspiel zu genießen.

Offenbar war Marietta doch nicht mehr so impulsiv wie früher, denn sie blinzelte nur einmal, blieb aber ansonsten überraschend ruhig. »Sie wurden Zeuge eines Mordes«, erklärte sie.

»Ich weiß«, stimmte Frau Mayer höflich zu. »Ich habe es ja selbst gesehen!«

Jemand von der Spurensicherung, der um Lucio herum erst einmal mit dem Fotografieren angefangen hatten, hustete erstickt und erntete dafür einen amüsiert strafenden Blick von Kommissar Berthold.

Niemand konnte etwas dafür, wie er aussah. Wahrscheinlich war Kommissar Berthold sogar ein netter Kerl, wenn man ihn nur richtig kannte. Ich versuchte, nicht zu voreilig zu urteilen, aber dieser amüsierte Gesichtsausdruck ging mir mittlerweile gewaltig gegen den Strich.

Gut, dass du so gut wie nie eifersüchtig bist.

Ja, genau.

Mariettas Geduld schien jetzt doch langsam nachzulassen. Auch gegenüber alten Damen.

»Sie alle ...«, sagte sie leise, aber sehr, sehr deutlich, »werden jetzt mit aufs Präsidium kommen.«

»Aber ich hab doch gar nichts getan!«, protestierte Frau Mayer.

»Bevor Sie hier irgendwas verwechseln, das war keine Bitte«, erklärte Marietta kühl. »Hier ist ein Mord geschehen, und es ist Ihre Bürgerpflicht, bei der Aufklärung dieser Straftat Hilfe zu leisten!«

»Von Ihnen, junges Fräulein, lasse ich mir keine Befehle erteilen!«

Kommissar Berthold räusperte sich und sein Lächeln war so charmant, dass sogar ich etwas blinzeln musste. Neben mir schluckte Anette und beobachtete den Kommissar wie ein hypnotisiertes Kaninchen mit tellergroßen Augen.

»Gnädigste ...«, sagte Berthold und ergriff mitfühlend die Hand der alten Dame. »Wir benötigen wirklich Ihre Hilfe. Aber ich sehe ein, dass es Unannehmlichkeiten für Sie birgt ... also werde ich persönlich dafür sorgen, dass Sie direkt wieder mit einem Streifenwagen nach Hause gebracht werden ... und je länger wir hier die Arbeit der Kollegen behindern, umso länger wird es dauern. Ich bin mir sicher, dass wir Ihre Aussage schnell aufnehmen können, sie wird für den Verlauf unserer weiteren Ermittlungen sicherlich von größter Wichtigkeit sein, Ihre hervorragende Beobachtungsgabe haben Sie ja bereits hinlänglich bewiesen.«

»Meinen Sie?«, fragte Frau Mayer und wurde entzückend rot.

»Aber sicherlich«, antwortete der Kommissar und führte die alte Dame mit einer galanten Verbeugung zur Tür.

»Ich glaub das nicht ...«, flüsterte Anette neben mir, ihr Blick noch immer wie gebannt auf den Kommissar gerichtet.

Ich auch nicht, aber ich war mir nicht sicher, ob wir dasselbe meinten.

⊕ »Ist das Ihr Beruf? Entsorgungsspezialist?«, fragte Marietta etwas später. Wir befanden uns im Präsidium auf der Miquelallee, ein schöner klassizistischer Bau mit hohen Gängen und großen lichten Räumen. Auch dieser Raum war hell und groß, aber deutlich überfüllt. Wir saßen an einem kleinen Tisch, den irgendwer mehr schlecht als recht an die rechte Wand gequetscht hatte. Bis jetzt hatte sie nicht das geringste Anzeichen dafür gezeigt, dass sie wusste, wer ich war.

Sie tut nur so.

Das war auch meine Meinung. Aber das hier war ihr Spiel, also hielt ich es für besser, mich an ihre Regeln zu halten. Wenigstens zum Teil. Wir saßen uns gegenüber, zwischen uns der Tisch, auf dem sich eine alte Remington-Schreibmaschine und ein Aschenbecher befanden. Schräg hinter ihr konnte ich einen modernen Computerarbeitsplatz sehen, jede freie Oberfläche war mit Akten vollgestapelt, und die Kabel von Monitor und Tastatur sowie einem Drucker, der aussah, als könne er auch ein Raumschiff fliegen, baumelten leer an der Stelle, an der sich wohl ein Computer befunden hatte. Irgendwann einmal.

Sie sah gerade auf ihr Schreibbrett hinab, auf dem wohl der Bericht des Streifenbeamten festgeklemmt war, der meine Angaben zur Person aufgenommen hatte, dann wieder zu mir zurück und hob eine Augenbraue an.

»Wollen Sie mir meine Frage nicht beantworten?«

Welche Frage?

Die nach meinem Beruf!

»Richtig. Meine Aufgabe ist es, schwierige Altlasten zu entsorgen oder zu recyceln. Früher nannte man das einen Müllmann.« Ich lächelte verbindlich, während ich es genoss, sie in aller Ruhe aus der Nähe anzusehen. Abgesehen von ein paar feinen Fältchen hatte sie sich kaum verändert. »Genauer gesagt, bin ich eher ein Berater. Ich vermittele zwischen den Entsorgungsunternehmen und den Kunden.«

»Man verdient offensichtlich nicht schlecht in dem Geschäft«, meinte sie dann, ohne von ihrem Schreibbrett aufzusehen. Schuhe, Anzug, Uhr, Krawatte und andere gern gesehene Zeichen des Erfolgs hatte sie schon vorhin verbucht. Mit einem Stirnrunzeln, als ob es ihr nicht gefiele, einen Maßanzug an mir zu sehen. Dabei sah ich gegen ihren Kollegen noch bescheiden aus. Warum der bei der Kripo war, verstand ich noch immer nicht, als Modell konnte er bestimmt deutlich mehr verdienen.

»Ich lebe davon«, stimmte ich bescheiden zu.

»Gut«, sagte sie dann und klemmte das Brett zwischen Schreibmaschine und Tisch. Sie fummelte ein wenig mit einem Formular und Durchschreibpapier herum, schob den Schlitten der Maschine mit einem »Kling« zurück und sah mich mit diesen dunkelgrünen Augen an.

»Erzählen Sie mir einfach mit Ihren Worten, was Sie gesehen haben«, sagte sie dann. »Dann gehen wir das Ganze noch einmal zusammen durch, und ich nehme Ihre Aussage auf.«

⊕   Ich war wohl doch kein so besonders guter Zeuge. Es war ein Mann, dessen war ich mir sicher. Er hatte eine Sonnenbrille auf. Und eine Lederjacke an. Ich wusste nicht mehr, ob er was gesagt hatte oder nicht. Er hatte diese kleine Pistole gezogen und geschossen. Dann war er gegangen. Ja, das Notebook hatte er wohl mitgenommen. So ein weißes Ding, fügte ich hilfreich hinzu.

Wenn du sie weiter provozierst, wird sie dir noch den Kopf abreißen!

Irgendwie hoffte ich es. Denn dann würde ich sie wiedersehen.

War der Mann groß, wollte Marietta wissen.

Nicht zu groß. Nicht zu klein. So irgendwie Durchschnitt. Europäer oder vielleicht auch nicht. Es tat mir wirklich leid, dass ich ihr nicht helfen konnte. Aber ich hatte ja erst aufgesehen, als alles schon fast vorbei war. Schließlich hat ja niemand mit so etwas rechnen können.

⊕   »Danke«, sagte sie später, viel später, und ihre Frustration war kaum zu hören. Ich setzte ganz akkurat meine Unterschrift auf die mit dem X bezeichneten Stellen in der Aussage.

»Wollen Sie mir nicht Ihre Telefonnummer geben, für den Fall, dass mir noch etwas einfällt?«, fragte ich sie mit meinem besten Lächeln.

So um der alten Zeiten willen? Damit wir uns verabreden, Wein trinken und hemmungslos leidenschaftlichen Sex haben können?

Ihre dunkelgrünen Augen pinnten mich an die dreckig weiße Wand hinter mir, als wäre ich ein Schmetterling auf einer Nadel. Oder irgendetwas anderes Krabbelndes mit viel zu vielen Beinen. Am Anfang war sie ehrlich freundlich gewesen, lächelte sogar hier und da mal, aber im Verlauf der Protokollierung meiner Aussage wich dieses Lächeln einem skeptischen Blick. Jetzt, wo wir fertig waren, sagte mir dieser Blick, dass sie ganz genau wusste, dass ich nicht kooperiert hatte. Zudem versprachen mir diese faszinierenden Augen, dass sie herausfinden würde, warum ich mich so stur stellte.

»Ich denke, Sie werden imstande sein, die Nummer des Reviers im Telefonbuch zu finden«, antwortete sie mir. Mit einem Lächeln. Keinem freundlichen.

Sie stand auf. »Vielen Dank, Herr Schmitt«, sagte sie dann noch. Der Sarkasmus war ebenfalls gut versteckt. Man musste schon wissen, dass er da ist, um ihn zu hören.

Gott, ist sie stinkig.

Ja, das war mir auch schon aufgefallen. Mir dagegen war eher nach einem breiten Grinsen zumute, allein ihr Anblick hatte mir den Tag gerettet.

⊕ Für mich gab es kein Taxi mit Blaulicht zum Bistro zurück. Ich durfte die S-Bahn nehmen. Spätestens hier verging mir das Grinsen. Eine deutsche Mitbürgerin mit Integrationshintergrund, Kinderwunsch und -wagen schob Letzteren jedes Mal erneut in die Lichtschranke der Tür. Sie nickte verständig, wenn man es ihr erklärte, sagte ja und noch einmal ja, zuckte schreckhaft zusammen, wenn man den Kinderwagen auch nur berührte ... und schob ihn dann prompt erneut in die Lichtschranke.

Als es mir dann zu viel wurde und ich den Kinderwagen einfach festhielt, nachdem sie ihn wieder in die Lichtschranke schieben wollte, fing sie an zu kreischen, beschimpfte mich, drohte mir mit der Faust und spuckte wie ein Lama ... um dann erstaunt mit großen Augen aufzusehen, als sich die S-Bahn endlich in Bewegung setzte.

⊕ Ich fragte mich, ob Kommissar Dressman sein Versprechen der alten Dame gegenüber gehalten hatte. Das Ganze hatte mich drei Stunden gekostet, die Hälfte der Zeit hatte ich nur warten dürfen, bis Marietta Zeit für mich gefunden hatte. Wenigstens stand mein Mercedes noch dort, wo ich ihn geparkt hatte, es hätte mir jetzt gar nicht in den Kram gepasst, hätte man ihn abgeschleppt. Nur ein Knöllchen verzierte meine Windschutzscheibe. Ein Knöllchen, das ich nicht bekommen hätte, hätte ich nicht meine Pflicht als Staatsbürger erfüllt. So wurde es einem also gedankt.

Doch manchmal hatte sogar ich etwas Glück. Auf der anderen Straßenseite sah ich den jungen Mann von vorhin aus einer Tür herauskommen. Den mit den lila Haarspitzen, der Akne und Lucios Brieftasche. Er schaute sich verstohlen um und schlich dann in die nächste Seitenstraße. Er hätte auch ein Schild hochhalten können.

Zwei Sekunden später kam er sichtlich erleichtert wieder heraus und verschwand wieder in der Haustür. Die kleine Seitenstraße war kaum mehr als eine Gasse, die zu einem Hinterhof führte. Man sah den üblichen Dreck und ein paar Müllcontainer.

Also öffnete ich den ersten Müllcontainer, und da steckte sie dann auch schon zwischen einer leeren Fischstäbchenpackung und einem Hüttenkäsebecher. Lucios Brieftasche. Scheinbar hatte sich der junge Mann mit der Akne nur am Geld bedient, denn der übliche Plunder befand sich noch darin. Kreditkarten, Quittungen und was man sonst so alles noch in die Brieftasche stopfte. Jede Menge Zettel mit Notizen drauf. Und Telefonnummern.

Besten Dank, mein Freund, dachte ich und ging zu meinem Wagen zurück.

Ich entfernte den Strafzettel und verstaute ihn in meiner Brieftasche, bevor ich einstieg und losfuhr. Nur verriet mir ein Blick auf die Uhr, dass es bereits zu spät war, dem Berufsverkehr zu entkommen.

Keine fünf Meter weiter musste ich in die Bremse steigen, weil mir ein Taxi die Vorfahrt nahm. Ich hupte, und der Taxifahrer, ein dunkelhäutiger Krauskopf, bewies, dass er sich in unsere Gesellschaft bereits hervorragend integriert hatte und zeigte mir den Stinkefinger.

Zwei Ampeln weiter bremste er so hart ab, dass ich ihm beinahe hinten aufgefahren wäre, während er wild gestikulierend ins Leere sprach, ein Fahrgast war weit und breit nicht zu sehen, also diskutierte er wohl gerade entweder mit seiner Frau oder mit der Zentrale. Wahrscheinlich verstand er kein Wort von dem, was man von ihm wollte.

Vor Jahren bin ich mal in einem Taxi in Berlin gefahren und kam auch an so einen Kameraden. Der hatte auch immer nur ja, ja gesagt, breit gelächelt, mit dem Kopf genickt und sich auch durch Handzeichen nicht dazu bewegen lassen, den kürzesten Weg zu nehmen. Der Mann war ein Genie. Selbst mit Absicht wäre es mir schwergefallen, mich auf einer Strecke von zwei Kilometern um fünfzehn Kilometer zu verfahren. Warum kam denn keiner mal auf den Gedanken, einen Deutschkurs an den Taxischein zu hängen?

Weil es einen Sinn ergeben würde?

Richtig. Gesunder Menschenverstand war in der Politik ja verboten.

Ich versuchte mich zu beruhigen. Es war nicht der Taxifahrer, der mir auf die Nerven ging, es war Lucio Valente. Irgendwie nahm ich es ihm persönlich übel, dass er sich von so einem Idioten hatte umlegen lassen.

Endlich war ich das Taxi los, es fuhr rechts ab und ich geradeaus weiter ... nur um auf das Umleitungsschild zu starren, das mir die Durchfahrt blockierte. Mussten die ausgerechnet jetzt den Asphalt aufreißen?

Die Umleitung führte in die exakt falsche Richtung, ich folgte brav den Schildern, die dann einfach aufhörten, also versuchte ich, den Weg zurückzufinden und landete wieder bei der Umleitung. Irgendwie hatte ich es geahnt.

Diesmal fuhr ich so, wie ich es für richtig hielt, und siehe da, es klappte.

Dennoch, als ich zu Hause ankam, war ich fix und fertig. Und vier Stunden zu spät.

Ich kam mit dem Mercedes nicht zur Garage, Ana Lenas Vespa stand mitten im Weg, also atmete ich tief durch, stieg aus und schob ihren Roller zu Seite. Ich fuhr meinen Wagen rein, verriegelte das Tor von innen und ging durch den Garageneingang ins Haus. Schon dort hörte ich ihre Musik. Laut.

Immer mit der Ruhe, Heinrich, dachte ich. Sie kann ja nichts dafür, dass du so genervt bist. Zähle langsam rückwärts: Zehn-neun-acht-... Nein, für so einen Mist hatte ich nun wirklich keine Geduld mehr übrig.

Von der Garage aus ging es in den Flur, dann in die Küche, in der Ana Lena gewütet hatte. Da ich zu spät gekommen war, hatte sie sich offenbar selbst etwas gekocht ... wenn man das so nennen konnte.

Suchte man einen Beweis dafür, dass nicht jeder Frau das Kochen in den Genen lag, dann konnte man den Zustand unserer Küche als Beleg dafür nehmen. Meine Nichte hatte es jedenfalls fertiggebracht, sogar die Ravioli anbrennen zu lassen.

Ich drückte mir einen Kaffee aus der Espressomaschine, die war so ziemlich das Einzige im Haus, um das ich mich nicht zu kümmern brauchte. Ana Lena wäre verloren ohne die braune Brühe und achtete stets darauf, dass die Maschine betriebsbereit war.

Meine Nichte lebte von Kaffee, aber wenigstens rauchte sie nicht. Dafür saß sie stundenlang vor dem verdammten Computer und ... lass das, dachte ich, nahm mir meinen Kaffee, die Rechnungen vom Tisch im Flur und ging in mein Arbeitszimmer. Selbst bei geschlossener Tür konnte ich ihre Musik noch hören. Ich sollte hochgehen, sagte ich mir, aber ich war zu angefressen, das hätte nur wieder in einem Streit geendet.

Später.

Rechnungen, Werbung, Werbung, Rechnungen. Das Übliche, bis auf einen Brief von meinem Steuerberater. Und die Abrechnung von der Telekom. Gott sei Dank gab es Flatrates, sonst hätte mich Ana Lena noch arm gemacht. Und was noch? Werbung.

Vier neue E-Mails. Zweimal Spam, eine Auftragsbestätigung und eine Absage. Nichts Dringendes.

Langsam hatte ich mich wieder abgeregt, also rief ich Marvin an. Der natürlich nicht ans Telefon ging.

Also zog ich die Schublade auf, in der meine Zigaretten lagen, und zündete mir eine an, während ich überlegte.

Ich kannte diese Art der Hinrichtung, nur nicht aus Deutschland. In Mexiko oder in Kolumbien machte man es so, meist um jemandem eine deutliche Nachricht zu senden. Wie bei einem Drogenkrieg, da waren solche Morde an der Tagesordnung. Nur passte das nicht zu dem, was ich von Lucio wusste. Klar hatte er seinen Pferdchen auch den Stoff besorgt, aus dem die Träume sind, aber er hatte es nicht übertrieben.

Vielleicht war der Gute ja nicht nur Marvin auf die Füße getreten. Manche Leute sollen gereizt darauf reagieren, wenn sie erpresst werden. Aber gleich ein Mord auf offener Straße? So genau wusste ich es auch nicht, aber ich meinte mich zu erinnern, dass es gut fünfzehn Jahre her wäre, dass in Frankfurt das letzte Mal etwas Ähnliches geschehen war.

Also gut. Wenn Lucios Tod eine Botschaft sein sollte, für wen war sie bestimmt? Und warum hatte der Mörder mir zugenickt?

Ich nahm Lucios Brieftasche heraus und entleerte sie auf meinen Schreibtisch. Irgendwo in den Quittungen, Notizen, Zetteln und dem anderen Mist würde sich hoffentlich etwas finden lassen.

Das Telefon klingelte, es war Marvin.

»Du hast angerufen. Was gibt's, hast du die CD bekommen?«, wollte er wissen.

»Nein. Es gab Komplikationen.« Ich beschrieb ihm, was in dem Café geschehen war. Einen Moment lang herrschte ungläubige Stille auf der anderen Seite der Leitung.

»Du willst mir wirklich erzählen, dass jemand in das Bistro kam und ihn umgelegt hat? Einfach so?«

»Genau das. Einfach so. Du hast damit nichts zu tun?«

»Nein«, sagte er nach einer kurzen Pause. »Das habe ich nicht. Ich hätte nichts dagegen gehabt, wenn dieser Idiot vor einen Zug gelaufen wäre. Aber nicht, bevor ich meine CD wiederhabe.«

Ich glaubte ihm.

»Wie geht's weiter?«, fragte er. »Siehst du noch eine Möglichkeit, an meine Daten zu kommen?«

»Die eine ist, du gehst zur Polizei, zeigst ihnen dein kleines Filmchen und fragst sie, ob sie die CD bei ihm zu Hause finden können. Du kannst dir sicher sein, dass sie seine Wohnung auseinandernehmen werden.«

»Hhm«, sagte er. »Darauf bin ich gar nicht gekommen. Macht mich das nicht verdächtig?«

»Wohl kaum. Ein Blick auf dich und sie wissen, dass du nicht der Mörder bist.«

»Und wenn sie mich fragen, warum ich mich nicht schon vorher an sie gewendet habe?«

»Die Windeln.«

Schweigen. Dann seufzte er. »Ich denk drüber nach. Gibt's noch eine andere Möglichkeit?«

»Ich bleib am Ball und schaue zu, was ich herausfinden kann.«

»Siehst du denn überhaupt eine Chance?«

Nun, Lucio war ein Zuhälter. Er selbst hätte mit Marvins Geschäftsdaten nicht viel anfangen können. Zudem hatte es auf dem Video ja ausgesehen, als ob er gezielt danach gesucht hätte. Genau das erklärte ich Marvin.

»Also hat er die CD nicht für sich gestohlen. Wer könnte denn etwas damit anfangen?«

»Alle meine Konkurrenten, sie wüssten dann, wie weit ich in meiner Kalkulation gehen kann.«

»Und wer von ihnen würde jemanden anheuern, um die CD zu stehlen?«

»Das wäre eine der Fragen an Valente gewesen. Ich habe nämlich nicht die geringste Ahnung. Vor allem weiß ich nicht, wer von der CD hätte wissen sollen.« Er seufzte erneut. »Natürlich habe ich Konkurrenten, die mich nicht leiden können. Wir spielen ja nicht im Sandkasten, wenn es um Gewinne geht, kommen auch mal harte Bandagen zum Einsatz. Aber so etwas? Da fällt mir keiner ein. Ich stelle dir trotzdem eine Liste derjenigen zusammen, die mit der CD etwas anfangen könnten.«

Darum hätte ich ihn als Nächstes gebeten.

»War außer deinen Kalkulationsunterlagen noch etwas anderes auf der CD?«

»Ja. Jede Menge«, antwortete Marvin ungehalten. »Ich lasse die CD jeden Monat neu erstellen. Für die Akten. Sie enthält alle meine Umsätze, Frachtbewegungen und aktuellen Frachtverträge. Ich sagte dir schon, wer die CD hat, kann mich jetzt ganz nach Belieben an die Wand fahren.«

»Und? Ist schon etwas in der Richtung geschehen?«

»Nein«, sagte er nach einer kurzen Denkpause. »Bislang ist mir noch nichts aufgefallen.«

Ich legte auf und starrte auf Valentes Brieftasche. Ich hatte durchaus vor, Marvins Liste durchzugehen, aber irgendwie glaubte ich nicht daran, dass ich dort fündig werde. Da steckte etwas anderes dahinter. Ich drückte die Zigarette aus, bei der Musik konnte ich nicht denken.

Oben klopfte ich an Ana Lenas Tür, doch die Musik war lauter. Der Bass dröhnte, irgendeine Band verschandelte nach Kräften Villon und seinen Erdbeermund. Als ich die Tür öffnete, verkeilte diese sich in dem Kleiderhaufen vor der Tür, und es gab ein reißendes Geräusch. Sie fuhr herum.

»Hast du sie noch alle?«, schimpfte sie, sprang auf und hielt mir einen schwarzen Chiffonrock unter die Nase, in dem nun ein deutlich erkennbarer Riss klaffte.

»Wenn du deine Sachen in den Kleiderschrank ...«, fing ich an, doch viel weiter kam ich nicht, weil meine Nichte die Türen des Monsters öffnete und anklagend auf die hervorquellenden Stoffe deutete. »Wie denn?«, rief sie. »Ich hab dir schon ein dutzendmal gesagt, dass ich dringend einen größeren Schrank brauche!«

Ja, klar. Das Monster füllte die ganze Rückwand von Ana Lenas Zimmer, und ich müsste anbauen, um ihr den Wunsch zu erfüllen. Nicht, dass es helfen würde. Ihr Zimmer war, neben dem Wohnzimmer, das größte im Haus und es war ... voll.

Ihr Bett stand gegenüber an der Wand. Vor fünf Jahren wollte sie unbedingt ein Prinzessinnenbett mit weißen Schleiern daran, jetzt hatte sie schwarzen Samt darüber drapiert. Ich erinnerte mich an den Streit, als sie die Wände schwarz streichen wollte. Das Anliegen hatte sie Gott sei Dank aufgegeben, dafür waren überall Poster an der Wand, Subway to Sally an der Wand hinter dem Bett, Johnny Depp als Captain Jack neben der Tür und Poster anderer skurril aussehender Gestalten an den unmöglichsten Stellen. Den Nachttisch hatte sie schwarz angemalt, darauf standen kleine Porzellanfiguren, Feen und Fabelwesen, auf der anderen Seite lebte Hermann, ihre Ratte, in seinem Käfig und musterte mich neugierig mit schwarzen Knopfaugen.

Die Anlage mit den mächtigen Lautsprechern, die das ganze Haus erschüttern können, hatte sie sich selbst zusammengespart, also konnte ich kaum etwas dagegen sagen, dahinter blickte mir Milla Jovovich aus einem Resident-Evil-Poster grimmig entgegen.

Den Schreibtisch und den Monitor hatte Ana Lena schwarz angemalt, Letzterer war mit rotem Flokatistoff umrahmt, daneben stand ein Bild von ihr mit ihrer Mutter. Sieben war sie da, noch blond und mit einem bezaubernden Lächeln. Jetzt waren ihre Haare pechschwarz und von einem Lächeln keine Spur.

Zwei Regale an der Wand bogen sich unter der Last der Bücher, wenigstens las sie und verrottete nicht nur vor dem Fernseher. Neben ihrem Bett lag meine Sammlerausgabe von Oscar Wilde ... mit Wachsflecken darauf. Ich unterdrückte ein Seufzer.

Auf einer Anrichte stand das alte Schmuckdöschen meiner Schwester zwischen zwei Kerzenhaltern, die, wie sollte es auch anders sein, schwarze Kerzen trugen. Davor auf dem Boden ihre Motorradjacke mit roten Flammen, Plateauspringerstiefel, die aussahen, als würden sie einzeln mindestens drei Kilo wiegen, unter dem

Schreibtisch gähnte mich Captain Jack an, nicht Johnny Depp, sondern ihr dreifach gerupft aussehender Kater, der wohl noch nie einem Kampf aus dem Weg gegangen ist. Unter dem Bett stapelten sich Kartons und Kisten mit rätselhaftem und verbotenem Inhalt, und inmitten dieser Todeszone stand sie und funkelte mich noch immer böse an.

Sie warf den Rock zur Seite, auf den nächsten Haufen, stemmte die Fäuste in die Hüfte und hob herausfordernd das Kinn. Und erinnerte mich gerade in diesem Moment so sehr an meine Schwester, dass es mir das Herz zusammenzog.

»Was willst du eigentlich?«, fauchte sie.

Nachsehen, ob es ihr gut geht. Was daran lag, dass ich ein wenig paranoid war. Aber nur ein bisschen.

Vielleicht sollte ich versuchen, es ihr zu erklären. So in etwa: Also, liebe Ana Lena, heute hat mir ein Mörder freundlich zugenickt, gerade als er jemandem mit zwei Schüssen das Hirn zerblasen hat. Ich bin ein wenig in Sorge, dass er mich kennt, hier auftaucht und dir etwas antut.

Großartige Idee. Gaaanz großartige Idee.

Sie funkelte mich noch immer ungeduldig an.

»Ich will, dass du die Küche aufräumst. Ist dir klar, was für einen Sauhaufen du hinterlassen hast?«

Sie zog eine Augenbraue hoch.

»Dir ist schon klar, dass du dran schuld bist?«, fragte sie mich mit diesem gewissen Unterton. In der letzten Zeit hatte sie angefangen, es auf der Argumentationsschiene zu versuchen, anstatt einfach nur auf stur zu stellen. Ich musste zugeben, dass ihre Argumente manchmal faszinierend kreativ sein konnten.

»Wie das?«, fragte ich.

»Weil du nicht rechtzeitig gekommen bist«, beschwerte sie sich. »Ich habe gekocht, also räumst du auf, klar?«

»In Ordnung«, sagte ich und machte Anstalten zu gehen. Ihre Augenbrauen zogen sich misstrauisch zusammen.

»Das ist ein Trick, nicht wahr?«, fragte sie vorsichtig.

»Nein«, log ich.

Sie musterte mich skeptisch. »Du machst wirklich die Küche?«

»Ja«, wiederholte ich geduldig. »Ich mache wirklich die Küche.«

»Gut!«, fauchte sie und schlug mir die Tür vor der Nase zu. Ich bückte mich und zog ihr Internetkabel aus dem Router. Und wartete einen Moment.

Zwei tausendstel Sekunden später flog die Tür auf, sie stand da und sah mich mit dem Kabel.

»Was soll das?«, fauchte sie, obwohl sie es sich ja schon denken konnte.

»Das Kabel bleibt so lange draußen, bis du wieder die Küche machst. Also bis frühestens morgen Abend. Es sei denn ...?«

»Das ist Erpressung!«, beschwerte sie sich.

»Und das sind angebrannte Ravioli in der Küche!«

»Also gut!«, rief sie, warf die Hände in die Höhe und marschierte an mir vorbei. »Aber das ist unfair, nur dass du es weißt!«

Ich öffnete vorsichtig die Tür zur Todeszone, versuchte auf nichts draufzutreten, und fand den Ausschalter der Stereoanlage. Stille. Göttliche Stille. Aber nur für einen Moment, bis sie mir demonstrierte, wie laut man mit dem Geschirr klappern konnte, wenn man sich nur Mühe damit gab.

Ich setzte mich wieder an meinen Computer. Es war

Zeit, dass ich mich auch mal wieder um mein eigenes Geschäft kümmerte. Ich hatte Glück, ich fand fast sofort einen Käufer für die zwölf Tonnen Buntmetall. Danach rief ich Marvin an, der zuerst dachte, ich wäre weitergekommen, und ließ mir von ihm die Transportkonditionen nennen. Eine halbe Stunde später war das Geschäft unter Dach und Fach.

Wenn es so lief, konnte mein Job mir richtig Spaß bereiten, dennoch war ich nicht ganz bei der Sache, Lucio Valente ging mir nicht mehr aus dem Kopf.

Er war nicht mehr mein Problem, aber es ließ mich auch nicht los. In dem Café hatte es noch andere Gäste gegeben, auch Jugendliche und Anette, die als alleinerziehende Mutter eine Tochter zu versorgen hatte.

Was für ein Arschloch. Man geht einfach nicht in ein Café, um jemanden zu erschießen. Wenn etwas schiefgeht, trifft es viel zu leicht auch andere.

Die Haustür fiel mit einem lauten Schlag ins Schloss. Ich öffnete die Tür zum Flur. »Ana Lena?«

Keine Antwort, dafür hörte ich draußen ihren Motorroller knattern. In der Küche sah es halbwegs manierlich aus, ich schaltete die Spülmaschine ein und wollte ihren Internetstecker wieder einstöpseln und sah dann, dass sie es schon getan hat.

Auf einmal war mir das Haus zu ruhig und zu leer.

Captain Jack strich mir um die Beine und schnurrte mich an. Ich wischte noch die Küchentheke ab und säuberte das Waschbecken, dann ging ich zurück an meinen Computer, um einen Brief ans Ordnungsamt und meine Anwältin zu schreiben. Wofür hatte ich eine Rechtschutzversicherung? Jedenfalls fiel es mir schwer einzusehen, warum ich das Knöllchen bezahlen sollte.

Und die ganze Zeit ging mir der Idiot mit seiner Walther nicht mehr aus dem Kopf.

In Ordnung.

So viele gab es von der Sorte nicht, es sollte sich herausfinden lassen, wer der Mistkerl war.

Die Nummer, die ich jetzt anwählte, brauchte ich nicht nachzuschlagen, so schnell würde ich sie nicht vergessen.

»Heinrich«, meldete sich Brockhaus. »Was brauchst du diesmal?«

»Warum gehst du automatisch davon aus, dass ich von dir etwas will? Ich könnte dich ja auch mal so anrufen.«

»Lass mich nachdenken«, sagte er, und ich hörte ihn lachen. »Nein.«

»Irgendwann werde ich dich überraschen«, versprach ich, während ich daran dachte, wie wir das erste Mal zusammen abgehangen hatten. In einem kleinen, kalten, gekachelten Raum, an Fleischerhaken an der Decke baumelnd. Bosnien, 1993. Auch so ein Kurzurlaub, der bleibende Spuren hinterlassen hatte.

Ludwig Anton Maier, Spitzname Brockhaus, weil er immer alles besser wusste, war ein Dieb der neuen Generation. Man könnte fast sagen, dass er den Datendiebstahl erfunden hatte, bevor die Leute wussten, dass es das Internet gab. Er hing seinerzeit an diesem Haken, weil er einer jungen Frau falsche Papiere besorgt hatte und dabei erwischt worden war. Ich hing daneben, weil ich ihn hatte rausholen sollen. Manchmal lief eben nicht alles nach Plan.

Seitdem waren wir befreundet. Er hat mir geschworen, dass er mir nie vergessen würde, was ich für ihn getan hatte.

Was ihn nicht daran hinderte, mich arm zu machen.

»Du könntest mal anrufen, um mit mir ein Bier zu trinken, nicht immer erst dann, wenn du mich brauchst«, köderte er mich.

»Okay«, sagte ich. »Wie wäre es mit heute Abend?«

»Geht nicht. Ich bin in El Salvador.« Die Nummer, die ich eben angerufen habe, gehört zu einem Anschluss in den Bahamas und nicht zu El Salvador. Ein bisschen weit weg, um mal eben ein Bier trinken zu gehen. Aber bei ihm brauchte das ja nicht viel zu bedeuten. Es konnte auch gut sein, dass er nur drei Straßen weiter wohnte. Es war ein Spiel für ihn. Aber ein ernstes. Er würde eine Menge für mich tun, aber wo er zu finden war, verriet er nicht. Zumindest nicht über eine Telefonleitung, die auch angezapft werden konnte. In manchen Dingen war er vielleicht sogar paranoider als ich.

»Also gut«, seufzte ich. »Du erinnerst dich an Lucio Valente?«

»Den Zuhälter, über den du letzte Woche alles wissen wolltest?«

»Genau den.«

»Was ist mit ihm?«

»Er wurde heute in einem Café erschossen, während ich nur zwei Tische weiter saß. Ein Typ kam rein, zog eine Waffe, erschoss ihn und ist mit dem Aktenkoffer unseres Freundes abgehauen.«

Brockhaus pfiff leise durch die Zähne.

»Sag mal, ich dachte, du hältst dich aus solchen Sachen mittlerweile heraus?«

»Wenn ich es kann.«

»Und hier kannst du nicht?«

»Der Kerl hat mir zugenickt, als ob er mich kennen würde.«

»Der Killer hat dir zugenickt?«, fragte Brockhaus ungläubig.

»Genau das.«

»Und, weißt du, wer er ist?«

»Ich habe den Kerl noch nie zuvor gesehen. Keine Ahnung.«

»Okay«, gab er zu. »Das sieht nach Ärger aus. Beschreib mir den Kerl mal.«

»Etwa ein Meter fünfundsiebzig groß, um die zweiundsiebzig Kilo schwer, dunkler Teint, eher südländischer Typ, schwarze Haare. Viel mehr habe ich nicht erkennen können. Er trug eine Lederjacke und eine Sonnenbrille. Ach, noch etwas. Eine alte Breitling-Fliegeruhr am Handgelenk.«

»Das ist nicht gerade viel.«

»Das weiß ich. Ich denke, er ist ein Auftragskiller. Es war keine Handlung im Affekt, der Typ war ganz entspannt. Es ist bestimmt nicht sein erstes Mal gewesen, und um so eine Show abzuliefern, muss er eine Schraube locker haben. So etwas macht man einfach nicht.«

»Zumindest nicht in Deutschland«, pflichtete er mir bei. »Also suche ich nach jemandem, der so einen Mist schon mal irgendwo durchgezogen hat. Kannst du mir noch etwas über den Kerl sagen?«

»Er hat Lucio zweimal in die Stirn geschossen. Mit einer kleinen 7.65er Walther mit Schalldämpfer.«

»Die Knarre von James Bond?«

»Genau die. Ich wette, es ist seine Signatur.«

»Ich werde mich darum kümmern. Ich sag dir nur jetzt schon, dass es nicht so einfach sein wird. Was du wissen willst, findet sich, wenn überhaupt, nur in den

Datenbanken von Interpol oder denen der Geheimdienste. Vielleicht auch beim BKA. Da muss sogar ich etwas vorsichtig sein. Das kostet mehr.«

»Ich weiß.«

Er behauptete immer, dass er für mich Sonderpreise machte. Wenn dem so war, wollte ich gar nicht wissen, was seine Dienstleistungen normalerweise kosteten. Aber er ging ja auch ein Risiko ein. Wenn sie ihn erwischten, würden sie ihn einsperren und die Schlüssel wegwerfen. Der Staat sah es nicht gerne, wenn jemand in seinen Daten schnüffelte. Brockhaus sah das anders. Er meinte, er würde sich nur darum kümmern, die Balance auszugleichen.

»Der Staat überwacht uns, wo er kann. Natürlich zum Wohle aller. Also kann es doch gar nicht so schlimm sein, wenn ich den Spieß umdrehe. Dient ja meinem Wohl. Und das meiner Brieftasche.«

Deshalb mochte ich Brockhaus. Er war ehrlich und verlor nie den Sinn fürs Wesentliche. Und was seine Paranoia anging ... wer wusste schon, ob er damit übertrieb oder nicht. Wenn nicht die Geheimdienste Daten sammelten, dann der Staat, die Polizei oder die Finanzbehörden. Und wenn nicht die, dann schlicht und einfach die Wirtschaft, die sich sowieso wenig an die Gesetze gebunden fühlte und meistens einfach machte, was sie wollte.

»Was ist mit der Sache, um die ich dich gebeten habe?«, fragte er jetzt. »Hast du dich schon entschieden?«

»Ich bin dran. So etwas will wohlüberlegt sein, Ludwig.«

»Ich würde dich nicht darum bitten, wenn es einen anderen Weg gäbe, Heinrich. Der Kerl ist ein Güteklasse-

A-Arschloch. Ich schwöre dir, er bringt sie um. Er hat schon eine seiner Freundinnen auf dem Gewissen.«

»Du hast keine Beweise dafür«, versuchte ich abzuwiegeln. Obwohl ich zugeben musste, dass es aussah, als hätte er mit seiner Befürchtung recht.

»Seit wann brauchst du Beweise?«, fragte Brockhaus. »Rede dich nicht raus. Du weißt, dass ich recht habe! Kümmere dich darum. Bitte. Ich geb dir auch einen Preisnachlass.«

»Darum geht's nicht.«

»Ich weiß. Trotzdem. Bitte.«

»Ich hab dir's doch schon versprochen, Ludwig.«

»Ja«, sagte er, und jetzt hörte ich ihn wieder seufzen. »Nur hat er sie schon wieder ins Krankenhaus geprügelt. Ich habe einfach Angst um sie.«

»Ich kümmere mich darum«, versprach ich.

»Ich habe außer dir niemanden, den ich um Hilfe bitten kann«, fügte er leise hinzu. »Bitte, lass dir nicht zu viel Zeit. Bevor ihr noch etwas geschieht.«

Ich legte langsam auf. Nach der Sache in Bosnien hatten wir uns nie wiedergesehen. Aber es verbindet einen halt, wenn man vier Tage lang zusammen am selben Fleischerhaken hängt und in dieselbe Pfütze blutet. Dennoch gefiel mir die ganze Sache mit dieser Frau ganz und gar nicht. Ich verstand einfach nicht, was es ihn anging.

Ich grübelte kurz und ging rüber in die Garage, um meine alte Honda zu holen. Mal schauen, was bei Lucio so los war.

Eine Menge, wie ich später sah. Er hatte sich einen kleinen Bungalow gegönnt, nur mit dem Nötigsten ausgestattet, solche Kleinigkeiten wie eine Dreifachgarage, jeweils ein Swimmingpool drinnen und draußen und noch eine Sauna. Was man halt so für kleine verschwiegene Partys braucht. Und natürlich eine Mauer, die das Gelände vor den neugierigen Blicken der Nachbarn abschottete. Jetzt hatten die genug zu sehen, vor allem blaues Licht. Heute Nacht konnte ich es jedenfalls vergessen, dort mal die Lage zu sondieren, es sah so aus, als würde die Polizei noch lange brauchen.

Marietta war auch da. Sie sah sogar zu mir herüber. Mehr als meine alte Honda und den schwarzen Helm konnte sie wohl kaum sehen, außerdem war es dunkel. Und dennoch wurde ich das Gefühl nicht los, dass sie mich erkannt hatte.

Hat sie auch.

Unmöglich, dachte ich, als ich weiterfuhr.

Sie ist eine Frau. Die können das.

Okay. Das Argument war schwer zu widerlegen.

Zwei Stunden später hatte ich Lucios Brieftasche auseinandergenommen und alles gesichtet und aufgeschrieben. Es wurde eine ziemlich lange Liste von Nummern und Namen, die ich dann Brockhaus zuschickte, vielleicht konnte er etwas damit anfangen. Ich packte wieder alles zusammen, gähnte und schaute auf die Uhr, es war schon deutlich nach eins. Ana Lena war noch immer nicht zurück. Sie hätte wenigstens sagen können, wohin sie geht, auch wenn ich es mir denken konnte. Vergiss den ganzen Scheiß, sagte ich mir, und geh ins Bett.

Genau das tat ich dann, aber richtig schlafen konnte ich erst, als ich von draußen Ana Lenas Motorroller hörte, dann Stimmen und dann, etwas später, das Zuschlagen der Eingangstür.

Am nächsten Morgen traf ich Ana Lena in der Küche. Es war erst sechs Uhr, und sie hielt sich an der Kaffeetasse fest. Es war leicht zu sehen, dass sie nicht geschlafen hatte. Die Kaffeemaschine war noch an und zischte, ich ging hin und stellte eine Tasse darunter. Ana Lena sah schweigend zu, ihre Augen waren gerötet, und sie kaute lustlos an einem Toast herum.

»Sag mal, hast du gar nicht geschlafen?«, fragte ich sie. Ein Fehler. Ich hätte es besser wissen müssen. Die Maschine zischte und gurgelte so laut, dass ich ihre Antwort nicht verstand, nur den Blick konnte ich lesen. Besonders freundlich war er nicht. Eher in die Richtung: Fall tot um und verwese woanders!

»Wie bitte?«, fragte ich höflich, als die Kaffeemaschine mich ließ.

»Das geht dich nichts an. Du bist nicht mein Vater!«

»Ana Lena ...«, begann ich und schüttete mir den letzten kläglichen Rest Milch in den Kaffee ... es war die letzte Packung, ich war sicher, dass es gestern Abend noch zwei im Kühlschrank gegeben hatte. »Du kannst nicht erwarten, in der Schule Leistung zu bringen, wenn du übernächtigt bist! Nebenbei, was ist mit der Milch passiert?«

»Ich habe sie getrunken«, teilte sie mir trotzig mit. »Was soll der Leistungsscheiß? Ich bin nicht müde! Ich bin noch jung, weißt du?« Im Gegensatz zu dir, sagte ihr Blick. »Und meine Noten sind gut genug!«

Ja, das waren sie. Gut genug. Um die Drei herum. Vor zwei Jahren war es für sie eine Katastrophe, wenn eine Zwei ihren Einser-Schnitt zerhauen hat. Jetzt kam es mir vor, als hätte sie jedes Interesse an der Schule verloren und tat nur noch, was sie tun musste.

»Deine Mutter ...«, begann ich, und sie knallte die Tasse so fest auf den Tisch, dass der Kaffee überschwappte und Captain Jack, ihr Kater, wie der Blitz aus der Küche floh, wo er friedlich auf einem Küchenstuhl geschlafen hatte.

»Ja!«, schrie sie. »Meine Mutter war Superwoman, und ich bin Scheiße, ich weiß!« Sie sprang auf und rannte aus der Küche und knallte die Tür so fest hinter sich zu, dass die Gläser im Wandschrank klirrten.

Gleich darauf dröhnte es wieder aus ihrem Zimmer.

Sie wusste, dass ich das nicht hatte sagen wollen, aber ... Ich seufzte und begann die Küche aufzuräumen. Sie hatte noch eine Dreiviertelstunde Zeit, bis sie zur Schule musste, aber immerhin ging sie überhaupt. Noch ein Jahr bis zum Abitur. Dass sie es bestehen würde, daran hegte ich keine Zweifel, nur wie, darüber machte ich mir Sorgen.

Es entzog sich meiner Kenntnis, wie eine einzelne Person beim Frühstück ein derartiges Chaos hinterlassen konnte. Sie hatte Milch aufgeschäumt, die sie großflächig um die Kaffeemaschine herum verteilt hatte, den halben Kühlschrank ausgeräumt und auf dem Küchentisch deponiert. Die Wurstpackung fand ich unten auf dem Boden, die Wurst daneben, doch die Krallenspuren am Plastik überführten Captain Jack als Täter.

Die Tür ging wieder auf. Ana Lena stand im Türrahmen, Arme verschränkt, Hüfte angelehnt, ein trotziger Gesichtsausdruck in ihren Augen. Sie trug einen langen, seitlich geschlitzten Rock aus Lederimitat, eine Korsage, die mit schwarzen Rosen bedruckt war, diese Pseudo-Kampfstiefel, die sie bis zur Nase hochschnüren konnte und deren Sohlen deutlich höher waren als meine Tasse. Über der Korsage trug sie eine weite schwarze Bluse mit

Rüschen, nur zur Hälfte zugeknöpft, die Korsage hob ihren Busen an und für meinen Geschmack zeigte sie deutlich zu viel davon.

Sag bloß nichts.

Ich wusste es besser, als mich auf dieses Glatteis zu begeben. Sie würde mir sowieso nur entgegenhalten, dass sie im Vergleich zu anderen fast schon züchtig gekleidet sei, ich ein alter Spießer wäre und es mich einen feuchten Kehricht anging.

In gewissem Sinne hatte sie recht. Ginge es nach mir, würde sie eine Burka tragen, bis sie einundzwanzig war, oder noch besser, ich würde sie im Haus einschließen. Oder jedes männliche Wesen an der Tür mit der Schrotflinte empfangen.

»Ich brauche Geld!«, eröffnete sie das Gefecht und ihr Blick zeigte mir, wie sehr es ihr stank, danach fragen zu müssen.

»Schon wieder?«, fragte ich. Sie bekam dreißig Euro Taschengeld in der Woche, dazu noch Spritgeld für den Roller. Beides hatte sie vorgestern, am Sonntag, bekommen.

»Ja, schon wieder!«, knirschte sie. »Der Roller ist leer.«

Weil sie, seitdem sie das Ding hatte, so viel damit herumfuhr, dass man hätte meinen können, sie würde sich darauf vorbereiten, die ganze Welt zu umrunden.

»Andrea bekommt für jede Eins fünfzig Euro!«, erklärte sie. »Du willst doch, dass ich gute Noten schreibe, warum machst du das nicht?«

Ich hatte keine Ahnung, wer Andrea war. »Weil du nicht für Geld gute Noten schreiben sollst, sondern für dich.«

»Das Geld wäre ja für mich«, argumentierte sie. Ich musterte sie. Es war leicht, mich über sie zu beschweren, vielleicht verlangte ich zu viel von ihr, aber es änderte nichts daran, dass ich stolz auf sie war. Sie rauchte nicht, trank nicht, nahm keine Drogen, und abgesehen davon, dass sie sich kleidete, als wäre sie im vorletzten Jahrhundert gestorben, war sie ein gutes Mädchen ... und manchmal konnte ich platzen vor Stolz. Und wenn sie so wie jetzt dastand, sah ich ihre Mutter in jeder trotzigen Linie, und mir wurde ganz klamm ums Herz. Elisabeth war ihre Mutter, aber ich hätte Ana Lena auch nicht mehr lieben können, wenn sie meine eigene Tochter gewesen wäre.

Doch das Thema »Geld für Noten« hatten wir schon abgehakt, hier steckte mehr dahinter.

»Was ist passiert?«, fragte ich sie.

Einen Moment lang konnte ich ihre Gedanken lesen. Sie wollte es nicht sagen, aber sie wollte das Geld und außerdem ... Diesmal war sie es, die seufzte.

»Gestern Abend war ich in der Disco«, sagte sie. Ich nickte, soweit hatte ich mir das schon gedacht.

»So ein Typ kam und hat mich eingeladen. Ich wollte das nicht und habe darauf bestanden, den Drink selbst zu bezahlen.« Sie fuhr mit der linken Hand durch ihr verwuscheltes Haar und blies sich eine Haarsträhne aus dem Gesicht. »Der Kerl ist stinkreich und sieht verboten gut aus. Er fährt einen Mercedes. Aber ich wollte mich nicht einladen lassen, und der Drink hat zweiundzwanzig Euro gekostet ... und ich habe ihn nicht mal getrunken!«

Es gab eine Sache, die ich an Ana Lena sehr schätzte. Gut, mehrere Sachen. Eine davon war, dass sie nicht log. Sie verschwieg Dinge oder hielt sie zurück, aber sie log nicht.

»Hast du Probleme mit dem Kerl?«, fragte ich und

überlegte mir, ob ich nicht doch besser eine Schrotflinte an die Tür stellen sollte. Für den Fall der Fälle.

»Nein«, sagte sie und schüttelte den Kopf. »Er ist der Meinung, er wäre Gottes Geschenk an die Weiblichkeit, und scheinbar kriegt er auch jede rum. Ein arrogantes Arschloch. Ich weiß nicht mal, was er von mir will!«

Das hätte ich ihr sagen können, wäre es nicht ein weiteres Minenfeld gewesen. Nächsten Monat wurde sie siebzehn. Ich gab gerne zu, dass ich voreingenommen war, aber sie war eine Schönheit. Wie ihre Mutter auch. Es gab heute nicht weniger Arschlöcher als früher, eher schienen sie mir zuzunehmen, und mir zog es das Herz zusammen, als ich an Elisabeth dachte. Wieder fragte ich mich, ob es eine gute Idee war, bis zu ihrem achtzehnten Geburtstag zu warten, bevor ich Ana Lena die ganze Geschichte erzählte. Ich hatte es mir fest vorgenommen, aber es gab kaum etwas auf der Welt, vor dem ich so sehr Angst hatte wie vor diesem Tag.

»Er ist ein bisschen aufdringlich, aber ich kann Nein sagen«, fuhr sie fort. »Anders als ...« Sie brach ab.

»Ja?«

»Man muss es ihm deutlich sagen«, erklärte sie und kaute an ihrer Unterlippe herum. »Sonst versteht er es nicht.«

Ich wollte etwas sagen, doch sie stoppte mich. »Ich bin fast erwachsen und weiß, was ich tue. Ich bin nicht dumm. Außerdem weiß ich, was mit Mama geschehen ist.«

Mir stockte das Herz. Sie konnte doch nicht ... »Ich werde bestimmt nicht auf so einen Idioten hereinfallen und mich schwängern lassen!« Sie sah mich trotzig an. »Das Spritgeld ging für den verdammten Drink drauf. Deshalb bin ich pleite! Bekomme ich jetzt das Geld?«

Wortlos öffnete ich meine Brieftasche und hielt ihr dreißig Euro hin. »Du hast richtig gehandelt«, teilte ich ihr mit. »Und wenn es Probleme gibt ...«

»Das musst du mir gar nicht erst sagen. Das weiß ich«, sagte sie. Sie hielt das Geld in der Hand und schaute zu mir hoch, und für einen kurzen Moment verschwand diese trotzige Maske, und sie lächelte etwas. »Danke, Heinrich«, sagte sie, warf mir einen Kuss zu und verschwand. Diesmal ohne die Tür zu knallen.

Ich stand am Küchenfenster, mit meinem zweiten Kaffee in der Hand, schwarz und bitter, und schaute zu, wie sie ihren Helm aufsetzte und dann mit dem Roller davonknatterte, ohne auch nur zurückzusehen.

Vielleicht war es doch besser, einen GPS-Sender an ihrem Roller anzubringen oder noch besser, in ihrem Telefon. Ich hatte den ganzen Kram dafür unten im Keller liegen. Ohne Zweifel hätte ich dann besser schlafen können, aber sie hätte es mir auch nie verziehen. Was man liebt, das musste man loslassen. Aber nach dem, was Elisabeth geschehen war, fiel es mir fürchterlich schwer.

Ein letzter Schluck Kaffee, bevor ich einen Blick auf mein Blackberry warf, das mich daran erinnerte, dass für heute der Zahnarzt anstand. Eine Krone musste ersetzt werden, wenn ich daran saugte, ziepte es schon.

Ich hasste meinen Zahnarzt. Ich weiß, jeder hasst seinen Zahnarzt. Ich hasste meinen ganz besonders. Denn er war richtig gut und hatte Spaß an seiner Arbeit.

Ich wollte mich gerade abwenden, als ich den Typen auf der anderen Straßenseite sah, er stand da, schaute ganz offen zu mir hin und schrieb etwas in einen Notizblock. Was zur Hölle ... Ich öffnete die Eingangstür und sah zu, wie der Kerl davoneilte. Von der Polizei war er nicht, das würde ich riechen. Außerdem hätte ein Polizist keinen Grund, sich zu verziehen.

Du weißt schon, dass du etwas paranoid bist?

Ja. Das war mir bekannt. Dennoch ... ich schüttelte den Kopf über mich selbst, ging wieder ins Haus und schrieb mir die Einkaufsliste.

Wie jedes Mal, wenn mir Frau Kramer, unsere Nachbarin, die Tür öffnete, war sie wie aus dem Ei gepellt. Eine knorrige Hand auf den Krückstock gestützt, stand sie kerzengerade da und schaute mir mit ihren blassgrauen Augen direkt in die Augen, und das Lächeln auf ihren faltigen Lippen ließ ihre frühere Schönheit erahnen. Auf ihrer Anrichte standen Bilder, die bewiesen, dass die Annahme nicht täuschte.

Frau Kramer war sechsundachtzig Jahre alt und machte uns allen geistig noch etwas vor. Hier und da gab sie einen Hinweis auf eine Lebensgeschichte, die sich wohl wie ein Krimi lesen würde. »Möchten Sie einen Kaffee?«, fragte sie mich wie jedes Mal, und, wie fast jedes Mal, lehnte ich dankend ab.

»Nein danke, Frau Kramer«, lächelte ich. »Ich habe leider nicht viel Zeit. Ich muss nachher noch zum Zahnarzt.«

»Sie Armer«, sagte sie mitfühlend. »Das muss schlimm sein, wenn da einer bohrt. Gott sei Dank hat mich der Herrgott damit verschont«, fügte sie hinzu und lächelte wieder, zeigte ihre Zähne. Die, wie sie behauptete, noch nie einen Zahnarzt gesehen hatten und die sie alle noch besaß.

»Haben Sie den unangenehmen Mann gesehen?«, fragte sie und wies mit ihrem Gehstock hin zur anderen

Straßenseite, wo der Kerl gestanden hatte. »Er war gestern schon da und wurde sehr unangenehm, als ich ihm sagte, dass ich keinen Fernseher habe. Und auch kein Radio. Er wollte in die Wohnung, um sich zu vergewissern.« Sie richtete sich zu ihrer vollen Höhe von etwas unter hundertsechzig Zentimetern auf, und ihre blassblauen Augen sprühten Funken. »Ich habe ihm angeboten, ihn mit dem Krückstock zu erziehen, wenn er sich nicht sputet.« Sie schüttelte ungläubig den Kopf und drückte eine widerspenstige weiße Locke an den rechten Platz zurück. »Ich glaube, er hat gar nicht verstanden, was ich ihm damit sagen wollte.« Sie schnaubte durch ihre herrschaftliche Nase. »Ich habe seit zwanzig Jahren kein Radio oder Fernseher mehr. Was man durch diese Geräte hört und sieht, ist alles nur Schund und Unheil! Ich habe ihm gesagt, dass ich diese Geräte nicht brauche, weil ich lese!«

Ich mochte Frau Kramer. Sie war eine überaus faszinierende Frau mit sehr vernünftigen Ansichten.

Vor vielen Jahren war sie Elisabeths Klavierlehrerin gewesen, und Jahre später hatte sie auch mir das Spielen beigebracht, auch wenn ich nie so gut darin wurde, wie Elisabeth es war. Ist, verbesserte ich mich. Ist. Ich erinnerte mich, wie Frau Kramer damals hierhergezogen war, als ich gerade zehn Jahre alt war. Damals hatte man sie in der Nachbarschaft angefeindet, es gab irgendwelche Gerüchte über sie, dass sie eine Tänzerin gewesen wäre, eine Kurtisane, was wusste ich. Sie war damals schon über fünfzig, aber ich konnte mich an ihr strahlendes Lächeln erinnern und auch daran, wie sie die ganzen Anfeindungen mit einem Schmunzeln ignorierte und über den Dingen gestanden hatte. Jetzt war von der alten Nachbarschaft außer ihr so gut wie niemand mehr übrig. Ich glaube, ich war der Einzige, der sich noch daran erinnerte, welches Aufsehen sie damals erregt hatte, als sie mit ihrem schwarzen Mercedes Cabrio so elegant vorgefahren war, um diese alte Gründerzeitvilla zu beziehen.

Der Mercedes stand immer noch in der Garage und mich würde es nicht wundern, wenn er noch angemeldet war. Doch seit einem Sturz vor zwei Jahren war ihre Hüfte beschädigt, und sogar das Stehen bereitete ihr Schmerzen, auch wenn sie es sich nie anmerken lassen würde.

Also war der Typ von der GEZ.

»Haben Sie Ihre Einkaufsliste?«, fragte ich höflich.

»Ja, Heinrich«, sagte sie und hielt mir die fein säuberlich geschriebene Liste entgegen, zusammen mit einem ledernen Geldbeutel mit silbernem Verschluss. In dem Täschchen befand sich das Geld für ihren Einkauf, wie üblich auf den Cent genau zusammengerechnet. Seitdem sie gestürzt war, half ich ihr mit den Einkäufen. Es war kein Umweg für mich, und ich war es ihr schuldig, ohne sie und ihre Zivilcourage würden Elisabeth und vielleicht auch Ana Lena womöglich schon nicht mehr unter uns weilen. »Sie wissen, dass es nicht nötig wäre?«, fragte sie dann wie jedes Mal.

»Ich weiß«, lächelte ich zurück. »Aber so kann ich wenigstens etwas mit Ihnen flirten!«

Sie lachte, und wie so oft ertappte ich mich bei dem Gedanken, dass ich für sie gerne vierzig Jahre früher geboren worden wäre.

Lass das Marietta nicht hören.

Warum nicht, dachte ich schmunzelnd. Die Marietta, die ich kannte, hätte es nur amüsiert. Abgesehen davon kannte sie Frau Kramer auch.

⊕ Als ich, mit dem Zettel in der Hand, zu meinem Wagen ging, warf ich einen Blick zurück auf ihre kleine Villa. Früher war sie strahlend weiß gestrichen, und der kleine Rosengarten war stets ein Schmuckstück gewesen. Heute blätterte die Farbe ab, und die eine Regenrinne an der Seite, über dem Erker, hing schief. Wenn es regnete, lief sie über. Ich hatte ihr angeboten, die Regenrinne zu richten, aber Frau Kramer wollte nichts davon wissen.

»Ich werde ein Unternehmen damit beauftragen«, hatte sie gesagt. »Ich will ja nicht, dass Sie von der Leiter fallen, Heinrich. Ich muss nur daran denken, einen Dachdecker anzurufen.«

Durch das offene Fenster im Erdgeschoss hörte ich Rachmaninows drittes Klavierkonzert, ihre Finger waren noch so behände wie früher, und sie konnte sich immer noch in der Musik verlieren. Sie hatte recht, wer brauchte da noch einen Fernseher.

⊕ Der Einkauf im Supermarkt ließ mich hoffen, dass es heute mal nicht so lange dauern würde; tatsächlich stand an einer der Kassen nur eine Kundin, während sich an den zwei anderen Kassen bereits lange Schlangen bildeten.

Während ich meinen Wagen ausräumte, wurde mir klar, dass ich einen Fehler gemacht hatte, Kundin und Kassiererin, beide im mittleren Alter und permanentblond, schienen sich bestens zu kennen und tauschten Belanglosigkeiten über Neffen und Nichten aus. Ich übte mich in Geduld, doch davon hatte ich noch nie zu viel. Nebenan wurde die Schlange zügig abgefertigt.

Doch die Kassiererin machte keine Anstalten, die einsame Packung Tee der anderen Kundin über den Scanner zu ziehen. Ich räusperte mich ... und wurde ignoriert.

»Wollen Sie nicht weitermachen?«, fragte ich höflich.

Beide Damen bedachten mich mit einem ungläubigen Blick.

»Sehen Sie nicht, dass ich mich hier unterhalte?«, fragte die Kassiererin.

»Ich höre es«, antwortete ich und versuchte ruhig zu bleiben. »Aber wie wäre es, wenn Sie es in Ihrer Freizeit tun?«

»Wissen Sie«, sagte die Kassiererin und lächelte gehässig. »Das ist eine gute Idee.« Sie drückte einen Knopf und wies mit dem Finger hoch zu dem Licht, das eben angegangen war. Kasse geschlossen, stand da. Hiermit schien mir die Existenz der Servicewüste Deutschland hinreichend bewiesen.

Ruhig, Heinrich, dachte ich. »Ich möchte mit der Marktleitung sprechen«, teilte ich ihr mit. Sie nickte und wies mit dem Daumen hin zur Wand, wo unter der Bezeichnung Marktleiterin ihr Konterfei prangte. »Wir sind für Sie da« stand in Weiß und Rot darunter.

»Kommen Sie in einer Stunde wieder«, sagte sie und schaute über ihre nicht allzu lange Nase auf mich herab, was ein Kunststück war, da sie saß und ich stand. »Ich habe jetzt Mittagspause.« Um kurz nach neun? »Ach so, und räumen Sie das Band ab, Sie sehen doch, dass die Kasse geschlossen ist.«

Ihre Augen glitzerten gehässig, dann wandte sie sich wieder ihrer Freundin zu, und ich war abgemeldet. Ich starrte sie ungläubig an, wurde weiter ignoriert und brauchte meine gesamte Selbstbeherrschung, um nicht ausfällig zu werden.

Ich biss die Zähne zusammen und räumte das Transportband ab, prompt erinnerte mich die verfluchte Krone unsanft daran, warum ich nachher noch zum Zahnarzt musste.

Natürlich waren die Schlangen jetzt länger. Doch die Kassiererin hier war freundlich, jung, mit einem netten Lächeln und einem Piercing in jedem Nasenflügel und an der Unterlippe. Die Waren flogen nur so über den Scanner und dann, nachdem ich bezahlt hatte, wünschte sie mir noch mit einem strahlenden Lächeln einen guten Tag, bevor sie sich dem nächsten Kunden zuwandte. Was mir wieder mal bewies, dass die Welt ungerecht sein konnte. Sie sollte man zur Marktleiterin machen und nicht die alte Schachtel!

Ich war dankbar für ihr Lächeln, es hatte die Zitronenesserin von eben mehr als wiedergutgemacht. Ich war dennoch froh, hier raus zu sein und mein Wagen stand auch ganz in der Nähe.

Aber es gab Tage, an denen wirklich alles schieflief.

»Entschuldigung?«, hörte ich eine weibliche Stimme. Als ich mich zu ihr umdrehte, stand dort eine junge Frau mit wirren Haaren, einem leicht verzweifelten Blick, einem Kinderwagen und einem gurgelnden Baby auf dem Arm.

»Können Sie mir bitte kurz helfen?«, fragte sie und schaute mich flehend an.

»Wobei?«, fragte ich vorsichtig.

»Nur mal kurz halten«, sagte sie und drückte mir ihr Baby in die Hand. »Ich muss den Kinderwagen in den Kofferraum packen, und wenn ich Mia in ihren Sitz packe und nicht gleich selbst vorn einsteige, bricht die Hölle los.«

Ich wollte ihr gerade vorschlagen, dass besser sie ihr

Baby halten und ich den Wagen für sie zusammenfalten sollte, als die Kleine mich mit großen blauen Augen ansah, glücklich lächelte, ein paar freudige Schnalzlaute von sich gab und mir auf die linke Schulter kotzte.

Den Anzug hatte ich mir gestern erst aus der Reinigung geholt.

Nein, scheinbar war dies wirklich nicht mein Tag.

⊕ Als ich ihr ihren Einkauf brachte, entschädigte mich Frau Kramers Lächeln ein wenig für die erlittene Unbill, wieder lud sie mich zum Kaffee ein, aber mir fehlte die Zeit dazu. Es wurde langsam eng, wenn ich noch beabsichtigte, meinen Zahnarzttermin einzuhalten. »Danke, das ist nicht nötig«, wiegelte ich freundlich ab und wollte mich gerade verabschieden, als sie seufzte.

»Franz scheint auch keine Zeit mehr für mich zu haben«, meinte sie traurig. Es war das erste Mal, dass ich sie ansatzweise klagen hörte. Ich musste einen Moment überlegen, wer Franz denn war. Dann fiel es mir wieder ein. Opa Niemann, wie Elisabeth und ich den alten Mann genannt hatten, der bis vor drei Jahren im Haus gegenüber gewohnt hatte, bevor er dann in eine kleine Wohnung ein paar Straßen weiter umgezogen war.

Verflucht, sie weiß es nicht!

»Oder aber er traut sich nicht mehr aus dem Haus, seitdem er diesen Ärger mit den Neonazis hat«, fuhr sie bedrückt fort. »Man sollte meinen, dass diese braune Seuche endlich irgendwann aufhört. Ich mache mir Sorgen, Heinrich, er geht nicht mal mehr ans Telefon!«

Opa Niemann war mein 16-Uhr-Termin. Seine Wohnung musste entrümpelt werden, man hatte ihn vorletzte Woche im Hoftor zu seiner kleinen Hinterhofwohnung gefunden. Da es keine Erben gab, hatte die Stadt mich beauftragt, seine Wohnung aufzulösen.

»Ich glaube«, sagte ich langsam, »ich nehme doch einen Kaffee.«

Sie mochte alt geworden sein, aber ihr entging wenig. Wahrscheinlich wusste sie schon in diesem Moment, was ich ihr sagen würde. Sie wahrte zwar die Fassung, aber es war ihr anzusehen, wie hart es sie traf.

»Sie lösen seinen Haushalt auf?«, fragte sie dann, während sie ganz darauf konzentriert schien, sich noch eine Tasse einzufüllen. Ich warf einen diskreten Blick auf meine Uhr, es war schon jetzt knapp, aber manchmal gab es doch Wichtigeres als Geschäftstermine.

»Zusammen mit jemandem von der Stadt«, nickte ich. »Wir werden die Wohnung auf Wertgegenstände, Testament und Hinweise auf mögliche Erben durchsuchen, danach wird der Haushalt aufgelöst.«

Sie nickte langsam, während sie sich unauffällig die Tränen aus den Augen wischte.

»Und wenn es keine Erben gibt?«

»Dann kümmert sich die Stadt darum.«

»Wissen Sie, ob er schon begraben wurde?«

»Nein«, sagte ich. »Aber ich kann es herausfinden.«

»Danke, Heinrich«, sagte sie leise. Diesmal hielt sie mich nicht zurück. Als ich mich verabschiedete, saß sie nur da und schaute in ihre volle Tasse.

⊕ Doch was ich von ihr über Opa Niemann erfahren hatte, ging mir nicht mehr aus dem Kopf. Offenbar war er vor ein paar Wochen mit drei oder vier Neonazis aneinandergeraten. Er musste dann damit gedroht haben, die Polizei zu rufen, danach waren sie wohl stiften gegangen. Frau Kramer hatte er erzählt, dass er sie seitdem mehrfach wiedergesehen hätte, als ob sie ihn verfolgen würden.

»Und das, nachdem er Auschwitz überlebt hat.«

Sie sah wohl meinen Blick. »Wussten Sie das nicht, Heinrich?«, fragte sie. »Er war Jude. Hat seine gesamte Familie im KZ verloren.«

Während ich mich umzog und Captain Jack fütterte, der mich mit kläglichem Mauzen darauf hinwies, dass Ana Lena wieder einmal vergessen hatte, ihm den Napf zu füllen, fiel es mir schwer, ruhig zu bleiben. Ich konnte diese Neonazis einfach nicht ausstehen. Natürliche Dummheit, gepaart mit unbegründeter Arroganz und sinnfreier Ideologie, eine bessere Definition für menschlichen Müll konnte es kaum geben.

Ich erinnerte mich, wie meine Mutter vor vielen Jahren Opa Niemann angesprochen hat, weil er immer am Spielplatz gesessen und uns Kindern zugesehen hatte. Heute wusste ich, was Mutter damals befürchtet hatte, als sie ihn zur Rede stellte, damals hatte ich keine Ahnung, warum sie so besorgt gewesen war.

Offenbar hatte er sie überzeugen können, und sie hatte Elisabeth und mir aufgetragen, nett zu ihm zu sein, weil er auch mal Kinder gehabt hätte, die nun nicht mehr leben würden.

Ein freundlicher alter Mann. Und er endete zusammengeschlagen in einem Hofdurchgang. Nur weil er Ärger mit ein paar Neonazis hatte, musste das nicht bedeuten, dass sie es gewesen waren. Aber irgendwie lag die Vermutung doch nahe, oder nicht?

Aber bevor sich da etwas machen ließ, musste ich mich erst einmal um etwas anderes kümmern.

Meinen Zahnarzttermin.

Es war eine Weile her, dass ich beim Zahnarzt war. Offenbar galt das auch für das Navi, denn es hatte die Einbahnstraßen nicht aktualisiert. Schließlich fand ich die Straße doch und einen Parkplatz noch dazu. Mitten in Bad Homburg, direkt vor dem Zahnarzt. Genauso gut hätte man auch im Lotto gewinnen können.

Es gab nur ein kleines Problem. Direkt vor mir, mitten auf der Straße unterhielten sich zwei alte Frauen miteinander.

Ich wartete. Wartete etwas länger.

Mach keinen Fehler, Heinrich.

Ich drückte auf die Hupe. Die eine der älteren Damen drehte sich zu mir um. Ich tat eine Geste, dass sie zur Seite treten sollten. Sie ignorierte mich und widmete sich wieder ihrer Unterhaltung.

Ich hupte erneut.

»Sehen Sie nicht, dass wir uns hier unterhalten, junger Mann?«, fragte die eine bissig. Ob dritte Zähne oder nicht, die Art, wie sie die Hauer bleckte, hätte wohl auch einen Hai eingeschüchtert.

Das hatte ich heute schon einmal gehört und hatte jetzt wirklich die Schnauze voll. Also zählte ich langsam bis drei. Um mich zu beruhigen. Als das nicht funktionierte, ließ ich die Scheibe herunter.

»Können Sie das nicht auf dem Gehsteig tun?«, fragte ich und versuchte, freundlich dabei zu klingen.

»Hören Sie auf, uns zu belästigen!«, keifte die andere alte Schachtel und hob drohend ihren Regenschirm.

Mir war es dann doch zu bunt, ich ließ die Kupplung etwas kommen und fuhr zwei Zentimeter vor.

Und hupte noch mal.

Uh, oh.

»Jetzt reicht's, verschwinden Sie!«, rief die eine, holte mit ihrem Gehstock aus und knallte ihn mit Wucht auf meine Motorhaube. »Bevor ich noch die Polizei rufe!«

Ich konnte kaum glauben, was da eben geschehen war. Mein Wagen war keine zwei Monate alt, kein Kratzer dran ... nur eine fette Delle in der Motorhaube. Seit eben.

Während die eine Megäre noch immer mit ihrem Gehstock fuchtelte und mich angiftete, fuhr von der anderen Seite her ein gelber Golf gegen die Fahrtrichtung direkt in meinen Parkplatz ein, ein junger Schnösel stieg fröhlich pfeifend aus und ging die Treppe zum Zahnarzt hoch.

Kaum war der Parkplatz besetzt, gingen die beiden Damen auch schon kopfschüttelnd davon, nicht ohne mir vorher noch ein paar drohende Blicke zukommen zu lassen. Nur mühsam widerstand ich dem Impuls, hier und jetzt ins Lenkrad zu beißen.

Sag nicht, ich hätte dich nicht gewarnt.

⊕ »Wir machen unsere Termine nicht zum Spaß, Herr Schmitt«, begrüßte mich die Zahnarzthelferin in einem belehrenden Ton. »Jetzt ist Ihr Termin vergeben!« Sie wies mit ihrem Blick auf den jungen Schnösel aus dem gelben Golf, der gerade von einer anderen Zahnarzthelferin mit einem freundlichen Lächeln in den Behandlungsraum gebeten wurde.

»Tut mir leid, Sie müssen warten«, meinte die junge

Frau zu mir. »Aber wir werden uns bemühen, so schnell wie möglich ...« Ja, klar doch, dachte ich und setzte mich in den Warteraum. Es waren nur vier vor mir, so dauerte es dann kaum länger als eine Dreiviertelstunde, bis ich mit einem freundlichen Lächeln in einen Behandlungsraum gebeten wurde. Dort hängte man mir ein Papierlätzchen um, teilte mir mit, dass der Doktor sich gleich um mich kümmern werde ... und ließ mich dort sitzen. Eine weitere halbe Stunde lang. Vielleicht konnte ich währenddessen ein paar Dinge erledigen, dachte ich und zog mein Handy aus der Tasche.

Prompt ging die Tür auf und eine der Harpyien stand im Türrahmen, den Finger mahnend hoch erhoben. »Bitte schalten Sie Ihr Telefon auf der Stelle aus, es stört unsere Geräte. Und belästigt die anderen Patienten!«

Also klappte ich mein Telefon wieder zu und ergab mich in mein Schicksal.

Im Warteraum gab es wenigstens antiquarische Ausgaben von Wochenzeitungen. Die älteste war eine *Bunte* aus dem Jahr 1979. Hier aber blieb mir nichts anderes, als die Deckenpaneele zu zählen oder aus dem Fenster zu starren, das einen prächtigen Blick auf eine Betonwand gewährte.

Ich hatte Übung darin, immer auf die gleiche Wand zu starren. So hatte es auch mit Roland angefangen.

Das Loch, in das sie mich gesteckt haben, nachdem ein irakischer Militärarzt mich zusammengeflickt hatte, war zu niedrig zum Stehen, zu klein zum Liegen, mit zwei Löchern darin. Eines, um die Nahrung reinzuschieben, das andere, um sie loszuwerden. Abgesehen von den Gelegenheiten, wenn sie kamen, um das Unterhaltungsprogramm zu starten, hatte ich wenig Besuch. Auf den, den ich bekam, konnte ich verzichten, mit der Zeit wurden die Prügelstrafen und die Scheinhinrichtungen dann doch langweilig. Na gut, nicht wirklich, aber ich konnte gerne auf sie verzichten.

Nur eine Ratte kam ab und zu vorbei. Er wurde immer zutraulicher, und irgendwann fing ich an, mit ihm zu reden. Selbstgespräche lassen sich besser führen, wenn man jemanden anspricht, in dem Fall war es eben Roland. Doch irgendwann hatte einer der Wärter das mitbekommen und Roland mit einem Gewehrkolben erschlagen. Da war es allerdings schon zu spät, tot oder nicht, Roland gab mir noch immer Antwort. Und wenn ich versuchte, ihn zu ignorieren, meldete er sich unverdrossen trotzdem.

Sonst wärst du noch verrückt geworden.

Und jetzt bin ich's nicht?

Du führst Selbstgespräche, das ist alles. Besser als die Alternativen.

Das Einzige, das ich Roland manchmal wirklich übelnahm, war, dass er so oft recht hatte.

⊕ »Herr Schmitt?«, fragte die nette Dame und riss mich damit aus meinen Gedanken. »Wir sind jetzt so weit.« Sie führte mich in den Röntgenraum, legte mir eine Bleischürze an, macht Aufnahmen ... dann saß ich in einem anderen Behandlungsraum und wartete dort. Hier war der Ausblick besser, es gab zusätzlich zur Betonwand noch eine Straßenlaterne zu betrachten.

Drei gefühlte Ewigkeiten später kam der Zahnarzt herein, begrüßte mich mit einem strahlenden Lächeln und den Worten: »Schön, dass Sie da sind, wir haben uns ja länger nicht gesehen!« Dass es ihn freute, glaubte ich ihm gerne. »Sie müssen noch die Praxisgebühren bezahlen«, teilte er mir dann mit. »Und jetzt machen Sie mal ganz brav den Mund auf, damit ich mir die Katastrophe anschauen kann!«

Er warf einen Blick auf die Röntgenaufnahme, griff einen metallenen Haken von dem Tablett, fuhr unter die Krone und hebelte sie auf.

»Oh«, meinte er dann. »Tut das weh?«

Überflüssige Frage, eben hatte ich ihm fast die Armlehnen des Behandlungsstuhls verbogen, als er den Nerv getroffen hatte. Das dumpfe Stöhnen, das mir dabei entwichen war, hätte ihm auch ein Hinweis sein können.

»Keine Sorge!«, strahlte er mich an und rieb sich freudig die Hände. »Wir kriegen das wieder hin ... Da hat sich nur was entzündet, ich mach den Kanal wieder auf, dann sehen wir ja, was rauskommt!«

Ich konnte ihn nur beneiden. Der Mensch hatte seine Berufung gefunden und offenbar viel Spaß an seiner Arbeit. Ich nicht.

Als ich eine Stunde später mit dem Hinweis, dass ich nicht Auto fahren sollte, bevor die Betäubung nachgelassen hat, wieder aus der Praxis torkelte, war der Parkplatz vor der Praxis wieder frei. Ich war schweißgebadet, meine gesamte linke Gesichtshälfte fühlte sich taub an, und ich sabberte wie der Hund vom Nachbarn.

Eigentlich kann der Tag jetzt nur noch besser werden.

Wäre nett, wenn es so wäre. Große Hoffnung hegte ich da nicht, denn als Nächstes war Opa Niemanns kleine Wohnung dran.

Es war viel zu spät, um noch nach Hause zu gehen, also fuhr ich direkt dorthin, wo meine Crew schon auf mich wartete. Der Transporter stand bereit, die Jungs waren voller Tatendrang, und Frau Werner, die Dame von der Stadt, wartete bereits und sah missbilligend auf ihre Uhr. Wenn sie nicht ständig so verkniffen dreinschauen würde, als würde sie permanent unter Verstopfung leiden, wäre sie vielleicht sogar eine attraktive Frau. So aber gehörte sie zu der Sorte Frauen, denen man es nie recht machen konnte und die bei mir einen Fluchtreflex auslösten.

»Wenn Sie weiter so unzuverlässig sind, werde ich das melden«, begrüßte sie mich und ging ohne ein weiteres Wort. »Auf jeden Fall werde ich mich bei Ihrem Chef beschweren.«

Gut, dachte ich. Mach das. Ich werde es entsprechend zur Kenntnis nehmen.

Sie hatte Opa Niemanns Schlüssel dabei, und wir schlossen gemeinsam auf. So hatte der alte Mann also seine letzten Jahre verbracht. Zwei kleine Zimmer, eine Küche, gerade groß genug, um sich darin umzudrehen, ein Bad, das ganz bestimmt nicht altengerecht war.

Aber alles war sauber und ordentlich, da hatte ich schon ganz andere Wohnungen gesehen. Was an Platz da war, war mit alten Möbeln vollgestellt, alle aus den Zwanzigern bis Vierzigern und gut erhalten, eine Goldgrube für uns.

So sah das auch Bernd, der die Gebrauchtmöbel restaurierte und verkaufte. Doch noch war es nicht so weit, erst einmal wurde die Wohnung sorgfältig durchsucht. Der alte Herr hatte es uns einfach gemacht, in dem alten Sekretär hatte er seine Unterlagen sorgfältig zusammengestellt, und ich fand dort auch eine alte Geldkassette. Frau Werner fand den zugehörigen Schlüssel, und wir trugen alles ein: Bargeld, etwas unter neunhundert Euro, zwei alte Sparbücher, die Kontounterlagen, das Wenige, das er an persönlichen Wertgegenständen noch besessen hatte. Ich machte von allem Aufnahmen, dann durchsuchten wir die letzten Winkel seiner Wohnung. Hinter dem Spiegelschrank im Badezimmer wurde ich dann fündig, fünftausend Euro in großen Scheinen. Auch sie wurden eingetragen, dann sammelten wir alles an Geld und Schmuck ein, beschrifteten und versiegelten den Karton und Frau Werner gab das Okay, wir konnten anfangen.

Bevor sie ging, fragte ich sie, was sie über den Tod des alten Mannes wusste.

»Er wurde im Hof zusammengeschlagen«, teilte sie mir unbeteiligt mit, während sie auf ihre Uhr schaute. »Ich hörte, er lag da drei Stunden rum, bevor er gefunden wurde. Er starb dann im Krankenhaus. Innere Blutungen und eine Lungenentzündung.«

»Weiß man, wer es war?«

»Keine Ahnung«, meinte sie und runzelte die Stirn. »Ich hab gehofft, er macht mir nicht so viel Arbeit«, fügte sie mürrisch hinzu. In der Kassette hatten wir Briefe gefunden, die darauf hindeuteten, dass er noch Verwandtschaft hatte. In Boston. Amerika. Jetzt musste sie doch noch versuchen, die Hinterbliebenen aufzutreiben und zu kontaktieren.

Die arme Frau konnte einem leidtun.

Ich nickte Bernd zu, und er und seine Leute fielen über Opa Niemanns kleine Wohnung her wie die Heuschrecken. Geübt und systematisch. In ein paar Stunden würde nichts mehr darauf hinweisen, dass hier einmal ein alter Herrn lebte, der vor vielen Jahren auf uns Kinder aufpasste und immer ein freundliches Wort oder ein Lächeln für uns übrig gehabt hatte.

Ich blieb in der Wohnungstür stehen, sah ein letztes Mal zurück und zog dann sanft die Tür hinter mir zu.

Mittlerweile hatte die Betäubung aufgehört, es pochte und tat stärker weh als zuvor. Ich verabschiedete mich von Bernd und ging zu meinem Wagen.

Auf der Straße pöbelten drei Skinheads herum.

»Was guckst du so, Alter, hast du ein Problem?«, grinste der eine, als ich an ihnen vorbeigehen wollte. Er stellte sich mir in den Weg.

Ein Schlag in den Kehlkopf, dem Typen links trete ich die Kniescheibe weg und dem anderen ...

Falscher Zeitpunkt, Heinrich.

Ich riss mich zusammen und ging einfach links an dem Kerl vorbei, ohne ihn und seine Freunde auch nur eines weiteren Blickes zu würdigen.

Aber ich hatte sie mir gemerkt.

Zu Hause wartete Marietta auf mich, zusammen mit ihrem adretten Kollegen. Er lehnte an dem schwarzen BMW, den die beiden wohl als Dienstwagen fuhren, hatte die Arme verschränkt und sagte nichts weiter. Nur seine Augen waren beständig in Bewegung, und seine Stirn war gefurcht, als gäbe es da jemand, der ihm nicht gefiel. Dreimal durfte ich raten, wer das war.

Marietta trug diesmal ein dunkelblaues Kostüm, mit einem Rock, der knapp unter den Knien endete, dazu farblich passende Stiefel. Diesmal trug sie ihr Haar offen, sie hatte eine Menge davon. Und endlos lange Beine.

Erinnere dich besser nicht an diese Beine. Oder daran, wie sie sich angefühlt hat.

Zu spät.

Der BMW stand in meiner Auffahrt, sodass ich nicht in die Garage fahren konnte. Also parkte ich auf der Straße und ging zu ihr hin.

»Sie haben Glück, dass wir Sie noch angetroffen haben«, begrüßte sie mich.

Ich sah das genauso. Nur aus anderen Gründen. Auf Kommissar Dressman hätte ich allerdings verzichten können. »Wieso?«

Sie schenkte mir ein schmales Lächeln. »Sonst hätten wir Sie ins Präsidium vorgeladen.«

Gutes Argument.

»Was kann ich für Sie tun?«, fragte ich höflich.

»Mir ein paar Kleinigkeiten erklären.« Ihr Blick war aufmerksam und direkt, es fiel mir schwer zu erkennen, ob sie sauer wegen etwas war. Vermutlich schon. Ihre Augenbrauen waren etwas zusammengezogen, und ich kannte diesen Blick. Ja, sie war noch immer sauer.

Oder wieder. Ich sag doch, sie hat dich gestern Abend erkannt.

»Bitte«, sagte ich mit einem freundlichen Lächeln und öffnete meine Arme zu einer Geste, die andeuten sollte, dass ich für sie ein offenes Buch wäre. »Was wollen Sie wissen?«

»Sie haben vergessen zu erwähnen, dass Sie in den letzten drei Tagen jeden Tag im Café gewesen sind. Zufälligerweise immer dann, wenn Herr Valente auch anwesend war.« Sie sah mich prüfend an. »Haben Sie ein besonderes Interesse an dem Herrn gehabt?«

Ich zuckte mit den Schultern. »Der Cappuccino dort ist ganz gut.«

»Ja«, sagte sie. »Sicher. Das Café ist nicht gerade bei Ihnen um die Ecke. Fahren Sie gerne eine halbe Stunde im Berufsverkehr, um dort Pause zu machen? Ach, ich vergaß, Sie sind selbstständig und arbeiten von zu Hause aus. Ist Ihre Kaffeemaschine kaputt?«

»Es ist ein Zufall«, sagte ich unwirsch. »Was wollen Sie?«

»Ich kannte mal einen Heinrich Schmitt«, sagte sie leiser. »Es ist lange her, aber ich bin ziemlich sicher, dass er bei der Bundeswehr war. Hat dort studiert. Wurde dann zum AMK versetzt. Der Mann, den ich kannte, hatte ein ausgezeichnetes Gedächtnis und hätte sich geschämt, eine solche Zeugenaussage abzugeben.« Sie blickte mir weiter in die Augen. »Ich habe etwas gegraben. Viel habe ich nicht gefunden, nur dass du als Ausbilder zwei Jahre dem KSK zugeteilt gewesen bist. Von Anfang an dabei. 95 bis 97. Aber deinen Sold hast du nach wie vor über das AMK bezogen. Mir sagt das, dass du beim BND gewesen bist.«

»Ja«, nickte ich. »Das hört man immer wieder. Ist aber nicht wahr. Wir erproben dort auch neue Materialien. Deshalb war ich auch beim KSK, es ging dabei um Ausrüstung, Taktik und Strategie. Wenn du das als Ausbilden bezeichnen willst«, ich hob die Schultern und ließ sie wieder fallen, »dann bitte sei mein Gast.«

Sie tat, als hätte sie mich nicht gehört. »Dann hast du dich angeblich an einem Schreibtisch festgehalten, wurdest zweimal befördert, ohne dass sich dein Job geändert hätte, und wurdest dann ...« Sie stockte kurz. »Du wurdest für tot erklärt. Ich war auf der Trauerfeier.«

War sie? Das traf mich härter, als ich gedacht hatte. »Ich ...«, begann ich, doch sie unterbrach mich erneut. »Fang jetzt bloß nicht damit an, dass es nur ein kleiner

Irrtum gewesen wäre.« Sie atmete tief durch, um sich zu fangen. »Es tut auch nichts zur Sache. Dann, vor sechs Jahren, bist du plötzlich wieder aufgetaucht, und man hat dich in den Ruhestand versetzt. Vier Jahre, bevor du deine vierundzwanzig Jahre voll gehabt hättest. Was ist passiert, Heinrich?«, fragte sie.

»Mein Rücken wollte nicht mehr«, antwortete ich kurz. Ich konnte immer noch nicht fassen, dass sie auf meiner Trauerfeier gewesen war.

»Wirklich? Und blind bist du auch geworden?«

Jepp, sie ist sauer.

»Du hast öfter solche Gedächtnisverluste, nicht wahr?«, meinte sie kühl. »Vor sechs Jahren konntest du uns auch nicht erklären, was mit deinem Schwager geschehen ist.«

Ich atmete tief durch.

»Der Kerl hat meine Schwester fast totgeprügelt. Sie hat mich angerufen, ich bin hin und habe meine Nichte eingepackt, um meine Schwester im Krankenhaus zu besuchen. Doch mein Schwager hatte sie schon abgeholt, und das, obwohl es eine einstweilige Verfügung gegen ihn gegeben hat. Als Ana Lena und ich ins Haus zurückkamen, fanden wir die Spuren eines Kampfes vor. Seitdem ist sie vermisst!« Ich hatte Schwierigkeiten, meine Ruhe zu bewahren. »Marietta, es ist mir scheißegal, was mit Frank geschehen ist! Meine Schwester ist seit fast sechs Jahren vermisst ... sag mir dazu lieber etwas!«

»Eine Nachbarin hat angegeben, dass sie sah, wie deine Schwester aus dem Haus gestürmt ist. Aber deinen Schwager sah sie nicht«, erklärte sie kühl. Ja, das hatte Frau Kramer mir dann auch erzählt.

»Was kann ich dafür? Vielleicht ist er durch die Garage

raus? Ich weiß es nicht. Als ich mit Ana Lena zurückkam, war alles schon vorbei.« Das zumindest war die Wahrheit. Zum Teil jedenfalls.

»Ja«, nickte sie. »Das hast du damals auch behauptet.« Sie sah auf meine geballten Hände herab und hob eine Augenbraue. Berthold stand immer noch an dem Wagen, aber er stand nicht mehr ganz so lässig da wie zuvor. Eine falsche Geste, schien sein Blick zu sagen, dann gibt's Ärger. Geballte Fäuste waren offenbar schon nahe dran an falsch. Für wen hielt er mich? Einen Frauenmörder?

Du könntest ihm erklären, dass du noch nie jemanden grundlos umgebracht hast. Das wird ihn bestimmt beruhigen.

Ich entspannte meine Hände.

»Was hat das mit diesem Italiener zu tun? Bin ich jetzt ein Tatverdächtiger?«, fragte ich so ruhig ich konnte.

Ihr Blick glitt über mein Gesicht, dann schüttelte sie leicht den Kopf. »Nein«, sagte sie leiser. »Ich weiß nur, dass du etwas zu verbergen hast, Heinrich.«

»Du vermutest es.«

»Nein«, widersprach sie. »Ich weiß es. Ich kenne dich, Heinrich.«

»Es ist über zwanzig Jahre her.«

»Manches ändert sich nicht.« Sie nickte erneut, als hätte sie etwas bestätigt gefunden, und wurde wieder formell. »Also gut. Wenn Ihnen etwas Neues einfällt, das uns weiterhilft, Sie wissen, wo Sie mich erreichen können.« Sie wandte sich zum Gehen.

»Warte bitte«, sagte ich leise und berührte sie leicht am Arm. Ich sah auf ihre linke Hand herab, dorthin, wo kein Ring zu sehen war. Ich weiß auch nicht, warum ich das tat, aber der Teufel ritt mich. »Du bist nicht mehr verheiratet?«

Sie schaute überrascht auf.

»Nein. Obwohl es dich nichts angeht.« Sie wollte sich wieder abwenden, wieder berührte ich sie am Arm, Herr Berthold hatte sich mittlerweile vom Wagen gelöst und kam langsam zu uns.

Tu's nicht!

»Darf ich dich ausführen? Zum Abendessen einladen? Oder auf einen Wein?«

Sie blinzelte langsam. Zweimal.

»Du fragst mich nach einem Date?«, fragte sie.

»Ja«, sagte ich und bemerkte, wie mir das Herz pochte. »So ist es wohl. Ich ...«, mir fiel nichts weiter ein, also zuckte ich mit den Schultern.

»Okay, Heinrich«, sagte sie, ihr Gesicht so neutral, dass es mir unmöglich war, etwas darin zu erkennen. »Freitagabend. Um acht.«

Sie drehte sich um und ging zu Berthold, diesmal hielt ich sie nicht zurück, sondern stand nur da und schaute zu, wie die beiden einstiegen und davonfuhren.

Ich konnte nicht glauben, dass ich sie eben gefragt hatte. Und noch weniger konnte ich verstehen, warum sie tatsächlich zugesagt hatte!

Sie würde mich löchern. Sie würde sich nicht abspeisen lassen und nicht Ruhe geben, bis sie alles herausgefunden hatte. Dennoch sah ich ihrem Wagen nach, bis er vorne an der Ecke abbog. Dann ging ich hinüber zu Frau Kramer, die, auf ihrem Krückstock gelehnt, sich die ganze Sache von ihrer Haustür aus angesehen hatte. Vielleicht konnte ich Marietta fragen, ob sie etwas über Opa Niemann wusste.

Ich gab ihr den dicken Packen sorgsam verschnürter, vergilbter Briefe, die ich in einer Schublade des Sekretärs gefunden hatte.

»Danke«, hauchte sie und hielt den Packen an ihre Brust. »Sie ahnen nicht, was das für mich bedeutet.«

Ich gab ihr noch das Foto, das ich in einem silbernen Rahmen auf dem Nachttisch stehend gefunden hatte. Es war schwarzweiß und zeigte eine junge Frau und einen lächelnden jungen Mann vor einem See. Zürich. 1942, stand hintendrauf. Sie konnten damals beide kaum älter als zwanzig gewesen sein. Wahrscheinlich jünger, damals sah ja jeder älter aus. Siebzehn. Wenn sie jetzt sechsundachtzig ist, dann war sie damals siebzehn gewesen.

»Ich wusste gar nicht, dass Sie sich so lange kannten«, sagte ich leise.

»Sie wissen vieles nicht, Heinrich«, sagte sie mit belegter Stimme und lächelte etwas mühsam, während ihr eine Träne über die Wange lief. »Danke«, sagte sie noch mal. »Entschuldigen Sie mich?«

Ich nickte nur, und sie schloss langsam die Tür.

1942. Das waren neunundsechzig Jahre. Eine lange Zeit für ein Geheimnis, dachte ich, als ich rüberging und aufschloss.

Es war ruhig im Haus. Zu ruhig. Captain Jack strich mir um die Beine. Ich räumte die Küche auf, holte mir ein Bier aus dem Kühlschrank und trank einen Schluck, bevor ich es wieder wegschüttete.

Unten im Büro kümmerte ich mich ums Geschäft, konnte mich aber kaum konzentrieren. Marietta. Frau Hauptkommissarin Marietta Steiler.

Verdammt. Heinrich, du bist ein Idiot.

⊕ Brockhaus hatte mich daran erinnert, dass ich ihm etwas versprochen hatte. Es war jetzt wirklich nicht der richtige Zeitpunkt, um mich darum zu kümmern, aber ich konnte es auch nicht immer weiter hinausschieben. Ich wusste zwar nicht, was er mit der Frau zu tun hatte, aber so wie es aussah, hatte er leider recht. Wenn ich zu lange wartete, konnte es sie umbringen.

Sie wohnte in Hanau, das war im Prinzip um die Ecke, und sie hatte ein Problem. Ihren Mann. Er hatte sie schon viermal krankenhausreif geschlagen, ansonsten hatte sie in den letzten vier Jahren eine Menge »Unfälle« gehabt. Sie musste schon ziemlich ungeschickt sein, um viermal hintereinander gegen dieselbe Tür zu laufen.

Sie hatte sogar Anzeige gegen ihren Mann erstattet, sie aber dann doch zurückgezogen. Zwei Tage später war sie dann wieder im Krankenhaus gewesen. Das Sozialamt hatte sie auch schon besucht, aber angeblich wäre alles in Ordnung gewesen.

Ich konnte verstehen, dass man nicht nachgehakt hatte. Die Leute hatten genug mit denen zu tun, die um Hilfe baten, da konnten sie nicht auch noch Detektivarbeit leisten.

Dabei war es gar nicht so schwer. Ein Hoch auf die EDV. Früher war es schwieriger gewesen, an Informationen zu kommen, heute gab es dafür den gläsernen Bürger. Jedenfalls für Leute wie Brockhaus. Er hatte kein Problem damit, mir alle Informationen zu besorgen, die ich brauchte, ob es nun Adressen für Autokennzeichen waren, Führerscheinanträge oder, wie in diesem Fall, elektronische Akten aus den drei Krankenhäusern, in denen die Frau schon behandelt worden war. Mittlerweile lagen mir sogar die Akten von zwei Hausärzten vor.

Wie Ludwig mir mal sagte, war es seine Art, gegen den

Überwachungsstaat zu protestieren. »Sie zwingen Leute wie mich geradezu dazu, kriminell zu werden«, hatte er mir einmal erklärt. »Abgesehen davon, dürfen sie sich nicht beschweren, angeblich existiert der größte Teil der Daten ja gar nicht.«

Annabelle Richter hieß sie. Sie hatte Germanistik studiert, bis vor vier Jahren war sie als Journalistin tätig gewesen. Dann aber lief alles aus dem Ruder, der Grund dafür war niemand anderes als ihr mieser Göttergatte.

Wie eine so intelligente junge Frau nur in eine solche Lage geraten konnte? Warum sie den Kerl nicht einfach verließ? Ich wusste mittlerweile, wie es ist, wenn man meint, in einem Ozean zu ertrinken, der in Wahrheit nur eine Pfütze ist. Man wird eingefangen, auch geistig, sieht nicht mehr das, was offensichtlich sein sollte, sondern nur noch die einengenden Mauern. Bis man keinen Ausweg mehr weiß, weil man die Türen nicht mehr sieht.

Aber Frau Richter hatte jetzt einen Ausweg gefunden. Sie suchte jemanden, der ihr das Problem löste. Jemanden, der für sie ihren Mann ermorden sollte. Ich hatte nicht die geringste Ahnung, wie sie ausgerechnet an Brockhaus geraten konnte. Irgendwo im Netz hatte sie ihn aufgetan, und das war schließlich Ludwigs Welt.

Ich machte so einen Mist nicht mehr, ich war draußen. Hatte genug von den Halbwahrheiten oder den angeblichen Notwendigkeiten der Staatsräson. Niemand hatte je behauptet, dass das, was wir getan haben, legal gewesen wäre. Es war nur immer so gewesen, dass das kleinere Übel gewählt werden musste, um dem großen Übel vorzubeugen.

Wie es aussah, war das diesmal auch der Fall. Ihr Ehemann war wirklich ein Prachtkerl. Er mochte Schlägereien, war auch schon wegen Körperverletzung vorbestraft. Ein halbes Jahr auf Bewährung. Natürlich. Aber das war acht Jahre her, und für ein paar Jahre hatte er sich scheinbar zusammengerissen, dann, vor drei Jahren, wurde ihm wegen »Unregelmäßigkeiten« gekündigt. Er war der typische Hartz IVler, wie man sie aus diesen fiktiven Pseudo-Reality-Soaps kannte, in denen das ganze Elend von schlechten Laiendarstellern so glaubwürdig dargestellt wurde, dass der typische Fernsehverdummungskonsument gar nicht verstand, was es bedeutete, wenn im Abspann dann stand, dass alles nur erfunden war. Kein Wunder, es wurde ja eh meist schnell die Werbung darüber geblendet.

In diesem Fall aber imitierte das Leben die allzu schlechte Kunst.

Letzte Woche hatte ich mir die Misere selbst angeschaut, war ja nicht weit von hier, knapp fünfzig Kilometer. Eine Wohnung im dritten Stock auf der anderen Straßenseite war leer, ich liebte es, wenn einem die Immobilienmakler den Hinweis auf die Fensterscheiben klebten, dass hier eine Wohnung zu verkaufen wäre. Von dort aus hatte ich einen Logenplatz auf das Trauerspiel gehabt.

Ich trommelte mit den Fingern auf dem Schreibtisch ... meine Vernunft sagte mir, dass ich die Finger davonlassen sollte.

Eheprobleme waren nicht mein Ding, darum sollte sich besser das Sozialamt kümmern. Oder die Polizei. Es gab nur ein kleines Problem dabei. Vor sechzehn Jahren hatte die Polizei schon einmal an ihm versagt. Die damalige Freundin des Herrn war unglücklich auf der Treppe gestürzt und hatte sich das Genick gebrochen. Angeblich war er nicht einmal in der Nähe gewesen. Es war wohl bereits öfter geschehen, dass sie die Treppe heruntergefallen war, das hatte sie sogar selbst zu Protokoll gegeben. Und niemand hatte sich je gewundert, dass eine Treppenstufe ein blaues Auge verursacht haben sollte. Er war damals siebzehn Jahre alt. Sie wurde nur fünfzehn.

Ziemlich früh, um mit seinem ersten Mord durchzukommen. Ich verachtete solche Typen, sie waren in meinen Augen nichts als Abschaum. Und ich hatte selbst erlebt, was geschehen konnte, wenn man sie nicht aufhielt. Irgendwann dachten sie, sie kommen mit allem durch.

Damit kannte ich mich aus.

Ich hörte Ana Lenas Motorroller, fuhr den Rechner herunter, tauschte die Festplatte aus und deponierte sie im Nachbarkeller. Man müsste schon das ganze Haus abreißen, um den Tresor zu finden. Das leer stehende Nachbarhaus, nicht unseres.

Abgesehen davon, dass ich es gekauft hatte, weil es für meine Zwecke praktisch war, könnte es sich in der Zukunft noch als gute Geldanlage erweisen.

⊕ Ana Lena war reiten gewesen und noch immer ganz aufgekratzt. Offenbar gab es »zuuufälligerweise« ein Fohlen günstig zu kaufen, und ihr Pflegepferd war ja schon sooo alt.

»Ich dachte, Oskar wäre gerade mal sieben?«

»Ja, schon«, gestand sie. »Es geht hier um ein Fohlen, Onkel Heinrich!«

Ich schüttelte den Kopf. »Nein. Das kommt nicht infrage.«

»Sie soll nur dreitausend Euro kosten!«

»Gut«, nickte ich gönnerhaft. »Wenn du das Geld zusammen hast, kannst du es dir ja kaufen.«

»Onkel Heinrich!«, protestierte sie und sah aus, als ob sie mit dem Fuß aufstampfen wollte. »Dafür bräuchte ich ja ewig!«

Genau.

»Du sagst immer, ich soll Verantwortung lernen«, versuchte sie es erneut, während ich das Abendbrot zubereitete.

»Dann könntest du bei Captain Jack anfangen«, bot ich ihr an und schob ihr das Brettchen hin. »Den hast du heute vergessen zu füttern.«

»Das passiert mir so gut wie nie!«, behauptete sie.

Ich nickte zustimmend. »Nur jeden zweiten Tag.«

»Weißt du was?«, fauchte Ana Lena und stand vom Tisch auf. »Du bist so was von scheiß unfair!« Damit rauschte sie aus der Küche und knallte die Tür zu. Nur einen Augenblick später wurde das Haus von ihrem Bass erschüttert. Captain Jack sah zu mir hoch, schnurrte mir einmal ums Bein, um ihr dann nachzutapsen.

Ich konnte schwören, der Kater verstand jedes Wort!

Nach dem Abendessen ging ich ins Büro hinunter, um ein paar Angebote zu schreiben und die Post zu bearbeiten. Es sah aus, als ob ich ein Geschäft machen könnte, zweihundert Tonnen Altmetall, die nach Luxemburg gehen konnten, ob ich den Zuschlag auch bekam, blieb abzuwarten. Wenn es klappte, blieb genug übrig, um Ana Lena ihr verdammtes Fohlen zu kaufen. Früher oder später würde sie mich doch weich kochen.

Oben wurde es erst still, dann ging die Tür. Was ich nicht hörte, war Ana Lenas Roller.

⊕   Bernd hatte mir die Abrechnung von letzter Woche geschickt. Vor knapp sechs Jahren hatten wir uns kennengelernt, als wir zusammen mit dem Zug von Berlin nach Nürnberg gefahren waren. Seine Idee, eine Firma aufzubauen, die sich auf Wohnungsentrümplungen spezialisiert und dann Möbel restauriert und gebraucht verkauft, hatte sich für uns beide rentiert. Er hatte die Idee gehabt und ich das Kapital. Wenigstens dazu war die Abfindung gut gewesen.

Nach dem ganzen Mist, den ich hinter mich gebracht hatte, war ich froh darum gewesen, etwas zu tun zu haben. Fast wider Erwarten florierte der Laden von Anfang an. Das erste Jahr hatte ich genug damit zu tun, wieder auf die Beine zu kommen und mich um Ana Lena zu kümmern. Und um das Sozialamt, das mich durch eine Menge Reifen springen ließ, bis es entschied, dass Ana Lena bei mir bleiben konnte.

Wenn es an der Tür klingelte, war ich auch heute noch nie ganz sicher, ob es nicht doch Sozialarbeiter waren, die kamen, um mir Ana Lena wegzunehmen. Deshalb achtete ich auch so penibel darauf, dass es bei uns ordentlich aussah ... irgendwie hatte ich noch immer Angst, sie zu verlieren.

Doch die Partnerschaft in der Firma und die Aussicht auf gesicherte soziale Verhältnisse gaben dann den Ausschlag. Nur dass es mir so vorkam, als wäre das der einzige Grund gewesen, aus dem ich das Sorgerecht zugesprochen bekommen hatte. Dass ich sie liebte, hatte scheinbar kein Gewicht gehabt. Mittlerweile beschäftigen wir zwei Mann fest, für solche Arbeiten wie das Entrümpeln von Opa Niemanns Wohnung können wir noch zusätzlich auf einen festen Stab von freien Mitarbeitern zugreifen, die auf Stundenbasis arbeiteten. Man konnte davon leben, das Haus gehörte mir ... mehr hatten sie nicht wissen wollen.

Nur stand Bernd mit der Buchhaltung auf Kriegsfuß und neigte dazu, unsere Stundenlöhne aus der Kasse zu bezahlen und die Quittung zu vergessen, ich durfte das dann in Ordnung bringen. Mittlerweile hatten wir uns darauf geeinigt, dass er mir jeden Monat einen Schuhkarton mit allen Belegen gab. Ich versuchte, es als Herausforderung zu sehen, aus dem Haufen Zettel schlau zu werden.

Es gab Tage, da mochte ich es. Zahlen waren verlässlich, sie taten das, was logisch war. Aber heute gab ich nach einer Stunde auf, ich hatte einfach nicht den Kopf dafür. Außerdem war ich scharf auf die zweihundert Tonnen Elektroschrott aus Russland. Die waren dort nicht gerade berühmt für ihre Abfallentsorgung. Das Problem war nur, herauszufinden, welche Sorte Schrott es war. Dass ich bei meiner Ausbildung Russisch gelernt hatte, war eine Hilfe, aber ich hatte wenig Hoffnung, dass man meine E-Mails zügig beantworten würde. Es erinnerte mich jedoch an etwas. Ich sah auf meine Uhr, es war erst kurz vor neun. Wie ich Ana Lena kannte, würde es noch ein Weilchen dauern, bis sie nach Hause kam. Zeit genug, mit dem Russen meines Vertrauens einen kleinen Schwatz zu halten.

Es hieß ja immer, Verbrechen lohnt sich nicht. Das mochte für manche so sein, aber ich kannte genügend Gegenbeweise. Sogar wenn ich ein paar der Banker, die ich kannte, außen vor ließ. Alexej Orlov stand zwar schon seit Jahren mit einem Fuß im Knast, aber bis es so weit war, zog er es vor, in einer netten kleinen Villa im Riederwald zu leben. Wenn man vierundzwanzig Zimmer klein nennen wollte. Alexej war das, was Lucio hatte werden wollen.

Als ich meinen Mercedes vor dem Tor anhielt, wandten sich mir gleich vier Kameras zu und einer seiner Leute, ein Panzerschrank in einem dezenten dunklen Maßanzug, hielt mir eine Taschenlampe ins Gesicht, um dann wortlos zurückzutreten, als sich das Tor für mich öffnete.

Ich fuhr die Auffahrt hoch, stieg aus und wartete geduldig, bis ein anderer Panzerschrank mich rasch, aber gründlich abklopfte und mir dann die Tür aufhielt. Dahinter lag ein russisches Märchenland mit chintzbezogenen Sofas, tiefen Teppichen, glitzernden Kronleuchtern und, auf dem Kaminsims montiert, ein Bildschirm von den Ausmaßen einer Kinoleinwand. Fünf weitere breitschultrige Herren in überraschend gut sitzenden Anzügen saßen davor und sahen sich ein Fußballspiel an. Etwas abseits saß eine Blondine mit kühlen, graublauen Augen in einem schicken grauen Businesskostüm, die gerade ihren Laptop zuklappte. Sie stand auf, nickte dem Panzerschrank, der mir die Tür aufgehalten hatte, zu, um dann an der Bar ihr und mir einen Wodka einzuschenken.

Sie hielt mir ein Glas entgegen und lächelte verhalten »Heinrich«, begrüßte sie mich mit rauchiger Stimme.

»Irina«, sagte ich, nahm das Glas und stieß mit ihr an.
»Auf uns«, sagte sie mit diesem leichten Akzent, den ich so mochte.

»Za náshu drúschbu«, antwortete ich und trank aus, um mich dann kurz zu schütteln. Wodka war nicht gerade das Getränk meiner Wahl. Major Irina Tarasow von der Bundesagentur für Sicherheit der Russischen Föderation, ehemals Komitee für Staatssicherheit, also dem KGB, war eine der Frauen gewesen, die mich hatte zum Schwitzen bringen können. Ich hatte sie kennengelernt, als ich 94 den Auftrag erhielt, den Mord an einer deutschen Botschaftsangestellten aufzuklären. Sie war mein persönlicher Schatten, Albtraum und Partner gewesen. Der SWR war so etwas wie das FBI der Russen, und bis ganz zum Schluss hatte ich nicht gewusst, welches Spiel sie gespielt hatte. Das Ganze endete damit, dass sie mich angeschossen hat. Ein glatter Durchschuss, die Kugel blieb in dem Typen stecken, der mir eine Kalaschnikow an den Kopf gehalten hatte.

Ein Jahr später hatten sie und Orlov mich zu ihrer Hochzeit eingeladen, aber meine Vorgesetzten waren der Ansicht gewesen, dass es für mich inopportun gewesen wäre, daran teilzunehmen.

Sie war außerdem Nataschas Mutter, und vor sechs Jahren hatten sie und ich alle Hände voll damit zu tun gehabt, Alexej davon abzuhalten, einen Privatkrieg gegen die Triaden loszutreten. Bis zu dem Zeitpunkt hatte ich nicht einmal gewusst, dass die beiden nach Deutschland gekommen waren.

Ganz ohne Zweifel waren sie Kriminelle, aber sie waren auch meine Freunde. Zudem hatten sie ihr Geschäftsmodell an die modernen Zeiten angepasst. Sie betrieben eine Handelsbank in Frankfurt und beide besaßen eine blütenreine Weste, weniger mit Persil als mit Geld gewaschen. Man brauchte auch nicht darüber zu spekulieren, woher das Grundkapital ihrer Bank rührte. Jeder wusste es. Nur war es ihnen nicht nachzuweisen. Dass sie mit Sicherheit noch immer ihre Finger in allen möglichen Sahnetorten hatten, stand dabei auf einem anderen Blatt.

»Ich bin doch nicht blöde, Heinrich«, hatte mir Orlov damals erklärt. »Warum soll ich mich mit Drogen und Huren abgeben, wenn das Geld doch ganz woanders turmhoch rumliegt?«

Recht hatte er. Was keineswegs bedeutete, dass die beiden nicht zimperlich mit ihren Kontakten waren und bei fast jedem nicht ganz legalen Spielchen dabei waren. Aber nur, wie Irina sagte, um dafür zu sorgen, dass es keinen Ärger gab. »Hier in Deutschland denkt jeder gleich, dass man zur Mafia gehört, wenn man sagt, dass man Russe ist«, hatte sich Irina beschwert. »Wir haben ein Imageproblem ... und genau darum kümmern wir uns.« Damit war ich auch nicht viel schlauer als zuvor, aber ich konnte mir denken, was sie mir damit hatte sagen wollen.

»Wie geht es Natascha?«, fragte ich, während mich Irina mit einem Blick zu dem Arbeitszimmer dirigierte, das links von dem Salon abging. Die fünf Fußballfans warfen mir nur einen neugierigen Blick zu, um sich dann wieder dem Bildschirm zuzuwenden.

Sie schloss die Tür hinter uns und wies auf eine Gruppe tiefer Ledersessel, die neben dem kalten Kamin stand. Die Wände waren mit überquellenden Bücherregalen vollgestellt, und der Schreibtisch gehörte in ein Museum. Bei Orlov war ich mir nicht sicher, aber Irina hatte mit Sicherheit jedes dieser Bücher auch gelesen.

»Gut«, antwortete sie mit einem leichten Lächeln, während sie elegant in einen der Sessel sank. »Sie ist mit Alexej in London. Shoppen. Gibt unser Geld aus, als gäbe es kein Morgen.« Man hatte Natascha damals den Finger wieder angenäht, abgesehen davon, dass er etwas kürzer war, sah man ihm kaum mehr etwas von der Verletzung an. »Sie hat auch nur noch selten Albträume.« Ihre grauen Augen hielten mich fest. »Wenn wir dich einladen, hast du immer etwas anderes zu tun«, fuhr sie leicht vorwurfsvoll fort. »Und dann, aus heiterem Himmel, rufst du an und kommst vorbei. Was willst du, Heinrich?«

»Lucio Valente«, sagte ich.

Sie nickte leicht. »Ich hörte, er wäre gestern erschossen worden«, sagte sie. »Was ist mit ihm?«

»Ich saß zwei Tische entfernt, als es geschah«, erklärte ich.

Sie hob eine elegant geschwungene Augenbraue. »Wir haben damit nichts zu tun. Aber das weißt du ja. Wir hätten das Problem eleganter gelöst. Wenn wir ein Problem mit ihm gehabt hätten.« Sie beugte sich leicht vor und schmunzelte ein wenig, als mein Blick unwillkürlich zu den drei offenen Knöpfen ihrer Bluse abrutschte. »Was hast du mit ihm zu tun?«

»Er hat einem Freund etwas gestohlen«, erklärte ich ihr. »Unterlagen, mit denen er nichts anfangen könnte.«

»Welche Art von Unterlagen?«

»Frachtunterlagen und Angebotskalkulationen.«

Sie nickte leicht und stand auf, öffnete die Bar und nahm mir das Glas aus den Fingern, um mir und ihr nachzuschenken. »Das hört sich nicht nach Lucio an«, meinte sie dann.

»Danke«, sagte ich, als ich das Glas entgegennahm.

»Also, was könnte Lucio mit der Transportbranche zu tun haben?«, fragte ich sie.

»Meines Wissens nach nichts«, antwortete sie und lehnte sich gegen den Sessel. »Er mag irgendwelche Kunden gehabt haben, denen solche Unterlagen etwas nützen können, aber irgendwie bezweifle ich das. Es passt einfach nicht zu ihm.«

»Ich bin zu dem Schluss gelangt, dass er den Kram für jemanden anders gestohlen haben muss. Irgendeine Idee, für wen er so etwas tun würde?«

»Für jeden, der ihn dafür bezahlt«, sagte Irina verächtlich. »Valente war ein kleiner Fisch, Heinrich, und wir hatten gerade nicht viel mit ihm zu tun. Er ging uns aus dem Weg.« Sie sah meinen Blick und lächelte ein wenig. »Leute in Cafés umzulegen ist so ... Achtziger. So etwas machen wir nicht mehr.«

Ich hatte keinen Zweifel daran, dass sie die Wahrheit sagte. Die beiden, vor allem Irina, waren zu schlau dafür. »Gut«, nickte ich. »Wer macht so etwas heute noch?«

»Außer den Chinesen?«, fragte sie. Sie lächelte noch immer, aber meine Nackenhaare stellten sich auf. Orlov und sie hatten beide noch eine Rechnung mit den Triaden offen, und irgendwann würden sie diese Schuld auch eintreiben. Wir hatten damals nicht herausfinden können, wer Natascha entführt hatte. Aber es war ein Chinese gewesen, der ihr den Finger abgeschnitten hatte. Einer, der am ganzen Körper tätowiert gewesen war. Was auf die Triaden hinwies. Und wenn Irina jemals herausfand, wer dahintersteckte, dann hoffte ich zwei Dinge: Zum einen, dass sie es überlebte, zum anderen, dass ich mich dann am anderen Ende der Welt befand. Sie lauerte geradezu darauf, dass man ihr in die Quere kam. Und es sprach für die Vernunft der Chinesen, dass sie einen weiten Bogen um sie machten.

»Ja«, nickte ich. »Außer den Chinesen.«

Sie zuckte mit den Schultern. »Da fällt mir niemand ein«, erklärte sie. »Ich tippe immer auf die Chinesen. Ich bin sehr voreingenommen, was sie angeht.« Ja. Das war bekannt. Ihr hartes Lächeln sagte mir, dass sie in absehbarer Zeit auch nicht vorhatte, das noch zu ändern.

»Nun, der Schütze zumindest war ein Kaukasier.« Ich beschrieb ihr den Mann, und eine feine Falte erschien auf ihrer Stirn, als sie nachdachte.

»Es geht das Gerücht, dass jemand einen Spezialisten nach Frankfurt geholt hätte, um mehrere Probleme zu lösen.«

»Kannst du mir mehr darüber sagen?«

Sie schüttelte den Kopf. »Er soll ein Ungar sein. Angeblich ein Unabhängiger, der die letzten Jahre in Mexiko gearbeitet haben soll, bis es ihm dort zu heiß wurde. Das ist alles, was ich gehört habe.«

»Von wem stammt das Gerücht?«

Ihr Lächeln wurde breiter, und sie zeigte scharfe Zähne. »Rate mal.«

Von den Chinesen.

⊕ Sie hatte mich noch eingeladen, etwas länger zu bleiben, aber ich hatte dankend abgelehnt. Damals in Petersburg hatten wir was laufen gehabt. Sie behauptete noch immer, dass es privat gewesen wäre und nicht, weil sie auf mich angesetzt worden war. Ich neigte sogar dazu, ihr zu glauben. Alexej war auch kein Freund von Traurigkeit, und ich wusste, dass er sich ab und zu mit ein paar seiner Mädels entspannte. Sie führten eine sogenannte offene Beziehung und auch Irina nahm sich Liebhaber. Doch sie waren beide meine Freunde, und ich wollte keinen Stress mit ihnen. Vor allem, weil jeder der beiden einem mit einem Anruf die halbe russische Mafia auf den Hals hetzen konnten. Oder die ganze.

Aber einen kleinen Schritt war ich weiter. Ein Ungar. Ein Auftragskiller, der hier in Frankfurt mehrere Probleme lösen sollte. Wenn Valente ein Problem gewesen war, konnte man es getrost als gelöst ansehen. Wer waren die anderen Probleme?

Und was zur Hölle hatte Marvins CD mit dem ganzen Mist zu tun? Oder den Chinesen?

Als ich nach Hause kam, war es halb zwei morgens. Später als gedacht, und Ana Lena war auch noch nicht zu Hause. Selbst wenn sie es nicht wahrhaben wollte, sie war mit sechzehn noch nicht erwachsen. Doch normalerweise hielt sie sich daran, spätestens um eins zu Hause zu sein.

Ich klickte sinnlos durch das Internet, dann hörte ich von draußen Reifen quietschen und laute Musik durch unsere stille Straße dröhnen. Ich hatte da so einen Verdacht.

Ein silberfarbener Mercedes CLK Cabrio stand schräg auf dem Bürgersteig, und Ana Lena duckte sich unter den Armen eines geschniegelten Frettchens durch, doch er fing sie wieder ein. Er war so ein langer schlaksiger Kerl, der einen Gehrock trug und ein schwarzes Spitzenhemd, dazu offene lange schwarze Haare und passende Reitstiefel. Seine ganze Haltung, die Art, wie er zu mir herübersah, als das Licht vor der Garage anging, zeigten, dass er der Meinung war, er wäre es.

Ich öffnete die Tür und ging hinaus. Beide sahen hin zu mir, Ana Lena wollte sich von ihm lösen, doch er hielt sie noch immer fest. Ich sollte langsam ernsthaft darüber nachdenken, eine Schrotflinte neben die Tür zu stellen.

Vier lange Schritte später stand ich bei ihnen.

»Du solltest sie jetzt loslassen«, riet ich ihm. Ich war erstaunt darüber, wie höflich ich war. Aus der Nähe kam der Schnösel mir erst recht vor wie ein Frettchen, und irgendwo im Hinterkopf hatte ich schon an ihm die Zonen markiert, wo man hinlangen musste, damit er sein Grinsen verlor. Jetzt musste er mir nur noch einen Grund liefern, den auch Marietta akzeptieren würde. Vielleicht griff er mich ja an. Das wäre nett gewesen.

Hoffen kann man ja.

Ganz so dumm war er dann doch nicht, er interpretierte meinen Gesichtsausdruck richtig und ließ Ana Lena los, die sich hastig hinter mir in Sicherheit brachte.

»Verschwinde«, riet ich ihm.

»Wirf mal ein Baldrian, Opa«, grinste der Kerl, wehte mir seine Alkoholfahne ins Gesicht und winkte einmal nachlässig in Ana Lenas Richtung. »So viel Stress ist schlecht für die Gesundheit. Ich sehe dich morgen, Süße.«

Nicht, wenn ich es verhindern konnte.

Er tippte nachlässig mit dem Finger an die Stirn, stieg ein, gab Gas, ließ die Kupplung springen und raste mit quietschenden Reifen davon. Früher hätten Typen wie er einen Manta gefahren. Mit Fuchsschwanz an der Antenne.

Ana Lena hatte ihre Arme um sich geschlungen und sah müde aus. Wir sahen beide dem Idioten nach, dann sagte sie leise: »Danke.«

»Ist das der Kerl, der dir nachsteigt?«, fragte ich sie, während wir ins Haus gingen. Die Idee mit der Schrotflinte war verlockend, aber vielleicht sollte ich Ana Lena besser auch im Keller einsperren. Der Blick, mit dem er sie ausgezogen hatte, behagte mir ganz und gar nicht. Ihn zusammenzufalten, wäre mir ein Bedürfnis gewesen, ein Wohlfühlerlebnis. Zum Stressabbau. Er hatte mir ja selbst dazu geraten.

»Ja«, sagte sie nur.

»Wolltest du dich nicht von ihm fernhalten?«

»So schlimm ist er gar nicht.«

»Der Kerl ist ein Idiot. Er wollte dich nicht gehen lassen!«

»Du brauchst nicht immer die Kavallerie zu spielen, das hätte ich auch alleine regeln können!« Ana Lena hatte in der letzten Zeit die Angewohnheit entwickelt, mir fast schon automatisch in allem widersprechen zu wollen, aber diesmal fehlte ihren Worten der Biss. »Er wollte nur einen Kuss ... so schlimm war das gar nicht.«

Das sah ich anders. Ich kannte sie, und es war für mich deutlich, dass sie sich nicht von ihm hatte küssen lassen wollen. Ich öffnete den Mund, doch sie schüttelte den Kopf.

»Lass es«, bat sie mich. »Nicht jetzt. Ich bin hundemüde.«

»Okay«, sagte ich und drückte sie kurz an mich, für einen Moment ließ sie es zu, dann löste sie sich von mir, lächelte etwas schief und wünschte mir eine gute Nacht, bevor sie die Treppe hochstieg.

»Ana Lena«, sagte ich, und sie blieb auf der Treppe stehen und sah zu mir hinunter. »Wie wäre es, wenn ich mir den Vortrag über die Uhrzeit spare und du mir versprichst, nicht wieder so spät nach Hause zu kommen?«

»Das war diesmal nicht meine Schuld«, sagte sie. »Aber okay.«

Sie hatte irgendetwas, es war nicht alleine die Müdigkeit. Sie konnte sich sonst auch die ganze Nacht mit mir streiten, wenn sie stur drauf war. Ich sah ihr nach und machte mir Sorgen, so niedergeschlagen kannte ich sie nicht.

Ich fragte mich nur, was Brockhaus wohl über diesen Typen rausfinden konnte.

Am nächsten Morgen wollte sie nicht aus dem Bett, war »krank«, und als ich sie endlich mit Androhung von Sanktionen aus dem Bett bekam, wurde sie zickig und lief schnell zur alten Form auf.

»Das war gestern unter aller Sau!«, beschwerte sie sich. »Du kannst nicht bei jedem meiner Freunde wie ein Panzer anrollen und ihnen drohen!«

»Ich dachte, das wäre keiner deiner Freunde gewesen«, erinnerte ich sie milde. Dafür, dass sie krank war, fiel sie aber wie ein Raubtier über das Frühstück her. Sie trug ihr Haar offen, die Ohren waren bedeckt, aber dann sah ich etwas glitzern.

»Ana Lena«, sagte ich. »Was zur Hölle ist das?«

»Es geht dich gar nichts an!« Sie wollte vom Frühstückstisch flüchten, doch dann sah sie meinen Blick und überlegte es sich doch anders.

»Du hast gesagt, dass ich mir Piercings machen lassen kann, wenn ich älter bin«, erinnerte sie mich trotzig.

Ja. Wenn sie achtzehn war oder besser einundzwanzig. Oder dreißig. Hundertdreißig wäre besser.

»Wir haben darüber gesprochen. Vor zwei Wochen. Du hast gesagt, du wolltest keine.«

»Weil du das hören wolltest!«

»Ich will hören, was du wirklich willst, nicht das, was du meinst, das ich hören will!«

Es gab einen handfesten Streit, genau das, was ich morgens beim Frühstück so mochte, aber so allmählich kam dann heraus, was geschehen war. Offenbar hatte sie sich bei dem Frettchen fünfzig Euro geliehen, »Weil ich das Geld von dir nie bekommen hätte!« Was dann auch der Grund war, weshalb er sie abgeholt hatte, offenbar hatte er einen Freund, der Piercings stach.

»Sei doch froh, dass es nur die Ohren sind«, fauchte sie und griff nach ihrer Tasche. »Ich muss jetzt zur Schule!«

Offenbar hatte sie vergessen, dass sie krank war. Sie knallte die Haustür so laut, dass sogar Captain Jack zuckte, obwohl der sonst von nichts zu erschüttern war, und rauschte auf ihrem Roller davon.

Nur die Ohren? Was wollte sie denn sonst piercen lassen, etwa Nase oder Lippen? Nur über meine Leiche! Wenn die junge Dame dachte, dass das kein Nachspiel haben würde, dann hatte sie sich gründlich getäuscht.

Es dauerte, bis ich mich beruhigt hatte, dann telefonierte ich etwas herum und fand dann auch heraus, dass Opa Niemann heute Mittag beerdigt wurde. Am Hauptfriedhof in Frankfurt. Ich legte auf und atmete tief durch. Ich war noch nie ein Fan von Begräbnissen gewesen. Doch Frau Kramer hatte mir und Ana Lena in einer schwierigen Zeit geholfen ... eigentlich war sie schon immer für uns da gewesen. Es gehörte sich einfach, auch mal ihr zu helfen.

Als ich bei Frau Kramer klingelte, war es erst kurz nach acht.

»Guten Morgen, Heinrich, was gibt es denn?«, fragte sie mich. Sie war wie immer adrett angezogen und stützte sich mit der einen Hand auf den Gehstock, während sie mit der anderen eine Kaffeetasse hielt.

Ich teilte ihr mit, dass Opa Niemann heute beerdigt wurde, und sie nickte langsam, während sie mit den Tränen kämpfte. »Ich möchte Ihnen nicht zur Last fallen, aber könnten Sie mich vielleicht hinfahren?«

Ich hatte einen ganzen Sack an Terminen, um die ich mich hätte kümmern müssen, aber ... »Natürlich«, brachte ich hervor.

Sie musste sich noch fertig machen, um elf sollte ich sie dann abholen.

Die Beerdigung war genau so, wie eine Beerdigung sein sollte, nass, kalt und trübe. Ich hasste es, wenn bei einer Beerdigung die Sonne schien und die Vögel fröhlich zwitscherten. Nein, die hier war richtig, der Himmel war grau und weinte für Frau Kramer mit.

Wir waren die einzigen Trauergäste, ich hielt den Schirm, während Frau Kramer nur dastand und zusah, wie der billige Sarg in der Erde versank. Kein Rabbi weit und breit, nur ein Friedhofsangestellter, der wohl auch nicht mit Trauergästen gerechnet hatte, er gab einige mehr oder weniger passende Allgemeinplätze von sich und ließ uns dann stehen. Fast hatte ich den Eindruck, dass er sich durch unsere Anwesenheit unter Druck gesetzt fühlte, jedenfalls verschwand er, so schnell er konnte.

Die Stadt hatte ja nicht wissen können, ob für eine anständige Beerdigung genügend Mittel im Nachlass zu finden waren, und musste davon ausgehen, dass sie auf den Kosten sitzenblieb, also hatte sie die billigste Methode gewählt. Irgendwie verständlich, aber jetzt fand ich es eine Schweinerei.

Frau Kramer stand da und wischte sich die Augen, während ihre freie Hand sich in meinen Arm krallte. »Das hat er nicht verdient«, brachte sie heiser hervor. »Da wünscht man sich doch, dass man seiner eigenen Beerdigung fernbleiben kann!«

Ich wusste nicht, was ich sagen sollte, also sagte ich nichts und führte sie zum Wagen zurück. Auf dem Heimweg war sie sehr still, dann nickte sie, als hätte sie einen Entschluss gefasst. »Heinrich«, sagte sie. »Ich ... kann ich Sie ... wenn ich dran bin, sorgen Sie dafür, dass es anders ist?«

Ich schuldete Frau Kramer mehr, als ich jemals ausgleichen konnte.

»Ja«, antwortete ich genauso leise. »Versprochen.«

Ganz ausgestanden war die Sache für mich nicht, denn als ich in meinem verschlüsselten Postfach nachsah, fand ich dort den Obduktionsbericht vor, den Brockhaus mir besorgt hatte, und ich erfuhr, wie es Opa Niemann ergangen war. Sie hatten ihm den Schädel eingeschlagen und jeden zweiten Knochen im Körper gebrochen. Als wahrscheinliches Tatwerkzeug wurde ein Baseballschläger genannt. Vielleicht aus Aluminium, da ein Holzschläger Spuren hinterlassen hätte.

Es bereitete mir keine Mühe, mich an das freche Grinsen dieser Typen zu erinnern. Ich löschte die Akte und wusste, was ich jetzt am liebsten tun würde.

Noch ein Grund, auf diesen Ungar sauer zu sein.

Hätte er Lucio nicht ausgerechnet dann erschossen, als ich daneben saß, hätte ich mich um die Kerle kümmern können. So aber hatte die Polizei ihr Augenmerk sowieso auf mich gerichtet ... ich konnte nichts tun.

Wenigstens nicht, bis die Sache mit Valente ausgestanden war.

Brockhaus hatte mir noch eine zweite Akte geschickt. Frau Richter war auch heute wieder Gast im Krankenhaus gewesen, diesmal hatte sie sich zwei Mittelhandknochen am Türrahmen gebrochen, als sie ungeschickt dagegen fiel. Ludwig hatte eine Art elektronisches Post-it daran geklebt. »Mach was«, stand drauf.

Ich rief die Kamera auf, die ich in der leeren Wohnung ihr gegenüber installiert hatte. Das Zeug war natürlich offiziell verboten, aber man konnte es leicht für ein paar Euros im Internet finden, man musste nur versprechen, dass man sie nicht für den Zweck benutzte, für den sie gebaut wurden.

Das Setup war einfach. Die Kamera übertrug ihre Daten in ein WLAN-Netz eines Nachbarn und von dort zu einem Server in Russland, den mir Brockhaus eingerichtet hatte. Von dort konnte ich sie abrufen. In Russland ging alles, wenn man die richtigen Leute kannte. Nur wenn man erfahren wollte, was genau sich in zweihundert Tonnen Elektroschrott verbarg, wurde es schwierig.

Dank moderner Technik war es mir jetzt möglich, zu Hause vor meinem Computer in aller Ruhe zu verfolgen, wie ihr Traumprinz Frau Richter durch die halbe Wohnung drosch. Er gab sich nicht einmal die Mühe, die Rollläden herunterzulassen. Ich konnte nicht alles sehen, aber ich sah, wie der Unfall mit der Türkante geschah. Er hatte ihre Hand in eine Schublade hineingehalten und diese mehrfach zugeschlagen.

Gott, warum rannte sie ihm nicht einfach davon? Verschwand einfach, wenn er mal wieder auf Sauftour war? Das Richtmikrofon war auch eines von den billigeren, aber es war gut genug, um teilweise Ton dazuzubekommen. Gut genug, um zu hören, wie ihre Knochen brachen.

Diesmal hatte er nicht einmal die Entschuldigung, dass er besoffen war, er hatte ihr die Hand gebrochen, damit sie ihm verriet, wo sie ihr Geld versteckte. Mit Klebeband auf der Unterseite derselben Schublade angeklebt ... aber sie hatte sich lieber die Hand brechen lassen, als es ihm zu verraten.

Als er wutentbrannt davon stürmte, trat sie ans Fenster, hielt sich die Hand und sah direkt hoch in die Kamera, als wüsste sie, dass es dort eine gab. So wie sie dastand, kannte ich mit einem Mal die Antwort, warum sie nicht vor ihm floh. Nein, sie würde nicht fliehen. Sie wollte ihn tot.

Das Geld unter der Schublade war ihre letzte Sicherheit. Natürlich hatte sie es ihm nicht gegeben, wer weiß, wie lange sie dazu gebraucht hatte, um das Geld zusammenzukratzen.

Ich löschte Akte und Aufzeichnung und lehnte mich in meinem Stuhl zurück. Genug war genug.

Wie nennen das die Anwälte in den Ami-Fernsehserien? Pro bono? Für das Gute?

Am besten holte ich mir noch ein Kostüm, vielleicht reichte es ja noch zum Superhelden.

⊕ Damit Brockhaus sich nicht langweilte, gab ich ihm eine neue Aufgabe, ein Autokennzeichen. Dann musste ich aber wirklich los.

Es gab hier in der Nähe einen großen Recyclinghof, mit dem ich schon seit Jahren zusammenarbeitete. Aber nicht immer lief alles glatt.

»Kannst du mir sagen, was ich mit dem Scheiß machen soll?«, fragte Theo entnervt und deutete anklagend auf zwei Eisenbahnwagen, auf denen jeweils acht Spezialcontainer standen, die mit Warnhinweisen nur so vollgepflastert waren. Doppelwandige Container, mit einer zugeschraubten Luke, Chemieabfälle vom Feinsten. Es hätten jeweils zweitausend Liter altes Frittierfett sein sollen. »Selbst wenn ich wollte, könnte ich das Zeug nicht entsorgen, dazu braucht es Spezialanlagen!«

Ich versuchte, ihn zu beschwichtigen, aber das Einzige, das half, war, ihm zu versprechen, dass ich mich drum kümmern würde. Wir überprüften die Ladepapiere, es stimmte alles, jede einzelne verdammte Nummer, nur dass es eben kein Frittierfett war.

Das Zeug war so giftig, dass ich den Namen nicht mal aussprechen konnte, ich wusste nur, dass es so ätzend war, dass ein einziger Tropfen sich bis auf den Knochen durchfraß. Irgend so ein Abfallprodukt aus der Metallverarbeitung. Eine Säure, um Verunreinigungen aus dem Metall herauszuwaschen. Keine Ahnung. Ich wusste nur, dass es wegmusste.

»Sieh zu, dass das Zeug von hier verschwindet«, knurrte Theo zum Abschied. »Ich brauche das Gleis spätestens nächsten Donnerstag wieder! Das kann hier nicht stehen bleiben!« Er funkelte mich zornig an. »Und glaub ja nicht, dass ich auch nur einen Cent der Kosten übernehme! Den Scheiß hast du verbockt!«

Ich versprach ihm hoch und heilig, dass ich mich sofort darum kümmern würde. Und brauchte fast den ganzen Abend, um herauszufinden, wie das hatte geschehen können. Letztlich stellte es sich heraus, dass irgendein Hiwi in Lyons die Ladepapiere vertauscht hatte. Ein dämlicher Irrtum, der üble Folgen hätte haben können, hätte Theo nicht aufgepasst. Tatsächlich war auch die französische Firma heilfroh, zu erfahren, wo ihr Mist abgeblieben war. Sie sagten sogar zu, die Kosten zu übernehmen. Kein Wunder, wenn Theo das Zeug aus Versehen abgelassen hätte, wäre es sie um ein Vielfaches teurer gekommen.

Als ich endlich den ganzen Kram geklärt hatte, war Ana Lena noch nicht wieder zurück. Es war schon kurz nach sieben, nach ihrem Stundenplan hatte sie seit zwei Uhr keinen Unterricht mehr. Während ich die Spülmaschine einräumte, grübelte ich darüber nach, was ich in Bezug auf sie besser machen konnte. Am liebsten würde ich sie festbinden, damit ihr nichts geschah, aber auf der anderen Seite musste ich ihr auch die Möglichkeiten lassen, ihre eigenen Fehler zu begehen. So im Nachhinein begann ich zu verstehen, was meine eigenen Eltern mit mir hatten durchmachen müssen. Von den Fehlern anderer zu lernen, war eben nur begrenzt möglich, es bedurfte einer Einsicht, die man eigentlich nur dann gewann, wenn man es ... eben einsah.

Ich seufzte, schaltete die Spülmaschine an, da klingelte es an der Tür.

Jenny stand da, zusammen mit zwei Gruftboys.

»Guten Tag, Herr Schmitt«, sagte Jenny artig. »Wir sind mit Ana Lena verabredet, ist sie da?«

Ich schüttelte den Kopf und winkte die drei herein. »Sie wird ja wohl irgendwann auftauchen.«

Jenny war Ana Lenas beste Freundin, eine kleine quirlige Blonde, die fast immer T-Shirt, Jeans und Turnschuhe trug und die Welt mit großen blauen Augen betrachtete. »Wenn ich was anderes anhabe, bin ich zu süß«, hatte sie mir mal ernsthaft erklärt. »Dann nimmt mich niemand ernst.«

Süß war sie. Allerdings glaubte ich nicht daran, dass ihr viel entging. Sie hatte es faustdick hinter den Ohren und, soviel ich wusste, war sie eine Einser-Schülerin. Leon, der lange Schlaksige, der mit dem weißen Rüschenhemd und dem Lackledermantel à la Dracula und den Combat Boots mit vier Zentimetern Sohle, war ihr Freund. Lang, dürr, mit einem verlegenen Grinsen war er der genaue Gegenpol zu Jenny, die mich meist an einen Flummi erinnerte.

»Ich bin P-Paul«, sagte der andere junge Mann, den ich noch nicht kannte, und hielt mir seine Hand entgegen. Er war eher zierlich geraten und hatte neugierige blaue Augen, die mir bekannt vorkamen. Auch er war im Goth Look gekleidet.

»Mein Bruder«, erklärte Jenny. Ich schüttelte ihm die Hand und bat die drei ins Wohnzimmer.

»Oh, c-cool!«, sagte Paul begeistert. »Ein Flügel!« Er schaute zu mir zurück. »Spielen Sie?«

»Früher mal«, antwortete ich leicht amüsiert. »Aber in der letzten Zeit komme ich nicht mehr dazu.«

»Spielt Ana Lena?«

»Nein. Sie hat zwar Klavierstunden bekommen, aber es hat sie wohl nicht sonderlich interessiert.«

»Ver-verstehe ich nicht«, sagte Paul und strich andächtig über das polierte Holz. Ich auch nicht. Der junge Mann war mir direkt sympathisch. Dann entdeckte er den Schrank mit den Schallplatten.

»Oooh!«, jubelte er. »Analoge Scheiben!« Er klang richtig begeistert.

Aus der Küche kamen seltsame Geräusche, ich nickte den dreien zu und eilte zurück ... und fand die halbe Küche überflutet vor. Der Filter der Spülmaschine war vollständig verstopft, obwohl mir Ana Lena schon vor drei Tagen versprochen hatte, sich darum zu kümmern. Wie es aussah, hatte sie es wohl doch vergessen.

Während ich den Filter säuberte, konnte ich durch die alte Durchreiche zum Wohnzimmer hören, wie die drei sich unterhielten.

»Er ist gar nicht so alt, wie ich d-dachte«, sagte Paul. »Und schau dir mal den Plattenspieler an! Das Ding ist pur Hightech!«

»Es ist ein Plattenspieler. Analog. Wie kann der Hightech sein?«, fragte Leon.

»Du hast halt k-keine Ahnung!«

Kaum dass ich den Filter gesäubert und den Boden gewischt hatte, kam Ana Lena nach Hause.

»Wolltest du nicht den Filter sauber machen?«, begrüßte ich sie, nicht ganz so freundlich, schließlich hatte ich eben noch auf dem nassen Boden knien müssen.

»Ich habe eben ...« Doch weiter kam ich nicht.

»Mach ich später«, versprach sie und knallte ihren Schulrucksarg mit den aufgeklebten Einschusswunden mitten auf den Küchentisch. »Du musst mir nicht immer alles dreimal sagen!« Sie stutzte kurz. »Wieso sind deine Knie nass?«

»Ana Lena ...«, begann ich, doch sie hatte schon die Stimmen aus dem Wohnzimmer gehört und ließ mich in der Küche stehen. »Ich muss gleich wieder weg«, rief sie über ihre Schulter, und schon war sie im Wohnzimmer verschwunden.

»Weißt du, dass d-dein Onkel eine geile Sammlung alter Scheiben hat und K-Klavier spielt?«, hörte ich Paul sagen.

»Und?«, fragte Ana Lena.

»Das ist c-cool«, meinte er.

»Finde ich auch«, sagte Leon. »Du musst dir mal die Bücher reinziehen! Das ist die Britannica ... von 52 und mit jedem Ergänzungsband, der jemals dazu herausgekommen ist!«

»Whatever«, antwortete Ana Lena und klang gereizt.

»Ich dachte, d-dein Onkel wäre ein langweiliger Spießer?«

»Ist er auch«, antwortete Ana Lena.

»Ist er nicht«, beharrte Paul. »Niemand, d-der Klavier spielt, klassische Musik sammelt und so viele Bücher liest, k-kann ein Spießer sein.«

»Und warum nicht?« Ich hatte recht, sie war gereizt.

»Weil es ein Hinweis darauf ist, dass er d-denkt! Niemand, der d-denken kann, k-kann ein Spießer sein!«

Ich musste zugeben, ich mochte den jungen Mann.

»Ich wette, er geht heute Abend kegeln«, meinte Ana Lena. »Ist dir das spießig genug?«

»Gib es zu, so schlimm ist er gar nicht«, lachte Jenny.

»Du musst ja nicht hier wohnen«, antwortete Ana Lena unwirsch. »Lass uns gehen. Ich halte es hier schon jetzt nicht mehr aus!«

»Tschüs!«, rief Ana Lena, als sie an mir vorbeirauschte.

»Auf W-Wiedersehen, Herr Schmitt«, sagte Paul höflich, während mir Leon zunickte und Jenny mir mit einem amüsierten Grinsen winkte. Dann knatterten draußen drei Roller, und sie waren weg.

Aus irgendeinem Grund hatte ich jetzt bessere Laune. Ana Lena hatte einen großen Freundeskreis und die meisten schienen mir in Ordnung. Der Einzige, der nicht hineinpasste, war das geleckte Frettchen. Was mich daran erinnerte, dass ich etwas über ihn in Erfahrung bringen wollte.

Doch von Brockhaus gab es nur eine Nachricht in der Mail, die besagte, dass er sich darum kümmern wollte, nachdem er geschlafen hatte. Das war heute Morgen um elf gewesen.

Ich schüttelte ungläubig den Kopf und fragte mich, ob er immer noch Kettenraucher war und sich ein halbes Dutzend Kaffeetassen und Pizzakartons auf seinem Schreibtisch stapelten. Wenigstens seine Schlafgewohnheiten passten zu dem Bild. Er vergaß auch nie, mich daran zu erinnern, dass ich ihm noch Geld schuldete.

Für solche Fälle verwaltete ein gewisser Oriste Mercier auf den Cayman Islands, einen Hedgefond für mich. Ich war noch nie dort gewesen, aber Mercier, dessen Pass unten im Tresor des Nachbarkellers lag, schon viermal. Es war nett dort, schöne Strände und irgendwie ein Urlaubsfeeling, schade, dass Mercier nie die Zeit gehabt hatte, es zu genießen. Da das Bild auf seinem Ausweis das meine war, gab es wenigstens etwas, auf das ich mich freuen konnte, sollte ich mal von hier verschwinden müssen. Brockhaus hatte das für mich erledigt. Ich hatte nur nicht die geringste Ahnung, wie, nach allem, was ich wusste, war der Pass sogar auch echt ... und biometrisch. Mein eigener war es noch nicht.

Durch die Wunder des Internets und Brockhaus' Hilfe konnte ich auf Merciers Konten zugreifen, und selbst wenn man meine Internetverbindung anzapfen würde,

würde man nur sehen, dass ich verschlüsselt auf einen Server in Maryland zugriff. Manchmal fragte ich mich allerdings schon, wie viel Mühe es Brockhaus kosten würde, sich einfach selbst bei meinen Konten zu bedienen.

Es gab nichts Unsichereres als das Internet, aber es blieb dennoch die beste Möglichkeit, anonym zu bleiben. Wenn man wusste, welche Spuren man verwischen sollte und welche nicht. Auf jeden Fall war es besser, als im Regen zu stehen und darauf zu warten, dass jemand einem etwas unter eine Parkbank schob.

Natürlich war es heutzutage schwieriger, mit illegalen Geldern zu arbeiten. Jede neue Regelung, die man sich einfallen ließ, zielte scheinbar nur darauf, solche Geldströme zu unterbinden. Oder zumindest Steuern dafür zu kassieren. Das Geld in die Hände zu bekommen, war auch nicht mehr so einfach wie früher.

»Doch darum geht es ja auch gar nicht«, hatte Brockhaus mir mal erklärt. »Das Geld hast du dafür erhalten, dass du jemandem eine Gefälligkeit getan hast. Und jetzt kannst du es verwenden, damit jemand anders dir eine Gefälligkeit erweist. Darum geht's. Das Geld wird nur auf den Konten hin und her geschoben, ausgezahlt wird es in Gefälligkeiten.« Irgendwie hatte er recht. Bislang hatte das Geld, das ich auf den Cayman Islands gebunkert hatte, tatsächlich nur diesem Zweck gedient.

Doch egal wie vorsichtig man war, wenn der Verdacht erst einmal auf einem lastete, ließ sich immer etwas finden. Als bestes Beispiel Marietta. Ich war mir ziemlich sicher, dass es nicht normal war, einen Zeugen so gründlich zu überprüfen, wie sie es bei mir getan hatte.

Was mich wieder zu dem Verrückten aus dem Café brachte. Dem Ungarn. Und wieder zu Marietta zurück. Beide gingen mir nicht mehr aus dem Kopf. Ich fühlte mich, als ob der Mistkerl in meinem Revier gewildert hätte, und ich war stinksauer deswegen, nur sah ich nicht, was ich dagegen tun konnte. Es gab über vierhundert Millionen Menschen in Europa ... und mit dem wenigen, was ich bisher über ihn wusste, war der Kerl nur eine Stecknadel in einem sehr großen Haufen. Wahrscheinlich war er schon längst nicht mehr in Deutschland. Was nichts daran änderte, dass es mir gehörig stank.

Heute war Mittwochabend, Zeit, auch mal an mich zu denken. Schon seit Jahren trafen sich Jenny und Ana Lena mittwochs, um etwas zusammen zu unternehmen, und passenderweise war heute im Rafaels Salsaabend. Wie Ana Lena auf die Idee kam, ich würde kegeln gehen, verstand ich auch nicht. Tatsächlich war es mir recht, dass sie keine Fragen stellte, es war der einzige Abend der Woche, an dem ich mich weigerte, an irgendetwas zu denken. Tanzen und Musik war gut für die Seele, lateinamerikanische Rhythmen umso mehr.

Im Rafaels kannte man sich, tanzte miteinander, flirtete auch ein wenig, es gab für mich sogar die Gelegenheit, mein eingerostetes Spanisch zu benutzen. Hier gab es kein Disco Dancing, man tanzte mit einer Partnerin, fühlte die Haut und Muskeln unter den dünnen Kleidern, lachte und schwitzte ... und all die Sorgen waren für den Moment vergessen. Hier zählte nur, dass man lebte, atmete, lachte, tanzte und die Musik fühlen konnte.

Als ich vor Jahren das erste Mal hierherkam und noch keine Ahnung hatte, was einen Flamenco von einem Tango unterschied, hatte ich mir einen Spitznamen abgeholt, »El Bruto«, wahrscheinlich weil ich den Damen so sehr auf die Füße getreten hatte. Heute passierte mir das nicht mehr, und es gab kein Mangel an Partnerinnen für einen heißen Abend. Ich mochte die Kleider der Damen, die Schuhe, die Anzüge der Herren, die gesamte Stimmung, es war wie eine Art Urlaub.

Als ich mich, außer Atem, ausgepowert, nass und verschwitzt, hinter dem Auto umzog, piepte mein Blackberry und holte mich in die Wirklichkeit zurück. Wenn ich Ludwig diesen Gefallen tun wollte, dann jetzt. Ein Blick auf die Uhr sagte mir, dass gerade noch Zeit genug für einen kleinen Abstecher nach Hanau war.

Ich kam gerade noch rechtzeitig, um den Göttergatten dabei zu beobachten, wie er aus der Kneipe torkelte. Er schien bei bester Laune, riss noch einen Witz für einen seiner Saufkumpane, der Kerl war eine echte Frohnatur.

Ich hatte eine Waffe dabei, für alle Fälle, aber es wäre dumm gewesen, sie zu benutzen. Eine Leiche warf immer Fragen auf, das konnte man ja bei Valente sehen. Nein, ein Unfall war weitaus besser. Ich wusste auch schon, auf welche Art mein Freund hier das Zeitliche segnen würde.

Ich fuhr also an ihm vorbei, parkte etwas abseits von seiner Wohnung und ging ihm dann entgegen. Sein üblicher Weg führte ihn an einer Tankstelle vorbei, wo er manchmal noch Kippen holte, wenn er überhaupt noch das Geld dafür übrig hatte, dann ein Stück die Straße entlang, über einen halb beschrankten Bahnübergang, danach waren es nur noch vierhundert Meter bis zu seiner Haustür. Kurz vor dem Bahnübergang gab es einen dieser alten Umspanntürme, schon lange nicht mehr in Benutzung, aber ein guter Ort, um nicht gesehen zu werden.

Ich sah auf meine Uhr. Ein Uhr zwanzig. Zeit genug, die S-Bahn kam um ein Uhr dreiunddreißig. Jetzt musste er nur noch einigermaßen pünktlich sein.

Es war gleichzeitig leicht und schwer, einen Menschen ins Jenseits zu befördern. Es war überraschend, wie zäh unsere Spezies ist, bedenkt man, wie zerbrechlich wir sein können. Es waren schon Leute gestorben, weil sie auf dem Gehsteig stolperten, andere fielen dafür aus dem zehnten Stock und verstauchten sich nur einen Knöchel.

Aber es gab Möglichkeiten, sicherzugehen. Es kam selten vor, dass jemand das Kräftemessen mit einer S-Bahn überlebte. Während Richter näher kam, hielt ich Ausschau nach Autos, aber der Herr hatte Pech, die Straße hier war kaum befahren. Kameras gab es hier nur eine, die am Bahnübergang, und wo deren toter Winkel lag, war mir bekannt.

Als er an mir vorbeiging, trat ich aus dem Schatten und schlug ihm hart mit beiden Handkanten gegen den Hals, nicht zu fest, ich wollte ihn ja nicht umbringen ... oder zu deutliche Spuren hinterlassen.

Er sackte in sich zusammen, ich fing ihn auf, und guter Freund, der ich war, legte ich mir seinen Arm um den Hals und half ihm weiter. Bis zum Bahnübergang.

Dort legte ich ihn dann sauber ab. Direkt im toten

Winkel unter die Kamera. Ich sah auf die Uhr. Ein Uhr neunundzwanzig. Perfekt.

Ich ging zurück zu dem alten Umspannturm, von dort aus hatte ich einen guten Überblick. Das Einzige, das mir Mühe bereitete, war, dem Verlangen nach einer Zigarette zu widerstehen. So, dachte ich zufrieden. Das ist perfekt gelaufen.

Ein Uhr dreiunddreißig. Der Zug hätte jetzt jeden Moment kommen müssen. Ich spähte die Bahngleise entlang ... kein Licht zu sehen, dafür gingen jetzt die Schranken herunter. Der Sekundenzeiger lief weiter. Ein Uhr vierunddreißig. In der Ferne tauchte der Scheinwerfer des Zugs auf. Ein wenig tat mir der Zugführer leid. Es gab so viele Idioten, die sich vor Züge warfen, dass die Bahn schon ein Therapieprogramm eingerichtet hatte, um die Zugführer zu betreuen, denen so etwas passierte.

In der Ferne wurde das Licht immer größer, mittlerweile hörte ich auch den Zug herankommen. Ein Uhr fünfunddreißig war es, er hatte schon über zwei Minuten Verspätung. Verdammt, man sollte meinen, dass es so spät in der Nacht keinen Grund für Verspätungen geben sollte!

Und dann stellte ich staunend fest, dass sich mein Freund schon wieder bewegte. Ich hätte wohl doch etwas fester zuschlagen sollen.

Ungläubig sah ich zu, wie er mir den Abend versaute. Erst stützte er sich benommen auf seinen Händen auf, schüttelte sich wie ein nasser Hund und starrte auf die Bahnschranke vor ihm. Einen langen Moment wagte ich zu hoffen, dass er zu besoffen war, um zu verstehen, was hier vorging, aber dann stand er schwankend auf und tat einen Schritt nach vorne.

Zugleich hörte ich das Kreischen der Bremsen, als der Zugführer eine Notbremsung einleitete, doch es war zu spät, der Zug rauschte durch die Schranke hindurch ... und war vorbei. Fassungslos durfte ich zuschauen, wie auf der anderen Seite der Glückspilz davontorkelte. Er sah sich nicht mal nach dem Zug um, ich glaubte fast, er hatte ihn gar nicht richtig wahrgenommen! Ein Uhr siebenunddreißig, die verdammte S-Bahn war volle fünf Minuten zu spät gekommen!

Verflucht, dachte ich. Andere stehen einfach so am Bahndamm und werden von so einem beschissenen Zug mitgerissen, der Kerl hier hatte praktisch davor gestanden ... und kein Haar war ihm gekrümmt worden.

Ich sah zu dem Zug hin, der einen halben Kilometer weiter zum Stehen gekommen war, und hoffte nur, dass niemand bei der Notbremsung zu Schaden gekommen war. Die Wahrscheinlichkeit dafür war allerdings gering, um diese Uhrzeit war der Zug bis auf ein paar wenige Nachtschwärmer meist leer.

Im Wagen hatte ich immer noch die Pistole liegen, aber das wäre bescheuert gewesen. Jetzt brauchte ich mich auch nicht mehr zurückzuhalten, also zündete ich mir eine Zigarette an und sah zu, wie Herr Richter nach vier Versuchen endlich dazu imstande war, die Eingangstür aufzuschließen.

Ich zog tief an der Zigarette, hustete und fluchte leise, dann ging ich frustriert zu meinem Wagen zurück. Mein Gott, wäre die Bahn nicht so spät gekommen, wäre es perfekt gewesen! Was für Trantüten waren da eigentlich zugange? So schwierig konnte es doch gar nicht sein, den verdammten Fahrplan einzuhalten!

Mach es einfach, lautete die Regel. Komplizierte Pläne gehen leicht schief, einfach war besser. Ein Besoffener, der der Bahn vor die Nase läuft, was hätte einfacher sein können?

Ich fasste es noch immer nicht. Aber aufgeschoben war nicht aufgehoben.

Verdammte Bahn.

Als ich nach Hause kam, war es später als gedacht, und von Ana Lenas Roller war weit und breit nichts zu sehen. Ich warf einen Blick auf die Uhr, runzelte die Stirn und entschloss mich dazu, noch etwas zu arbeiten. Vielleicht hatte Brockhaus ja noch etwas für mich. Nein, hatte er nicht, aber dafür schaffte ich es endlich, Bernds Papierkrieg zu ordnen. Auch wenn mir noch so einiges unklar blieb. Was, zur Hölle, war eine »schräge Quetschkommode«?

Als Ana Lena um drei Uhr morgens noch immer nicht zu Hause war, fing ich an, mir ernsthaft Sorgen zu machen. Immer wieder griff ich zum Telefon, überlegte mir bereits, was ich ihr sagen wollte, dass es mir fernläge, sie gängeln zu wollen, und ich mir nur Sorgen machen würde ... oder vielleicht sollte ich doch besser erst den Beschwerdebrief an die Bahn schreiben!

Als ich sie dann doch anrief, erreichte ich nur die Mailbox. Mittlerweile war es schon vier Uhr geworden, diesmal war ich drauf und dran, die Polizei oder die Krankenhäuser anzurufen, als ich das Knattern zweier Roller hörte.

Ich öffnete die Haustür und sah noch, wie Ana Lena Jenny umarmte, die sie ihrerseits auch mit feuchten Augen fest drückte, dann kamen sie beide auf mich zu. »Was ...«, begann ich, als ich Ana Lenas verheulte Augen, die zerlaufene Schminke, die zerrissene Bluse, den Dreck in ihrem Haar und ihre zerkratzten Hände und Knie wahrnahm.

Doch Ana Lena schüttelte nur den Kopf, war nicht imstande, mich anzusehen, und floh an mir vorbei die Treppe hinauf.

»Nicht, Herr Schmitt«, sagte Jenny leise und legte ihre Hand auf meinen Arm, als ich Ana Lena hinterherlaufen wollte. »Besser nicht. Nicht jetzt.«

Ich sah zur Treppe und hörte oben die Tür zum Badezimmer.

»Warum? Was ist geschehen, gab es einen Unfall?«

»Nein, kein Unfall«, sagte Jenny bitter und seufzte. »Besser, sie sagt es Ihnen selbst.« Sie sah mich bittend an. »Seien Sie einfach nur für sie da«, bat sie und wischte sich Tränen aus den Augen. »Aber nicht jetzt. Geben Sie ihr Zeit.« So erwachsen wie im Moment hatte Jenny noch nie ausgesehen, und sie meinte jedes Wort ernst. »Richten Sie ihr aus, dass ich nach Hause bin, aber wenn sie mich braucht, dann komme ich wieder, auch noch mitten in der Nacht, ja?«, fügte Jenny leise hinzu. Ich nickte nur und sah dann wortlos zu, wie Jenny auf ihren Roller stieg und davonfuhr.

Ana Lena hatte ihren Helm an ihrem Roller liegen lassen, mechanisch bückte ich mich und hob ihn auf. Ich hätte keine Fragen stellen brauchen, ich hatte nur gehofft, dass es vielleicht doch anders sein könnte, dass es doch nur ein Unfall war oder irgendetwas anderes als das, was ich befürchtete.

Gott, dachte ich verzweifelt, als ich mich an eine andere Nacht, an ein anderes junges Mädchen erinnerte, das weinend nach Hause gekommen war.

Der Helm knirschte in meinen Händen, für einen Moment stand ich da und fragte mich, wie es wieder dazu hatte kommen können, dann ging ich langsam hinein, legte den Helm ab und ging hoch zum Badezimmer, wo ich die Dusche rauschen hörte ... und das Schluchzen meiner Nichte.

Ich hatte die Küche heute schon geputzt, es gab nichts mehr an ihr auszusetzen, dennoch fing ich noch einmal von vorne an. Captain Jack strich um meine Beine und maunzte ab und an. Noch immer rauschte das Wasser oben im Bad.

Als das Wasser endlich aufhörte, wartete ich einen Moment und ging dann langsam hoch zu ihrer Tür, klopfte leise und betrat zögerlich den Tempel des Todes, in dem nun keine Musik zu hören war. Ana Lena saß auf dem Bett, die Decke um sich geschlungen, und sah mich an, die Augen rot und leer. In den Händen hielt sie das Bild von ihrem Schreibtisch, das sie und ihre Mutter zeigte.

»Ana Lena«, begann ich leise. »Kann ich ...«

Sie schüttelte leicht den Kopf, während sie durch mich hindurchstarrte. »Bitte nicht«, flehte sie. »Bitte gehe. Ich ... ich kann jetzt nicht. Bitte.«

Es hatte bislang nicht viele Gelegenheiten in meinem Leben gegeben, in denen ich mich so hilflos gefühlt hatte, es half auch nichts, dass ich wusste, dass es wohl das Beste war, wenn ich sie jetzt in Ruhe ließ.

»Ich ...«, begann ich und schluckte. »Ich bin für dich da, das weißt du doch, nicht wahr?«

Sie sah mich an, mit diesem Blick, und es schien eine halbe Ewigkeit zu dauern, bis meine Worte sie erreichten, dann nickte sie leicht.

»Das weiß ich«, sagte sie dann wie aus weiter Ferne, »aber du bist nicht Mama.« Sie lächelte schief, so kurz, dass ich es mir auch hätte einbilden können. »Ich komm schon klar«, sagte sie tapfer. »Aber bitte lass mich alleine, ja?«

Es war das Schwerste, das ich jemals getan hatte, aber ich nickte und zog leise die Tür hinter mir zu.

Im Bad fand ich, wie erwartet, ihre verdreckte und zerfetzte Kleidung, alles, was sie am Leib getragen hatte, sogar ihr Lieblingsrock, der so gut wie nichts abbekommen hatte, ihren blutigen Slip, Strümpfe, die Stiefel, einer davon mit abgebrochenem Absatz. Sie hatte fast zwei Packungen Duschgel aufgebraucht und auch den neuen Schwamm, unzählige Wattepads und die Bürste weggeworfen.

Für einen Moment lang stand ich da, dann machte mich mein Zahn darauf aufmerksam, wie sehr ich gerade die Zähne zusammenbiss. Langsam nahm ich alles aus dem Wäschekorb heraus und tat es in eine große Plastiktüte.

Dann kochte ich ihr ihren Lieblingstee. Als ich klopfte und sie nicht antwortete, kam ich leise herein. Sie saß noch immer in der gleichen Haltung auf dem Bett, sah mich nur unverwandt an.

»Ich habe dir nur einen Tee gemacht«, sagte ich leise und stellte die Tasse auf ihrem Nachttisch ab. »Ich ...«

»Raus!«, schrie sie plötzlich und fegte mit einer Handbewegung die Tasse von ihrem Nachttisch. »Verschwinde und lass mich endlich in Ruhe!«, schrie sie, und während ich schon floh, sah ich, wie es sie zerriss, ihre Schultern bebten. »Geh endlich!«, schluchzte sie und warf sich noch gegen die Tür, als wollte sie mich körperlich aus dem Zimmer schieben, kaum draußen hörte ich, wie sie weinend die Tür von innen abschloss.

Was sie nicht mehr getan hatte, seitdem ... Seitdem.

Sie braucht Zeit, sagte ich mir, und du bist ein verfluchter Esel, warum hast du sie nicht in Ruhe lassen können?

Weil ich sie liebe. Weil ich wenigstens etwas für sie tun wollte.

Ich weiß. Aber du bist dennoch ein Idiot. Gerade du solltest es doch wissen.

Ich hatte mir fest vorgenommen, wach zu bleiben, aber dann war ich offensichtlich doch auf dem Sofa eingeschlafen, als ich aufwachte, war zehn Uhr schon vorbei. Leise ging ich nach oben, klopfte an ihre Tür und als keine Antwort kam, öffnete ich sie vorsichtig. Die Tür war nicht abgeschlossen, aber Ana Lena war nicht da.

Auf dem Küchentisch fand ich dann einen Zettel von ihr. »Kann nicht in die Schule, bin bei Jenny«, stand darauf. Sie hatte sogar daran gedacht, Captain Jack zu füttern.

Wenigstens ging sie ans Telefon. Wie es ihr ging, wollte ich wissen und schimpfte mich selbst im gleichen Moment einen Vollidioten. Wie sollte es ihr schon gehen, beschissen natürlich. Fast erwartete ich eine ihrer Explosionen, aber sie blieb ruhig. Wie man so sagt, den Umständen entsprechend. Es wäre ja ihre eigene Schuld.

»Um Gottes willen!«, brach es aus mir heraus. »Das war es nicht!« Beinahe wäre ich ins Auto gesprungen, um zu ihr zu fahren.

»So meinte ich das nicht«, antwortete Ana Lena leise, und ich hörte, wie sie seufzte. »Ich meine, es war meine eigene Dummheit, dem Arsch zu nahe zu kommen. Man läuft ja auch nicht vor einen Bus oder einen Laster. Aber hinterher ist man ja meistens schlauer, nicht wahr?«

Irgendwie kam mir ihre Ruhe unheimlich vor. »Ich will nur nicht, dass ...«

»Nein«, unterbrach sie mich. »Den Schuh ziehe ich mir auch nicht an. Ich habe ihn weder provoziert noch war ich zu undeutlich. Es gab keinen Moment, in dem er hat glauben können, dass ich es wollte. Ich habe mich deutlich genug gewehrt. Mein Fehler war, dass ich nicht glauben wollte, dass es solche Menschen gibt. Das Arschloch hat schlichtweg nicht interessiert, was ich wollte.« Wieder hörte ich sie seufzen. »Jenny und ich haben uns schon Stunden darüber unterhalten. Sie hat recht. Man kann nicht alles vorhersehen«, sagte sie leise. »Manchmal geht halt etwas schief. Wie im Straßenverkehr ... da gibt es auch Regeln, an die sich alle halten sollten. Hält sich mal jemand nicht daran, gibt es Unfälle. Ich habe nichts falsch gemacht, er war es, der sich nicht an die Regeln gehalten hat. Frau Dr. Michels, Jennys Mutter, hat mir geraten, es so zu sehen ... wie einen Unfall. An dem ich nicht schuld war. Es leuchtet mir auch ein. Auf jeden Fall werde ich mir nicht von ihm das Leben ruinieren lassen, Heinrich. Den Gefallen tue ich ihm nicht!« Der letzte Satz klang bitter entschlossen.

Mein Gott, dachte ich und lockerte mit Mühe meinen Griff um das Telefon, als das Gehäuse bedenklich knirschte. Sie hörte sich so erwachsen an, so vernünftig, so ruhig ... wie jemand, der eine Lektion gelernt und eingesehen hatte, nur dass es etwas war, das sie niemals hätte lernen sollen.

»Ich ...«, begann ich, aber sie war schneller.

»Er hat es schon öfter getan«, sagte sie leise. »Ich bin nicht die Erste, der er das angetan hat, nur warum hat mir das keiner vorher gesagt? Das ist das, was ich nicht verstehe«, fuhr sie bitter fort. »Im Nachhinein scheint es jeder gewusst zu haben, was er für ein Mistkerl ist, aber warum zur Hölle hat das einem niemand vorher gesagt?«

»Weil man es nicht glauben will«, hörte ich Jennys Stimme im Hintergrund.

Ich hätte es sofort geglaubt.

»Wann kommst du nach Hause?«, fragte ich leise.

»Noch nicht«, antwortete Ana Lena. Sie klang müde, kraftlos, aufgezehrt. »Ich bleibe noch etwas bei Jenny, wenn du nichts dagegen hast.« Sie lachte leise. »Auch wenn du etwas dagegen hast.«

Wie schafft sie das, schon wieder lachen zu können, fragte ich mich und bewunderte sie dafür.

»Komm einfach bald nach Hause«, sagte ich leise. »Du ... fehlst mir.«

»Nein, lass mal«, diesmal bildete ich mir ein, ihr Lächeln zu hören. »Du würdest mich nur in Watte packen und wahrscheinlich am liebsten im Keller anketten, damit mir nichts geschieht.«

Offensichtlich kannte sie mich gut.

»Was ... was ist mit der Polizei?«, fragte ich vorsichtig. »Willst du den Kerl anzeigen? Ich habe deine Sachen in eine Tüte gepackt und ...«

»Ich war heute Morgen mit Jenny bei ihrer Mutter. Sie ist ja Ärztin«, antwortete sie bedächtig. »Um sicherzustellen, dass ... dass nichts weiter geschieht. Sie hat mir geraten, ihn anzuzeigen, aber ... ich will das nicht. Du weißt doch, wie das ist, das wird dann alles wieder und wieder durchgekaut ... und das kann ich nicht. Will ich nicht.«

»Aber ...«, begann ich, doch sie unterbrach mich erneut.

»Onkel Heinrich«, sagte sie leise. »Ich weiß, dass du es gut meinst, aber im Moment ist es zu viel für mich. Bitte ... lass es sein, ich kann nicht mehr. Ich komme nach Hause, wenn ich kann, ja?«

»Ist gut, Ana Lena, ich verstehe«, sagte ich, aber sie hatte schon aufgelegt.

Als ich wieder anrief, ging Jenny an das Telefon.

»Sie sagte, Sie würden wieder anrufen. Ich soll Ihnen sagen, dass sie sich meldet.«

»Sag ihr einfach, dass ich sie lieb hab.«

»Ich glaube, das weiß sie«, antwortete Jenny. »Aber ich richte es ihr aus. Auf Wiedersehen, Herr Schmitt.«

Ich sah auf das Telefon in meiner Hand hinab und legte es dann langsam in die Ladestation. Mein Gott, dachte ich erneut. Wieso ist sie so ruhig? Warum tobt sie nicht oder schreit oder weint oder tut irgendetwas?

Weil sie so nicht ist, beantwortete ich mir selbst die Frage. Und du kannst es ruhig zugeben, dass du sie ganz großartig findest.

Wenn sie ans Telefon geht.

Wenn du sie wiedersiehst.

Ich rief bei der Schule an, um sie dort zu entschuldigen, und erfuhr so ganz nebenbei, dass sie schon gestern nicht in der Schule gewesen war. Warum ... ich seufzte, es war wohl jetzt kaum der passende Zeitpunkt, sie dafür zur Rechenschaft zu ziehen.

Dafür fand sich in der E-Mail eine Antwort von Brockhaus. Der Mercedes SLK war auf einen gewissen Herrn François Muller zugelassen. Den Stadtrat. Ich kannte den Mann vom Sehen, er war bei der Stadt für Recycling und Entsorgung zuständig, kein glamouröser Posten, aber einer, der sich gut dafür eignete, sich nebenbei etwas die Taschen zu füllen. Bei dem einzigen Gespräch, das ich bisher mit dem Mann geführt hatte, hatte es auch eine Andeutung darüber gegeben, dass eine Hand die andere waschen könnte, schließlich gäbe es heutzutage mit Müll eine Menge zu verdienen.

Als ich mich taub stellte, war es das dann gewesen. Seitdem war jedes meiner Angebote von der Stadt abgelehnt worden, obwohl ich wusste, dass kaum ein anderer bessere Konditionen einräumen konnte, um den ganzen Münzschrott zu recyceln. Billiger ging es nur, wenn man bereit war draufzuzahlen.

Regeln waren dazu da, damit man sich daran hielt. Herr Muller sah das etwas anders und hatte den Auftrag anderweitig vergeben. Auch Marvin hatte sich gewundert.

»Ich hab den Auftrag bekommen, das Zeug zu transportieren. Zu einer Lagerhalle im Osthafen«, hatte Marvin mir erzählt und dabei den Kopf geschüttelt. »Angeblich sollen sie dort weiterverarbeitet werden, aber die Halle war bis auf einen Container leer. Was wollen sie tun, das Zeug mit den Fingern voneinander trennen?«

Damals hatte ich mich geärgert, doch im Moment interessierte mich nur, was Brockhaus mir noch geschickt hatte. Da Muller knappe zehn Jahre älter war als ich und wohl kaum in Goth-Klamotten herumlief, blieb nur Mullers Sohn übrig. Henri Jaques Muller. Das Bürschchen, das mir geraten hatte, ein Baldrian zu »werfen«.

Nicht nötig, dachte ich, als ich sorgfältig den kurzen Lebenslauf des Sprösslings studierte. Ich bin ganz ruhig!

Henri Jaques war fünfundzwanzig Jahre alt. Es war schon interessant, was Brockhaus so alles über ihn herausgefunden hatte. Offenbar hatte der junge Mann sein Abiturjahr auf zwei verschiedenen Internaten wiederholt, bis es dann geklappt hatte. Zivildienst oder Bundeswehr hat er auch nicht leisten müssen, Henri wurde untauglich gemustert. Irgendetwas mit seinem Rücken.

Danach hatte er zwölf Semester BWL erst in Frankfurt und dann in Darmstadt studiert, um es dann endlich einzusehen und das Studium hinzuwerfen. Anschließend war er für ein halbes Jahr bei der Telekom gewesen, saß dort auf einem Posten, den andere erst nach Jahren erreicht hätten, bis er dann »auf eigenen Wunsch« gegangen war. Seitdem nichts weiter. Arbeitslos gemeldet war er nicht. Vielleicht stand ja irgendwo in einer Akte als Berufsbezeichnung »Sohn«.

Auch Henris Polizeiakte war alles andere als unbeschrieben. Offenbar fuhr der Bursche gerne etwas zu schnell und hielt sich auch beim Parken nicht an Vorschriften ... und auch hier konnte man die ordnende Hand des Vaters erkennen, es war schon überraschend, wie viele Verfahren eingestellt wurden. Wenn es nur beim Falschparken geblieben wäre. Beleidigung, Schlägereien, Fahren unter Alkoholeinfluss, ein Unfall mit Fahrerflucht. Bei einer Anzeige wegen versuchten Totschlags wurde offensichtlich länger ermittelt, bevor die Anzeige zurückgezogen wurde.

Was für ein Musterknabe. Aber auch kein Wunder, dachte ich, als ich kopfschüttelnd weiterlas, dass der Kerl glaubt, er wäre aus Teflon. Muss schön sein, so behütet zu leben.

Papa wird's schon richten.

Diesmal nicht.

Nein, diesmal nicht. Brockhaus konnte sich jetzt freuen, dachte ich, als ich die E-Mail schrieb, in der ich ihn darum bat, den Herrn Henri Jaques Muller plus Anhang mal sehr genau unter die Lupe zu nehmen. Ludwig hatte eine fixe Preisliste für solche Fälle, und die »große Anfrage«, wie er sie nannte, stand ganz oben auf der Liste. Man konnte Brockhaus nachsagen, was man wollte, aber er hatte schon immer gewusst, dass es sich lohnte, sich an seine eigenen Regeln zu halten. Zuverlässigkeit wird immer honoriert.

Henri Jaques hätte sich besser auch an die Regeln halten sollen.

⊕ Die meisten meiner heutigen Termine nahm ich nicht wahr. Ich hatte nicht den Kopf dafür. Dafür tigerte ich im Haus auf und ab, während meine Gedanken endlos kreisten. Immer wieder musste ich mich zwingen, nicht nach dem Telefon zu greifen oder gar zu Jenny zu fahren. Und jedes Mal, wenn draußen ein Roller vorbeituckerte, hoffte ich, dass es Ana Lena wäre.

Ich hasse es, mich so hilflos zu fühlen.

Doch es gab ein paar Termine, die nicht warten konnten. Die Ladung mit den Chemieabfällen auf Theos Recyclinghof zum Beispiel musste endlich vom Acker geschafft werden. Mein Französisch war nicht das Beste, aber letztlich gelang es mir, seinem Geschäftspartner das Versprechen abzuringen, den Müll bis spätestens Montagabend von Theos Gleis zu schaffen. Mit Mühe. Dieser Franzose schien kaum zu verstehen, dass es eine gewisse Dringlichkeit gab. Es war doch Müll, mon Dieu, was sollte da der ganze Aufruhr?

Montag also.

Das waren zwar fünf Tage länger als Theos Ultimatum, aber daran konnte ich jetzt nichts ändern. Auf der anderen Seite könnte es sich für mich als praktisch erweisen.

Das Gespräch mit Theo verlief genauso wenig zufriedenstellend. Theo war nicht sonderlich begeistert und bestand darauf, mir alles in Rechnung zu stellen. »So ein

Gleisanschluss kostet Geld, oder glaubst du, ich hätte ihn für meine Modellbahn gemietet?«

»Du hast eine Modellbahn?«, fragte ich unschuldig, was Theo für den Moment die Sprache verschlug, bevor er dann widerwillig lachte.

»Du zahlst?«

»Ja«, seufzte ich. »Ich zahle. Ich stehe für meine Fehler gerade.«

»Ich weiß«, antwortete Theo, schon deutlich ruhiger. »Ich würde ja gerne drauf verzichten, aber ich habe auch meine Kosten, weißt du?«

Ich auch, dachte ich, als er endlich auflegte. Ich auch. Ich sah auf die Uhr, es war kurz nach sieben, spät genug für meine zweite Zigarette.

Irgendetwas, grübelte ich, während ich genüsslich die Zigarette anzündete und den Rauch nach oben blies, habe ich vergessen, nur was?

Das Telefon bimmelte, und als ich ihre Stimme hörte, fiel es mir auch prompt wieder ein.

»Hauptkommissarin Marietta Steiler hier«, sagte sie geschäftsmäßig. »Wir haben in einer Stunde einen Termin. Wo wollen wir uns treffen?«

Im Hintergrund hörte ich das Klackern von Tastaturen und gedämpfte Gespräche, sie rief also aus dem Revier an. Über Ana Lena hatte ich Marietta ganz vergessen, jetzt überschlugen sich meine Gedanken.

»Kannst du dich noch an das La Casa erinnern?«, fragte ich.

»Die Pizzeria von Antonios Vater? Na klar.«

»Ja. Nur dass sie nun Antonio gehört. Treffen wir uns dort?«

»Wann?«

»Um acht.«

»Bis dann.« Und damit hatte sie wieder aufgelegt. Ich stellte das Telefon zurück in die Station und schüttelte ungläubig den Kopf, das musste das kürzeste Telefongespräch gewesen sein, das ich jemals mit einer Frau geführt hatte. Ich sah auf die Uhr, fluchte leise und eilte hoch ins Badezimmer.

Gerade als ich, frisch geduscht und umgezogen, aus dem Haus gehen wollte, klingelte das Telefon erneut. Diesmal war es Ana Lena.

»Ist es okay, wenn ich heute bei Jenny übernachte?«, fragte sie leise. »Ihre Mutter ist auch da.«

Jennys Mutter war Ärztin in der Uniklinik. Zumindest war Ana Lena bei ihr in guten Händen.

»Ich habe nichts dagegen«, antwortete ich. »Wie geht es dir?«

»Nicht wirklich besser«, antwortete sie und ich hörte, wie sie seufzte. »Aber es ändert ja nichts, nicht wahr?«

Was sollte ich darauf sagen.

»Ich hab dich lieb, Ana Lena.«

»Weiß ich. Ich dich auch.« Und damit legte sie auf.

Ausnahmsweise hatte ich mal Glück mit dem Verkehr und bekam sogar einen Parkplatz ganz in der Nähe, ohne dass ich dafür jemanden erschlagen musste. Was gut so war, denn als ich um Punkt acht Uhr die Tür zum La Casa aufstieß, konnte ich sie gleich für Marietta aufhalten, die im gleichen Moment angekommen war. Heute trug sie einen Hosenanzug, dunkelblau, und ihre Haare zu einem langen Zopf gebunden. Den Kragen ihrer weißen Bluse hatte sie hochgestellt, sie sah sowohl süß als auch geschäftlich aus. Und sexy.

Antonio stand hinter der Theke und sah uns beide

neugierig an, eine Falte erschien auf seiner Stirn, die sofort wieder verschwand, während sein Lächeln immer breiter wurde. Verdammt, dachte ich, ich hätte anrufen sollen, soweit ich sehen konnte, waren fast alle Tische besetzt.

»Das gibt es doch nicht«, strahlte Antonio und ignorierte mich vollständig, während er die überraschte Kommissarin umarmte und ihr zwei Luftküsse auf die Wangen drückte. »Das ist jetzt wie lange her, zwanzig Jahre? Oder mehr?«

Marietta sah genauso überrascht drein, wie ich mich fühlte.

»Du bist doch Marietta, nicht wahr? Ihr wart so oft hier, wie sollte ich dich vergessen? Dort hinten am Tisch hast du deine Hausaufgaben gemacht. Ich erinnere mich noch, als wäre es gestern gewesen!« Er sah von ihr zu mir hin. »Ihr kennt euch noch immer? Und du hast mir das verschwiegen?« Gott, dachte ich, Antonio hat wirklich ein Gedächtnis wie ein Elefant.

»Wir haben uns erst kürzlich wiedergesehen«, antwortete ich.

»Geschäftlich«, ergänzte Marietta mit einem kleinen Lächeln, doch ihre Augen funkelten, ganz offensichtlich genoss sie es, mich auf dem falschen Fuß erwischt zu sehen.

»Der gleiche Tisch wie früher«, entschied Antonio strahlend, während ich ihr aus der Jacke half. »Hinten in der Ecke, wisst ihr noch?« Er wartete ihre Antwort gar nicht erst ab. »Bella«, rief er über die Theke in Richtung Küche. »Rate mal, wer wieder da ist!«

»Ich habe es auch vergessen«, gestand Marietta, nachdem auch Teresa, Antonios Frau, sie überschwänglich begrüßt hatte. »Es ist ewig lange her.« Sie sah sich um und nickte leicht. »Es hat sich kaum verändert ... seid ihr noch immer befreundet?«

»Ja«, nickte ich. »Seit der fünften Klasse. Nur dass wir uns so oft nicht mehr sehen.« Ich zuckte mit den Schultern. »Aber gute Freunde halten ewig.«

»Wenn man die Freundschaft pflegt«, fügte sie hinzu und sah mich mit ihren klugen Augen prüfend an. »Warum hast du mich eingeladen?«

War sie schon immer so direkt gewesen?

»Ich hatte gehofft, dich irgendwann wiederzusehen«, sagte ich leise, was ja auch die Wahrheit war. »Nur unter anderen Umständen.«

Sie sah mich lange prüfend an, dann nickte sie. »Das ist bei meinem Beruf schwierig.«

»Wie geht es deiner Mutter?«, fragte ich, hauptsächlich, um den Small Talk hinter mich zu bringen.

»Sie ist tot. Seit sechzehn Jahren. Sie ist wieder mit meinem Vater zusammengekommen«, antwortete sie in neutralem Tonfall. »Nur nicht für lange, dann haben sie sich wieder getrennt, sie hat ein paar Freunde gehabt, dann sind sie wieder zusammengekommen ... immer das gleiche Spiel. So ging das noch fünf Jahre lang. Anlässlich der letzten Versöhnung sind sie dann zusammen in den Urlaub gefahren. Dabei haben sie sich dann frontal mit einem Tanklaster geeinigt.«

»Das tut mir leid«, sagte ich betroffen.

Sie wischte es mit einer Geste zur Seite. »Auch das ist lange her.« Sie sah mich neugierig an. »Ich habe mir auch gewünscht, dich wiederzusehen«, sagte sie dann.

»Du bist von allen Kerlen, die ich kannte, der netteste gewesen. Was ist passiert?«

»Ich bin nicht mehr nett?«, fragte ich lachend, doch sie sah mich nur an.

»Ich habe deine Akte von der Bundeswehr bekommen«, teilte sie mir mit. »Drei Blätter, vielleicht vier.«

So viel dazu, dass sie immer direkt war.

»Stand was Interessantes drin?«, fragte ich wie beiläufig und zwang mich, weiter zu lächeln.

»Nein. Ganz und gar nicht. Den Zeilen zwischen den schwarzen Balken konnte ich nur entnehmen, dass du studiert hast und anschließend zum AMK gewechselt hast. Du hast Material geprüft. Sogar deine Zuteilung zum KSK steht darin. Auch da hast du Material geprüft. Und es hieß auch nicht KSK.«

»Damals haben wir noch nicht zugegeben, dass es das KSK gibt«, erinnerte ich sie.

»Ja. Ich weiß«, antwortete sie. »Sag du es mir. Bist du noch der Mensch, den ich kannte?«

»Zu Hunden und Kindern bin ich immer nett«, antwortete ich ernster, als ich es eigentlich gewollt hatte. »Doch was den Rest der Menschheit angeht, habe ich meine Zweifel.«

»Was für ernste Gesichter!«, unterbrach Antonio uns, als er den Wein brachte. »Das ist schlecht! Lachen ist gesünder!« Bevor wir ihm antworten konnten, war er mit einem schnellen Lächeln wieder verschwunden. Sie sah ihm nach und schüttelte amüsiert den Kopf.

»Er hat sich nicht verändert.«

»Er ist auch immer noch nett.«

»Was hast du wirklich beim AMK gemacht?«

»Hast du doch selbst gesagt. Ich war im Bereich Materialprüfung eingesetzt. Nichts Besonderes.«

Sie zog zweifelnd eine Augenbraue hoch. »Wirklich?«

»Wirklich.«

»Du sagst das mit einer solchen Überzeugung«, meinte sie anerkennend. »Wenn ich es nicht besser wüsste, würde ich dir sogar glauben.«

»Aber du weißt es besser?« Sie will dir nur auf den Zahn fühlen, dachte ich. Sie konnte nichts wissen. Oder etwa doch?

»Ich habe etwas herumgefragt«, erklärte sie. »Ich habe auch meine Kontakte. Über dich selbst habe ich wenig herausgefunden. Aber ich weiß, dass du beim KSK mehr getan hast, als Klopapier auf seine Tauglichkeit zu prüfen. Tatsächlich hast du Soldaten des Sonderkommandos ausgebildet. Deren Aufgabe war es, den Feind zu infiltrieren und unauffällig Ziele auszuschalten, nicht wahr?«

»Ich weiß nicht, wie du auf diese Idee kommst. Ich schwöre dir, ich habe nur das Toilettenpapier gezählt. Ganz, wie du vermutet hast«, sagte ich und lächelte gewinnend. »Irgendjemand musste es ja tun.«

»Natürlich hast du das.« Sie schüttelte den Kopf. »Lassen wir das Herumgetänzel. Du hast Lucio Valente observiert«, stellte sie fest und hielt mich mit ihrem Blick gefangen. »Warum?«

Ich wollte abwiegelnd antworten, doch sie hielt die Hand hoch, um mich zu unterbrechen. »Wir wissen mittlerweile, dass jemand, der dir verblüffend ähnlich sieht, versucht hat, etwas über ihn herauszufinden. Woher das Interesse an Valente? Und erzähle mir nicht, dass du nicht wusstest, wer er war.«

»Ich wollte ein Date mit dir«, antwortete ich ruhig.

»Für ein Verhör musst du mich schon vorladen.«

»Beantworte mir die Frage und wir vergessen meinen

Beruf«, sagte sie mit einem leichten Lächeln, und es sah fast so aus, als ob sie es ernst meinte.

»Ich habe mit seinem Tod nicht das Geringste zu tun«, sagte ich, und sie nickte.

»Das glaube ich dir. Du hättest ihn eher selbst umgelegt, als jemandem einen Auftrag zu geben, nicht wahr?«

Beinahe hätte ich mich an meinem Wein verschluckt. Offenbar konnte sie mich noch immer erschreckend gut einschätzen.

Ich zuckte mit den Schultern. »Er hat mein Interesse erweckt, nicht mehr. Es war ja kaum zu übersehen, was er für ein Typ war. Ich habe meinen Cappuccino getrunken und ihm zugesehen, wie er Geschäfte getätigt hat. Er gab sich wenig Mühe, etwas zu verbergen. Aber das war es schon.«

»Du hast ihn dort zum ersten Mal gesehen?«

»Im Café? Ja.« Was ja auch stimmte.

»Und dann festgestellt, dass du ihn nicht magst und ihn dann dort beobachtet? Ist das deine Geschichte?«

»So war es in etwa. Ich habe mich etwas umgehört, das ist wahr, aber viel herausgefunden habe ich nicht. Ich sagte bereits, ich habe mit seinem Tod nicht das Geringste zu tun. Und das ist die Wahrheit.«

Sie beugte sich etwas vor, um mir besser in die Augen sehen zu können. »Und warum das Ganze?«

»Ich mochte den Kerl einfach nicht. Ich hasse es, wenn sich jemand an Frauen vergreift.«

»Ja«, sagte sie leise. »Ich weiß.«

Und was bedeutete das nun schon wieder? Sollte ich sie fragen? Nein, besser nicht.

»Das hättest du auch bei der Vernehmung sagen können«, warf sie mir vor.

»Nachdem er nun schon tot war, wollte ich mit der ganzen Sache nichts mehr zu tun haben. Ist doch verständlich, oder? Ich wollte vermeiden, dass ich diese Fragen gestellt bekomme!«

Sie sah mich lange prüfend an.

»Okay«, sagte sie langsam. »Das glaube ich dir sogar. Ich habe gehört, dass du dich über die Bedienung geworfen hast.«

Langsam wurde es mir unangenehm.

»Reflex«, sagte ich und fühlte mich seltsam peinlich berührt. »Ich mag Anette. Und sie ist eine alleinerziehende Mutter.«

»Jetzt erkläre mir noch, wo und wie man einen solchen Reflex entwickelt«, forderte sie spitz. »Kam es öfter vor, dass Schüsse fielen, während du die Rollen gezählt hast?«

Antonio rettete mich aus der Bredouille. Er war fast unbemerkt an den Tisch gekommen, räusperte sich und bedachte uns beide mit einem vorwurfsvollen Blick. »Ihr habt den Wein nicht einmal angerührt!«, beschwerte er sich, als er das Essen servierte. »Ist guter Wein! Ihr esst Teller auf, ja, sonste ich bin beleidigt, ja?« Er bedachte uns beide mit einem prüfenden Blick. »Und nicht streiten, dann schmeckt Essen nicht!«

»Der ernste Teil ist vorbei«, versprach Marietta mit einem gewinnenden Lächeln. »Es ging nur um die Arbeit.«

»Und was für eine Arbeit iste das?«, fragte Antonio neugierig.

»Ich bin bei der Mordkommission.«

»Oh«, nickte Antonio. »Das kann Appetit verderben«, gab er dann zu. »Aber jetzt Schluss damit, ja, verstanden?«

Als er wieder gegangen war, sah Marietta hinter ihm her.

»Hat er plötzlich einen Sprachfehler bekommen?«

»Das ist seine Ich-bin-Italiener-Masche. Er vergisst manchmal, bei wem er sie anwendet.«

Sie lachte kurz, doch dann wurde sie wieder ernst. »Er hat aber recht. Es ist fast schon eine Berufskrankheit geworden, einem mit Fragen das Essen zu verderben.« Sie bedachte mich mit einem schwer lesbaren Blick. »Ich denke, dass jemand, der bei einer Schießerei versucht, eine Frau zu schützen, die er nur flüchtig kennt, kaum schlecht sein kann. Vielleicht sogar auch nett.«

»Danke«, sagte ich erleichtert, als sie zu ihrem Besteck griff. Vielleicht meinte sie es ja sogar ernst. »Sag mal, hast du Erfahrung mit Sexualverbrechen?«

Sie sah mich überrascht an und ließ das Besteck wieder sinken. »Warum? Weil ich eine Frau bin?« Sie schüttelte den Kopf. »Das Thema eignet sich ja wohl kaum besser als Tischgespräch!«, fügte sie vorwurfsvoll hinzu.

»Nein. Da hast du recht«, gab ich leise zu. »Doch meine Nichte ... ihr ist da etwas geschehen. Und sie will keine Anzeige erstatten, weil sie fürchtet, vor Gericht über glühende Kohlen gezogen zu werden.«

»Das ist eine ernste Sache«, meinte sie nachdenklich und legte ihr Besteck zur Seite, um mich lange anzusehen. »Offiziell sage ich natürlich, dass sie Anzeige erstatten sollte. Tatsächlich aber ist es so, dass die Beweisführung für ein solches Verbrechen sehr schwer ist ... es sei denn«, fügte sie mit einem hoffnungsvollen Blick hinzu, »dass es Zeugen gibt.«

»Das weiß ich nicht«, antwortete ich. »Aber ich glaube eher nicht. Also, was ...«

»Sie weiß, wer der Täter ist?«

Ich nickte. Es war ja meistens so; der Fremde im Park war wohl eher die Ausnahme.

»Kann er sich einen guten Anwalt leisten?«

»Den Besten. Sein Vater hat Geld und ist in der Politik.«

Sie griff nach meiner Hand und hielt sie fest.

»Sag Ana Lena, sie soll tun, was sie selbst für sich als das Richtige empfindet«, riet sie mir eindringlich. »Der Kerl ist es nicht wert, dass er ihr Leben ruiniert ... und das kann vor Gericht ganz leicht geschehen. Es ist eine traurige Tatsache, aber wahr. Wenn sie allerdings den Namen nennt, kann man ihm mal auf den Zahn fühlen. Unauffällig, versteht sich. Vielleicht gibt es noch andere Vorfälle.«

»Die gab es«, nickte ich.

Marietta zog ihre Brieftasche heraus, nahm eine ihrer Visitenkarten und schrieb mir eine Nummer auf die Rückseite.

»Das ist die Nummer einer Kollegin bei der Sitte, die sich mit solchen Dingen sehr gut auskennt. Sie ist zudem sehr diskret. Sie ... sie weiß auch, um was es dabei geht. Wenn Ana Lena sich dafür entscheidet, dann soll sie diese Nummer anrufen, ja?«

Ich nahm ihre Karte an, einen Moment lang begegneten sich unsere Blicke, dann schüttelte sie den Kopf, warf einen bedauernden Blick auf ihren Teller und legte das Besteck endgültig zur Seite. »Heinrich, wenn du willst, kann ich mit ihr reden. Wenn sie will.«

»Nee, lass mal«, sagte ich. »Du hast mir schon geholfen.«

»Wirklich?«, meinte sie zweifelnd. »Es tut mir leid, Heinrich«, sagte sie dann leise. »Aber ich glaube, das hat

heute keinen Zweck mehr.« Damit hatte sie wohl recht.
»So hatte ich mir das nicht vorgestellt.«

Ich auch nicht.

»Wir können das gerne bei einer anderen Gelegenheit nachholen, ja?«

»Ja, sicher«, sagte ich und stand auf, als sie ihren Stuhl zurückschob. Ich glaubte ihr kein Wort. So viel zu diesem Date. Aber was hatte ich auch anderes erwartet? Du bist einfach nur ein Idiot, dachte ich, als sie sich von mir verabschiedete. Mit Händedruck. Ganz formell.

Antonio kam an unseren Tisch, und wir beide sahen zu, wie Marietta durch die Tür ging. Dann musterte mein bester Freund die unangetasteten Teller.

»Du hast es wieder versaut«, stellte er fest. »Was ist es nur mit den Signoras? Sie fallen dir zu Füßen, und du bemerkst es gar nicht! Und wenn dann eine kommt wie Marietta, dann baust du Mist! Sie liebt dich noch immer!«

»Nein, Antonio, das ist schon lange vorbei.«

»Quatsch«, widersprach er. »Da braucht man nur hinzusehen, um das zu erkennen ... warum stellst du dich immer so dumm an?«

»Was ist mit deinem italienischen Akzent passiert?«

»Den spare ich mir für essende Gäste«, antwortete Antonio ungehalten. »Was ist eigentlich los mit dir? Macht dir Ana Lena immer noch zu schaffen? Meine Älteste hat sich die Ohren mit fünfzehn löchern lassen. Viermal an jeder Seite. Bis auf die für die Ohrringe sind die anderen schon wieder zugewachsen und nicht mehr zu sehen!« Er warf die Hände theatralisch in die Höhe. »Sie ist bald erwachsen, lass sie doch, es sind ihre Ohren!«

Das hatte er schon das letzte Mal gesagt, als ich ihm mein Leid geklagt hatte.

»Nein«, meinte ich leise. »Die Piercings sind nun wirklich das kleinste Problem.«

»Dann erzähl mal«, sagte Antonio und setzte sich auf den Stuhl, den Marietta gerade geräumt hatte. Er wies auf meinen Teller. »Und iss.«

»Hast du nicht Gäste, um die du dich kümmern solltest?«, meinte ich mit einem Blick auf das fast vollbesetzte Lokal.

»Ich habe einen Freund, der Sorgen hat. Und auch Gast ist«, erklärte Antonio. »Außerdem hat Teresa hier mit Liebe gekocht, das können wir doch nicht verkommen lassen! Also, was ist geschehen?« Er hob drohend die Gabel. »Und wehe, du isst nicht auf!«

⊕ »Sei einfach für sie da«, hatte Antonio gesagt, nachdem er erfahren hatte, was geschehen war. Es hatte ihn sichtlich getroffen, er kannte Ana Lena schon, seitdem Elisabeth sie als Baby das erste Mal mit hierhergebracht hatte. Es tat mir gut, mit jemandem zu sprechen, dem ich rückhaltlos vertrauen konnte, wenigstens in den meisten Fällen. Zudem konnte ich mir seiner Diskretion sicher sein.

Für sie da sein. Leichter gesagt als getan, dachte ich, als ich den Mercedes in die Garage fuhr. Das Haus wirkte leer und dunkel ohne sie. Elisabeth, wo zur Hölle bist du, fragte ich in Gedanken meine Schwester. Ich war fest davon überzeugt, dass ich es fühlen müsste, wenn sie nicht mehr leben würde. Also war sie irgendwo ... nur, warum war sie dann nicht zurückgekommen? Die Antwort kannte ich. Frank.

Irgendwie war es immer die gleiche Antwort, wenn ich mich fragte, warum etwas schiefgelaufen war. Frank. Bei dem Gedanken an ihn dachte ich automatisch gleich an Frau Richter. Vielleicht, dachte ich, als ich den Waffentresor im Nachbarkeller aufschloss und eine leicht gebrauchte Walther herausnahm, vom gleichen Modell wie die, die der Ungar verwendet hatte, fand sich ja die Zeit, mich heute Abend doch noch um dieses miese Exemplar eines Göttergatten zu kümmern.

Doch als ich mich in den Wagen setzte, schüttelte ich den Kopf über mich. Halte dich an deine Regeln, mahnte ich mich. Schusswunden werfen Fragen auf, lass es sein.

Besser, du schaust dir mal das Frettchen an.

Kurz entschlossen ließ ich den Wagen an und fuhr los. Sosehr ich auch versuchte, mich zu erinnern, die Adresse fiel mir nicht ein, aber ich wusste so in etwa, wo sich die Disco befand, in der Ana Lena so viel Zeit verbrachte, allzu schwer sollte sich der Laden nicht finden lassen. Es brauchte dann zwar doch drei Umleitungen und anderthalb Stunden, bis ich endlich auf dem Parkplatz stand, dafür fiel mir in dem Moment auch die Adresse wieder ein.

Und was machst du, wenn du ihn findest? Legst du ihn gleich um oder wartest du fünf Sekunden?

Nichts. Noch nichts. Erst einmal galt es herauszufinden, mit wem ich es hier zu tun hatte. Die Lage sondieren. Niemals übereilt agieren. Das waren die Regeln. Es brachte nichts, wenn ich ihn zusammenschlug und er mich dann anzeigte. Nein, so etwas musste sorgsam geplant werden.

Und dann schlägst du ihn zusammen?

Vielleicht. Vielleicht bringe ich ihn auch nur um.

Gott, wie lange war es her, dass ich das letzte Mal in einer Disco gewesen war? Zwanzig Jahre? Zumindest hatte sich eines geändert, der Pulk von Leuten, der vor der Disco stand, wartete nicht auf Einlass, sondern qualmte um die Wette. Richtig, erinnerte ich mich. Rauchen war ja nicht mehr erlaubt.

Auch an die Optik musste ich mich erst einmal gewöhnen. Abendgarderobe, Ballkleider, großzügige Dekolletés, unpassend zu turmhohen Plateaustiefeln, kunstvolle Frisuren, im allseits beliebten Schwarz bis hin zur neongrünen Irokesenbürste. Mit Frack. Letzterer, der Hautfarbe nach offenbar ein Mitbürger mit Migrationshintergrund, wandte sich an mich. »Entschuldigung, haben Sie vielleicht Feuer für mich?«, fragte er höflich und ohne jeden Akzent.

Ich hatte.

»Schicker Anzug«, stellte der junge Mann bewundernd fest. »Boss?«

»Thomas Mahon.«

»Kenn ich nicht«, meinte der junge Mann verständnisvoll. »Macht ja nichts. Kann ja nicht jeder mit Boss oder Armani herumlaufen.«

Ich gab ihm schmunzelnd recht. Zwei Schritte weiter wurde mir der Weg von einer kleinen Westentaschenprinzessin im schwarzen Abendkleid, aber mit silberner Tiara versperrt. Und zehn Zentimeter hohe Plateau-Combat-Boots trug auch sie, wie ich diskret bemerkte, was allerdings nicht ganz so leichtfiel, denn ihr Ausschnitt war meinem Blick im Weg.

»Könnten Sie mich vielleicht auch anmachen?«, fragte sie mit einem verführerischen Lächeln und lehnte sich fast schon an mich.

»Nur Ihre Zigarette«, erklärte ich und fühlte mich ein wenig in die Ecke gedrängt.

»Schade«, sagte sie und zog eine süße kleine Schnute. »Ich steh auf ältere Männer«, flüsterte sie mir vertraulich zu. »Da kann man noch etwas lernen.« Sie fuhr mir leicht mit einem zentimeterlangen karminroten Fingernagel über die Wange. »Aber vielleicht überlegen Sie es sich noch anders ... ich vielleicht dann auch!«

Sie zwinkerte mir zu, drängte sich zwischen zwei anderen durch und war verschwunden.

Ich schüttelte ungläubig den Kopf, holte tief Luft und drängte mich weiter durch die Menge, bis ich endlich an der Kasse angekommen war und meine fünf Euro bezahlen durfte. Dafür stempelte man mir einen neongelben Vogel auf den Handrücken und wies zu einer Tür, die von einem Ledervorhang verschlossen war. Und dann betrat ich eine fremde Welt.

Wenigstens die Lautstärke war erträglich, dachte ich, als ich mich durch einen langen Gang hin zum Hauptraum kämpfte, da war ich aus früheren Zeiten anderes gewohnt. Doch mit der Musik kam auch eine Welle warmer, feuchter Luft, angereichert mit einer Mischung aus Gerüchen, an die ich mich auch erst einmal gewöhnen musste. Ehrlich gesagt, war mir da der Zigarettenqualm von früher lieber.

Dafür war der Laden gut besucht, aber nicht unangenehm voll, sogar an der langen Theke an der linken Seite war noch Platz für mich. Von dort aus konnte ich gut beobachten, wie auf der Tanzfläche eine Säule angetanzt wurde, als ob es sich dabei um ein altes heidnisches Ritual handeln würde.

Die Bedienung hinter der Theke trug Klamotten, die zu einem Fetischfilm gepasst hätten, zeigte Figur und ein freundliches Lächeln; und schneller, als ich es glauben konnte, hatte ich meinen Rotwein vor mir stehen, in einem sauberen Glas und besser als erwartet.

Ich hatte mir einen Platz zwischen zwei kleinen Gruppen gesichert, und ab und an schwappten Gesprächsfetzen zu mir hinüber. Die Gruppe links von mir unterhielt sich mit offensichtlichem Eifer über die jüngsten politischen Ereignisse, die drei jungen Damen rechts von mir erörterten, wo bei einem Computerspiel namens Wow das Geheimnis des Erfolgs liegen mochte.

Schmunzelnd griff ich mir mein Glas und begann, durch den Hauptraum zu driften, hörte hier und da hin, sah mich mit neugierigen und wachen Augen um.

»Suchen Sie jemanden Bestimmten?«, sprach mich eine junge Frau an. Als ich sie verblüfft ansah, lachte sie. »Ist ja nicht zu übersehen.« Offenbar schien es sie wenig zu stören, dass ich gut zwanzig Jahre älter war als sie.

»Einen Henri Muller«, antwortete ich. »Ich hörte, er soll oft hier sein.«

Das Lächeln der jungen Frau erstarb. »Dann gehen Sie ihn mal suchen«, sagte sie kühl und wandte sich brüsk ab.

»Er ist kein Freund von mir«, sagte ich, bevor sie außer Hörweite war. »Ganz im Gegenteil.«

»Ach ja?«, fragte sie skeptisch und musterte mich von oben bis unten.

»Sie wohl auch nicht?«

»Er ist ein Arsch«, sagte sie und verzog das Gesicht, als hätte sie gerade eine Kakerlake gesehen. »Er hat zu viel Geld und zu viel Ego.«

»Aber Sie kennen ihn?«

»Ich wollte, es wäre nicht so.« Sie sah prüfend zu mir hoch. »Wollen Sie einen guten Rat? Blöde Frage, niemand will einen guten Rat. Trotzdem: Vergessen Sie Henri. Wenn Sie ihn noch nicht kennen, brauchen Sie es nicht nachzuholen, Sie verpassen nichts.« Sie wedelte nachlässig mit der Hand in die hintere Richtung des Raums. Dort befand sich eine kleine Plattform, auf der Spielautomaten standen. »Aber wenn Sie darauf bestehen ... Er ist irgendwo dahinten.« Ich nickte dankend und wollte mich abwenden, als sie mir die Hand auf den Arm legte. »Wenn Sie ihm Ärger machen wollen, vergessen Sie es, er hat immer jemanden bei sich, der ihm den Ärger vom Hals hält.«

»Warum sollte ich ihm Ärger machen wollen?«

»Nur so eine Idee«, lachte sie und grinste breit. »Die geballten Fäuste sind ein Hinweis.« Sie sah bedeutsam auf meine Hände herab. »Besser«, lächelte sie, als ich mich entspannte.

»Darf ich fragen, was Henri Ihnen angetan hat?«, fragte ich leise, doch sie schüttelte kühl den Kopf.

»Ich befürchte, Sie überschätzen die Intimität unserer nicht vorhandenen Beziehung«, teilte sie mir mit. »Ich nicht.«

Mit diesen Worten wandte sie sich endgültig ab und ging raschen Schrittes davon. Dieser Henri schien sich wirklich Freunde fürs Leben gemacht zu haben.

Es brauchte ein wenig, bis ich mich durch die Menge zu der Plattform hingearbeitet hatte, auf halbem Weg dorthin sah ich eine junge Frau mit hochgestecktem blondem Haar, in Korsett und langem Lederrock, die sich gerade unter jemandem hinweg duckte und die Treppe hinaufeilte, im nächsten Moment erkannte ich sowohl sie als auch das Frettchen.

Es war Ana Lenas Freundin Jenny, und sie stürmte geradewegs auf das Frettchen zu. Henri war mit dem

Spielautomaten beschäftigt und abgelenkt, auch der Typ neben ihm, der mit langem Ledermantel und breiten Schultern wohl beeindruckend wirken wollte, sah sie zuerst nicht kommen.

Jenny machte es sich zunutze, und ohne auch nur einen Lidschlag lang zu zögern, begrüßte sie das Frettchen mit einer Ohrfeige, die so laut knallte, dass sie sogar das Wummern des Basses übertönte.

Selbst ich war beeindruckt, dies musste die perfekteste Ohrfeige gewesen sein, die ich jemals gesehen hatte, sie riss das Frettchen herum und ließ ihn beinahe auch noch straucheln. Mittlerweile war ich nahe genug heran, um beide trotz der Musik zu verstehen.

»Diesmal kommst du nicht davon, du Arsch«, schrie sie und duckte sich unter den Händen des anderen Typen weg, der sie festhalten wollte. »Und du lässt deine Finger von mir, sonst setzt es was!«

Die kalte Art, wie das Frettchen sie ansah, ließ nichts Gutes erahnen. Langsam hob er seine Hand an die Wange, an der sich Jennys Finger deutlich abzeichneten. Doch er blieb ruhig.

»Ich weiß nicht, was du hast«, sagte er und lächelte kühl. »Womit soll ich nicht durchkommen? Willst du mich aufklären?« Sein Lächeln wurde breiter. »Am besten sagst du es laut genug, damit jeder es mitbekommt!«

Sein Freund versuchte noch immer, ihrer habhaft zu werden, doch jetzt war ich auch nahe genug, um einfach einen Schritt nach vorne zu tun, als Jenny sich wieder unter den Armen des anderen hinweg duckte.

»Lass es lieber«, sagte ich ruhig. »Ich mag es nicht, wenn man Frauen grob anfasst.« Eigentlich hatte ich den anderen Typen gemeint, der jetzt bewies, dass seine Instinkte noch funktionierten, und hastig einen Schritt nach hinten tat und die Hände hochhob, als wollte er sagen, hey, ich tue doch gar nichts. Doch auch das Frettchen fühlte sich angesprochen.

»Manche Schlampen muss man hart anfassen, die meisten mögen's sogar«, gab er von sich, dann fiel bei ihm wohl auch der Groschen. »Hey, du bist doch der Alte von Al, nicht wahr?« Sein süffisantes Grinsen wurde breiter. »Ich sehe, du brauchst noch immer Baldrian.«

Da beide abgelenkt waren, nutzte Jenny die Gelegenheit, ihm vors Schienbein zu treten. Sie trug nicht die üblichen Plateaustiefel, in ihrem Fall waren es Arbeitsstiefel mit verchromten, aber dennoch funktionsfähigen Stahlkappen ... und bewies erneut ihre Treffsicherheit. Ich konnte es fast knirschen hören, und auch das Frettchen zeigte sich beeindruckt. Er zog scharf die Luft ein und holte mit der Faust aus. Nur dass ich sie mit einer Hand in der Luft einfing. »Lass mich los, alter Mann«, forderte Henri mit hochrotem Gesicht. »Die Schlampe hat mich getreten!«

Ich widerstand der Versuchung, ihm den Arm zu brechen, und ließ ihn wieder los. »Sie wird einen Grund haben, nicht wahr?«, meinte ich ruhig. »Egal. Wenn du oder dein Freund sie noch einmal bedrohst, werde ich dir wehtun.«

»Was ist das denn für ein Spruch?«, lachte Henri. »Sind wir hier in einem schlechten Film oder was?« Aber er schien dann doch zu verstehen, dass ich nicht zum Spaßen aufgelegt war, denn er ließ den Arm sinken. »Wir gehen«, teilte er seinem Freund mit. »Mit so einem Pack gebe ich mich nicht ab.«

Jenny und ich sahen den beiden nach.

»Er hinkt, nicht wahr?«, rief Jenny über die Musik,

und ich musste fast wider Willen schmunzeln. In der Tat, das Frettchen hinkte.

»Ist das nicht ein cooler Abgang?«, meinte Jenny bitter und berührte leicht meine Hand, die auf ihrer Schulter lag. »Sie können mich jetzt loslassen, ich bin ganz ruhig«, rief sie über den Bass hinweg. »Und danke, ich glaube, der hätte mir wirklich eine geballert, wären Sie nicht gewesen.« Sie sah mit großen, blauen Augen zu mir hoch. »Warum sind Sie hier?«, fragte sie, aber über die Musik fiel es mir schwer, sie zu verstehen. Also bedeutete ich ihr, dass sie mir nach draußen folgen sollte, erst schien sie zu zögern, dann nickte sie.

»Ich will wissen, wer der Kerl ist«, beantwortete ich ihre Frage, nachdem wir uns vor der Disco eine Ecke gesucht hatten, in der wir weitestgehend ungestört waren. Mittlerweile war es kühler geworden und als ich sah, wie sie frierend die Arme um sich schlang, legte ich ihr meine Jacke über die Schulter.

»Danke«, meinte sie leise, während ich mir eine Zigarette anzündete. »Aber was soll das bringen? Ich habe mittlerweile einiges über ihn gehört, das ich fast nicht glauben kann. Wenn es wahr ist, dann kommt man einfach nicht an ihn heran.« Sie rieb sich ihre Hand. »Ich befürchte, bei der Ohrfeige wird es bleiben.«

»Vielleicht nicht. Bevor wir weitersprechen, ist Ana Lena auch hier?«

»Nein. Mama hat ihr etwas gegeben, und sie schläft wie ein Stein. Paul passt auf sie auf und hat versprochen, mich anzurufen, wenn sie sich regt. Ich wollte eigentlich auch schlafen, aber ich habe es nicht mehr ausgehalten! Irgendwie musste ich dem Arsch meine Meinung sagen.« Sie schüttelte den Kopf. »Es ist unglaublich, was ich da gehört habe«, fuhr sie fort und zog mein Jackett enger um sich. »Angeblich hat er so etwas schon oft getan. Dreimal soll er sogar Schweigegeld bezahlt haben. Aber es sind nur Gerüchte, niemand weiß etwas Genaueres. Und dann gibt es noch die, die schwören, dass er ein supertoller Hecht ist und es nicht nötig hätte. Und wenn du etwas Falsches sagst, besitzt er die Frechheit, dir mit seinem Anwalt zu drohen.« Sie seufzte und schüttelte fassungslos den Kopf. »Ich hörte davon, dass jemand ihn anzeigen wollte. Er hat ihr massiv gedroht, natürlich nicht so, dass es an ihm hängenbleiben könnte. Andeutungen und so. Als sie sich immer noch nicht einschüchtern ließ, wurde sie vier Tage später von drei Männern überfallen, noch mal vergewaltigt und neben allem anderen noch halb totgeprügelt. Hat natürlich nichts miteinander zu tun, und unser Henri war ganz woanders und hat von alledem gar nichts gewusst. War ja klar!«

Ich konnte nicht sagen, dass es mich überraschte, es deckte sich so ziemlich exakt mit dem, was ich schon vermutet hatte. Brockhaus' Akte hatte so etwas angedeutet.

»Du hast von anderen gesprochen?«, fragte ich stattdessen. »Hast du eine Ahnung, wie viele es schon sind? Wenn sich auch nur eine einzige andere junge Frau finden lässt, die von ihm vergewaltigt wurde und bereit ist, auszusagen, sieht die Geschichte schon ganz anders aus.«

»Da redet man nicht offen darüber«, erklärte Jenny und schüttelte den Kopf. »Aber ich glaube, es sind fast ein Dutzend. Es gibt so einige, die mit ihm zusammen waren und dann plötzlich nicht mehr hergekommen sind.« Sie zuckte mit den Schultern. »Oder sie hatten einfach nur die Schnauze von dem Schuppen voll und treiben sich woanders herum.« Sie wischte sich über die

Augen. »Es sind alles nur Gerüchte. Aber nach dem, was Ana Lena geschehen ist, glaube ich sie alle. Nur sind das keine Beweise.«

Damit hatte sie leider recht, Gerüchte hatten vor Gericht wenig Bestand.

Aber im Moment denkst du auch nicht an eine Gerichtsverhandlung, nicht wahr?

Eher nicht.

»Weißt du, was Ana Lena vorhat?«, fragte ich Jenny.

Sie schüttelte den Kopf. »Ich weiß nur, dass sie mittlerweile stinksauer ist. Meine Mutter meint, es wäre ein gutes Zeichen, aber ich weiß nicht ... nach dem, was ich gehört habe, kann man ihr ja wohl kaum raten, ihn anzuzeigen, nicht wahr? Der Kerl kann sich die besten Anwälte leisten und sein Vater hat genügend Einfluss, um es so darzustellen, als wäre sie dran schuld. Und dann kann es geschehen, dass er am Ende doch ungeschoren davonkommen wird.«

»Entschuldigt«, sagte die junge Frau von vorhin und trat näher an uns heran. »Ist es wahr, Jenny? Hat er sich an Al vergriffen?« Sie sah zu mir hoch. »Ich bin Nina«, fügte sie leise hinzu. »Al, Jenny und ich sind befreundet...«

»Das ist Herr Schmitt, Als Onkel«, stellte Jenny mich vor.

»Das habe ich eben gerade mitbekommen«, sagte die junge Frau und lächelte schief. »Vorhin habe ich für einen Moment gedacht, Sie nehmen ihn direkt dort vor aller Augen auseinander.«

Nun, in diesem speziellen Moment hatten ich und sie wohl dieselben Gedanken gehabt.

»Nina«, begann Jenny. »Ich weiß nicht, ob wir ...«

»Ich will ja auch nicht stören«, unterbrach Nina.

»Könnt ihr Al einfach nur sagen, dass ich, wenn sie den Kerl anzeigt, mitmache?«

»Du meinst ...« Jenny sah sie ungläubig an und Nina nickte.

»Ja. November letztes Jahr«, erklärte sie mit gepresster Stimme. »Er hat mir angedroht, dass ich es bereuen würde, wenn ich mein Maul aufreiße ... nur dass ich es nicht mehr ertragen kann, ihn da stehen und lachen zu sehen! Wisst ihr, dass er mir geraten hat, woanders hinzugehen, wenn es mich stört?« Ihre Augen funkelten und jetzt waren ihre Hände zu Fäusten geballt. »Ich habe gehört, wie Sie gesagt haben, dass, wenn es mehrere gibt, die ihn zusammen anzeigen, die Chancen höher sind, dass er verurteilt wird!«

Ich nickte. »So ist es auch.«

Sie atmete tief durch. »Ich weiß noch von zwei anderen und eine, bei der er es versucht hat. Vielleicht kann man die ja auch ansprechen.« Sie sah verächtlich dorthin, wo Henri verschwunden war. »Es ist fast alles besser, als zu ertragen, dass er damit immer wieder durchkommt!« Sie ballte erneut die Fäuste. »Solange er nicht weggesperrt ist, ist alleine der Gedanke, dass er ungestraft davongekommen ist, wie ein schwarzes Loch, das mir jede Freude aussaugt. Ich würde alles dafür tun, dass es verschwindet!«

»Und warum hast du uns nicht gesagt, was geschehen ist?«, fragte Jenny betroffen. »Dann wäre es vielleicht Al nicht passiert.«

»Ich weiß«, antwortete Nina bedrückt. »Aber ich habe mich einfach viel zu sehr geschämt.«

Diesmal würde das Frettchen nicht damit durchkommen. Das stand fest. Es war nur die Frage, ob er das Glück hatte, im Knast zu landen, oder ob ich ihn mir vornahm. Und selbst wenn er aus dem Knast rauskam, konnte ich mich ja immer noch um ihn kümmern.

Wenn er in den Knast kam. Die Chancen dazu standen jetzt besser, fast wusste ich nicht, ob ich nun froh darüber sein sollte oder nicht. Nina hatte versprochen, am nächsten Tag vorbeizukommen und sich mit Ana Lena zu besprechen, um gemeinsam zu überlegen, was sie tun sollten.

Wenn es nach mir ging, dann gäbe es eine einfache Lösung für das Problem. Lag das Frettchen erst unter der Erde, ließ er seine Finger auch von anderen. Aber das würde gegen meine eigenen Regeln verstoßen. Ich hatte das alles hinter mir gelassen.

Ach wirklich? Was ist mit Richter?

Das war etwas anderes, versuchte ich mir einzureden.

Meine Regeln waren gute Regeln. Sie stellten sicher, dass es wirklich keine andere Wahl gab. Schließlich gab es für solche Fälle die Polizei und die Staatsanwaltschaft, es war deren Aufgabe, für Gerechtigkeit zu sorgen. Wenn sich tatsächlich noch andere Betroffene meldeten, dann war die Chance ungleich höher, dass Henri nicht nur mit einem leichten Klaps auf die Finger davonkam.

Nina hatte mich auch an ein anderes Problem erinnert. Wenn Henri einfach einen Unfall hatte oder nur spurlos verschwand, dann blieb dieses Loch zurück, von dem Nina gesprochen hatte. Das ließ sich nur damit füllen, dass man Gerechtigkeit erhielt. Indem man erfuhr, dass jemand dafür bestraft wurde, was er einem angetan hatte.

Wenn Henri jedoch einfach so verschwand, wie sollte das dann möglich sein?

Oder sollte ich diesmal die Regeln brechen? Tief in Gedanken fuhr ich an den Straßenrand, öffnete das Handschuhfach und wog die Walther nachdenklich in der Hand. Wenn man das Frettchen tot auffinden würde, hätten die Opfer Genugtuung. Nur dass dann die Polizei den Fall untersuchen würde. Und die fing dort an, wo sich Motive finden ließen, bei den Opfern und deren Verwandtschaft, bei jedem, der Grund gehabt hätte, Henri umzulegen. Was nicht hieß, dass es nicht möglich war, doch wie ich aus eigener Erfahrung wusste, war ein perfektes Alibi nicht leicht zu finden.

Gedankenverloren stieg ich aus, schloss den Wagen ab und ging spazieren. Solche nächtlichen Spaziergänge halfen mir immer beim Denken. Ich war fast einen halben Block gelaufen, als ich feststellte, dass ich die Waffe noch immer in der Hand trug. Kopfschüttelnd steckte ich sie hinten in den Hosenbund. Das alles, dachte ich, bringt mich noch aus dem Gleichgewicht. Ich werde unachtsam, und wenn ich nicht aufpasse ...

Ein jämmerliches Jaulen unterbrach meinen Gedankengang. Offenbar war ich nicht der Einzige, der so spät in der Nacht noch eine Runde drehte.

»Nun scheiß schon, du blöde Töle«, hörte ich den Mann schon schreien, noch bevor er mich sah, gefolgt von einem weiteren jämmerlichen Aufjaulen einer gequälten Hundeseele.

Als ich um die Ecke bog, sah ich den Mann dastehen, in der einen Hand eine Flasche Bier, um die andere fest die Leine gewickelt, mit der er an einem Beagle herumzerrte, während er dem verstörten Tier soeben erneut heftig in die Seite trat.

Von irgendwoher kannte ich den Mann, richtig, das war der Kerl, der Frau Kramer belästigt hatte. Der GEZ-Typ.

»Was, zur Hölle, tun Sie da?«, fuhr ich den Kerl an. »Lassen Sie doch das arme Tier in Ruhe scheißen!«

»Wie ich meinen Köter behandle, geht Sie gar nichts an«, fauchte der Mann und schwenkte wild seine Bierflasche. Da sie mir etwas zu nahe kam, tat ich dem Mann einen Gefallen und nahm sie ihm ab und warf sie zur Seite weg. Er hatte ja offensichtlich schon genug getrunken.

»Hey, was soll das«, lallte der Kerl. »Dir werd ich's zeigen!« Dann griff er unter seine Jacke nach der Waffe, die er dort in einem Schulterholster trug.

Reflex, versuchte ich es mir später zu erklären. Purer Reflex. Abgesehen davon, hatte der Idiot zuerst zur Waffe gegriffen. Tatsächlich war es alles so schnell gegangen, dass ich mich kaum mehr daran erinnerte.

Er hatte die Waffe gezogen und auf mich gerichtet, aber dabei den einen Kardinalfehler begangen, den man nicht begehen sollte, er hatte zu nahe gestanden. Also schlug ich ihm mit dem Unterarm die Waffe hoch, er drückte ab, es knisterte und Funken tanzten, er zuckte und fiel vor mir erst auf die Knie und dann der Länge nach noch auf die Schnauze.

Ich hockte mich neben ihn und drehte ihn auf den Rücken. Er sah mit weit aufgerissenen Augen zu mir hoch, schien noch etwas sagen zu wollen, doch dann lag er still.

Die Waffe, die er gezogen hatte, war eine von diesen Elektroschockpistolen. Die Sorte, die hier in Deutschland verboten war. Die man aber leicht über das Internet beziehen konnte. Sie schossen zwei Nadeln ab, an denen

Drähte hingen, über die man dem Opfer einen Stromstoß zufügen konnte.

Das Dumme in dem Fall war, dass sich der Schuss direkt unter seinem Kinn gelöst hatte. Ich öffnete ihm den Mund und fand die beiden Drähte, die in seinem Gaumen verschwanden. Er hatte sich die Metallspitzen direkt ins Hirn geschossen ... und sich selbst gegrillt.

Der Hund sah mit großen, traurigen Augen von seinem toten Herrchen hin zu mir, setzte sich auf das Hinterteil und wedelte mit dem Schwanz.

»Wuff«, kommentierte er die Lage und musterte mich erwartungsvoll. Nur wusste ich auch nicht, was ich tun sollte. Es war ein Missverständnis, ein Versehen, sagte ich mir, sollte ich etwa erst warten, bis ich die Waffe des Gegners genauer sah? Welcher Depp geht denn schon mit einem Elektroschocker im Schulterholster Gassi? Oder kommt auf die Idee, mit dem Ding herumzufuchteln? Woher hätte ich denn wissen sollen, dass dann so etwas geschehen würde?

»Wuff«, meinte der Hund. Ich sah von dem Hund zu dem GEZ-Schnüffler, dann musterte ich die ruhige Umgebung. Die Lichter blieben aus, keine Rollläden gingen hoch und auch von neugierigen Nachbarn war weit und breit nichts zu sehen.

Und jetzt?

Ich löste die Leine aus der Hand des Toten, ging mit Hund und Leine zurück zu meinem Wagen, ließ den Hund hinein und fuhr die zweihundert Meter wieder zurück. Der Typ lag noch genauso da, wie er gefallen war, also hatte ich mir die ganze Sache leider doch nicht eingebildet.

Ich stieg aus, drehte den GEZ-Kerl auf den Rücken. Abgesehen von den beiden Drähten gab es keine erkennbaren Wunden. Ich zupfte an den Dingern, doch beide Nadeln stakten unerschütterlich im Gaumenknochen fest.

Okay, ganz ruhig, dachte ich. Erstens war es Notwehr, zweitens war es sein eigener verdammter Elektroschocker, und drittens hat er selbst abgedrückt. Ich kann nichts dafür.

Aber willst du dich wirklich mit der Polizei auseinandersetzen?

Nein, wollte ich nicht. Ich konnte es mir schon vorstellen, die Verhöre, die Gerichtsverhandlung, die Meldungen in der Presse. Ich hatte genug zu verbergen, wer wusste schon, was sie finden würden, wenn sie dann anfingen zu graben.

Du weißt ja, wie du ihn loswerden kannst.

Bislang dachte ich immer, es wäre die Stimme der Vernunft.

Bin ich doch auch. Aber du hast die Regeln gebrochen. Jetzt musst du den Müll auch wegräumen.

Verfluchte Scheiße, dachte ich und hätte am liebsten laut geflucht. Vielleicht sollte ich ihn doch einfach liegen lassen. Oder die Polizei holen.

Klar. Ich war als Einzelkämpfer ausgebildet, und der Typ hat mich mit seinem schwachsinnigen Spielzeug so in Bedrängnis gebracht, dass ich ihn aus Notwehr umbringen musste.

Du kannst ja versuchen, ihnen die Geschichte zu verkaufen.

Wohl eher nicht. Wo keine Leiche, da kein Mord. Eine alte Regel. Und je länger ich hier herumstand, desto größer wurde die Wahrscheinlichkeit, dass noch irgendwer auf die Idee kam, seinen Köter Gassi zu führen.

Ich öffnete meinen Kofferraum, nahm die Rolle mit

der Plastikbahn, packte den Toten in ein paar Lagen ein und wuchtete ihn dann in den Kofferraum. Gott sei Dank war der Kerl nicht sonderlich groß gewesen.

Der Hund war derweil damit beschäftigt, die Autofenster zu beschlabbern.

Klappe zu, Thema durch.

Den Elektroschocker nahm ich auch mit. Ich musterte den Ort noch einmal genauer, es würde mich wundern, wenn man hier noch Spuren finden könnte.

Deshalb waren mir persönlich Unfälle am liebsten, dann brauchte man sich um so einen Mist nicht zu kümmern. Nur wenn man so bescheuert ist, mitten auf offener Straße jemanden umzulegen, nur weil der seinen Hund trat, dann hatte man ein Problem. Aber ich konnte ihn ja nicht einfach so da liegen lassen, oder etwa doch?

Von wegen ein Problem. Es gab deren zwei, stellte ich fest, als ich mich wieder in den Wagen setzte und der Hund mich vom Beifahrersitz aus anhimmelte. Da habe ich einen neuen Fan gewonnen, dachte ich und kraulte das Vieh hinter den Ohren. Und was jetzt?

So viel zu Alibis und perfekten Morden, dachte ich grummelnd, als ich den Wagen anließ und davonfuhr. Warum musste der Depp auch unter seine Jacke greifen!

Und wo zur Hölle fand ich jetzt um die Uhrzeit einen Tierarzt?

»Kein Chip, keine Tätowierung«, stellte die etwas verschlafen wirkende Dame vom Tierheim gähnend fest. »Und eine gebrochene Rippe. Wo haben Sie ihn noch mal gefunden?«

»Er saß mit der Leine an der Leitplanke festgemacht auf dem Parkplatz an der Bundesstraße«, log ich, ohne mit der Wimper zu zucken.

Die junge Frau nickte bedrückt. »Das geschieht immer öfter«, stellte sie fest und ließ das Chiplesegerät sinken. »In gutem Zustand ist er jedenfalls nicht. Halb verhungert, der arme Kerl.«

»Wuff«, meinte der dazu und leckte ihre Hand ab.

»Wir können ihn hierbehalten. Stellen seine Beschreibung im Internet ein. Aber wenn ihn in zwei Wochen niemand abgeholt hat, dann ...« Sie zuckte mit den Schultern.

»Was geschieht dann?«

»Dann müssen wir ihn einschläfern lassen. Wir haben einfach keinen Platz.« Sie wies mit einer weiten Handbewegung auf die lange Reihe von Käfigen, aus denen die Artgenossen unseres Fundstückes uns neugierig beobachteten, sofern sie nicht gerade bellten, heulten oder winselten. Hund sah mit treuen, braunen Augen zu mir hoch. Wedelte mit dem Schwanz. Und sagte leise »Wuff«. Es war pure Erpressung.

Du hast sein Herrchen umgelegt. Jetzt bist du für ihn verantwortlich.

Wenn mir schon irgendwelche Zen-Sprüche einfielen, war sowieso alles zu spät.

»Kann ich ihn behalten?«, fragte ich.

»Ja, aber nur vorerst«, nickte die junge Frau. »Nur, bis sich jemand meldet. Aber das Tier muss versorgt werden. Und da wir nicht wissen, ob er geimpft ist oder nicht, müsste auch das erledigt werden.« Sie ging an den alten Holzschreibtisch aus den Dreißigerjahren, der in einer Ecke des Raums fast unter dem Berg an Akten zusammenbrach, und nahm von dort eine Visitenkarte, die sie an mich weiterreichte. »Dr. Kuppers hat heute die ganze Nacht auf.«

»Das ist in Frankfurt«, stellte ich mit Blick auf die Adresse fest.

Die junge Frau zuckte mit den Schultern. »Jepp«, meinte sie. »Steht so auf der Visitenkarte, wird dann also so sein.«

Nicht zu fassen, dachte ich, als ich mich mit Hund ins dichtgefüllte Wartezimmer drängte. Mussten all diese Leute bis mitten in der Nacht warten, um zum Tierarzt zu gehen? Hatten die nichts Besseres vor? Oder litten die alle an Schlaflosigkeit?

Hund zeigte sich jedenfalls von seiner besten und gutmütigsten Seite, er legte sich vorsichtig auf meine Füße, sah sich einmal träge um, schloss die Augen und fing friedlich an zu schnarchen.

Viel anders ging es auch mir nicht, Sauerstoff war in diesem Raum ein Fremdwort, und auch ich wäre beinahe weggedöst.

Nur die dicke Nachbarin mit der Schuhschachtel, aus der seltsam kratzende Laute kamen, hinderte mich daran, sie machte es zu ihrer Mission, mich über die Missgeschicke ihres »Babys« aufzuklären.

Vielleicht lag es an meiner Müdigkeit, aber es dauerte ein wenig, bis ich verstand, um was für ein Baby es sich dabei handelte. Erst der Hinweis darauf, dass ihr unfähiger Ehemann zu blöd gewesen war, um auf Babys Schwanz zu achten und ihn in der Tür abgequetscht hatte, weckte mich etwas auf.

»Da«, sagte sie stolz und öffnete die Schuhschachtel, um mir einen Blick auf den schillernden Leguan zu gewähren. »Das ist Baby!« Abgesehen davon, dass der Schwanz mit in der Hutschachtel lag und die Frau offensichtlich Hoffnung hatte, der Arzt könnte ihn wieder annähen, schien es dem Vieh nicht mal schlecht zu gehen.

»Man sollte ihn erschießen!«, meinte die Frau voller Zorn.

»Den Leguan?«, fragte ich verwundert. »Der Schwanz wächst doch nach?«

»Nicht mein Baby!«, empörte sich die Frau. »Meinen Mann! Dafür dass er Baby so etwas angetan hat!«

Ich hätte mich doch neben die Frau mit der toten Katze setzen sollen, dachte ich müde, als ich das Gedröhne mühsam ausblendete. Die weinte wenigstens leise.

Drei Stunden später und um zweihundert Euro erleichtert, machte ich mich wieder auf den Heimweg, während Hund auf dem Beifahrersitz schlief und laut schnarchte.

Die leise Befürchtung, Captain Jack und Hund würden sich nicht ausstehen können, erwies sich als unbegründet. Nach ausgiebigem Beschnuppern erklärten beide einvernehmlich, sich nicht füreinander zu interessieren.

Im Keller fand sich noch das Körbchen von George I, dem Hund, den Elisabeth als Kind so geliebt hatte. Ein Handtuch musste als Ersatz für die alte Hundedecke herhalten, da diese von Motten zerfressen war. Offenbar war es gut genug für Hund, der sich zufrieden im Körbchen zusammenrollte und prompt wieder zu schnarchen anfing.

Fressen und schlafen, mehr brauchte es für Hund wohl nicht, damit seine Welt in Ordnung war. Als ich endlich wie erschlagen ins Bett fiel, war es fünf Uhr morgens, und gerade als ich mich wohlig zur Seite drehte und streckte, fiel mir ein, was ich vergessen hatte. Oder wen. Den Kerl von der GEZ in meinem Kofferraum.

Eigentlich sollte ich wieder aufstehen und mich gleich jetzt darum kümmern, dachte ich verschlafen ... aber irgendwie kam ich dann doch nicht mehr dazu.

⊕ Viel zu früh wurde ich von lautem Schnarchen und einem albtraumhaften Gewicht auf der Brust geweckt. Zugleich versuchte jemand, mich zu ersticken, was dann daran lag, dass Hund auf meiner Brust lag und mich schnarchend mit seinem Mundgeruch bedachte, während Captain Jack sich direkt vor meiner Nase auf dem Kopfkissen zusammengekringelt hatte.

Als ich mich seufzend von der Menagerie befreite, strafte mich Hund dafür mit einem vorwurfsvollen Blick und Captain Jack mit erhabener Missachtung. Nicht zu fassen, dachte ich schmunzelnd, wie sehr die beiden mich um den Finger wickeln konnten!

»Wuff!«, meinte Hund dazu und ich lachte. Vielleicht war Hund genau das Richtige für Ana Lena. Und für mich. Ich hatte ganz vergessen, wie es gewesen war, als George I noch unter uns weilte. Einen Freund konnte man immer gebrauchen. Auch wenn er vier Pfoten hatte.

An etwas anderes wurde ich sogleich auch erinnert. Ich warf einen Blick auf die Uhr, stöhnte auf und war versucht, mich wieder unter dem Kopfkissen zu vergraben. Die Zeiten, dass ich die Nächte ungestraft durchmachen konnte, waren wohl endgültig vorbei.

Also hieß es Gassi gehen. Hund ließ sich Zeit damit, schnupperte hier und da und entschied sich dann dazu, einen der Gartenzwerge vom Nachbarn anzupinkeln. Das erledigt, lief er mit hoch erhobenem Kopf und Schwanz zurück zum Haus, rannte die Treppe hoch und lag wieder in meinem Bett, ehe ich auch nur die Haustür geschlossen hatte.

Nach dem Duschen rief ich bei Jenny an und bekam ihre Mutter an die Leitung. Ja, Ana Lena ginge es besser, und ja, ich konnte sie abholen kommen. Aber erst in einer Stunde, die beiden Mädels wären noch im Bad.

Die Zeit nutzte ich zum ersten Mal seit langer Zeit dazu, in Ruhe zu frühstücken und die Zeitung zu lesen. Ein Aufruhr in Jemen, Proteste im Gaza-Streifen, in den USA musste ein Republikaner von seinem Posten zurücktreten, weil seine Affären aufgedeckt worden waren, Berlusconi zeigte, wie man es richtig machte, und gab wieder Partys. Bunga Bunga. Irgendwie musste man den Mann bewundern. Dafür ließ die FDP erklären, dass sie dafür einstehen würden, dass die Bürger wieder mehr Geld in die Taschen bekämen. Stimmte ja auch, wenn man als Voraussetzung fürs Bürgertum ein Mindesteinkommen von hunderttausend Euro pro Jahr veranschlagte ... Nichtbürger sollten wie üblich weiterhin geschröpft werden. Die Sache in Libyen zog sich immer noch hin, in Fukushima gab es ein strahlendes Wetter, nichts Neues also. Bis auf die Tatsache, dass gestern Abend eine Autobombe in einem Parkhaus hochgegangen war. Drei Tote, acht Verletzte, die Polizei ermittelte, terroristischer Zusammenhang noch nicht bestätigt.

Angewidert faltete ich die Zeitung zusammen und legte sie zur Seite. Mein Großvater hatte immer gesagt, dass mit jedem Tag die Welt weiter vor die Hunde gehen würde, und mittlerweile verstand ich auch, wie der alte Mann das gemeint hatte.

»Wuff«, sagte Hund und hatte damit unbestritten recht. So dämlich wie wir Menschen würden Hunde sich wohl nicht anstellen.

»Wuff!«, wiederholte Hund, diesmal mit mehr Nachdruck, und sah bedeutsam in Richtung Haustür.

Richtig, dachte ich und seufzte. Es war ja erst zwei Stunden her. Hunde brauchten Auslauf. Na gut, vielleicht würde es mir ja auch guttun.

Während Hund neugierig die Nachbarschaft erschnüffelte, nutzte ich die Gelegenheit, die Alarmmeldungen auf meinem Blackberry abzuarbeiten. Bernd hatte seit gestern schon viermal versucht mich anzurufen, offenbar war im Laden die Hölle los, und zudem hatte das Finanzamt eine Nachforderung von fast siebzehntausend Euro gefordert und den guten Mann damit in Panik versetzt.

Ich rief zurück. Ja, beruhigte ich ihn, während Hund erneut ausgiebig den Gartenzwerg des Nachbarn markierte, ich würde mich darum kümmern. Nur nicht mehr heute.

Als ich ins Auto stieg, schnüffelte Hund erst einmal kurz am Kofferraum, bevor er in den Wagen sprang, und erinnerte mich damit an ein anderes kleines Problem, das ich gestern vergessen hatte zu lösen. Zwar wohnten wir hier richtig ruhig, aber es kamen zu oft Autos vorbei, als dass ich mir sicher sein konnte, nicht beobachtet zu werden, wenn ich Hunds früheres Herrchen auslud. Dazu kam noch der Nachbar mit den Gartenzwergen, der am Fenster stand und mir gerade mit erhobener Faust drohte.

Wie man seine Grundstücksgrenzen mit Gartenzwergen markieren konnte, verstand ich sowieso nicht.

Dafür war Ana Lenas Reaktion auf Hund absolut vorhersehbar. Sie wollte mich gerade zur Begrüßung umarmen, als sie Hund wahrnahm, der das Seitenfenster beschlabberte. Sie ließ mich stehen, also ließ ich die Arme sinken und sah schmunzelnd zu, wie die beiden sich begrüßten.

»Oh, ist der süß!«, rief sie begeistert und strahlte über das ganze Gesicht und drückte Hund so fest, dass der ein wenig jaulend protestierte.

»Sei ein wenig vorsichtig, er hat eine angebrochene Rippe«, erklärte ich, doch sie hörte mich schon gar nicht mehr, gab kleine verzückte Geräusche von sich, während Hund sie liebevoll abschlabberte.

»Wie heißt er denn?«

»Hund.«

»Das ist doch kein Name!«, protestierte sie. »Ich weiß, wie wir ihn nennen. George II. Wie den Hund von Mama!«

»George II war kein besonders guter König«, meinte ich dazu.

»Und auch kein guter Präsident!«, winkte Ana Lena ab. »Aber das ist mir egal, jetzt heißt er George!«

Jennys Mutter war auch herausgekommen und lächelte mich freundlich an. »Das war eine gute Idee, ihr einen Hund zu besorgen.« Sie musterte mich unauffällig in dieser Art, die Frauen haben, ohne dass sie mich direkt ansah.

Dies war das erste Mal, dass wir uns persönlich begegneten, und ich fragte mich, ob sie genauso viel über mich wusste wie ich über sie. Seitdem Ana Lena und Jenny befreundet waren, hatten sie gemeinsam ein Loblied auf sie gesungen.

Groß, schlank, blond, mit wachen graublauen Augen, ein paar Jahre jünger als ich. Seit zehn Jahren geschieden, arbeitete sie als Neurochirurgin in der Frankfurter Uniklinik, hatte keinen aktuellen Freund, mochte griechisches und indisches Essen, Ballett, Fahrradfahren und ging gern tanzen ... und fand, dass die meisten Männer für sie zu wenig in der Birne hatten. Seit Jahren versuchten sowohl Jenny als auch Ana Lena uns miteinander zu verkuppeln.

Was natürlich in Folge dafür sorgte, dass wir es auf beiden Seiten bislang geschickt vermieden hatten, uns über den Weg zu laufen. Jetzt, wo ich ihr freundliches Lächeln erwiderte, fragte ich mich, ob es nicht vielleicht ein Fehler gewesen war, alleine die Art, wie sie mich ansah, erweckte mein Interesse durchaus.

Und gäbe es nicht Marietta ...

Ja. Nur dass die, so wie es im Moment aussah, eher geneigt wäre, mir die Handschellen anzulegen, als sich wieder auf eine Beziehung mit mir einzulassen.

Ein anderes Mal, dachte ich und bedankte mich höflich bei ihr für alles, was sie für Ana Lena getan hatte, während ihre kühle Hand einen Moment länger in der meinen lag, als vielleicht unbedingt nötig gewesen wäre.

»Nein«, sagte ich hastig, als Ana Lena ihren Sargrucksack in den Kofferraum legen wollte. »Der ist voll, leg ihn einfach auf den Rücksitz.«

»Wenn Sie wollen, können Sie Ana Lena jederzeit vorbeibringen«, meinte jetzt Jennys Mutter, während sie mich mit einem scheuen Lächeln bedachte.

Da Ana Lena sowieso mindestens ein- bis zweimal pro Monat bei Jenny übernachtete, wertete ich das als einen anderen Hinweis.

»Vielleicht werde ich das tatsächlich tun«, meinte ich und wurde mit einem strahlenden Lächeln belohnt, das mir zeigte, von wem Jenny ihr Charisma geerbt hatte.

»Sie ist nett, weißt du?«, teilte mir Ana Lena bedeutsam mit, als ich losfuhr.

Ich warf einen Blick in den Rückspiegel. Jennys Mutter stand noch immer da und sah uns nach. Ich winkte noch einmal kurz und nickte. »Wahrscheinlich hast du recht«, gab ich zu, als ich mich in den Verkehr einfädelte. »Wie geht es dir?«

»Frag nicht«, sagte Ana Lena und ihr Lächeln schwand etwas. »Ich hab gehört, du bist gestern Abend mit Henri aneinandergeraten?«

»Ja«, sagte ich kurz, während sie Hund, nein George II., kraulte, der im Fußraum saß und seinen Kopf auf ihren Schoß gelegt hatte. Offensichtlich Liebe auf den ersten Blick. »Ich habe auch mit Nina gesprochen«, fuhr ich fort. »Sie will nachher vorbeikommen.«

»Wir haben schon telefoniert«, sagte Ana Lena und spielte mit Georges Schlappohren. »Ich weiß immer noch nicht, was ich tun soll«, gestand sie leise. »Am liebsten würde ich ihm den Schwanz abschneiden.«

»Würde es dir auch genügen, wenn er einfach so verschwindet?«, fragte ich wie nebenbei, das Schw...-Wort für den Moment geflissentlich ignorierend.

»Nein«, antwortete Ana Lena bitter und schüttelte den Kopf. »Dann macht er nur woanders weiter. Der gehört aus dem Verkehr gezogen, nur habe ich von Jenny schon gehört, dass andere das schon versucht haben und gescheitert sind.« Ihr Lächeln war vollständig verschwunden, und sie sah ins Leere. »Wenn ich an den Kerl nur denke, wird mir schon schlecht«, flüsterte sie und demonstrierte sogleich, dass sie es wörtlich meinte. »Kannst du mal kurz anhalten?«, fragte sie hastig. »Ich glaube, ich muss tatsächlich kotzen.«

Während der restlichen Fahrt saß sie nur still und bleich da und kraulte George, während ich mit einer Wut und einem Zorn zu kämpfen hatte, wie ich es schon lange nicht mehr erlebt hatte. Reiß dich zusammen, ermahnte ich mich selbst. Wohin das führt, liegt noch im Kofferraum! Auf der anderen Seite sollte man auch keine Hunde treten.

Dafür legt man aber keinen um.

»Wuff«, meinte George und fasste das Dilemma damit recht gut zusammen.

Als ich in unsere Straße einschwenkte, sah ich schon den schwarzen BMW dort stehen. Diesmal trug Marietta Jeans, Cowboystiefel und eine weiße Bluse unter der schwarzen Lederjacke. So wie sie mit offenen Haaren an der Motorhaube ihres Wagens lehnte und sich mit ihrem Dressman-Kollegen unterhielt, hätte sie Werbung für die Marlboro-Frau machen können.

Als sie mich ankommen sah, schien sie erst erfreut zu lächeln, bis ihr wohl wieder einfiel, dass sie offiziell da war.

Ana Lena war so in Gedanken versunken, dass sie die beiden erst bemerkte, als ich ausstieg und Marietta auf uns zukam. Wieder blieb Berthold beim Wagen stehen und beobachtete alles von dort aus.

Als George II. aus dem Wagen sprang und Marietta schwanzwedelnd begrüßte, erschien eine steile Linie auf seiner Stirn. »Na, was bist denn du für einer«, meinte Marietta und kraulte George hinter seinen Ohren, was diesen sofort in ekstatische Verzückung geraten ließ. Ich konnte ihn verstehen.

»Wer ist das?«, fragte mich Ana Lena misstrauisch, gerade so leise, dass es Marietta auch hören konnte.

»Ich bin Hauptkommissarin Marietta Steiler«, begann Marietta mit einem freundlichen Lächeln. »Ich ...«

Viel weiter kam sie nicht, Ana Lena wirbelte herum und bedachte mich mit einem Blick, den ich so bald nicht wieder vergessen würde.

»Du hast versprochen, nichts zu unternehmen, bis ich selbst mich entscheide!«, rief sie vorwurfsvoll, während die ersten Tränen in ihren Augen erschienen. »Und ich dachte, ich könnte mich auf dich verlassen!« Sie wartete gar nicht erst auf meine Antwort, sondern rannte direkt ins Haus. George sah ihr nach, dann hoch zu mir und Marietta und trottete dann seinem neuen Frauchen nach.

»Was war das?«, fragte Marietta, während Kommissar Berthold George mit seinem Handy fotografierte, gerade als der mit Ana Lena im Haus verschwand. So laut, wie Ana Lena die Eingangstür zuwarf, hörte es sich an wie ein Böllerschuss.

»Sie denkt, du wärest wegen ihr hier«, erklärte ich leise. »Warum fotografiert dein Kollege meinen Hund?«

»Er züchtet Beagles«, erklärte sie schulterzuckend. »Vielleicht deshalb.« Sie sah grübelnd zum Haus hin.

»Und was verschafft mir tatsächlich die Ehre deines Besuchs?«, fragte ich, während ich noch überlegte, ob ich sie ins Haus einladen oder hier draußen auf der

Straße abfertigen sollte. Der Nachbar mit den Gartenzwergen drückte jedenfalls seine Nase schon an der Scheibe platt. »Ich dachte, wir hätten alles geklärt.«

»Haben wir auch. Es geht nicht um Valente«, sagte sie und griff unter ihre Jacke. Sie hielt inne und musterte mich überrascht. »Ist etwas? Du schaust so komisch.«

»Nein«, antwortete ich und vermied es, zum Kofferraum hinzusehen.

»Es geht um einen anderen Mord.« Sie zog ein iPad heraus und schaltete es ein, um mir ein Bild zu zeigen. Ein Mann, um die vierzig, mit einer Brille und schütterem Haar, der entspannt in die Kamera lächelte.

»Wer ist das?«, fragte ich. Ich hatte ihn schon irgendwo gesehen, kürzlich erst, aber mir fiel nicht ein, woher ich ihn kannte.

»Ferdinand Anschütz ist sein Name«, erklärte Marietta. »Er hat in Frankfurt bei der Bundesbank gearbeitet.«

»Ja?«

»Gestern Abend hat ihn jemand im Parkhaus an der Konstablerwache mit einer Autobombe ermordet. Ihn ... und seine gesamte Familie.«

»Es hat die gesamte Familie erwischt?«, fragte ich. »Die Autobombe im Parkhaus? Ich habe in der Zeitung davon gelesen. Vier Tote, acht Verletzte, nicht wahr?«

»Ja. Es war reiner Zufall, dass es nicht noch mehr Opfer gegeben hat«, sagte sie und musterte mich genauer. »Sag mal, mit Sprengstoffen kennst du dich doch aus? Und komm mir nicht mit Toilettenpapier, deine Sprengscheine sind aktenkundig.«

»Wie mein Waffenschein und meine Waffenbesitzkarte ... und meine Steuererklärung«, sagte ich ruhig. »Was willst du von mir? Soll ich dir ein Alibi geben?«

»Nein«, sagte sie und schüttelte den Kopf. »Ich habe gerade an etwas gedacht. Hier ...« Sie schob das Bild auf dem iPad weiter und zeigte mir das Trümmerfeld im Parkhaus. »Ich werde die Antwort von den Kollegen im Labor bekommen ... aber vielleicht kannst du sie mir schon jetzt geben. Wie viel Sprengstoff braucht man, um so eine Verwüstung anzurichten?«

»Ich bin kein Sachverständiger«, begann ich, doch sie winkte ab.

»Ich brauche nur eine Größenordnung.«

Ich musterte die Verwüstung, die Rückstände an der Betondecke, die Stratifizierung des Betons. Sonderlich gut war das Bild nicht, aber ich hatte so etwas oft genug gesehen.

»Kaum mehr als dreihundert Gramm«, schätzte ich und hielt Zeigefinger und Daumen ein Stück auseinander. »Ein Stück, so groß in etwa.« Ich sah kopfschüttelnd auf das Bild. »Maßlos übertrieben.«

»Ja«, sagte sie und nickte langsam. »Das haben wir uns auch gedacht.« Warum hatte sie mich dann gefragt? Sie schob das Bild weiter und hielt mir das iPad hin.

»Deswegen sind wir hier«, erklärte sie. »Sag mir, ob du diesen Mann schon einmal gesehen hast.«

Das Video stammte wohl von einer Überwachungskamera und zeigte einen Mann mit Lederjacke und Sonnenbrille, der den Schrankenapparat des Parkhauses bediente. Der Ungar.

»Ich erkenne die Uhr, die Jacke und die Sonnenbrille wieder«, nickte ich. »Der Kerl muss lichtempfindlich sein, um die Uhrzeit war es ja wohl schon dunkel.«

Marietta sah mich an und seufzte. »Ich hatte vergessen, wie präzise du sein kannst«, sagte sie dann. »Du hast recht, es dürfte schwer sein, ihn aus diesem Winkel heraus zu identifizieren. Aber du erkennst die Kleidungsstücke wieder?«

»Ja. Vor allem die Uhr«, sagte ich und konnte es selbst kaum glauben. Der Ungar war also noch immer in der Gegend. Und dieser Anschütz gehörte wohl zu den Problemen, die er lösen sollte. Der Kerl war wirklich ein Arschloch. Eine gottverdammte Autobombe? Nicht nur, dass eine Bombe heutzutage alle Alarmsirenen schrillen ließ und jeder gleich Terroristen vermutete, es war dem Mistkerl offenbar auch noch vollständig egal, wen er sonst noch erwischte.

»Wer ... wer saß noch mit im Wagen?«, fragte ich.

»Seine Frau, zweiunddreißig, seine Töchter Marie und Frederike, zehn und vier Jahre alt«, erklärte Marietta, während sie den iPad wieder entgegennahm, den ich ihr hinhielt. »Du bist bereit, unter Eid zu bestätigen, dass du diese Kleidungsstücke und die Uhr wiedererkannt hast?«

»Ja«, sagte ich und unterdrückte einen Seufzer. Dieser Ungar war wahnsinnig, ein echter Soziopath. Wahrscheinlich wäre es ihm egal gewesen, wenn das ganze Parkhaus eingestürzt wäre. »Sag, gibt es irgendwelche Hinweise darauf, dass dieser Anschütz Dreck am Stecken hatte?«

Sie schüttelte den Kopf. »Nein. Wie kommst du darauf?«

»Valente war ein Krimineller, und es sieht nach demselben Attentäter aus.«

»Dieselbe Lederjacke, meinst du?«, fragte sie etwas spitz, schüttelte aber dann den Kopf. »Es ist noch zu früh, um so etwas zu sagen, aber mein Bauchgefühl sagt mir, dass Anschütz sauber ist. Aber du hast recht.« Sie tippte auf das Standbild auf ihrem iPad, das den Ungarn zeigte. »Die beiden Morde haben nichts miteinander gemeinsam. Bis auf ihn hier. Das wiederum sagt uns, dass wir den Fall Valente anders angehen müssen, persönliche Motive scheiden jetzt wohl aus.« Sie schaltete das iPad aus und steckte es wieder ein. »Das war es auch schon. Wenn du bei Gelegenheit Zeit finden könntest, deine Aussage auf dem Präsidium zu wiederholen?«

»Jetzt gleich?«, fragte ich, doch sie schüttelte den Kopf.

»In Ordnung«, sagte ich. »Aber nur wenn wir auch das Essen wiederholen können.« Ich bereute es fast sofort schon wieder. Sie würde wohl kaum ...

»Okay«, sagte sie überraschend und bedachte mich mit einem amüsierten Lächeln. »Versuchen wir es noch mal. Wieder bei Antonio, heute Abend, um acht?«

»Kein Wort über den Job?«

»Versprochen. Großes Indianerehrenwort«, lächelte sie, doch dann zögerte sie etwas. »Wegen deiner Nichte ... hast du etwas dagegen, wenn ich mit ihr rede?«

»Ich weiß nicht, ob das so eine gute Idee ist«, meinte ich zweifelnd.

»Es ist ein Offizialdelikt, weißt du?«, erklärte sie leise. »Wenn wir von so etwas erfahren, erhebt die Staatsanwaltschaft Anklage. Wir könnten sie sogar vorladen.«

»Aber das wirst du nicht tun.« Es war keine Frage, sondern eine Feststellung.

»Nein. Ich weiß offiziell von nichts. Aber ...« Sie sah zum Haus hin. »Vielleicht kann ich ihr helfen«, fuhr sie leise fort. »Ihr ihre Optionen nennen. Hast du ihr die Nummer der Kollegin gegeben?«

»Nein, dazu bin ich noch nicht gekommen.« Ich musterte sie prüfend. »Wenn sie nicht will, unternimmst du nichts?«

»Genau das«, sagte sie. »Versprochen.«

»In Ordnung«, sagte ich und warf einen Blick zu Kommissar Berthold hin, der immer noch an der Motorhaube des schwarzen BMWs gelehnt stand. »Was ist mit ihm?«

»Was soll mit ihm sein?«, fragte sie und grinste breit. »Ich finde, er sieht doch hübsch aus, wie er dort steht?«

»Das war jetzt diskriminierend«, meinte ich, als wir den kurzen Weg zum Haus hinaufgingen.

»I wo«, lachte sie. »Ich kann nur nicht ertragen, dass er besser aussieht als ich!« Sie zwinkerte mir zu. »Ich sag ihm trotzdem noch schnell Bescheid und komme dann nach.«

⊕ »Geh weg«, rief Ana Lena durch die Tür. »Ich will nicht.«

»Es ist nicht so, wie du denkst«, sagte ich gerade laut genug, dass sie es hören konnte. »Ich wurde vor ein paar Tagen Zeuge eines Mordes, deswegen ist die Polizei da. Außerdem kennen Frau Steiler und ich uns schon seit Ewigkeiten. Wir waren mal zusammen.«

»Du wirst Zeuge eines Mordes und die Polizistin ist deine Freundin? Das soll ich dir glauben?«

»Es ist tatsächlich so«, sagte Marietta, die leise dazugekommen war, noch bevor ich Ana Lena antworten konnte. »Ich habe ihm versprochen, dass es inoffiziell bleibt, aber ich wollte dir vorschlagen, dass wir uns etwas unterhalten ... damit ich dir sagen kann, was du an Optionen hast.«

»Ich will das Ganze einfach nur vergessen«, kam es durch die Tür, und ich spürte, wie mein Herz sich zusammenzog, als ich die Verzweiflung in ihrer Stimme hörte.

»Wenn du meinst, dass du das so einfach kannst«, antwortete Marietta, »dann sage es, und ich bin sofort verschwunden.«

Wir warteten. Dann hörte ich durch die Tür, wie Ana Lena seufzte.

»Aber ohne Heinrich.«

Marietta warf mir einen schnellen Blick zu. »Ohne Heinrich. Er bleibt draußen. Und alles, was du sagst, bleibt unter uns, es sei denn, du sagst mir, dass es okay ist.«

»Gut«, sagte Ana Lena und öffnete die Tür einen Spalt. Sie sah mich dort stehen. »Und auf dich bin ich noch immer sauer«, teilte sie mir mit und schniefte.

»Aber ich habe doch gar nichts getan!«

»Das ist egal«, erklärte sie und schloss, kaum dass Marietta durch die Tür gegangen war, dieselbe vor meiner Nase.

Als ich die Treppe herunterkam, fand ich Kommissar Berthold in meinem Wohnzimmer stehend vor.

»Sagen Sie«, meinte der Schönling mit einem freundlichen Lächeln. »Ist das ein echter Edward Munch?«

»Keine Ahnung«, antwortete ich ungehalten. »Ich weiß nur, dass meine Großmutter einen Freund hatte, der sie so gemalt hat. Irgend so ein Expressionist. Das Bild hängt dort, solange ich denken kann.«

»Es sieht sehr nach einem Munch aus. Das könnte sogar seine Signatur sein.«

»Ist das jetzt wichtig?«, fragte ich gereizt.

»Wohl nicht«, gab Kommissar Berthold zu. »Darf ich mich setzen?«

»Bitte.«

Berthold setzte sich, zog seine Hosenbeine zurecht und lächelte freundlich. »Es ist schon seltsam mit manchen Dingen«, sagte er. »Man hält oft das eine für das andere ... und man kann sich dabei ganz leicht täuschen.«

»Ist das so?«

»Oft«, antwortete Berthold. »Aus irgendeinem Grund bekommen die meisten Leute ein falsches Bild von mir«, erklärte er, während sein freundliches Lächeln an Strahlkraft zunahm.

»Sie sehen zu gut aus«, knurrte ich. »Das irritiert.«

»Und ich dachte, es wäre mein Lächeln«, lächelte Berthold. »Nur so ein Beispiel, was ich mit Verwechslungen meinte: Ihr Hund sieht einem anderen Hund sehr ähnlich. Wie ein Ei dem anderen.«

»Und?«

»Dieser andere Hund ist ein Champion. Hat die letzten zwei Jahre alle Preise bei den Wettbewerben abgeräumt. Ist eine interessante Geschichte, er gehörte einer alten Frau, die im Frühjahr gestorben ist. Sie hat dem Hund ein Erbe hinterlassen, aber ihr Neffe hat geklagt und gewonnen. Jetzt hat der den Hund. Kennen Sie ihn zufällig? Er heißt Karl Meinert. Ist so ein kleiner dürrer Bursche, der die Leute noch schneller auf die Palme bringt als ich. Wenn ich mich recht erinnere, wohnt er auch gar nicht weit von hier.« Er lächelte unschuldig. »Es gibt schon die verrücktesten Zufälle, nicht wahr?«

»Hab den Kerl nie gesehen«, log ich und nahm mir vor, nachzusehen, ob der Kerl im Kofferraum Papiere bei sich hatte.

»Wissen Sie«, sagte Berthold langsam, »der wahre Grund, warum mich die Leute nicht mögen, ist, dass ich immer recht habe. Ich täusche mich nie.« Er tippte mit dem Zeigefinger an seine Schläfe. »Fotografisches Gedächtnis. Ich vergesse nie etwas.« Er nickte in Richtung des Bilds. »Das ist ein Munch, aus seiner frühen Phase, und es ist ein Vermögen wert. Ihr Hund ist ein Champion. Es gibt jede Menge Bilder von ihm.« Er lächelte fein. »Sogar DNA-Nachweise, wenn es notwendig sein sollte. Er wurde zwei Mal zur Zucht eingesetzt. Ich brauche nicht lange, um das bestätigen zu lassen. Wollen Sie mir nicht sagen, woher Sie den Hund haben?«

»Ich fand ihn auf einem Parkplatz an der Bundesstraße«, erklärte ich widerwillig. »Ich habe ihn zum Tierheim gebracht, die sagten, dass man ihn einschläfern lassen würde, wenn er nicht nach spätestens zwei Wochen abgeholt wird, also habe ich gefragt, ob ich ihn mitnehmen kann. Anschließend bin ich zum Tierarzt mit ihm, der hat ihn geimpft und sich um die gebrochene Rippe gekümmert. Wenn Sie den Besitzer kennen, richten Sie ihm von mir aus, dass es keine Art ist, einen Hund so zu behandeln. Wenn dieser Meier nicht beweisen kann, dass dies sein Hund ist, bekommt er ihn auch nicht zurück. Vielleicht auch dann nicht. Soll er klagen.«

»Meinert, nicht Meier«, verbesserte der Kommissar freundlich.

»Von mir aus. Sagen Sie, wären Sie beim Fernsehen nicht besser aufgehoben? Vielleicht könnten Sie sogar einen Kommissar spielen.«

»Ich kann Fernsehen nicht leiden. Ist langweilig. Alles so vorhersehbar. Aber danke für das Kompliment«, meinte Berthold und erhob sich elegant. »Ich nehme an, Ihnen wäre es lieber, wenn ich draußen warte?«, fragte er freundlich.

»Damit haben Sie recht.«

»Sehen Sie?«, lächelte Berthold. »Sag ich doch. Ich habe immer recht.«

An die Küchentheke gelehnt, zündete ich mir meine letzte Zigarette an und musterte den Kommissar durch das Fenster, der wieder seine übliche dekorative Stellung an der Motorhaube des BMWs bezogen hatte und sich über irgendetwas zu amüsieren schien.

Wahrscheinlich über mich, dachte ich und lachte kurz auf.

Mann, was war das eben? Ein Schwanzvergleich? Bist du eifersüchtig auf ihn?

Vielleicht. Vielleicht nicht. Aber eines war sicher, im Moment war ich zu nichts zu gebrauchen. Ich verliere langsam die Kontrolle, dachte ich säuerlich. Und all das ohne dass ich wirklich etwas dafür kann!

Gib es zu, die Sache mit dem GEZ-Typen ist dir peinlich.

Ja, verdammt, dachte ich erbost. Das hätte nie geschehen dürfen!

Und jetzt?

Ich brauche einen Plan.

Gute Idee. Dann fang mal an zu planen.

Tatsächlich hatte ich schon eine Idee. Nur war sie nicht ganz so einfach umzusetzen. Ich sah wieder hinaus zu Herrn Berthold, der den Blick bemerkte und mir freundlich zunickte. Der GEZ-Typ lag noch immer im Kofferraum.

Am besten holst du ihn gleich jetzt, dachte ich. Frag am besten noch Berthold, ob er dir tragen hilft. Wegen dem Rücken und so. Ich lachte kurz und schüttelte amüsiert den Kopf. Ich glaube, ich brauche wirklich mal wieder Urlaub. Wenn der Ungar nicht gewesen wäre, hätte ich die Probleme nicht. Langsam ging der Typ mir gehörig auf die Nerven.

Und dann war da noch Henri, das Frettchen, und sein unverschämtes Grinsen, das mich zur Weißglut reizte. Und dass er glaubte, dass ihm niemand etwas konnte. So oder so, dachte ich, in dem Punkt hat er sich getäuscht. Irgendwann wurde es auch mir mal zu viel.

Weil du auch für deine endlose Geduld bekannt bist.

Das, fand ich, war etwas übertrieben. Immerhin atmete Henri noch.

»Sie sagt, sie will darüber nachdenken«, erklärte Frau Steiler, als sie wieder nach unten kam. Sie nickte dankend, als ich ihr einen Kaffee reichte.

»Keine Milch, kein Zucker«, wehrte sie ab und lehnte sich an die Küchentheke, um mich über den Rand ihrer Kaffeetasse hinweg zu mustern. »Ich habe ihr erklärt, wie man in solchen Fällen vorgeht. Dass es speziell ausgebildete Beamte gibt, die sich um sie kümmern würden. Dass man alles versuchen wird, damit sie nicht vor Gericht aussagen muss. Und dass, wenn der Kerl es schon öfter gemacht hat, wir ihn drankriegen werden. Ganz sicher. Einmal kommt so einer vielleicht davon, aber bestimmt nicht zweimal.«

Ich erinnerte mich daran, was Nina mir gesagt hatte.

»Seine Masche ist, dass er behauptet, die Frauen wollten sich an ihm rächen, weil er sie ›abgeschossen‹ hat. Oder ihn erpressen, weil er reich ist.«

»So was gibt's«, nickte sie langsam. »Aber wenn sich die anderen Mädchen melden, glaubt ihm das kein

Schwein. Und auch kein Richter.« Sie sah mir direkt in die Augen. »Ich glaube an unseren Rechtsstaat, Heinrich«, sagte sie leise.

Ich nickte. »Sonst wärst du wohl kaum Polizistin geworden.«

»Ja«, sagte sie und stellte die leere Tasse ab. »So ist es.« Sie warf einen Blick aus dem Fenster. »Ich glaube, ich gehe besser, bevor er noch ungeduldig wird. Bis nachher, Heinrich.«

»Bis nachher.« Ich sah ihr nach, wie sie davonging, sie sah nicht ein einziges Mal zurück.

Ich klopfte oben an die Tür und ging dann hinein. Ana Lena saß auf dem Bett und sah mich fragend an. Die Anlage war still, und ich ertappte mich dabei, dass ich mir fast wünschte, sie würde wieder Musik hören. Sie sah so geknickt aus.

»Komm mal her«, sagte ich leise und öffnete die Arme.

Ich hielt sie, während sie weinte. Nein, dachte ich. Marietta hatte recht. Diesmal würde Henri nicht davonkommen. Ganz bestimmt nicht.

»Es wird alles wieder gut«, versprach ich ihr und fischte ein Taschentuch heraus.

Sie schniefte und lächelte etwas schief. »Ich hab dir früher immer geglaubt, wenn du das gesagt hast.«

»Es wurde ja auch immer gut, nicht wahr?«

»Das mit Mami nicht«, meinte sie und wischte sich die Augen.

»Noch nicht. Aber ich halte meine Versprechen. Alle. Du wirst schon sehen.«

»Du warst schon immer mein Lieblingsonkel.«

»Danke. Du hast ja auch nur einen.«

»Trotzdem.« Sie löste sich aus meinen Armen. »Weißt du was?«, sagte sie und schnäuzte in das Taschentuch. »Es ist echt scheiße, so erwachsen zu werden.«

»Ja«, stimmte ich ihr zu. »Aber du bekommst das hin.«

»Versprochen?«

»Natürlich. Du weißt ja ...«

Sie lächelte. »Du hältst immer deine Versprechen.« Sie hielt mir das Taschentuch wieder hin.

»Das kannst du behalten«, lächelte ich. »Hast du Hunger?«

»O ja«, rief sie, und ihre Augen leuchteten auf. »Ich habe seit Ewigkeiten nichts mehr gegessen!«

»Gut«, meinte ich. »Dann kochen wir!«

Als eine halbe Stunde später Nina eintraf, sah sie sich mit großen Augen um. »Wow«, meinte sie beeindruckt. »Erwartet ihr eine Armee zu Besuch?«

»Es ist eine alte Familientradition«, erklärte Ana Lena, ohne aufzusehen, während sie konzentriert den Teig durch die Walze kurbelte. »Wir machen Lasagne. Von Grund auf. Ich hoffe, du isst mit.«

»Hausgemachte Lasagne?«, lachte Nina. »Wen muss ich umbringen, damit ich einen Teller abbekomme?«

Irgendwie war es seltsam, die beiden so reden zu hören, dachte ich etwas später, während ich das Hackfleisch anbriet. Ana Lena war über Nacht erwachsen geworden. Es gab niemand, der es mehr bedauerte als ich. Oder stolzer auf sie war. Offenbar hatte sie eine Entscheidung getroffen, und auch Nina zeigte sehr deutlich, dass sie ebenfalls zu ihrer stand.

»Er kann mich mal«, meinte Nina, als die beiden die Soße abschmeckten. »Ich hab ihm gestern Abend noch gesagt, was ich von ihm halte. Und dass wir ihn diesmal an den Eiern kriegen. Wo sind die Gewürze?«

»Hier«, meinte ich und stellte ihr den Gewürzständer hin.

»Von mir aus kann er mit dem Foto machen, was er will«, fuhr sie entschlossen fort. »Dann wechsele ich halt die Schule, bei meinen Noten ist das kein Problem.«

Ich sah, wie Ana Lena sich versteifte.

»Was für ein Foto?«, fragte ich vorsichtig.

»Der Mistkerl hat mich dabei fotografiert. Hat mir gedroht, dass, wenn ich nicht die Schnauze halte, er dafür sorgt, dass jeder Junge in der Schule es auf sein Handy bekommt.« Nina hielt inne und sah Ana Lena an. »Bei dir auch?«, fragte sie leise.

Ana Lena nickte zögernd.

»Ich hab ihn nicht davon abhalten können«, sagte sie mit rauer Stimme.

»Mein Gott!«, brach es aus mir heraus. Also gut. Bevor ich ihn umbringe, wird er mir die Fotos besorgen. Und dann bringe ich ihn um. Ganz langsam. Sodass er jede einzelne Sekunde genießen kann.

»Das ist seine Masche«, erklärte Nina bitter. »Wenn eine nicht mitspielen will, droht er ihr damit, ihren Ruf zu ruinieren.« Sie sah zu mir hoch. »Das geht blitzschnell, müssen Sie wissen«, fuhr sie fort. »Innerhalb einer Stunde hat es jeder auf seinem Handy und zeigt es auf dem Schulhof herum. Ich hab das schon mal mitbekommen ... aber es gibt ja noch andere Schulen«, fügte sie tapfer hinzu. »Wie war sie, die Kommissarin?«, fragte sie dann an Ana Lena gewandt. »War sie nett?«

»Schon«, meinte Ana Lena, mich vollständig ignorierend. »Sie sagt, sie kennt Heinrich, seitdem sie elf war.«

»Und?«, fragte Nina. »Sind sie zusammen?«

»Noch nicht«, meinte Ana Lena. »Ich glaube, hier fehlt noch etwas Salz.«

Jenny kam gerade rechtzeitig zum Essen. Während die drei jungen Frauen über das Essen herfielen und sich über Gott und die Welt unterhielten, fand ich einen seltenen Moment der Ruhe. So sollte es sein, dachte ich, als ich ihnen bei ihrem Gespräch zuhörte, ohne mehr als nur ein paar Worte beizutragen. So sollte es sein, wenn die Welt in Ordnung ist.

Sie war es nicht ganz, hier gab es Stress mit einem Lehrer, dort war jemand echt ätzend, und irgendwer hatte blöde Bilder bei Facebook eingestellt, die sie noch nicht wieder entfernt hatte. Auch wenn ich nicht ganz verstand, warum die Bilder bei Facebook so eine Katastrophe sein sollten. Immerhin rechneten die jungen Damen mir schon mal hoch an, dass ich überhaupt wusste, was Facebook war. Meiner Meinung nach vor allem eines. Überflüssig, aber nach meiner Meinung hatten sie ja nicht gefragt. Kleinigkeiten, die normalen Widrigkeiten des Lebens. Das war es, was Arschlöcher wie dieser Henri zerstörte.

Meine Gedanken schweiften zu dem Ungar ab. Der hatte eine ganze Familie ausgelöscht. Mit einer verdammten Autobombe. Wenn es schon sein musste, dann war meiner Meinung nach ein Unfall die allerbeste Lösung. Und bitte so, dass es keine Kollateralschäden gab. Die Überlebenden akzeptierten einen Unfall, sahen dann eben, wenn auch widerwillig ein, dass es Schicksal war. Irgendwann konnten sie damit abschließen.

Aber ein als solcher erkennbarer Mord ... da kam man ins Grübeln, fragte sich, wer ein Motiv hätte haben können, und früher oder später öffnete dann vielleicht jemand doch noch die Büchse der Pandora. Mit einem Mord konnte man nicht abschließen, bis man seine Rache hatte.

Eine Autobombe in einem Parkhaus. Niemand konnte das akzeptieren. Es war, als ob der Mörder jemanden den Stinkefinger zeigen wollte. Es war übertrieben. Ein diskreter kleiner Unfall war das eine. Eine Autobombe war eine Herausforderung. Aber wem galt sie?

⊕ Nach dem Essen fragte mich Ana Lena, ob es okay wäre, wenn sie jetzt nicht mit aufräumte, sondern sich mit ihren Freundinnen auf ihr Zimmer verziehen würde.

»Ich glaube, das schaffe ich ausnahmsweise mal alleine«, antwortete ich schmunzelnd und sah amüsiert zu, wie die drei die Treppe hinaufstürmten, George mit hängender Zunge hinterher, als gäbe es dort etwas umsonst. Als ich Momente später die Musik hörte, war ich fast froh darum, doch dann schwand mein Lächeln wieder. Es gab noch mehr zu tun, als nur die Küche aufzuräumen.

Offenbar war auch jemand anderes der gleichen Ansicht, denn im nächsten Moment klingelte das Telefon.

»Hallo, Heinrich.«

Es war fast sechs Jahre her, dass ich Gernhardts Stimme das letzte Mal gehört hatte, doch ich erkannte sie sofort. »Lust auf einen Kaffee?«

Nein, dachte ich, nicht jetzt. Aber das war wohl kaum die Antwort, die Gernhardt hören wollte.

»Schon. Aber nur wenn's schnell geht.«

»Bei Antonio. Ich war schon seit Ewigkeiten nicht mehr dort.«

Als ich keine zehn Minuten später die Tür aufstieß, war Gernhardt schon dort und unterhielt sich mit Antonio, als wäre die Welt noch in allerbester Ordnung.

»Heinrich«, begrüßte mich Gernhardt. »Du hast dich überhaupt nicht verändert!«

»Ist wohl eine Woche, um alte Freundschaften aufleben zu lassen«, meinte Antonio und bedachte mich mit einem prüfenden Blick. Ich hatte damals peinlich genau darauf geachtet, nicht zu viel zu sagen, aber offensichtlich wusste Antonio noch, dass zwischen mir und Gernhardt von Freundschaft keine Rede mehr sein konnte.

»So schaut es aus«, meinte ich mit einem falschen Lächeln und wies mit einer Geste zu demselben Tisch, an dem ich kürzlich erst mit Marietta gesessen hatte. Am frühen Nachmittag war hier noch nicht viel los, es gab genügend andere freie Tische, aber hier konnte man wenigstens ungestört reden.

»Was verschafft mir die Ehre?«, meinte ich, als ich mir einen Stuhl herauszog.

Ich mochte mich wenig verändert haben, von Gernhardt konnte man das kaum sagen. Er war offensichtlich die Leiter hochgefallen, trug einen Maßanzug, ein paar Kilo mehr und deutlich Haare weniger. Blond und blauäugig, mit markantem Kinn und einem gut eingeübten, vertrauenerweckenden Lächeln, war er die Idealbesetzung für einen Politiker. Nur dass er keiner war. Gernhardt griff sich die Speisekarte, blätterte darin und musterte mich dann über ihren Rand hinweg.

»Alles klar mit uns?«

»Alles klar«, log ich. Lassen wir mal beiseite, dass du mich blutend in einem Dreckloch im Irak hast liegen lassen, weil dir der Arsch auf Grundeis ging. Schließlich waren wir beide ja niemals dort gewesen. Alles klar. Geht auch vollständig in Ordnung, dass du meine Freundin getröstet und gevögelt und Karriere gemacht hast, während ich ganz inoffiziell zwei Jahre die Feinheiten irakischer Gefängnisküche zu schätzen lernte, bis es jemandem einfiel, mal nachzusehen, ob ich vielleicht noch lebte. Alles klar. Schwamm drüber. Macht ja nichts. Hast ja nur mein Leben zerstört.

»Was willst du hier?«, fragte ich.

»Wir sind alte Freunde, nicht wahr?«, meinte Gernhardt mit dem gleichen Lächeln, mit dem man die Brooklyn Bridge verkaufen konnte. »Mein Boss meint, dass das wohl kaum Aufmerksamkeit erregen wird.«

»Ist mir egal, was Friedmann meint«, sagte ich. »Warum bist du hier?«

»Valente.«

»Der ist tot. Was hast du mit ihm zu tun?«

»Ich weiß, dass er tot ist. Aber es war eine unsaubere Arbeit.«

»Nicht mein Problem«, sagte ich. »Das hat ein anderer verbockt.«

»Richtig«, sagte er und nickte. »Deswegen bin ich hier. Ich stecke wegen dem Mist gehörig in der Scheiße.«

Ach ja? Halt die Luft an und geh tauchen!

»Das bricht mir glatt das Herz«, antwortete ich.

Ich hätte mir die Atemluft auch sparen können, so wenig, wie er darauf einging. »Lucio sollte etwas für uns erledigen. Er hat Unterlagen in die Finger bekommen, die uns interessieren«, fuhr Gernhardt fort, als hätte ich nichts gesagt. »Der General wünscht, dass du dich darum kümmerst.«

»Du kannst Friedmann einen schönen Gruß ausrichten. Ich bin im Ruhestand, vergessen?«

»Volle Rehabilitierung, Soldnachzahlung und zwei Dienstgrade mehr für deine Rente. Öffentliche Anerkennung deiner Verdienste und was dir sonst noch einfällt. Ach ja, das psychologische Gutachten verschwindet auch vom Tisch.«

Ich blinzelte.

»Wer von euch hat das verbockt?«, fragte ich dann. »War es Friedmann, oder bist du es gewesen?«

»Verbockt?« Er zog die rechte Augenbraue hoch. »Wir verbocken nichts. Wir hatten nur etwas Pech. Wir haben nicht damit gerechnet, dass ihn jemand auf offener Straße umlegt.«

»Es war in einem Café.«

Er wedelte den Einwand mit einer Handbewegung zur Seite.

»Whatever.«

»Weißt du, dass der Kerl gestern in Frankfurt eine Autobombe hochgejagt hat? In einem Parkhaus, mitten in der Innenstadt?«

»Das ist Teil des Problems«, gestand Gernhardt unbehaglich ein. Zur Abwechslung misslang ihm diesmal das Vertretergrinsen. »Friedmann will, dass das Problem gelöst wird. So schnell wie möglich. Bevor noch mehr Scheiße in den Ventilator fliegt.«

»Dann viel Glück dabei.« Ich hatte keine Lust mehr auf seine Visage. Es hatte lange genug gebraucht, bis ich nicht mehr davon geträumt hatte, ihm den Hals umzudrehen. Es hatte keinen Zweck, mich mit ihm anzulegen.

Belüg dich nicht selbst. Du träumst immer noch davon.

Vielleicht. Aber es war nicht gut für mich, ständig nur daran zu denken. Es war vorbei. Vergangenheit. Erledigt. Vergessen.

Aber nicht vergeben.

Okay. Nicht vergeben. Aber egal, was man Gernhardt nachsagen konnte, er musste das wissen. Also, was wollte er von mir?

»Was hast du gemacht?«, fragte ich neugierig. »Hast du nicht aufgepasst und jemand hat dich an den kurzen Haaren?«

Gernhardt zögerte.

»Wenn ich helfen soll, brauche ich alle Fakten. Ich kann auch einfach aufstehen und gehen, weißt du?«

Mein bester ehemaliger Freund lächelte verlegen. »Friedmann will die Unterlagen, die Lucio uns beschaffen wollte. Es geht hier um etwas Größeres. Es ist von nationalem Interesse.«

Das war die Zauberformel. Nur dass sie nicht mehr wirkte.

»Schön. Das ist dein Job. Das nationale Interesse hat entschieden, dass es und ich verschiedene Wege gehen. Übrigens, danke noch für den psychologischen Bericht. Ich gebe zu, das war clever. Ich hatte viel Freude daran.«

»Hör zu, Heinrich«, begann er. »Das ist alles etwas anders, als du denkst. Ich geriet einfach nur in Panik … ich wollte wirklich nicht, was dir geschehen ist. Ich war nicht mehr ich selbst. Du warst am Bein getroffen und zu langsam. Sie hätten dich so oder so in die Finger bekommen. Das Ganze war ein monumentaler Fuckup.« Er sah mich eindringlich an. »Schau, wir wussten beide, was uns bevorstand, wenn sie einen von uns in die Finger bekommen würden. Folter und Hinrichtung. Das Außenministerium hätte niemals zugegeben, dass du einer von uns bist. Ich ...« Er schluckte. »Ich wollte dir das Schlimmste ersparen. Und ich hätte es beinahe nicht gekonnt, ich musste mich dazu zwingen.«

Er sagte es fast glaubhaft. Die Art, wie er mich ansah, die Verzweiflung und Hoffnung in seinen Augen, die Art, wie er sich auf die Lippe biss ... alles stimmte, sogar die Tonlage und die Atemfrequenz. Nur dass ich nicht vergessen sollte, dass er einen Lügendetektor mit Leichtigkeit überlisten konnte. Gernhardt war der geborene Lügner. Perfekt für seinen Job.

Immerhin hatte ich jetzt etwas gelernt. Jemanden zu erschießen, konnte eine gute Tat sein. Vielleicht sollte ich es mir merken.

»Tja«, sagte ich. »Selbst wenn dem so wäre und du mich nur erschießen wolltest, um mir zu helfen, erkläre mir mal, was das dann sollte, als ich zurückkam.«

Er sah mich offen an. »Hör mal«, sagte er und schien fast beleidigt. »Du hast die Mission gefährdet, Anschuldigungen gegen mich erhoben und hast nicht mit dir reden lassen. Ich habe dir wiederholt angeboten, dir zu helfen, aber du wolltest nichts davon hören. Und du hast mir gedroht, mich umzulegen.«

Stimmt. Hatte ich. Mehrfach. Vielleicht bot sich die Gelegenheit ja noch, das Versprechen einzulösen.

»Du hast zu früh geschossen«, warf ich ihm vor, und er zuckte mit den Schultern.

»Ich dachte, ich könnte ihn erwischen. Dass das Mädchen in der Schusslinie stand, war einfach nur Pech für sie. Du weißt, was unser Auftrag war. Du hast gezögert. So steht es im Bericht.« Er beugte sich etwas vor. »Und genau so war es auch. Du hast gezögert. Also habe ich geschossen.« Er atmete tief durch wie jemand, den ich durch meine Worte verletzt hätte. »Du hast mir vorgeworfen, dass ich versucht hätte, dich zu erschießen, weil ich hinter Maya her gewesen wäre. Das war extrem unprofessionell, Heinrich.«

»Nun«, erinnerte ich ihn. »Du hast sie geheiratet.«

»Ich war dein bester Freund. Ich habe mich um sie gekümmert...« Er zuckte mit den Schultern. »Eines gab das andere.«

Ich sah zu Antonio hin. Nein, Gernhardt, dachte ich, mein bester Freund warst du nicht. Ich habe das nur gedacht.

»Es kam dir nicht etwas pervers vor, mich erst zu erschießen und dann meine Verlobte zu vögeln?«

»Ich musste davon ausgehen, dass man dich zu Tode foltern würde«, widersprach er. »Diesem Schicksal wollte ich dich nicht überlassen. Ich wollte dir helfen!«

»Danke«, meinte ich bitter. »Besten Dank. Vielleicht kann ich mich bei dir für den Gefallen bei Gelegenheit revanchieren.«

»Heinrich«, bat er. »Können wir nicht das Kriegsbeil wenigstens so lange begraben, bis du dir angehört hast, was wir von dir wollen?«

Gott, dachte ich. Schau dir diesen ernsthaften Ausdruck im Gesicht an, den flehenden Blick, die Reue in der Stimme... der Mann ist großartig!

Oder er sagt die Wahrheit.

Ausgeschlossen, dachte ich. Gernhardt war ein Manipulator. Er konnte nicht mal atmen, ohne jemanden zu manipulieren.

Du hast ja so recht. Du musst es ja wissen. Schließlich gab es nur einen, der das besser kann als er.

Ja. Mich.

»Also gut«, gab ich nach. »Erzähl mir, um was es geht.«

»Lucio hat für uns gearbeitet.«

Ich blinzelte. »So tief kannst nicht einmal du sinken.«

»Es ist wahr«, verteidigte er sich. »Aber er hat es nicht ganz freiwillig getan. Wir hatten etwas gegen ihn in der Hand. Vor zwei Jahren ist eines seiner Mädchen an einer Überdosis gestorben, und er hatte ihr den Stoff besorgt. Aber da er einen weiten Kundenkreis besaß, war er für uns nützlich.«

»Also habt ihr dafür gesorgt, dass er nicht dafür belangt wurde«, stellte ich fest. »Gute Arbeit. Der Kerl war ein Arschloch.«

»Aber ein nützliches Arschloch. Du weißt, wie das geht, also reg dich ab.«

»Okay«, seufzte ich. Gernhardt hatte recht, es hatte mal eine Zeit gegeben, in der ich darüber nicht einmal nachgedacht hätte. Typen wie Lucio waren zu nichts nutze, also warum ihn nicht als Werkzeug verwenden?

»Frankfurt ist einer der größten Dreh- und Angelpunkte Deutschlands. Sogar international. Jeden Tag steigen hier Leute aus dem Flieger und müssen einen Overnight einlegen. Und holen sich eines von Lucios Mädchen. Manche dieser Leute sind unvorsichtig, andere haben Geheimnisse, wieder andere wissen Dinge, die für uns von Interesse sind. Wir haben jemanden bei Lucio eingeschleust.«

»Er besorgt seinen Kunden junge Frauen, die alles Mögliche mit sich machen lassen, das weißt du schon?«

Er nickte. »Deshalb war es auch nicht so einfach, jemanden dafür zu finden.«

Ich sah ihn nur ungläubig an.

»Du willst mir ernsthaft sagen, dass eine deiner Kolleginnen für Lucios Kunden die Beine breit macht?«

»Es gab gewisse ... Vergünstigungen dafür, und sie hat sich freiwillig gemeldet. Wir hatten Lucio am Haken, und er hat sie nur dann eingesetzt, wenn wir ein Interesse an einem besonderen Kunden hatten.« Er zuckte mit den Schultern. »Es ist besser, als das Risiko einzugehen, im Irak in einem Militärgefängnis zu verrotten, nicht wahr?«

So gesehen ...

»Sie wird eine steile Karriere machen«, fuhr Gernhardt fort. »Wenn wir den Mist hier in Ordnung bringen können. Wenn nicht ...« Er hob die Schultern und breitete die Hände aus. »Dann war alles, was sie in den letzten zwei Jahren auf sich genommen hat, umsonst.«

Das war der Appell an das Gewissen. Wie aus dem Lehrbuch. Nur weil der andere weiß, dass er manipuliert wird, bedeutet das nicht, dass er nicht manipuliert wird. Noch ein Satz aus dem Lehrbuch. Wahrscheinlich hatte Gernhardt es geschrieben.

»Okay«, sagte ich und trank von dem Cappuccino, den Antonio gebracht hatte. »Erzähl weiter.«

»Sie fand heraus, dass ein großes Ding geplant ist. Oder vielleicht läuft es schon. Sie war die Abendunterhaltung, als sich einer ihrer Kunden mit jemand anderem traf. Einem gewissen Robert Hu. Ein Hongkong-Chinese mit einem englischen Pass. Die Herren haben sich unterhalten, während sie sie bediente, aber leider nur zum Teil auf Englisch. Chinesisch kann die Kollegin noch nicht besonders gut. Es geht um einen Währungsbetrug in Millionenhöhe, vielleicht sogar Milliarden. Es ist auf jeden Fall groß genug, dass die Triaden ihre Finger drin haben und es Unterstützung von höchster Ebene erhält. Die chinesische Regierung steckt da mit drin, und deshalb kommen wir ins Spiel.« Er beugte sich etwas vor. »Wir bluten zur Zeit Milliarden in das Loch Europa und sind nicht der Ansicht, dass wir auch noch die Chinesen durchfüttern müssen. Wenn auch noch das Rating für Spanien kippt, werden wir jeden Cent brauchen. Was sie noch herausgefunden hat, ist, dass es im wahrsten Sinne des Wortes um tonnenweise Geld geht.« Er holte tief Luft. »Hast du eine Ahnung, wie viel eine Tonne Hunderteuroscheine wert ist?«

»Sag du es mir. Bislang muss ich mein Geld noch nicht nach Gewicht zählen.«

»Hundert Millionen, Heinrich. Hundert verdammte Millionen.« Er atmete so schwer, dass ich fast hoffte, er würde einen Schlaganfall bekommen. »Und sie sprachen nicht nur von einer Tonne. Jemand bei der Bundesbank steckt auch mit drin ... wir sprechen hier von so viel Geld, dass sie es mit Lastwagen transportieren müssen. Und weißt du, was die Chinesen richtig gut können? Geld fälschen. Computer hacken. Und Leute manipulieren. Wenn es herauskommen würde, dass große Mengen von unseren angeblich so fälschungssicheren Geldnoten Blüten sind, was meinst du, wie sich das auf die Währungskurse auswirkt? Wenn es wirklich Tonnen sind, dann reden wir hier von Milliarden ... und keiner weiß, wie lange das schon so geht!« Er hatte sich fast in Rage geredet. »Und die Chinesen stecken bis zum Hals mit drin.«

Perfekt. Er fing an, indem er von einer teilweise belauschten Unterhaltung ausgeht, von Vermutungen und folgerte daraus ein Euro-Untergangsszenario, das es abzuwenden galt. Retten wir mal nicht die Welt, sondern nur das Euroland. Gleich kam er mir mit den armen Portugiesen, die das dann ausbaden mussten, oder den Rentnern, die ihre Altersfürsorge verlieren würden.

»Was hat das alles mit Lucio zu tun?«

»Er hat herausgefunden, wer für die Chinesen den Transport organisiert, und wollte uns Beweise bringen. Frachtunterlagen. Das hätte uns einen Ansatz gegeben, mehr herauszufinden. Wer den Auftrag für den Transport vergab, wer das Geld oder die Blüten annahm, all das.« Er zog sein Taschentusch heraus und trocknete sich die Stirn ab. »Es sollte eine Übergabe stattfinden. Am Abend, als er erschossen wurde. Aber dann wurde er umgelegt, und der Mistkerl, der ihn erschossen hat, hat sich auch Lucios Aktenkoffer gegriffen. Wir nehmen an, dass die Unterlagen, die wir brauchen, sich darin befunden haben.«

Lucio. Marvins Windeltick. Und seine Transportfirma. Und die gestohlene CD.

»Nicht nur der Spediteur hat Frachtpapiere«, sagte ich. »Es gibt jede Menge Papier, wenn etwas transportiert wird. Kommt ihr nicht anders an die Frachtpapiere heran?«

»Klar«, meinte Gernhardt sarkastisch. »Wir wissen nicht einmal, ob das Ding schon läuft oder wann es laufen wird. Und vor allem dürfte es ein Leichtes sein, den Kram zu finden. Wir müssen nur nach dem Eintrag schauen: Sieben Tonnen. Euro-Noten, Hunderter-Nomination, in Blüten. Ich frag mich nur, warum wir nicht darauf gekommen sind.« Er schüttelte den Kopf. »Nein, Heinrich, solange wir es nicht überprüfen können, sind hundert Kisten Orangen auf den Frachtpapieren hundert Kisten Orangen, selbst wenn es Panzer wären! Es sind nur Daten, Heinrich, wir müssen herausfinden, was hinter den Daten steckt. Hast du eine Ahnung, wie viele Tonnen Waren hier in Frankfurt jeden Tag umgesetzt werden?«

»Genug«, meinte ich. »Okay. Was willst du von mir?«

»Dass du uns hilfst.«

»Warum ich? Sind euch die Leute ausgegangen?«

»Mitnichten. Aber du bist hier vor Ort. Und du kennst Irina und Alexej Orlov.«

Oha.

»Was haben die damit zu tun?«

»Nichts. Bis jetzt«, sagte Gernhardt. »Aber jetzt, wo Lucio tot ist, reißen sich die anderen Zuhälter um Lucios Mädchen. Wir müssen unsere Agentin so unterbringen, dass wir sie gezielt auf Robert Hu ansetzen können, wenn der in vier Tagen wieder nach Frankfurt kommt. Wir brauchen jemand, der auf sie aufpasst. Dafür sorgt, dass sie geschützt ist. Die Orlovs sind dazu imstande.«

»Sie betreiben eine Handelsbank. Keinen Puff.«

»Richtig«, sagte er bissig. »Das ist auch der Grund, warum jedes russische Bordell in Frankfurt Schnupfen bekommt, wenn Irina oder Alexej nur niesen! Du kennst sie, du kannst sie überzeugen, uns zu helfen.«

Ich schüttelte den Kopf. »Zum einen werden sie es nicht tun. Zum anderen werde ich sie nicht fragen. Sie sind meine Freunde, aber es gibt Grenzen für die Freundschaft.«

»Und was, wenn ich dir sage, warum Natascha damals entführt wurde?«

Ich winkte ab.

»Das ist Schnee von gestern.« War es nicht. Irina würde alles in Bewegung setzen, um das zu erfahren. Aber das musste ich Gernhardt ja nicht auf die Nase binden.

»Du hörst mir nicht zu. Ich sagte, warum und nicht wer oder wie. Ihre Bank wird zur Geldwäsche eingesetzt. Jeder weiß das. Auch du. Auch wir. Sie wissen, dass wir es wissen. Wir lassen sie gewähren, weil die Orlovs Ordnung in das Geschäft gebracht haben. Der Schaden ist zu verkraften, wenn man ihn damit vergleicht, welchen Stress wir früher mit den Russen hatten.« Er lachte kurz auf. »Die Russen sind fast schon so etwas wie Verbündete, würde mich nicht wundern, wenn sie noch irgendwann mal in die NATO kommen. Wir sind ideal positioniert, um mit ihnen zusammenzuarbeiten. Sie sind keine Bedrohung mehr, die Chinesen sind es.«

»Also soll ich die Orlovs überzeugen. Gut«, sagte ich. »Ich kann sie fragen. Fragen, Gernhardt. Ich werde keinen Druck auf sie ausüben.«

Und das würde, falls das, was Gernhardt da verzapfte, wahr war, auch nicht nötig sein. Jemand hatte ihrer Tochter einen Finger abgeschnitten. Russen sind so. Sie nehmen einem so etwas übel.

»Das ist nicht alles. Zur Not hätten wir ihnen auch einen Brief schicken können.« Er beugte sich vor. »Du sollst Horvath für uns finden und aus dem Rennen ziehen.«

»Und wer, zum Teufel«, fragte ich, »ist Horvath?«

»Milos Horvath ist ein ungarischer Auftragsmörder. Du hast ihn schon kennengelernt. Er hat Lucio umgelegt und Anschütz in die Luft geblasen. Er räumt für die Chinesen auf, und wenn wir ihn nicht stoppen, stehen wir wieder genauso dumm da wie zuvor. Ach ja. Und wir hätten gerne was auch immer es war, was Lucio für uns gefunden hat. Lege Horvath um und besorge uns die Unterlagen. Dann hast du ausgesorgt ... und bekommst auch eine hübsche Rente.« Er sah mir direkt in die Augen.

»Wir wissen nicht, wen er als Nächstes angehen wird. Aber wir wissen, dass er noch andere Ziele hat. Lucio hat für uns gearbeitet, Anschütz war Buchhalter bei der Bundesbank. Lucio war ein Arschloch. Anschütz scheint sauber zu sein, wir haben nicht die geringste Ahnung, warum man hinter ihm her war. Aber seine Frau und die zwei Töchter hatten mit dem Scheiß nichts zu tun. Vielleicht sprengt Horvath übermorgen einen Bus in die Luft, bringt Dutzende von Unschuldigen um, nur um sein Ziel zu erwischen. Du kannst das verhindern.«

Schöner Versuch.

»Setzt jemand anderen auf Horvath an. Ich bin außer Dienst, vergessen? Nehmt die Kleine, die für euch die Beine breitmacht. Oder«, fügte ich gehässig dazu, »mach dir selbst die Finger dreckig.«

»Nein«, sagte Gernhardt und schüttelte den Kopf. »Wir kommen an ihn nicht ran. Du schon.«

Ich sah ihn fragend an.

»Wieso soll ich an ihn herankommen und du nicht?«

»Weil er zu dir kommen wird.«

»Und warum das?«

»Weil er dich kennt.«

»Aha«, sagte ich. »Und woher bitte schön? Ich bin ihm noch nie über den Weg gelaufen.«

»Aber er dir. Er war zwölf Jahre alt, als er zusehen durfte, wie du seinem Vater das Licht ausgeknipst hast. Er hat jahrelang nach dir gesucht. Und vor ein paar Tagen hat er dich gefunden. In einem Café, in dem er rein zufälligerweise einen unserer V-Männer ausgeschaltet hat.« Gernhardt lehnte sich zurück und erlaubte sich ein kleines selbstgefälliges Lächeln. »Siehst du, Heinrich? Wir tun dir einen Gefallen. Du bekommst alle Vollmachten, die du brauchst, um den Bastard zu schnappen. Erledige ihn, bevor er dich erledigt. Natürlich kannst du die Hilfe deines besten Freundes auch ablehnen und darauf warten, dass Horvath dich erwischt.«

»Warte mal«, sagte ich und hob abwehrend die Hand. »Was erzählst du da?«

»Du erinnerst dich an Bregana? Der 2. Juli 1991?«

»Nur zu gut«, meinte ich. Ich wusste bis heute nicht, warum es so wichtig gewesen war, die junge Frau sicher nach Österreich zu bringen.

»An den Scharfschützen, der Anna erschossen hat?«

Ja. So schnell würde ich das nicht vergessen. Sie war gerade ins Auto eingestiegen, als die Kugel sie getroffen hatte. Ich hatte sogar noch den Luftzug des Geschosses gespürt, als es an meiner Wange vorbeigeflogen war.

»Das war Horvaths Vater.« Ich begann zu ahnen, worauf das hinauslief. »Du hast ihn erschossen. Unser Freund hat für seinen Vater gespottet.«

Das passiert, wenn man seine Kinder in den Krieg mitnimmt. Ein Zwölfjähriger, der für seinen Vater Ziele ausmacht? Ich schüttelte ungläubig den Kopf.

Es war reiner Zufall gewesen, dass ich den Mündungsblitz aus den Augenwinkeln wahrgenommen hatte. Dennoch, hätte es der Schütze bei dem einen Schuss belassen, hätte ich ihn nicht ins Visier bekommen. Erst der zweite Schuss, der, der mir selbst gegolten hatte, hatte seine Position verraten. Auf fast vierhundert Meter Entfernung, durch Gebüsche und zwischen Bäumen hindurch, in Deckung liegend, hatte er kaum damit rechnen können, dass ein reflexartig im Stehen abgegebener Schuss ihn treffen konnte. Ich auch nicht, es war einfach einer dieser Glückstreffer gewesen, die man nachher unmöglich erklären konnte.

»Das ist zwanzig Jahre her«, sagte ich. Was bedeutungslos war. Manche Dinge verfolgten einen ein ganzes Leben lang.

»Tja«, sagte Gernhardt. »Ich fürchte, Horvath mag dich in etwa so sehr wie du mich.«

Er schob mir einen dicken Briefumschlag über den Tisch.

»Weißt du«, sagte er. »Das Schöne daran ist, dass du mir nicht vorwerfen kannst, daran schuld zu sein. Das hast du dir selbst eingebrockt. Die Scheiße im Irak war schlimm, aber du hast es überlebt. Du bist sauber aus dem Business rausgekommen. Sogar mit Versehrtenrente und allen anderen Ansprüchen. Hast dir ein neues Leben aufgebaut, eine Firma, hast eine Nichte, die du liebst. Du hättest dich nie mehr mit so etwas auseinandersetzen brauchen. Aber du musstest es ja kaputtmachen. Du musstest für Irina und Alexej den Helden spielen.« Er sah mir direkt in die Augen. »Weil du es brauchst. Weil du ein Adrenalin-Junkie bist. Wie jeder von uns, der einmal im Außendienst war. Wir können es nicht sein lassen, wir brauchen den Kick. Weil wir nur dann leben, wenn es am seidenen Faden hängt. Scheiß auf die zwei Jahre im Irak, Heinrich. Das gehört dazu. Genau wie es dazugehört, dass dein bester Freund dich abknallt, um dir die Folter zu ersparen. Scheiß drauf. Wenn du wirklich hättest sauber bleiben wollen, dann hättest du die Finger von dem Mist gelassen. Vielleicht hätten sich die Russen und die Chinesen gegenseitig abgeschlachtet, und die ganze verfickte Scheiße wäre nie passiert. Und noch etwas. Du solltest mir auf Knien dankbar sein, dass ich es war, der Maya geheiratet hat. Das Miststück hat mich derartig abgezogen, dass ich noch tausend Jahre für das Haus bezahlen darf, das jetzt ihr gehört. Und wenn du einen guten Rat hören willst ...«

Nina hat recht. Niemand will einen guten Rat hören.

»... dann hältst du dich von Fenstern fern.« Er machte eine Geste zum Fenster hin, an dem wir saßen. »Wer weiß, vielleicht hat dich Horvath ja schon im Visier. Oder deine Nichte. Oder deinen Hund.« Er tippte auf den dicken Umschlag, der zwischen uns auf dem Tisch lag, und stand auf. »Tu mir diesen kleinen Gefallen. Oder verrotte in der Hölle. Einen guten Tag noch. Gib dir keine Mühe, ich finde den Weg hinaus. Ach ja, noch eines«, fügte er hinzu und legte einen Fünfer auf den Tisch. »Ich zahle meine Schulden.« Er nickte mir und Antonio zu und ging davon.

»Offenbar ist das ganz großartig gelaufen«, sagte Antonio bissig, als er sich zu mir an den Tisch setzte. »Du machst ein Gesicht wie tausend Jahre Regenwetter. Wie lange ist das jetzt her, dass du ihn zum letzten Mal gesehen hast?«

»Sechs Jahre«, antwortete ich. »Er und Maya haben mich damals zum Zug gebracht.«

»Er hat sich nicht verändert. Immer noch ein aalglatter Hund. Auch wenn er fett geworden ist.«

»Wir waren mal ein Team«, sagte ich. »Mein Fehler war, zu denken, dass er darunter das Gleiche versteht wie ich.«

»Da du Maya erwähnst, weißt du, was mit ihr ist?«, fragte Antonio.

»Scheinbar hat sie ihn verlassen.« Ich zog meine Brieftasche heraus, legte einen Zehner auf den Tisch und steckte Gernhardts Schein ein. »Aber weißt du was?

Maya interessiert mich nicht mehr im Geringsten.« Fast ein wenig ungläubig stellte ich fest, dass es die reine Wahrheit war.

»Was wollte er von dir?«, wollte Antonio wissen. Es hätte nicht viel gefehlt, und ich hätte es ihm sogar erzählt.

»Nicht viel«, sagte ich stattdessen und wog den Umschlag in der Hand. Er war schwer. »Er hat mir nur ein paar Papiere gebracht.«

Antonio nickte langsam. »Du kannst immer noch nicht gut lügen«, stellte er fest. Mit dieser Meinung stand er wahrscheinlich sehr allein auf weiter Flur. »Aber es hat wohl keinen Sinn, in dich zu dringen? Nicht, wenn es mit Gernhardt und dem BND zu tun hat.«

»Genau so ist es«, sagte ich. »Aber ich komme heute Abend wieder.« Ich trank meinen Cappuccino aus und stand auf. »Mit Marietta. Wir wollen es noch mal probieren.«

Antonio hielt mich zurück. »Heinrich, ich weiß nicht, auf was du dich da eingelassen hast, aber sei vorsichtig, ja? Ich würde es dir übelnehmen, wenn ich noch mal höre, dass du tot bist.«

»Das wird nicht geschehen«, sagte ich zuversichtlicher, als ich mich fühlte. »Bis nachher!«

»Bis nachher«, nickte Antonio. »Hoffentlich.«

Auf dem Weg nach Hause rief ich Marvin an. Schließlich war es seine CD, die mich in den ganzen Schlamassel hineingezogen hatte. Gernhardt schien nicht zu wissen, von wem Lucio diese Transportunterlagen besorgt hatte. Wenn sich etwas auf dieser CD befand, das Licht ins Dunkel bringen konnte, dann wusste Marvin vielleicht auch, was es war.

Ich erreichte ihn gerade, als er auf dem Weg zu einem

Termin war, und er schien mir etwas gehetzt. »Ich hab jetzt keine Zeit«, meinte er. »Worum geht's?«

»Um deine CD.«

»Hast du sie?«, fragte er hoffnungsvoll.

»Nein, aber ...«

»Tut mir leid, Heinrich, aber ich bin spät dran. Ich ruf dich später an, okay?«

»In Ordnung«, sagte ich. »Aber ...«

Weiter kam ich nicht, er hatte schon aufgelegt. Marvin war einer von denen, die sich nur selten aus der Ruhe bringen ließen, und hatte mich schon öfter damit aufgezogen, dass ich mich zu leicht stressen ließ. Damit hatte er wahrscheinlich recht, aber offenbar geschah es ihm ab und zu dann doch auch selbst.

Als ich in meine Auffahrt einfuhr, sah ich auf der Straße vor Frau Kramers Haus einen schwarzen BMW stehen. Die alte Dame bekam so selten Besuch, dass ich mich neugierig fragte, wer das wohl war, doch dann sah ich, dass in dem Wagen jemand saß, der gerade einen Faltplan ausbreitete, ach so, dachte ich, nur jemand, der sich verfahren hatte.

Dafür standen jetzt drei Roller vor dem Haus, der dritte Roller trug eine lila Glitzerlackierung, die ich schon kannte, offenbar war nun auch Jenny dazugekommen. Ich fand die drei Grazien in der Küche an der Kaffeetheke sitzend vor.

»Guten Tag, Herr Schmitt«, begrüßte Jenny mich mit einem Lächeln. »Ich habe Käsekuchen mitgebracht.« Sie hob den Teller hoch. »Auch ein Stück?«

Die Portion Lasagne, die sie vorhin verdrückt hatten, hätte für ein Infanterieregiment reichen sollen. Offenbar waren auch Nina und Ana Lena der Meinung, dass noch ein Stück Kuchen dazupassen würde, ich fragte mich nur, wohin es rutschte, die drei Mädchen waren gertenschlank.

Oder es ist das Alter, dachte ich, als ich dankend nickte. Wie es bei ihren Freundinnen war, konnte ich nicht beurteilen, aber Ana Lena war immer irgendwie in Bewegung. An und für sich hätte sie alleine schon für die Planung ihrer Freizeitaktivitäten einen Terminplaner gebraucht.

»Wir haben uns entschlossen, das durchzuziehen«, teilte mir Ana Lena mit, während ihr Lächeln messbar an Strahlkraft verlor.

»Der Typ wird nicht damit durchkommen«, fügte Nina entschlossen hinzu.

»Al hat eben mit Ihrer Freundin, der Kommissarin gesprochen«, meinte Jenny. »Stimmt es, dass Sie sie seit über zwanzig Jahren kennen und sie bei der Mordkommission ist?«

»Ja.«

Jenny schien von der Antwort etwas enttäuscht zu sein.

»Marietta telefoniert gerade mit Jennys Mutter«, fuhr Al fort. »Sie hat mich untersucht, als ich zu Jenny gefahren bin, und ... und das ist gut, weil ich mich nicht noch einmal untersuchen lassen werde.«

Ich hatte Mühe, den Bissen Käsekuchen herunterzuschlucken, er schmeckte plötzlich wie Pappe. Auch wenn ich mich nur bedingt in die Mädchen hineinversetzen konnte, sah ich doch, wie viel Mut und Überwindung es die beiden kostete. Vor allem Nina machte deutlich, dass sie ihre Entscheidung gefällt hatte.

»Ich war damals auch bei meiner Ärztin«, teilte sie uns jetzt mit. »Sie hat Fotos gemacht und ... mehr.

Hauptkommissarin Steiler will sich auch mit ihr in Verbindung setzen. Sie hat versprochen, es uns so leicht wie möglich zu machen. Wir sollen möglichst heute noch nach Bad Homburg, auf die Polizeidienststelle dort. Es wird eine Therapeutin dabei sein, die zugleich auch Ärztin ist und ...« Sie brach ab und schluckte. »Können Sie uns hinfahren?«

Ich hatte mich nie für einen Feigling gehalten, aber in diesem Moment wäre ich am liebsten geflohen. »Natürlich«, sagte ich. »Was ist mit deinen Eltern?«

»Sie sind beide in Amerika. Geschäftlich«, sagte Nina. »Ich lebe zurzeit bei meiner Großmutter, und sie will ich damit nicht belasten. Sie weiß es gar nicht.«

Und die Eltern auch nicht, dachte ich. »Jetzt gleich?«

»Nicht sofort«, sagte Ana Lena tapfer. »Erst wenn ich meinen Kaffee getrunken habe.«

»Ich komme auch mit, wenn ich darf«, meinte Jenny. »Meine Mutter wird mich dann später dort abholen.«

»Kann ich meinen Roller bei euch in die Garage stellen?«, fragte Nina. »Es soll heute noch regnen, und ich hasse es, wenn die Sitzbank nass wird.«

Ich hob die Hand, um sie zu unterbrechen. »Natürlich. Die Garage ist offen.«

Nina nickte, aß noch schnell das nächste Stück Kuchen und ging zur Tür.

»Ich bin gleich wieder zurück.«

Ich sah ihr hinterher und wandte mich dann Ana Lena zu.

»Willst du das wirklich tun?«, fragte ich leise.

Ana Lena nickte. »Ich glaube, ich muss es tun«, sagte sie. »Ich ...«

Ich hörte das Motorgeräusch im gleichen Moment, in dem sich Ana Lenas Augen weiteten. Ich wirbelte herum und sah durch das Küchenfenster, wie der schwarze BMW quer über mein Grundstück raste.

Viele Menschen reagieren zu langsam, weil sie nicht glauben wollen, was geschieht. Das hatte ich mir zwar längst abgewöhnt, ich bewegte mich schon, als ich das Motorgeräusch gehört hatte, aber niemand wäre schnell genug gewesen. Noch bevor ich die Küchentür erreichte, hörten wir den Schrei, den dumpfen Schlag, das Kreischen von Metall auf Metall. Der BMW-Motor heulte auf, Dreck und Rasenstücke wurden hochgeschleudert, als die schwere Limousine zurücksetzte und beinahe noch mich rammte, als ich aus der Tür stürzte. Von dem Fahrer war aus diesem Winkel wenig zu erkennen, nur die Hand am Lenkrad, als der BMW über den Rasen schlitterte, den Zaun des Nachbarn und dessen Gartenzwerge niedermähte, auf der Straße hin und her schleuderte und dann mit quietschenden Reifen um die Ecke schoss.

Der BMW hatte Ninas Roller zwischen sich und der vorderen rechten Ecke der Garage zerdrückt, unter dem Roller halb begraben lag Nina, die mit weit aufgerissenen Augen zu mir hochsah und hustete. Blut tropfte aus ihrem Mund auf ihre weiße Bluse, während ihre Augen mich um Hilfe anflehten.

Hinter mir hörte ich die Mädchen schreien, während die Welt um mich herum dumpf wurde. »Ruf den Krankenwagen!«, schrie ich Ana Lena an, während ich den Roller vorsichtig anhob, unter dem Nina begraben lag.

Ein Stück Blech hatte sich in ihren linken Oberschenkel gebohrt, dort färbte sich Ninas Jeans bereits blutig, doch die Art, wie sie dalag, ließ mich noch Schlimmeres befürchten. Ich schrie Jenny an, die mit der Hand vor dem Mund dastand. Sie reagierte nicht, also packte ich sie, zog sie zu Nina hin, drückte Jennys Hand auf die andere Wunde an Ninas Seite, wo das Blut durch den Stoff quoll, und rannte zu meinem Wagen. Ich hatte einen Verbandkasten im Fond, aber die Erste-Hilfe-Tasche befand sich im Kofferraum. Scheiß drauf, dachte ich grimmig, als ich den Hundetreter zur Seite drückte und den Koffer herauszog, wenn ihn jemand sah, dann war es halt so! Ich knallte den Kofferraum wieder zu und rannte zu Nina zurück.

»Bleib bei uns«, rief ich ihr zu, als ich den Koffer aufriss. »Bleib ja bei uns, hörst du?«

Nina hustete, wollte etwas sagen. Ich beugte mich über sie, während ich ihre Jeans aufschnitt.

»Warum tut es nicht weh?«, fragte sie leise. »Es muss doch wehtun, oder nicht?«

»Das wird schon wieder«, beruhigte ich sie. »Das kommt alles wieder in Ordnung.«

»Ich habe Sie vollgeblutet«, stellte sie fest, während sie immer bleicher wurde. »Es tut mir leid. Das wollte ich nicht. Ich zahle Ihnen die Reinigung, ehrlich.«

»Mach dir darum keine Sorgen«, bat ich sie. »Ich ...« Doch sie hörte mich nicht mehr. Einen Moment lang befürchtete ich, dass es schon zu spät war, doch dann fühlte ich ihren Puls am Hals, schnell und schwach.

Ich drückte so fest ich konnte auf ihre Beinschlagader, aber es half nichts, das warme Blut quoll unter meinen Fingern hervor und tropfte auf den staubigen Boden, wo es sich zu einer immer größer werdenden Lache sammelte.

Später erfuhr ich, dass es nur wenige Minuten gedauert hatte, bis der Krankenwagen bei uns war, aber es fühlte sich an wie eine Ewigkeit.

Ich stand vor dem Eingang der Uniklinik und rauchte eine Zigarette, als ich Marietta und Kommissar Berthold auf mich zukommen sah.

»Wie geht es Nina?«, fragte Marietta, während sich Berthold ebenfalls eine Zigarette anzündete. Wenigstens war der Mann nicht komplett perfekt.

»Sie ist noch im OP«, antwortete ich. »Es war nicht so leicht, herauszufinden, wie es aussieht, aber Jennys Mutter, Frau Dr. Michels, ist auch gekommen. Im Moment kümmert sie sich um Ana Lena und Jenny. Sie arbeitet hier als Neurochirurgin und hat erfahren, dass Nina wahrscheinlich überleben wird. Uns hat man ja nichts sagen wollen«, meinte ich bitter und trat die Zigarette aus.

»Sie sehen beschissen aus«, stellte Kommissar Berthold fest und musterte meine blutige Kleidung.

»Danke«, meinte ich grimmig.

»Wie schlimm ist es?«, fragte Marietta.

»Ein Trümmerbruch im rechten Oberschenkel und im linken Unterarm. Sie hat vier gebrochene Rippen, und ihr Becken ist dreifach gebrochen. Das Problem sind die inneren Verletzungen, aber man hat wohl die Blutungen gestoppt und mit etwas Glück trägt sie keine bleibenden Schäden davon.«

Ich zog eine neue Zigarette aus der Schachtel.

»Du rauchst zu viel«, stellte Marietta fest.

»Ja. Es ist aber auch ein beschissener Tag.« Ich schob die Zigarette wieder in die Schachtel und steckte sie weg. »Weshalb seid ihr hier? Die Kripo hat meine Aussage schon aufgenommen. Wahrscheinlich graben sie gerade meinen Garten um.«

»Irgendwo muss die Spurensicherung ja anfangen«, meinte Berthold.

»Wenn sie etwas finden, das euch nützt, soll es mir recht sein«, meinte ich und schüttelte den Kopf. »Also gut, wie kann ich euch helfen?«

»Ich habe bei den Kollegen nachgefragt. Sie sagen, du hättest den Wagen auf der Straße stehen sehen?«

»Ja. Ich hab ihn gesehen und mir nichts dabei gedacht«, sagte ich bitter. Obwohl mich Gernhardt ja gewarnt hatte. Wie hatte ich nur so blöd sein können! Hätte ich schneller geschaltet, hätte der ganze Spuk schon vorbei sein können.

»Warum auch«, sagte Berthold. »Oder gehen Sie davon aus, dass jeder, der in einem Wagen sitzt, nur darauf wartet, eine junge Frau zu überfahren?«

Nein. Aber davon hätte ich ausgehen müssen.

»Offensichtlich nicht«, meinte ich bitter. »Sonst könnte ich euch mehr über den Mistkerl sagen.«

»Nun, es war genug«, sagte Marietta. »Farbe, Typ, Modell und fast das ganze Kennzeichen. Du hast ein gutes Gedächtnis.«

»Sie hätten es wohl besser gemacht, nicht wahr?«, sagte ich bissig zu Berthold.

Der ließ sich nicht ködern. Er legte nur den Kopf etwas schräg und in seinen Augen meinte ich so etwas wie Verständnis zu lesen. »Nur, wenn mir der Wagen aufgefallen wäre und ich mir ihn hätte einprägen wollen. Wie auch immer, Ihre Beschreibung war immerhin so gut, dass wir schnell herausgefunden haben, dass der Wagen heute Mittag in Frankfurt gestohlen wurde. Das wirklich Interessante daran ist, dass der mutmaßliche Täter einen anderen Wagen im Tausch dort stehen ließ. Raten Sie mal, was das für ein Wagen war.«

Ich schüttelte den Kopf. »Wenn ich Jesus wäre, würde ich Lotto spielen. Um was geht es hier?«

»Dort, wo der BMW gestohlen wurde, haben wir den Fiesta gefunden, mit dem unser Freund aus dem Parkhaus gefahren ist«, teilte mir Marietta mit. »Es ist natürlich theoretisch möglich, dass es Zufall ist, aber wir glauben nicht daran. Jetzt stellt sich nur die Frage, warum wiederum unser Freund aus dem Bistro ausgerechnet vor deinem Haus eine junge Frau ermorden wollte.« Sie sah mich fragend an. »Es war doch Absicht, oder?«

»Ja«, sagte ich rau. »Kein Zweifel möglich.«

»Nur warum?«, fragte Berthold und betrachtete die Glut seiner Zigarette. »Es ergäbe einen Sinn, wenn er wüsste, dass Sie ihn anhand seiner Uhr identifiziert haben. Aber zum einen weiß das kaum jemand, zum anderen, warum sollte er dann die Freundin Ihrer Nichte umbringen wollen?« Er hob eine Augenbraue an. »Es ist kaum davon auszugehen, dass er Sie mit einem siebzehnjährigen Mädchen verwechselt hat.«

»Das ist die Hundert-Punkte-Frage«, meinte ich bitter. »Wenn Sie die Antwort wissen, geben Sie mir dann Bescheid?«

»Vielleicht war er hinter Ihrer Nichte her«, sagte Berthold und ließ die Kippe fallen, um sie mit dem Fuß auszudrücken. »Beide Mädchen sind schwarzhaarig und haben in etwa dieselbe Größe und Statur. Vielleicht war es eine Verwechslung.«

Ich spürte, wie mein Herz zu rasen anfing. Wenn Gernhardt recht hatte, dann hatte Horvath wegen mir seinen Vater verloren. Wollte er mir jetzt Ana Lena nehmen?

»Wie kommen Sie darauf?«, fragte ich so ruhig ich konnte.

Berthold zuckte mit den Schultern. »Es gibt in Ihrem

Umfeld so einige offene Fragen, Herr Schmitt. Der Verbleib Ihrer Schwester und ihres Ehemannes ist bis heute ungeklärt. Vielleicht gibt es da Zusammenhänge, wer weiß das schon? Dann ist da noch die Sache mit Charles.«

»Charles?«

»Ihr Hund. Für so viel Geld haben andere schon ganz anderes gemacht.«

Ich schüttelte ungläubig den Kopf. »Ich verstehe nicht, was Sie meinen.«

»Sagt Ihnen der Name Ulrike Seeger etwas?«

Nein, hatte ich noch nie gehört. »Sollte er?«

»Das ist der Name von Herrn Meinerts Großtante. Die, die dem Hund ihr Vermögen hinterließ. Es wird gegen ihn ermittelt, da der Verdacht besteht, dass er seine Großtante vergiftet hat. Sie haben seinen Hund. Sind Sie sicher, dass Sie nicht wissen, wo er ist?«

»Nein. Aber wenn ich ihn sehe, richte ich ihm gerne aus, dass Sie ihn suchen.«

»Das Problem ist«, sagte Berthold und bedachte mich mit einem forschenden Blick. »In Ihrem Umfeld verschwinden einfach zu viele Menschen.« Er wandte sich an Marietta. »Bist du sicher, dass du das tun willst?«

Während ich mich fragte, was der Kommissar damit meinte, nickte Marietta.

»Ganz sicher«, lächelte sie.

»Dann wünsche ich Ihnen beiden einen schönen Abend«, meinte Kommissar Berthold freundlich und ging davon.

»Was war das denn jetzt?«, fragte ich, während ich ihm nachsah.

»Es ist ganz einfach«, erklärte Marietta. »Er hat mich heute Morgen von zu Hause abgeholt. Ich habe also meinen Wagen nicht dabei.« Sie tippte mit dem Finger auf ihre Uhr. »Es ist kurz nach acht. Wir beide haben heute Abend eine Verabredung, hast du das vergessen? Aber wenn es dir nicht passt, kann ich mit dem Taxi nach Hause fahren.«

Ich sah sie sprachlos an, sie hatte recht, ich hatte ganz vergessen, dass wir verabredet waren. »Nein, das wird nicht nötig sein. Aber ich kann hier noch nicht weg.«

»Vielleicht doch«, sagte Marietta und wies mit ihrem Blick zum Eingang hin, aus dem Jenny, Paul, ihre Mutter und Ana Lena gerade herausgekommen waren.

»Wir können hier wenig tun«, erklärte Jennys Mutter, während die beiden Frauen sich gegenseitig musterten. »Die Operation wird noch eine Weile dauern, aber die Kollegen sind zuversichtlich, dass sie es überstehen wird. Danach dauert es, bis sie aus der Narkose aufwacht. Vor morgen Nachmittag wird man sie kaum besuchen können. Ich habe mit der Stationsschwester vereinbart, dass man mich informiert, sobald sich etwas tut.«

»Wenn du nichts dagegen hast, würde ich gerne wieder bei Jenny übernachten«, meinte Ana Lena zaghaft. »Sie hat nichts dagegen. Ich kann sogar George mitnehmen.«

»George ist c-cool«, sagte Paul. »Ich mag ihn.«

»Es macht mir wirklich nichts aus«, erklärte Jennys Mutter. »Ich habe noch bis übermorgen Urlaub, also ist es kein Problem.« Sie nickte Marietta zu. »Danke, dass Sie das mit Nina und Al geregelt haben.«

»War doch selbstverständlich.«

»Was geregelt?«, fragte ich.

»Das mit der Polizei«, erklärte Ana Lena leise. »Wegen dieser anderen Sache. Im Moment kann ich das einfach nicht. Hast du was dagegen, wenn ich bei Jenny schlafe?«

»Nein«, sagte ich. »Natürlich nicht. Wenn es Ihnen keine Umstände macht?«

»Es sind keine Umstände«, lächelte Jennys Mutter. »Das sagte ich doch schon. Ich freu mich schon auf George.« Sie sah meinen zweifelnden Blick und lachte. »Nein wirklich. Ich liebe Hunde, nur bei meinem Dienstplan kann ich mich um keinen kümmern.«

»Ich w-werde mit ihm G-Gassi gehen«, sagte Paul entschlossen. Aber sein Blick lag auf Ana Lena. Oha, dachte ich, da ist jemand verliebt. Ich fragte mich nur, ob Ana Lena es auch schon wusste.

Ich musterte den jungen Mann verstohlen. Sie hätte es schlechter treffen können. Wenigstens ließ er mich nicht an meine Schrotflinte denken.

»Außerdem gehst du zu selten aus«, meinte Ana Lena zu mir und sie, Marietta und Jenny tauschten einen Blick. »Ich komme schon alleine zurecht.«

Ich hatte es schon immer faszinierend gefunden, wie Frauen mit einem einzigen Blick eine ganze Verschwörung aushecken konnten.

⊕ »Ich habe das Gefühl, als hätte ich irgendetwas nicht mitbekommen«, beschwerte ich mich, als ich Marietta zu meinem Wagen führte.

»Ana Lena hat sich von Frau Dr. Michels untersuchen lassen, deshalb habe ich vorhin mit ihr telefoniert.« Sie schmunzelte ein wenig. »Danach habe ich Al wieder angerufen und dabei erwähnt, dass ich dich heute Abend sehen würde. Wusstest du, dass Al und Jenny dich mit ihrer Mutter verkuppeln wollten?«

»Ich hab's vermutet«, gestand ich, als ich ihr die Tür aufhielt.

»Nun, offenbar haben sie das aufgegeben. Jetzt versucht Al es bei uns.« Sie lachte, als sie mein Gesicht sah. »Kein Grund zu Panik, es ist nur eine Pizza.«

Nein, Grund zur Panik war es nicht, dachte ich, als ich mich hinter das Steuer setzte. Ich fühlte mich nur ein ganz klein wenig in die Ecke gedrängt. Und wunderte mich im Nachhinein noch mehr über Bertholds Reaktion. Marietta rümpfte die Nase und sah sich in dem Wagen um.

»Er sieht neu aus«, stellte sie fest, während sie sich anschnallte.

»Ist er auch. Keine drei Monate alt.«

»Vielleicht ist es ein Marder.«

Ich sah sie unverständig an. »Der Geruch«, erklärte sie. »Ich hatte das auch mit meinem letzten Wagen. Ein Marder hat es sich im Motorraum gemütlich gemacht und kam dann nicht wieder raus. Ich habe ihn erst gefunden, als der Gestank schon fast unerträglich war.«

»Ich werde gleich morgen nachsehen«, versprach ich und ließ das Fenster etwas herunter. »Hast du etwas dagegen, wenn wir kurz bei mir vorbeifahren, sodass ich mich umziehen kann?«

»Wohl kaum«, lächelte sie. »Ich mag es lieber, wenn meine Dates nicht ganz so blutig sind.«

Als wir vorfuhren, war die Spurensicherung gerade fertig geworden, einer der Polizisten nickte Marietta noch zu, bevor er in den Van einstieg und losfuhr. Der größte Teil meines Gartens und die Garage war mit Absperrband verziert, also parkte ich auf der Straße.

»Ohne das Band mochte ich den Garten lieber«, stellte ich fest, während ich Marietta die Wagentür aufhielt. »Die Rosen dort hat noch meine Mutter gepflanzt.« Sie folgte meinem Blick, die Reifenspuren führten direkt über das Beet. Zu der Garage mit dem eingedrückten Torrahmen und dem Blutfleck auf dem Betonboden. Man konnte genau verfolgen, wo er zurückgesetzt hatte, um dann im leichten Boden über das Nachbargrundstück zu ziehen, wo er auch noch zwei der geliebten Gartenzwerge meines Nachbarn überfahren hatte. Der stand gerade da und sammelte die Scherben ein, und die Art, wie er mich dabei ansah, konnte man nur als mordlüstern bezeichnen.

Ich schloss die Tür auf und bat Marietta ins Haus.

George II. war nicht mehr da, auch seine Leine und sein Fressnapf fehlten, also hatte Ana Lena ihn schon geholt.

»Einen Kaffee?«

»Gerne«, nickte sie und folgte mir in die Küche. Die Maschine piepte und gurgelte, ich stellte eine Tasse unter. »Ich bin gleich wieder da.«

Als ich wieder herunterkam, stand Marietta mit der Tasse in der Hand am Küchenfenster und sah auf die dunkle Straße hinaus. »Ich hab dir auch einen gemacht«, meinte sie. »Immer noch mit Milch und Zucker?«

»Hat sich nicht geändert. Danke.«

Sie reichte mir die Tasse und lehnte sich gegen die Küchentheke, sah durch das Fenster nach draußen. »Keine Vorhänge«, stellte sie fest und wandte sich mir zu. »Stört es dich denn nicht, dass jeder bei euch hineinsehen kann?«

»Ich mag keine Vorhänge«, teilte ich ihr mit. Sie sah mich fragend an, aber ich sagte nichts weiter. Sollte ich ihr erklären, dass es in meiner Zelle nur ein kleines vergittertes Loch gegeben hatte, durch das ich noch nicht einmal den Himmel hatte sehen können?

»Das ist das Haus deiner Eltern, nicht wahr?«, sagte sie dann und musterte mich über den Rand ihrer Tasse hinweg. »Ana Lena ist auch hier aufgewachsen?«

»Ja«, nickte ich. »Als Elisabeth schwanger wurde, habe ich ihr vorgeschlagen, hier zu wohnen. Es ist groß, Platz genug für eine Familie.«

Er zuckte mit den Schultern. »Ich war zu der Zeit bei der Bundeswehr und kaum hier, es erschien mir das Vernünftigste.«

»Thomas ist in Ordnung«, sagte sie leise.

Ich sah sie fragend an, dem Themenwechsel hatte ich nicht ganz folgen können. »Kommissar Berthold«, erklärte sie. »Er ist ein verdammt guter Polizist. Vielleicht zu gut. Wenn er einen Knochen gefunden hat, ist er wie ein Terrier, der nicht loslassen will.« Sie tat eine Geste mit ihrer Tasse. »Du hast sie neu eingerichtet.«

»Die Küche? Woher weißt du das?«

»Ich habe Tatortfotos gesehen. Thomas hat sich den Fall kommen lassen.«

»Hat er das?«

»Er sagt, dass da etwas nicht stimmt.«

»Schnellmerker«, knurrte ich. »Soll ich jetzt froh sein, dass ihr überhaupt eine Akte angelegt habt? Ich habe jedenfalls nicht das Gefühl, dass sich deine Kollegen damals sonderlich bemüht hätten.«

»Haben Sie. Erfolglos. Ich habe die Akte mehrfach durchgeschaut, um zu sehen, ob ich etwas anders oder besser hätte machen können. Es blieben einfach zu viele Fragen offen. Es gab Spuren eines Kampfs. Blut von deiner Schwester und von deinem Schwager. Mehr von seinem als von ihrem. Er muss ziemlich schwer verletzt gewesen sein. Es gab ein blutiges Messer. Mit seinem Blut und den Fingerabdrücken deiner Schwester. Und dennoch soll er sie entführt haben? Er muss geblutet haben wie ein Schwein, aber auf dem Gehweg gab es nur Blutspuren von ihr.«

»Findet ihn und fragt ihn, wie er es gemacht hat«, meinte ich bissig. »Ich glaube, es ist besser, ich rufe dir ein Taxi.«

»Das ist nicht nötig«, sagte sie leise. »Es tut mir leid, Heinrich. Thomas ist gründlich, und er ist gut. Er ist der Ansicht, dass du etwas weißt, das du den Kollegen damals vorenthalten hast. Ich will nur wissen, ob er recht hat.«

»Warum?«, fragte ich kühl. »Sucht er einen neuen Sündenbock?«

»Nein«, wehrte sie betroffen ab. »Er will nur sichergehen, dass ich es nicht bereue.«

»Was bereuen?«, fragte ich ungehalten. »Ich ...«

Weiter kam ich nicht. Marietta stellte die Tasse ab, griff nach meiner Krawatte und zog mich zu sich heran. »Das«, sagte sie und küsste mich.

Es war wie ein Nachhausekommen und als ob die zwanzig Jahre nie gewesen wären. Ihre Lippen waren fordernd und weich zugleich. Ich zog sie an mich heran, sie passte, als wäre sie eigens für mich gemacht. Während ich sie hielt, ihren Geruch einatmete, dachte ich, dass ich mich in ihr verlieren könnte. Überraschenderweise erschreckte mich der Gedanke nicht.

Weil du es schon immer gewusst hast.

»Mir kommt es vor, als hätte ich viel zu lange darauf gewartet«, sagte Marietta schwer atmend, während sie sich aus meinen Armen löste und einen Schritt zurücktrat. Sie musterte suchend mein Gesicht. »Sag etwas!«

»Du redest zu viel«, meinte ich und zog sie erneut an mich.

»Die meisten Männer, die ich kenne«, meinte sie keuchend und löste sich von mir, um ihre Kleidung wieder zu richten, »haben mehr Probleme, einen BH aufzubekommen.«

»Haben sie?«, fragte ich und lachte leise. Das zu beurteilen, maßte ich mir nun wirklich nicht an. »Ich hab es nicht einmal bemerkt.« Ich schüttelte den Kopf und lehnte mich schwer atmend an den Kühlschrank. »Es ist jedenfalls ein Grund, doch über Vorhänge nachzudenken. Gott, du siehst aus, als wärst du unter einen Lastwagen geraten ... auch wenn ich zugeben muss, dass mir dein Haar so gefällt.«

Sie lachte. »Bei dieser Art von Komplimenten liegen dir die Frauen bestimmt scharenweise zu Füßen.« Ihr Lächeln schwand wieder, als sie meinen Blick sah. »Es ist nichts passiert«, fügte sie hinzu. »Es war nur ein Kuss.«

Und etwas heavy Petting, das mich wie ein Teenager fühlen ließ. Gut, dass sie die Bremse gezogen hatte.

»Ja, sicher. Wie ein Tsunami auch nur eine Welle ist«, protestierte ich. »Es hätte nicht viel gefehlt, und ich hätte dich auf dem Boden genommen!«

Sie nickte langsam. »Es hätte auch nicht viel gefehlt, und ich hätte dich gelassen.« Sie band ihr Haar wieder zu einem Pferdeschwanz zusammen und musterte mich suchend. »Und jetzt? War es ein Fehler? Ist es einer?«

Ich fuhr mir durch das Haar und schüttelte den Kopf. »Ich weiß es nicht«, gestand ich zögernd. Ich sah nach draußen in die Dunkelheit, wo das Absperrband die Küchenbeleuchtung reflektierte. Ich hatte Gernhardts Umschlag noch immer nicht geöffnet, aber seine Worte klangen mir noch immer im Ohr. Ich hatte dem Ungar den Vater genommen, und für den Moment sah es so aus, als wollte er sich erst an denen rächen, die ich liebte. Was, wenn ich ehrlich war, auch Marietta einschloss.

Ich holte tief Luft. »Wenn es ein Fehler ist, dann ganz bestimmt nicht wegen der Sache damals. Ich bin mit Ana Lena zum Krankenhaus gefahren, um Elisabeth abzuholen. Als wir ankamen, teilte man uns mit, dass sie schon gegangen sei, ihr Mann hätte sie abgeholt. Die wussten nichts von der einstweiligen Verfügung. Es ist mir auch noch immer schleierhaft, warum sie mit ihm mitgegangen ist. Wir sind dann so schnell wie möglich wieder hierhergefahren ... und fanden die Kampfspuren in der Küche vor. Dann habe ich die Polizei gerufen. Das war alles. Nur dass Elisabeth seitdem verschwunden ist. Das ist die Wahrheit.« Wenn auch nicht die ganze. Ich sah ihr direkt in die Augen. »Du brauchst nicht zu befürchten, dass da etwas ist, das auf dich zurückfallen könnte.«

»Heutzutage ist es nicht so leicht, einfach so zu verschwinden«, stellte Marietta leise fest. »Es wurde von keinem der Konten Geld abgehoben. Deine Schwester hat sogar ihre Handtasche hiergelassen, mit ihrem Ausweis darin. In den vergangenen acht Jahren hätte er oder sie irgendwo auftauchen müssen.«

»Das weiß ich selbst«, sagte ich mit rauer Stimme. »Ich weiß auch, was das üblicherweise bedeutet. Nur kann und will ich nicht glauben, dass sie tot ist.«

»Weißt du«, sagte sie leise. »Ich habe schon einmal

eine Dummheit gemacht. Wenn wir ... wenn herauskommt, dass da bei dir etwas ist, dann fällt das auf mich zurück. Ich bin gerne Polizistin, Heinrich. Manchmal habe ich sogar das Gefühl, dass ich auf diese Weise etwas zum Wohl der Gesellschaft beitragen kann. Lach nicht, Heinrich, es ist mir wichtig.«

»Ich habe nicht gelacht«, protestierte ich. »Nur etwas geschmunzelt. Es passt irgendwie zu dir.«

»Thomas meint, dass du gefährlich bist«, meinte sie, als sie sich an meine Brust schmiegte. Ich hielt sie in meinen Armen und sah über ihre Schulter aus dem Fenster in die Dunkelheit hinein. Lag dort Horvath irgendwo auf der Lauer und hatte uns schon im Visier? Dann hoffte ich, dass er die Gelegenheit ergriff, die sich ihm jetzt bot, und nicht erst wartete, bis Marietta aus der Tür ging. Oder ich.

Wenn wirklich einer hinter einem her ist, zahlt sich Paranoia manchmal aus. Im Haus gab es nicht ein einziges Fenster, das nicht schusssicher war. Und dreifach wärmeisoliert.

»Nicht für dich«, sagte ich ernst. »Versprochen.«

»Hältst du noch immer alle deine Versprechen?« Sie hatte den Kopf an meine Brust gelehnt und so leise gesprochen, dass ich sie fast nicht verstanden hätte.

»Ja. Alle«, antwortete ich und hielt sie lange fest.

»Heinrich?«

»Ja?«, sagte ich und sah auf sie hinab. Sie blies sich eine Haarsträhne aus dem Gesicht und lächelte etwas schief.

»Ich habe Hunger.«

»Ich kann schnell etwas machen.«

Sie schüttelte den Kopf. »Dann landen wir nur im Bett. Lass uns doch noch zu Antonio gehen.«

»Sicher?«, fragte ich. »Der Gedanke, mit dir im Bett zu landen, hat was.«

»Sicher«, sagte sie und legte mir den Finger auf den Mund, als ich etwas antworten wollte. »Ich glaube, es ist besser, wenn wir es langsam angehen.«

»Schade«, sagte ich. Und nahm mir vor, gleich morgen Gardinen zu besorgen.

⊕ »Es ist nach zehn«, beschwerte sich Antonio, kaum dass wir das Restaurant betreten hatten. »Erwartest du etwa, dass ich dir deinen Tisch zwei Stunden lang freihalte?«

»Und? Haben Sie?«, fragte Marietta mit einem Lächeln.

»Natürlich!« Er warf mir einen vernichtenden Blick zu. »Natürlich nicht für ihn, aber für Sie! Ich hoffe«, fuhr er mit einem vorwurfsvollen Blick in meine Richtung fort, »dass du wenigstens eine gute Entschuldigung hast.«

»Habe ich«, sagte ich leise, als Antonio uns zu unserem Tisch führte, demselben, an dem ich noch vorhin mit Gernhardt gesessen hatte. Gernhardt. Es sah aus, als hätte er recht behalten. Trotzdem weigerte ich mich, ihm zu glauben. »Nina, eine Freundin meiner Nichte, wurde heute Nachmittag vor meinem Haus überfahren. Sie ist im Krankenhaus, und wir können nur hoffen, dass sie durchkommt.«

»Mein Gott«, entfuhr es Antonio. »Wie geht es Ana Lena?«

»Nicht gut. Sie und eine andere Freundin haben es mit ansehen müssen.«

»Und da lässt du sie alleine zu Hause?« Er sah so empört drein, dass ich beinahe gelacht hätte, wäre es nicht so ernst gewesen. Antonio war ein Familienmensch, und es gab für ihn nichts Wichtigeres als seine Kinder. Nicht, dass es mir sehr viel anders erging.

»Sie ist für heute Nacht mitsamt unserem neuen Hund bei einer Freundin. Deren Mutter ist Ärztin und arbeitet in der Uniklinik, wo Nina operiert wird. Sie hat versprochen, uns auf dem neuesten Stand zu halten. Ich war den ganzen Nachmittag im Krankenhaus und wurde dort auch noch von der Polizei vernommen. Reicht das als Entschuldigung?«

Antonio hob abwehrend die Hände. »So war es gar nicht gemeint. Gott, mir wäre lieber, du hättest einfach nur die Zeit vergessen. Ich bin schon weg«, fügte er mit Blick zu Marietta hinzu. »Vergiss, dass ich mich beschwert habe. Ich werde für das Mädchen beten.«

Marietta sah ihm nach und nickte dann langsam.

»Was ist?«, fragte ich.

»Er hat sich nicht im Geringsten verändert«, sagte sie leise. »Ich hoffe, du weißt, was du an ihm hast.«

»Ja«, sagte ich. Und ob.

An diesem Abend war das Restaurant wieder recht gut gefüllt, und Antonio hatte alle Hände voll zu tun, so war es nicht er, der die Bestellung annahm, sondern eine junge Frau, die ich schon öfter hier gesehen hatte.

Während des Essens unterhielten Marietta und ich uns über unverfängliche Dinge, über Politik, die Unruhen im Jemen und die Diskussion über die Einsätze in Afghanistan und Libyen. Dennoch wusste ich, dass sie noch etwas auf dem Herzen hatte. Als die junge Frau nach dem Essen den Espresso brachte, war es dann so weit.

»Du bist gefährlich für mich«, sagte Marietta leise

und spielte mit ihrer Tasse. »Ich habe schon einmal einen Fehler begangen, und ich habe lange gebraucht, um mich danach wieder zu fangen.«

»Du hast etwas dergleichen erwähnt«, sagte ich. »Was ist passiert?«

»Das Einzige, was meine Eltern richtig gemacht haben, war eine Lebensversicherung abzuschließen. Eine recht hohe sogar ... ich hatte zwar keine Eltern mehr, aber wirtschaftlich war ich abgesichert. Um es kurz zu machen, ich bin an einen Mann geraten, der mich betrogen und belogen hat. Noch schlimmer, er hat mich in einen Betrugsskandal hineingezogen, der beinahe mein Leben ruiniert hätte. Ich dachte, alles wäre in Ordnung ... bis die Bombe hochging. Es hat mich beinahe meinen Job und meine Karriere gekostet. Ich hatte mit dem Ganzen nichts zu tun, aber es hat ewig gedauert, bis sich alles aufgeklärt hat. Und, wie man so schön sagt, Dreck bleibt kleben. Man hat mir unmissverständlich klargemacht, dass ich mir keine weiteren Fehler leisten kann. Selbst wenn es nicht mein Fehler ist. Alleine, dass ich hier mit dir sitze, würden meine Vorgesetzten nicht gerne sehen.«

»Ich dachte, es läge kein Tatverdacht gegen mich vor?«

Sie schüttelte den Kopf. »Nein. Aber du bist ein Zeuge in einem aktuellen Fall.«

»Gut«, sagte ich und zog eine Zigarette aus der Schachtel. »Warum sitzt du dann hier mit mir?«

Antonio bewies wieder einmal mehr, dass ihm nichts entging. Er wechselte den Kurs und zog an unserem Tisch vorbei. Mit einer Hand balancierte er ein Tablett, auf dem sich Teller türmten, mit der anderen schnappte er sich meine Zigarette.

»Rauchen nix gut«, sagte er vorwurfsvoll und segelte davon. Ich sah ihm hinterher und schüttelte erheitert den Kopf, während auch Marietta Mühe hatte, nicht laut zu lachen.

»Das ist der Nachteil an guten Freunden. Es gibt nichts, was sie sich nicht trauen«, schmunzelte sie.

»Wohl wahr«, lachte ich und steckte die Packung wieder ein. »Wenn es für dich so riskant ist, warum ...«

»... sitze ich dann hier mit dir?« Sie lächelte verlegen. »Vielleicht, weil ich verrückt bin?« Sie beugte sich ein Stück vor. »Heinrich, seitdem ich zwölf bin, bin ich in dich verschossen. Man sagt, dass so etwas vorbeigeht, aber irgendwie blieb etwas hängen. Ich bin mittlerweile jedoch neununddreißig und erwachsen. Wenigstens bilde ich mir das ein. Und in einem gebe ich Thomas recht: Etwas ist nicht koscher bei dir. Ich ... ich bin kein naives junges Mädchen mehr, aber ich muss auf mich aufpassen. Du kannst mich ganz leicht ruinieren, und das kann ich nicht zulassen. Ich will wissen, wer du bist, Heinrich. Bevor ich mich auf dich einlasse und es zu spät ist. Wenn es nicht schon zu spät ist.«

»Ich weiß nicht, ob ich dir eine zufriedenstellende Antwort geben kann«, sagte ich sanft. »Ich weiß nicht einmal, ob ich es will.«

»Fangen wir mit deinem Lebenslauf an. Du warst achtzehn Jahre bei der Bundeswehr. Aber du hast dich für vierundzwanzig Jahre verpflichtet.«

»Wo hast du das ausgegraben?«, fragte ich.

»Habe ich nicht.«

»Berthold.«

Sie nickte. »Ich sagte dir ja, er ist wie ein Terrier. Aber ...« Sie sah auf ihre leere Tasse herab. »... er ist auch ein guter Freund. Vielleicht der einzige, den ich habe. Nein, da war nie etwas zwischen uns«, fügte sie hinzu, als sie meinen Blick bemerkte.

»Ist er schwul?«

Sie lachte. »Nein. Voll hetero, glücklich verheirateter Familienvater. Was in unserem Job etwas heißen will. Er passt ein wenig auf mich auf.«

»Ich dachte, du bist seine Vorgesetzte?«

»Er ist sieben Jahre jünger als ich. In fünf Jahren wird er mein Vorgesetzter sein. Ich bin gut, aber er ist besser. Er hat einen Instinkt, der noch nie versagt hat. Ein Naturtalent. Und er ist der Bruder meiner besten Freundin. War es. Sie ist vor zehn Jahren gestorben.« Sie seufzte. »Es ist kompliziert. Ich will nur damit sagen, dass er es gut mit mir meint. Er ist weniger hinter dir her, als dass er mich schützen will.«

»Du hast selbst gesagt, du bist erwachsen.«

»Ja«, nickte sie. »Aber er ist derjenige, der mich meinem Exmann vorgestellt hat. Und er gibt sich zum Teil die Schuld an dem, was dann geschehen ist.« Sie verzog das Gesicht. »Gott, ich wünschte mir wirklich, das Leben wäre nicht so kompliziert!«

»Wenn es anders wäre, wäre es langweilig«, lächelte ich.

»Etwas mehr Langeweile täte mir gut«, konterte Marietta. »Also, was ist bei dir geschehen?«

»Du lässt nicht locker?«

Sie schüttelte nur langsam den Kopf.

Diesmal war es an mir, zu seufzen.

»Um es kurz zu sagen, ich war im Irak und hatte etwas Pech. Als ich zurückkam, war meine Gesundheit angeschlagen und man hat mich ausgemustert.« Interessant, dachte ich, wie leicht das von den Lippen geht. Immerhin war es wahr. In groben Zügen.

»Und was hast du im Irak gemacht?«, fragte Marietta etwas spitz. »Die Bundeswehr hatte dort nichts zu suchen. Toilettenpapier hast du jedenfalls nicht verteilt.« Sie sah mich offen an. »Ich weiß, dass das Amt für Militärkunde oft als Tarnung für den BND verwendet wird.«

»Das ist nicht ganz so. Dort wird auch an militärischen Entwicklungen gearbeitet. Nicht jeder, der in dieses Gelände versetzt wird, ist gleich auch beim BND.«

»Nicht jeder, nein«, sagte sie. »Warst du es? Bist du es?«

»Ich wurde ausgemustert. Jetzt entrümple ich Wohnungen, verkaufe alte Möbel und vermittle zwischen Industrie und Abfallentsorgern und Recyclingunternehmen.«

»Wir haben Zugriff auf ein paar Datenbänke«, sagte sie langsam. »Abgesehen davon, dass ich weiß, dass du nicht so blind bist, wie du bei Valente getan hast, liegt eigentlich nichts gegen dich vor. Du warst und bist nur ein Zeuge. Aber als wir routinemäßig deinen Namen ins System eingegeben haben, war es, als ob wir in ein Hornissennest gestochen hätten. In mehrere zugleich. Mit den entsprechenden und zum Teil widersprüchlichen Reaktionen. Es lässt sich so zusammenfassen: Finger weg von Heinrich Schmitt ... und haltet ihn unter Beobachtung.« Sie sah mich offen an. »Es gibt eine Menge Leute, die an dir interessiert sind, Heinrich. Und bei einigen von ihnen glaube ich, dass sie Angst vor dir haben. Vor dir oder vor etwas, das du weißt.«

Damit könnte sie recht haben, dachte ich, während ich darüber nachdachte, was ich ihr sagen sollte. Oder wie viel. Doch sie sprach schon weiter.

»Vielleicht verstehst du Thomas jetzt besser. Er kennt

dich nicht. Ehrlich gesagt, weiß ich nicht, ob ich dich kenne.« Sie sah mich ernsthaft an. »Ich würde gerne sagen, dass es mir egal ist. Ist es aber nicht. Ich hänge an meinem Job. Ich will nicht in der Verwaltung landen.«

»Du willst von mir hören, dass es nichts bei mir gibt, das dich in Verlegenheit bringen könnte?«

»Genau das.« Sie griff nach meiner Hand. »Verstehst du, warum es mir so wichtig ist? Bitte mach mir keinen Vorwurf daraus.«

»Warum soll ich dir einen Vorwurf daraus machen? Es ist dein gutes Recht ... und zudem vernünftig.« Ich sah auf unsere Hände herab, strich ihr dann sanft über den Handrücken und zog meine Hand zurück. Komisch, dachte ich. Es tut fast weh. »Aber das, was du hören willst, kann ich dir nicht versprechen.«

Sie sagte nichts darauf, sondern sah mich nur an. »Was denkst du gerade?«, fragte sie dann leise.

»Dass es komisch ist. Als ich dich sah, dachte ich, dass es besser wäre, die Finger von dir zu lassen. Aber nicht daran, dass ich dir schaden könnte.«

»Aber ich dir?«

Ich zögerte einen Moment. »Es gibt Dinge, die man nicht ans Licht holen sollte.« Ich lehnte mich etwas zurück und machte eine Geste, die das Restaurant, die Gäste, vielleicht die ganze Welt einschloss. »Es wäre schön, wenn die Dinge so wären, wie sie einem erscheinen. Sie sind es nicht. Es gibt für manche Probleme keine einfachen Lösungen.«

»Doch«, sagte sie. »Es gibt immer die richtige oder die falsche Wahl.«

»Wirklich?«, fragte ich. »Was ist mit den Grauzonen? Nimm mal an, ihr erwischt einen Kidnapper. Der sagt euch, dass, wenn ihr ihn nicht freilasst, das Kind, das er entführt hat, sterben wird. Aber er sagt euch nicht, wo es sich befindet, nur dass es noch drei Stunden zu leben hat. Was tust du dann? Was ist das Richtige?«

Sie legte den Kopf zur Seite und sah mich nachdenklich an. »Wir hatten so einen Fall. Der Sohn eines Bankiers wurde entführt. Man drohte dem Entführer mit Folter, und er brachte uns zu dem Opfer. Doch es war zu spät, es war schon tot. Der Kollege, der dem Mann mit Folter gedroht hat, musste gehen. Wurde sogar angeklagt.«

»Was hättest du gemacht?«

»Ich weiß es nicht. Und du? Was hättest du gemacht? Oder soll ich besser fragen, was hast du getan?«

»Das Richtige«, sagte ich rau. »So lange, bis es das Falsche war. Wird man oft genug vor solche Entscheidungen gestellt, kann es passieren, dass man vergisst, dass niemand diese Entscheidungen treffen sollte.«

»Ist es das, was dir passiert ist? Hast du die falsche Entscheidung getroffen?«

»Nein. Manchmal ist es aber so, dass eine Entscheidung, die für einen selbst richtig ist, für andere die falsche ist.« Ich zögerte. »Du willst jemand verhaften, er greift unter die Jacke und zieht eine Pistole. Du erschießt ihn. Und es stellt sich heraus, dass es eine Wasserpistole ist. War es falsch von dir, ihn zu erschießen?«

»Ja«, sagte sie. »Denn genau deswegen gibt es Dienstvorschriften. Ich darf nicht einfach schießen. Ich muss ihn warnen, auffordern, die Waffe niederzulegen ...«

Ich hob die Hand, um sie zu unterbrechen.

»Ich weiß. Sorry, falscher Vergleich«, sagte ich leise. »Du bist Polizistin. Für dich ist es richtig so.« Ich zögerte und zwang mich dazu weiterzusprechen. »Ich glaube, dass ich dich jetzt besser nach Hause bringen sollte.«

Abgesehen davon, dass sie mich anwies, wie ich fahren sollte, verlief die Fahrt schweigsam. Ich hielt ihr die Tür auf, sie stieg aus und blieb nahe vor mir stehen.

»Das war es also?«, fragte sie leise. Sie stand so nahe vor mir, dass ich ihre Haut riechen konnte.

»Es ist besser für dich.«

»Sieht so aus, nicht wahr?« Sie sah mich suchend an. »Ist es so schlimm?«

»Schlimmer. Ich will dir nicht schaden, Marietta. Die Gefahr besteht.«

Sie nickte langsam, drehte sich um und ging davon. Ich sah ihr nach, seufzte und setzte mich wieder hinters Lenkrad. Was für ein beschissener Tag.

Es klopfte an der Scheibe. Ich ließ sie hinunter.

»Mir ist gerade etwas eingefallen«, teilte mir Marietta mit, während ihre Hand schon wieder nach meiner Krawatte griff. Sie küsste mich. Hart.

»Darf ich fragen, was dir eingefallen ist?«, fragte ich, als ich wieder Luft bekam. Sie hatte noch immer meine Krawatte in der Hand und es sah nicht so aus, als ob sie diese so schnell loslassen wollte.

»Wenn ich kein Risiko eingehen wollen würde, wäre ich nicht Polizistin geworden.« Sie sah auf meine Krawatte herunter und ließ sie dann los. »Ich mag deine Krawatten«, grinste sie. »Seide. Damit kann man einiges anfangen. Wir sehen uns.«

Sie zwinkerte mir zu, drehte sich um und ging davon. Ich sah ihr nach und schüttelte amüsiert den Kopf. So viel Hüftschwung war kein Zufall.

Gott, dachte ich, was für eine Frau.

Zu Hause angekommen musterte ich das Absperrband, die ruhige Straße, sah dann auf die Uhr. Halb zwei Uhr morgens. Ich fuhr den Mercedes rückwärts die Auffahrt hoch, bis er das Absperrband fast berührte, stieg aus und öffnete den Kofferraum.

Irgendwie hatte sich der Hundetreter, wie hieß er noch, Meier, nein, Meinert, gedreht und schien mich im Licht der Kofferraumbeleuchtung vorwurfsvoll anzusehen.

»Selbst schuld«, meinte ich und hob ihn aus dem Wagen, sorgsam darauf bedacht, dass die Plastikplane sich nicht löste. »Übrigens, ich soll dir ausrichten, dass Kommissar Berthold dich sehen will.« Der Typ antwortete nicht, aber irgendwie hatte ich das auch nicht erwartet.

Ich stieg über das Absperrband und trug Meinert zur Tür, öffnete diese mit der linken Hand und trug ihn die Treppe hinunter in den Keller, wo auf der rechten Seite ein Aktenschrank aus Stahl stand. Hier legte ich den Hundetreter ab und zog das Regal zur Seite.

Die beiden Häuser standen jeweils auf ihren eigenen Grundstücken, die beiden Garagen dazwischen grenzten aneinander. Beide waren 1920 erbaut, und während des Kriegs war jemand auf die Idee gekommen, für den Fall der Fälle die beiden Häuser mit einem Gang zu verbinden. Die schwere gewölbte Stahltür war leicht verrostet, und die Riegel quietschten, als ich sie öffnete. Dahinter befand sich ein kurzer Gang, so lang wie die Garage breit war, der an einer sorgsam eingezogenen Wand aus weißen Ziegeln endete. Eine alte Stehlampe und mein Fahrrad aus Kindertagen standen vor der gleichen Wand, an der Regalböden befestigt waren, auf denen sich alte Akten stapelten.

Ich griff in meine Tasche und benutzte die Fernbedienung meines Mercedes', woraufhin die hintere Wand lautlos aufschwang. Zwei Neonröhren summten und flackerten und beleuchteten den Gang dahinter.

Ich warf mir Meinert über die Schulter und rümpfte die Nase, als mir der Geruch in die Nase stieg. Marietta hatte recht, Meinert demonstrierte, was ungebetene Gäste und Fische nach drei Tagen gemeinsam hatten, sie stanken.

»Warum musstest du blöder Hund auch unter deine Jacke greifen?«, beschwerte ich mich, als ich Meinert an dem Fahrrad vorbeiwuchtete. Der Keller des Nachbarhauses war weit und offen, hell erleuchtet, mit sauber weiß getünchten Wänden ... und schwarz angemalten Kellerfenstern. Vier große Kühltruhen säumten die eine Seite der Wand, eine sauber aufgeräumte Werkbank mit mehreren Werkzeugmaschinen die andere, an der Stirnseite stand ein altmodischer, fast mannshoher Tresor.

Ich zerrte Meinert hinüber zu einem großen Stahltisch und schlug das Plastik zurück. »Puhh, du stinkst.«

Schnell durchsuchte ich ihn, fand die Brieftasche und klappte sie auf. Wie kaum anders zu erwarten war, hatte Berthold recht behalten, es war tatsächlich Meinert. In der linken Tasche fand ich ein paar dieser Plastiktüten, mit denen brave Hundehalter die Hinterlassenschaft ihrer Schützlinge von der Straße entfernten, darin eingewickelt eine kleine Tüte mit einem gelblichen feinen Pulver. Clever, dachte ich mir. In eine Tüte Hundekot verpackt, konnte man alles entsorgen. Zugleich aber war es auch dämlich ... und extrem gefährlich. Wenn das Gift war und ins Trinkwasser gelangte ... ich schüttelte den Kopf, legte die Tüte zur Seite und musterte Meinert. Wie wird man eine Leiche los?

So schnell noch nicht. Im Moment konnte ich es noch nicht riskieren, ein paar Tage musste ich ihn schon noch zwischenlagern. Einer der Kellerräume war mit einer schweren Metalltür verschlossen. Daneben stand ein kleines Kühlaggregat, dessen Schläuche zu dem Raum führten. Ich zog die Türe auf und verzog das Gesicht, es stank auch hier recht übel. Ich schaltete das Kühlaggregat an, nahm eine lange Zange von der Werkzeugwand hinter dem Werktisch und wollte mich gerade daranmachen, die Nadeln des Elektroschockers aus seinem Gaumen zu entfernen, als mir eine Idee kam. Vielleicht fand sich ja für den Hundetreter noch eine sinnvolle Verwendung. Also wickelte ich ihn wieder ein und trug ihn in den Kühlraum. Dort sollte Meinert sich noch ein paar Tage halten. Ich schloss die Tür, wollte schon gehen. Doch etwas hielt mich auf.

Langsam ging ich an die erste Kühltruhe und hob den Deckel ab. Es knirschte etwas, es war schon eine Weile her, dass ich Frank das letzte Mal besucht hatte.

Ich hob die Klappe. Unter der Eisschicht war die Plastikplane noch immer blutig, und trotz der Eiskristalle, die sich im Lauf der Jahre gebildet hatten, war die klaffende Stichwunde in seiner Kehle deutlich zu erkennen.

»Was, zur Hölle, ist damals nur geschehen?«, fragte ich meinen Schwager, doch wie üblich gab der keine Antwort. Sechs Jahre waren lang genug, entschied ich. Es wurde Zeit, dass ich endlich damit anfing, mein Leben aufzuräumen. Einen Schlussstrich zu ziehen. Wo auch immer sich Elisabeth gerade herumtrieb, sie wusste, wo sie mich finden konnte. Es lag bei ihr.

Ich öffnete den Tresor und nahm die Akte heraus, musterte noch einmal gründlich die Fotos, die ich von ihm gemacht hatte.

Seine Knöchel waren blutig. Eine DNA-Analyse hatte ich nicht machen können, aber die Blutgruppe ließ vermuten, dass es sich um Elisabeths Blut handelte. Das gleiche Blut befand sich an seinen Schuhen, hatte Spritzer auf seiner Hose und dem Hemd hinterlassen.

Die nächsten Bilder waren die von unserer alten Küche. Auch hier gab es Blut auf dem Boden. Von ihr, verwischt und verspritzt, von ihm, in einem Sturzbach und in einer großen Lache.

Was zur Hölle war damals geschehen? Er hatte sie verprügelt. Sie fiel zu Boden. Er trat weiter auf sie ein. Die Polizei hatte einen ihrer Ohrringe gefunden, er hatte sie so hart getreten, dass er ihr den aus dem Ohr herausgerissen hatte. Ich sah sie jetzt dort liegen, zusammengekrümmt, die Hände erhoben, um seine Schläge und Tritte abzuwehren.

Was ich nicht sah, nicht sehen, nicht verstehen konnte, war, wie Elisabeth dann noch imstande hätte sein sollen, ihm mit dem Messer seitlich in die Kehle zu stechen. Ein sehr präziser Stich. Wie von jemandem, der wusste, wie man jemandem die Kehle durchschneidet. Der Schnitt war tief und ging von rechts nach links, war in einem Bogen ausgeführt, als wäre sie hinter ihn getreten und hätte ihm das Messer durch die Kehle gezogen. Franks Knöchel waren blutig, aber es gab keine Abwehrverletzungen an ihm. Als hätte er nur dagestanden und sich nicht gewehrt. Der Schnitt verlief etwas schräg, was kein Wunder war, da Elisabeth deutlich kleiner war als er.

Auch der Blutschwall, die Verteilung seines Blutes in der Küche, zeigte, dass er gestanden hatte, als es geschehen war. Keine Spuren, die darauf hinweisen, dass er irgendwie gefesselt gewesen wäre.

Der Mistkerl schlägt meine Schwester zusammen und

bleibt dann einfach ruhig stehen und lässt sich von ihr die Kehle durchschneiden?

Es ergab auch jetzt nicht viel mehr Sinn als damals. Ich hatte Frank auf seinen Knien, mit dem Rücken an unseren alten Küchenschrank gelehnt vorgefunden, den Kopf nach vorne gebeugt, die blutigen Hände locker neben seinen Schenkeln. Er hatte noch versucht, sich den Schnitt zuzuhalten, das bestätigten auch die Blutspuren. Das Blut war frisch gewesen, warm. Es musste sich alles wenige Minuten, bevor ich nach Hause gekommen war, abgespielt haben.

Die Polizei hatte alles überprüft. Nein, es hatte kein Taxi gegeben, das zu unserer Adresse gerufen worden war. Es gab außer Frau Kramer keinen weiteren Zeugen, der Elisabeth gesehen hatte, obwohl sie hätte auffallen müssen. Bei der Menge Blut, die es in der Küche gegeben hatte, musste sie von oben bis unten damit befleckt gewesen sein. Als Frank sie aus dem Krankenhaus geholt hatte, war sie schwach gewesen, konnte kaum ohne Hilfe laufen. Und trotzdem war sie spurlos verschwunden.

Als ich Frank dort in seinem Blut knien sah, war ich weder geistig noch körperlich ganz auf der Höhe gewesen. Ich hatte seine durchschnittene Kehle gesehen und nur an eines gedacht: Wie ich Elisabeth aus der Scheiße heraushelfen konnte. Wo keine Leiche, da kein Mord. Wenn ich zurücksah, war ich immer noch erstaunt, dass ich es geschafft hatte, ihn hier herunterzubringen, ohne im ganzen Haus Spuren zu verteilen. Frank war ein stämmiger, fast schon korpulenter Mann gewesen, und ich war damals kaum imstande gewesen, mich selbst aufrecht zu halten. Tatsächlich war ich mehr gekrochen als gegangen.

Ich sah zu der Truhe hin, in der er lag, und fragte mich, ob ich meiner Schwester damit überhaupt einen Gefallen getan hatte. Ich hatte noch immer nicht die geringste Ahnung, was zwischen den beiden vorgefallen war. Frank hatte sie regelmäßig verprügelt, so viel schien klar. Sie hatten sich pausenlos gestritten, wobei Elisabeth mit ihrem Temperament bestimmt auch zur Eskalation beigetragen hatte.

Folgte man dieser Logik, hätte ich Elisabeth tot vorfinden müssen. Anstatt froh darüber zu sein, dass es anders gekommen war, und der Polizei die Aufklärung zu überlassen, hatte ich vielleicht alles verschlimmert.

Damals hatte ich noch gehofft, selbst herauszufinden, was hier geschehen war, aber sechs Jahre später war ich noch immer so schlau wie zuvor.

Nein, es war Zeit, aufzuräumen. Ich wusste schon, wie ich die beiden entsorgen konnte, es war nur noch eine Frage der Zeit.

Und Elisabeth? Ob sie zurückkam ... oder eben nicht, lag allein an ihr.

Ich ging ins andere Haus zurück, die Wand schwang leise hinter mir zu, das Licht ging aus, und nur noch das leise Summen der Kompressoren war zu hören.

Der Umschlag, den mir Gernhardt gegeben hatte, enthielt meinen alten Dienstausweis, Unterlagen, die bestätigten, dass ich die letzten Jahre Undercover für den BND im Dienst gewesen wäre, und einen Satz Papiere, auf denen jeweils unten links meine Unterschrift erwartet wurde, sauber mit einem »x« gekennzeichnet. Gernhardt hatte bereits gegengezeichnet und noch einen kleinen gelben Post-it dazugelegt.

»Wenn du nicht unterschreibst, schick den ganzen Kram per Post zurück. So oder so, ich betrachte meine Schulden als bezahlt.«

Mit dabei war noch ein kleiner USB-Stick, auf den jemand ein Etikett mit dem Namen Horvath geklebt hatte.

Vier Unterschriften, dann wäre alles so, als hätte das Debakel im Irak niemals stattgefunden. In sieben Wochen würde meine Dienstzeit offiziell enden, und ich würde mit dem Rang eines Majors und mit blütenweißer Weste in den Ruhestand gehen.

Ich saß eine Weile da und starrte auf das, was ich vor mir auf meinem Schreibtisch ausgebreitet hatte.

Es sieht aus, als meint er es ernst.

Ja. So sah es aus. Die Jahre in der Zelle konnte er mir nicht zurückgeben. Aber alles andere, die ganzen Folgen des Debakels im Irak, wäre mit einem Federstrich beseitigt. Ich las meine Befehle durch, die in dem Moment für mich gelten würden, in dem ich unterschrieb.

Sie enthielten das, was Gernhardt mir bereits gesagt hatte. Kontaktaufnahme mit den Orlovs, Absicherung unserer verdeckten Ermittlerin, Abwehr einer Bedrohung gegen unser Währungssystem und den Auftrag, einen gewissen Milos Horvath zu fassen oder aus dem Verkehr zu ziehen. Eine Plastikkarte mit Kontaktnummern, Zugangscodes und Verhaltenshinweisen.

Und ein Bündel von offenbar von einem Computer erstellten Schreiben, die mich auf solche Dinge wie die versäumte jährliche Gesundheitsuntersuchung oder eingereichte Spesenrechnungen erinnerten. Oder daran, dass mein Ausweis für den Zugang zur Bibliothek abgelaufen wäre. Ein ganzer Berg von Papieren, einfach nur um einen anderen Berg von Papieren zu ersetzen, der die letzten Jahre gegolten hatte.

Ich konnte den Amtsschimmel beinahe wiehern hören, als die Drucker heiß liefen, um das nachzureichen, was die Bürokratie in den letzten sechs Jahren an mir versäumt hatte.

Ich zog die Schublade auf, nahm den Füller und setzte an ... und zögerte.

Du vertraust ihm nicht.

Das war milde ausgedrückt. Meine Nackenhaare stellten sich auf, wenn ich nur daran dachte, zu unterschreiben. Ich griff zum Telefon und wählte eine Nummer, die ich schon vergessen geglaubt hatte. Es war viel zu spät für normale Bürozeiten, aber das hatte den General auch vorher nie gestört. Vielleicht brauchte er einfach auch keinen Schlaf.

»Heinrich«, begrüßte mich Generalleutnant Friedmann erfreut. »Ich habe Ihren Anruf erwartet. Haben Sie über unseren Vorschlag nachgedacht?«

Offenbar hatte sich Gernhardt energisch für mich eingesetzt, und wenn ich Friedmann glauben durfte, dann war das Ganze bis hoch zum Verteidigungsminister gegangen. »Sehen Sie es als eine Art Wiedergutmachung«, meinte der General zum Schluss. »Und willkommen zurück.«

Ich legte auf und spielte mit dem Füller herum, während ich nachdachte. Der General war gerade wie ein Ladestock. Gernhardt traute ich alles zu, aber General Friedmann konnte ich vertrauen. Auch wenn ich es kaum glauben konnte, es schien, als wäre alles koscher.

Und trotzdem...

Vielleicht war ich auch nur paranoid.

Du weißt, was man über Paranoia sagt.

Ja. Sie ist vor allem dann nützlich, wenn es keine ist.

Ich schob den USB-Stick ein, den Gernhardt mir gegeben hatte, ließ die vier mir von Brockhaus empfohlenen Sicherheitsprogramme darüberlaufen und sah mir dann den Inhalt an. Milos Horvath war zweiunddreißig Jahre alt, und alles in seiner Akte wies darauf hin, dass man besser bedient gewesen wäre, einen weiten Bogen um den Mann zu machen.

Ich lehnte mich in meinem Sessel zurück und musterte nachdenklich Horvaths Bild. Es war über vier Jahre alt und zeigte einen jungen Mann mit schmalen Lippen, dunklen Augen, wirrer Frisur und einem Bart, der den größten Teil des Gesichts bedeckte. Das war das einzige Bild von dem Ungar? Ich schüttelte ungläubig den Kopf. Rasierte man den Bart ab und gab dem Kerl eine andere Frisur, konnte er vor mir stehen, ohne dass ich ihn erkennen würde! Ich versuchte, mir Augenpartie, Profil und Ohren einzuprägen und mich möglichst genau daran zu erinnern, was ich von ihm im Café gesehen hatte. Ja, der Mann auf dem Bild passte zu dem Mann, den ich gesehen hatte. Und einem halben Dutzend anderen, denen man täglich in der U-Bahn begegnen konnte.

Ich las weiter.

Die Akte enthielt Stationen aus Horvaths Lebenslauf, Adressen, an denen er gewohnt hatte oder angeblich gesichtet worden wäre. Die aktuellste war drei Jahre alt. Keine E-Mail, die überwacht wurde, keine aktuellen Bankverbindungen. Das Einzige, das irgendeinen Nährwert besaß, war der Name, unter dem der Mann vor zwei Wochen nach Frankfurt geflogen war: Achim Krüger, angeblich Geschäftsmann aus Hamburg.

Unter den Sprachen, die Horvath beherrschen sollte, waren Französisch und Italienisch, Ungarisch und Englisch. Deutsch wurde nicht erwähnt. Aber eine deutsche Identität anzunehmen, ohne Deutsch sprechen zu können, wäre eine Dummheit, die ich Horvath nicht zutraute.

Die gesamte Akte war Müll. Ich fischte die Plastikkarte aus dem Stapel heraus und wollte mich gerade in die Datenbank des BND einloggen, als mir der Gedanke kam, dass es Gernhardt leicht arrangieren konnte, dass ich dort nur das sah, was er mich sehen lassen wollte. Gernhardt war ein Arschloch. Aber niemand hatte ihm je unterstellt, dass er nicht gerissen oder clever wäre.

Wieder ließ ich das Gespräch mit Gernhardt Revue passieren. Irgendetwas hakte. Selbst der General hatte bestätigt, dass der Dienst es mit dem Angebot ernst meinte. Wer weiß, vielleicht bereute Gernhardt tatsächlich, was er getan hatte, und wollte auf seine Art Wiedergutmachung leisten. Es sah alles danach aus. Es war nicht nur meine Paranoia, entschied ich. Er hatte irgendetwas gesagt, das mich misstrauisch werden ließ. Nur was es war, darüber zermarterte ich mir erfolglos den Kopf. Aber mein Bauchgefühl beharrte darauf, dass irgendetwas unstimmig war. Irgendetwas war faul.

Die Gretchenfrage lautete: Hatte Gernhardt in Bezug auf Horvath die Wahrheit gesagt? War der Mann tatsächlich hinter mir her? Waren das Bild, der Name und die wenigen Daten, die ich über den Ungar von ihm erhalten hatte, echt?

Wahrscheinlich schon. Wo auch immer bei Gernhardts Angebot der Haken war, das, was hier über Horvath stand, war alles, was ich hatte.

Und dennoch. Irgendetwas stank hier noch mehr als mein alter Freund, der Hundetreter.

Ich sah auf die Uhr. Halb drei Uhr morgens. Genau

die richtige Zeit, um den Hacker meines Vertrauens anzurufen.

Tatsächlich klang er frisch und munter, und zur Begrüßung fragte er natürlich gleich nach Richter. »Ist das Problem erledigt?«

»Nein«, sagte ich leicht gereizt. »Ist es nicht. Die Bahn hatte Verspätung.«

»Was hat denn die Bahn damit zu tun?«

»Darauf will ich jetzt nicht eingehen«, sagte ich. »Aber ich kümmere mich um ihn, sobald ich kann.«

»Heinrich ...«, begann er, doch ich unterbrach ihn.

»Ich kümmere mich um ihn. Versprochen. Nur braucht so etwas Vorbereitung. Mein letzter Versuch ging schief. Aber ich brauche jetzt deine Hilfe.«

»Ohne dass du mir geholfen hast?«

»Gernhardt ist aufgekreuzt und hat mir mitgeteilt, dass Lucio für den BND gearbeitet hat und die Chinesen einen Währungsbetrug laufen haben, und er will mich reaktivieren, damit ich mich darum kümmere. Er sagt, dass der Schütze aus dem Café dabei ist, Spuren zu verwischen, und eine Rechnung mit mir offen hat, weil ich '91 angeblich seinen Vater erschossen habe. Und heute Nachmittag hat er eine Freundin meiner Nichte hier vor meinem Haus überfahren, weil er sie mit meiner Nichte verwechselt hat. Reicht das fürs Erste?«

»Moment«, sagte Brockhaus kurz. »Ich will überprüfen, ob die Leitung sauber ist.«

»Ich dachte, du hättest dich darum gekümmert?«

Schon vor Jahren hatte er mir ein Telefon zugeschickt, das angeblich dafür sorgte, dass uns niemand abhören konnte, wenn ich ihn anrief. Angeblich würde sogar die NSA Jahrzehnte brauchen, um den Code zu knacken. Wenigstens hatte er das damals behauptet.

»Ja«, antwortete er, während ich im Hintergrund das Klackern seines Keyboards hörte. »Aber darum geht es nicht. Stell dir vor, dein ehemaliger Arbeitgeber hört mit und stellt fest, dass wir verschlüsselt telefonieren. Der macht sich doch Gedanken, oder nicht?«

»Warst du es nicht, der gesagt hat, dass große Unternehmen heutzutage ...«

»Deine Leitung wird abgehört«, unterbrach er mich.

»Wo?«, fragte ich.

»Bei der Telekom. Deine Anrufe werden geloggt. Warte kurz ...« Wieder hörte ich seine Tastatur. »So«, sagte er dann. »Erledigt. Ich hab den Tap umgeleitet. Ein Zahlendreher kann ja jedem mal passieren.«

»Kannst du mir sagen ...«

»Seit gestern Morgen vier Uhr. Angeblich aufgrund eines Gerichtsbeschlusses, nur dass die Referenznummer ins Leere führt. Okay, Heinrich. Du hast meine Aufmerksamkeit. Aber kümmere dich um Richter. Es ist mir verdammt wichtig. Wie geht's der Freundin deiner Nichte?«

»Vor fünf Stunden wurde sie noch operiert. Ich hoffe, morgen mehr zu erfahren. Wir hoffen, dass sie durchkommt.«

»Wie alt ist sie?«

»Siebzehn.«

»Verdammte Schande«, sagte er und seufzte. »Also gut. In was bist du da hineingeraten?«

Ich fasste es für ihn so kurz wie möglich zusammen. »Und dann sagte Gernhardt noch, dass es meine eigene Schuld ist, ich hätte mich ja heraushalten können«, schloss ich.

»Damit hat er recht«, meinte Ludwig. »Aber dem Rest traue ich nicht weiter, als ich ihn werfen könnte.« Er machte eine kurze Pause, dann hörte ich, wie er tief durchatmete. »Okay«, sagte er dann. »Was brauchst du?«

»Alles. Über diesen Ungarn, seinen Vater, Gernhardt, Irina und Alexej ... über jeden alles, was dir einfällt.«

»Ich hab schon was für dich«, sagte er.

»Und was wäre das?«

»Du hast mir alle Quittungen, Zettel, Karten und Namen und Nummern, die du in Lucios Brieftasche gefunden hast, eingescannt und zugeschickt.«

»Ja?«

»Horvath ist doch angeblich unter dem Namen Achim Krüger nach Frankfurt gekommen. So weit stimmt das auch. Zumindest ist ein A. Krüger am angegebenen Datum bei euch gelandet. Das Schöne ist, dein kleiner Zuhälter hat sich die Flugnummer und die Ankunftszeit von genau diesem Flug unter dem Kürzel A. K. notiert. Außerdem hatte er noch eine Quittung vom Airport-Restaurant dabei. Ausgestellt am gleichen Tag. Drei Bier, ein Rotwein, eine Lasagne und ein Lammsteak.«

»Du meinst ...«

»Wenn unser Zuhälter nicht gerade an einer Fressattacke gelitten hat, denke ich, dass er es war, der den Ungarn vom Flughafen abgeholt und ihn sogar zum Essen eingeladen hat. Und dann habe ich noch einen Kassenbon von einem Shop dort. Lucio hat sich ein Handy und eine Prepaid-Karte gekauft. Kurz bevor ein gewisser A. Krüger gelandet ist.« Während er gesprochen hatte, hörte ich ihn tippen. »Und jetzt kommt das Schönste. Entweder telefoniert Lucio noch von der anderen Seite, oder er hat das Telefon jemandem gegeben, der es noch benutzt. Wie kamst du noch mal an seine Brieftasche?«

»Ein Junge hat sie sich direkt nach dem Mord gegriffen und ist damit abgehauen. Es war reiner Zufall, dass ich mitbekommen habe, wie er sie später in eine Mülltonne geworfen hat.«

»Hat dieser Horvath die Brieftasche des Zuhälters angefasst?«

Ich versuchte, mich zu erinnern. Horvath hatte sich vorgebeugt, das Notebook in Lucios Aktenkoffer gelegt und es dann mitgenommen. Aber er hatte Lucio nicht angefasst.

»Ganz sicher nicht.«

Einen Moment lang sagte er nichts, dann hörte ich ihn seufzen. »Okay. Ich liebe Verschwörungstheorien. Aber ich kann mir beim besten Willen nicht vorstellen, wie irgendwer das hätte arrangieren können. Also sind diese Quittungen kein falscher Hering. Unser Herr Achim Krüger könnte einer sein, aber zumindest hat er mit Lucio zu tun gehabt. Es sieht so aus, als hätte Gernhardt dir tatsächlich den Ungarn geliefert.«

»Kannst du mir sagen, wo sich dieses Telefon befindet?«

»Ich habe schon nachgesehen. Es war in den letzten Tagen mehrfach kurz eingeschaltet. Immer abends, kurz vor zehn, für zehn Minuten. Immer im Bereich der Frankfurter Innenstadt.«

»Wie sieht es mit einer GPS-Ortung aus?«

»Kein Problem. Nur hat dieses Modell keinen GPS-Chip. Er wäre ja blöd, so eines zu kaufen, nicht wahr?«

Nun, außer Brockhaus kannte ich niemanden, der aus dem Kopf wusste, welches Handymodell einen solchen Chip besaß oder nicht.

»Heinrich?«, unterbrach Ludwig meine Gedanken.

»Ja?«

»Kümmere dich um Richter. Dann verspreche ich dir, dass ich alles tue, was du willst. Sogar umsonst. Aber sorge dafür, dass er ihr nicht mehr wehtun kann.«

Ich hatte ihn nicht fragen wollen, aber ... »Sag mir, was hast du eigentlich mit der Frau zu tun?«

Stille in der Leitung. Für einen Moment befürchtete ich schon, dass er aufgelegt hätte.

»Sie ist meine Schwester.« Jetzt hatte er aufgelegt.

Brockhaus traute niemandem. Er verstand sich als ein Datenpirat, ein Rebell, vielleicht sogar als Anarchist. Oder Aktivist. Was auch immer. Er leistete, wie er mir einmal erklärt hatte, Widerstand gegen den Versuch des Staates, den Bürger zu einer Nummer im System zu reduzieren. Er hatte mir Vorträge darüber gehalten, wie das Datenvolumen über jeden einzelnen von uns von dem Geklüngel von Wirtschaft und Politik dazu verwendet werden konnte, uns zu manipulieren.

»Sie wissen statistisch, was wir denken, Heinrich«, hatte er mir ernsthaft erklärt. »Damit kann man in einem Wahlkampf genau berechnen, mit welchen Lügen man sich welche Stimmen fängt und wie weit man damit gehen kann, uns zu bevormunden. Sie bleiben genau unterhalb der Grenze dessen, was uns rebellieren lassen würde. So wissen sie genau, mit was sie durchkommen können und mit was nicht. Die Finanzkrise? Sie wussten seit Jahren, dass es kommen würde. Das Ganze ist ein Spiel. Man hört immer, dass riesige Vermögenswerte vernichtet wurden, aber wenn du jetzt schaust, sind sie alle reicher als zuvor. Und alles deshalb, weil man genau weiß, wie man uns die Lügen und falschen Versprechen so auftischen kann, dass wir sie glauben wollen.«

Er glaubte fest daran, dass die Politik schon längst ein Handlanger der Geldelite wäre und dass alles einem geheimen Plan oder Strukturen folgte, die dem Machterhalt einiger weniger dienten. Er ging sogar so weit, zu behaupten, dass die Finanzkrise künstlich erzeugt worden sei, um billige Gelder freizusetzen, mit denen der Rohstoffmarkt übernommen werden konnte. In seinen Augen war er ein einsamer Kämpfer an der Front gegen den globalen Kapitalismus, und sie alle waren hinter ihm her. Er konnte niemandem trauen, noch nicht einmal seinen besten Freunden. Nicht einmal mir.

Aber wenn es stimmte, was er mir eben gesagt hatte, dann hatte er mir eben seinen einzigen Schwachpunkt genannt.

Ich öffnete die Akte von Annabelle Richter, die Brockhaus mir geschickt hatte. Ihr Mädchenname war Berwanger gewesen und ja, sie hatte einen älteren Bruder gehabt. Er war vor siebzehn Jahren bei einem Wasserskiunfall ums Leben gekommen. Aber seine Leiche hatte man nie gefunden. Bei Google fand ich noch etwas Interessantes. Anton Ludwig Berwanger hatte mit vierzehn sein Abitur gemacht, und mit zweiundzwanzig hatte er einen Doktortitel in theoretischer Physik und Stochastik sein Eigen nennen dürfen. Er war ein glühender Verfechter der Chaostheorie gewesen. Nicht, dass ich davon viel verstanden hätte, aber er hatte seinen Gedankenansatz in einem Artikel selbst erklärt.

»Mit dem von mir entwickelten Ansatz ist es möglich, Korrelationen zwischen scheinbar unabhängigen Ereignissen zu erkennen und, was wichtiger ist, auch mathematisch zu beweisen.« Einen Monat nach Erscheinen dieses Artikels war er nur knapp einem Autounfall entkommen. Es gab ein paar kleinere Artikel in den Online-

Archiven dazu. Er war fest davon überzeugt gewesen, dass es sich nicht um einen Unfall, sondern um einen Mord gehandelt hätte. Mord deshalb, weil seine Verlobte den Unfall nicht überlebt hatte.

Gerade als ich weiterlesen wollte, öffnete sich ein neues Fenster auf dem Bildschirm. »Hilf ihr. Bitte«, stand in großen Buchstaben darin.

Dann ging mein Computer aus. Ich saß da und starrte nachdenklich auf den schwarzen Bildschirm. Ich wusste, dass er Zugriff auf meinen Computer hatte, er prüfte ihn regelmäßig auf Viren oder Schadprogramme. Ich konnte es ihm nicht einmal übel nehmen, dass er mir eben über die Schulter gesehen hatte.

Doch bis zu diesem Moment hatte ich Brockhaus für einen Spinner gehalten. Einen genialen Spinner zwar, aber seine ganzen Verschwörungstheorien waren mir einfach nur verrückt vorgekommen. Aber nach dem, was ich eben gelesen hatte, hatte Annabelles Bruder einen IQ von über zweihundert besessen. Was, wenn er gar kein Spinner war?

Ich wollte gar nicht darüber nachdenken. Ich hatte genug mit meinem eigenen Mist zu tun. Zeit, ins Bett zu gehen. Aber ja, ich würde mich um Richter kümmern. Sobald ich dazu kam. Hätte er mir früher gesagt, dass sie seine Schwester war, wäre es längst geschehen.

Ich sah auf die Uhr, gähnte und entschied mich, es für heute genug sein zu lassen.

Noch vor dem Wecker klingelte das Telefon. Es war Ana Lena, die mir mitteilte, dass sich Nina außer Lebensgefahr befand, es aber noch irgendwelche Probleme mit der Wirbelsäule geben würde. Sie hatte vor, nachher mit Jenny und ihrer Mutter ins Krankenhaus zu fahren.

»Und wann kommst du nach Hause?«, fragte ich.

»Heute noch. Ich hoffe, dass Nina aufwacht und wir sie besuchen können.«

»Richte ihr einen lieben Gruß von mir aus.«

»Du hast nicht vor, zu kommen?«

Ich zögerte. »Nein«, sagte ich dann. »Ich muss noch einiges erledigen, das die letzten Tage liegen geblieben ist.«

⊕ Unter anderem auch mal in der Firma vorbeisehen und Bernd beruhigen.

»Das Finanzamt will achtunddreißigtausend Euro von uns?«, fragte ich fassungslos, nachdem er mir das Problem geschildert hatte. »Ich dachte, es wären nur siebzehntausend? Wie soll denn das alles zustande gekommen sein?«

»Ich weiß es nicht«, antwortete Bernd, der aussah, als würde er sich im nächsten Moment vor Verzweiflung aus dem Fenster stürzen. Was ihm wenig nützen würde, da sich das Büro im Erdgeschoss befand.

»Zeig mir mal den Bescheid.«

Bernds Schreibtisch war wie üblich von Papierkram überflutet. »Moment, ich habe den Brief hier irgendwo«, meinte er und fing an zu wühlen. Ich lehnte mich an den Türrahmen zum Verkaufsraum und sah mich um. Es waren wohl wieder einige Möbel weggegangen. Scheinbar hatten wir mehr als genug zu tun, an und für sich sollte der Laden laufen.

»Hier!«, rief Bernd stolz. »Ich habe ihn gefunden!«

Ein Blick reichte mir, um zu wissen, was geschehen war. »Das ist eine Schätzung«, teilte ich Bernd mit. »Weil wir die Steuererklärung nicht rechtzeitig eingereicht haben.«

»Oh«, meinte Bernd.

»Ja. Oh. Vor allem, weil ich weiß, dass ich sie rechtzeitig fertiggestellt habe. Tatsächlich lange vor Ablauf der Frist. Ich habe sie dir in die Hand gedrückt, du solltest sie für die Akten kopieren und abschicken.«

»Habe ich auch.«

»Ganz sicher?«

»Ja ... ganz sicher ... ich ...« Bernd stockte.

»Ja?«

»Ich weiß, dass ich sie kopiert habe. Aber ...«

Ich ging zum Regalschrank, zog es auf, suchte den Aktenordner und öffnete ihn. Ja, Bernd hatte den Bescheid kopiert. Und die Kopie sorgsam zusammen mit dem Original im Ordner abgeheftet. Ich nahm die Originalblätter heraus und hielt sie ihm vor die Nase. Bernd sah mich flehend an.

»Kannst du dich nicht darum kümmern?«, bat er. »Ich komme mit dem Finanzamt irgendwie nicht zurecht!«

Das merkt man, dachte ich. Am Ende schaffte Bernd es wieder, alles zu vergessen. Bei allem anderen konnte man sich auf Bernd verlassen, nur in dieser Beziehung war er vollständig unfähig. Aber das hatte ich ja schon vorher gewusst. »In Ordnung. Ich kümmere mich drum. Hast du die Unterlagen für den letzten Monat fertig?«

»Ja«, meinte Bernd, dem die Erleichterung anzumerken war. »Hier.« Er zog die Schublade seines Schreibtisches aus, entnahm dieser einen alten Schuhkarton, den er stolz zu mir hinüberschob. »Da ist alles drin.«

»Auch die Quittungen aus deiner Brieftasche?«

Bernd stand auf, zog seine Brieftasche heraus, die vor Quittungen überquoll, und warf die ganzen Zettel in den Karton. Jetzt ließ sich seine Brieftasche sogar zuklappen.

»Danke«, meinte ich, tat den Deckel auf den Karton und klemmte ihn mir unter den Arm.

»Sehen wir uns morgen?«, fragte Bernd hoffnungsvoll.

»Ich glaube nicht«, meinte ich. »Ich habe jetzt erst einmal genug zu tun.«

»Hey, Heinrich?«

Ich blieb in der Tür stehen und schaute zu Bernd zurück, der mich mit einem Hundeblick ansah. »Ich bin froh, dass du dich um den Mist mit der Steuer kümmerst«, gestand er. »Ohne dich würde ich das nicht geregelt bekommen.« Er sah so geknickt aus, dass ich fast ein schlechtes Gewissen bekam.

»Ohne dich hätten wir den Laden nicht«, meinte ich beruhigend. »Also, alles klar.« Ich konnte zwar nicht verstehen, warum es Bernd unmöglich war, sich vernünftig um die Finanzen zu kümmern, aber dafür übernahm er das Tagesgeschäft, um das ich mich nicht hätte kümmern können. Die Partnerschaft funktionierte. Meistens. Wenn Bernd nur ab und zu seinen Schreibtisch aufräumen würde, dachte ich, als ich mich in meinen Wagen setzte. Aber nein, korrigierte ich mich, das letzte Mal, als Bernd seinen Schreibtisch aufgeräumt hatte, war ein Umschlag mit fast achttausend Euro Bargeld verschwunden, der erst Tage später zwischen leeren Hustenbonbontüten und weiteren Quittungen unter der Schreibtischauflage zum Vorschein kam.

Vier Stunden später hatte ich das Chaos geordnet, mit dem Finanzamt telefoniert und alles wieder ins Lot gebracht. Bis auf die Spritrechnungen, offenbar hatten wir im letzten Monat keinen Tropfen Diesel verbraucht. Ich zog mir die Liste der fehlenden Unterlagen heran, trug »Treibstoffkosten?« ein und schickte die Liste Bernd als E-Mail. Dann telefonierte ich mit Petersburg und Berlin, suchte und fand eine Spedition und schrieb ein paar Angebote. Als ich wieder auf die Uhr sah, stellte ich fest, dass es fast schon Mittag war und mein Rücken sich so steif wie eine Betonmauer anfühlte.

In anderer Hinsicht hatte es mir gutgetan, es hatte mir geholfen, etwas Abstand zu gewinnen. Zahlen sind so herrlich beruhigend, wenn man nichts falsch macht, geht die Rechnung immer auf.

Es gab für mich keinen Zweifel mehr, dass Horvath Nina absichtlich überfahren hatte. Die Frage war nur, ob er sie tatsächlich mit Ana Lena verwechselt hatte. Nina hatte uns erzählt, dass sie am Vorabend dem Frettchen Henri angedroht hatte, ihn anzuzeigen. Am nächsten Tag wurde sie überfahren. Zufall?

Was war mit Gernhardts Spiel? Ja, ich erinnerte mich noch sehr gut an den Tag, an dem Anna erschossen wurde. Aber war die Geschichte auch wahr? Hatte Milos Horvath an dem Tag tatsächlich für seinen Vater gespottet? Oder gehörte das wieder zu der Rauch- und Spiegel-Technik, die Gernhardt so hervorragend beherrschte?

Natascha Orlov. Damals hatte ich gehört, dass sie entführt worden war, um einen Bandenkrieg auszulösen. Worum war es damals denn wirklich gegangen? Ausgegangen war es so, dass man sich geeinigt hatte. Doch worauf?

Ich rief Brockhaus an.

»Ich wollte mich gerade bei dir melden«, begrüßte er

mich und gähnte. »Ich habe die ganze Nacht daran gesessen. Und auch etwas bei der Überprüfung der Verbindungsnachweise von dem Telefon gefunden, das Lucio am Flughafen gekauft hat. Es gibt einige interessante Querverbindungen. Eine der Nummern, die er angerufen hat, gehört zu einer Apartmentwohnung in Bornheim. Die Adresse habe ich dir gemailt. Die gleiche Nummer fand sich auf einer von Lucios Notizen aus seiner Brieftasche. Er hat noch eine Uhrzeit und ein Datum darauf notiert, zwanzig Uhr für den Abend des Tages, an dem er ermordet wurde. Egal wie man es betrachtet, Lucio und Horvath haben sich gekannt.«

»Das hast du ja schon vermutet«, stimmte ich ihm zu.

»Ich ziehe es vor, meine Vermutungen bestätigt zu finden. Aber jetzt wird es interessant. Gestern Morgen um kurz vor drei wurde unser Freund von einer anderen Nummer angerufen.«

»Hab gehört, dafür sind Telefone erfunden worden. Also, mach's spannend.«

»Du hast mich gebeten, bei diesem Muller zu graben.«

»Ja?«

»Der Anruf kam von einem Funktelefon, das der Vater von dem Typen vor vier Wochen gekauft hat. Auch eine Prepaid-Nummer. Aber mit seiner Kreditkarte gekauft.«

Muller senior? Ich schüttelte den Kopf.

»Das ergibt keinen Sinn. Ich habe vorhin darüber spekuliert, dass Horvath vielleicht tatsächlich wegen Muller hinter Nina her war, aber ich habe es verworfen.«

»Warum sollte er?«, fragte Ludwig. Ich erzählte ihm, was Ana Lena geschehen war.

»Scheiße«, stellte er fest. »Ich ... es tut mir einfach leid.«

Ja. Mir auch.

»Bei Muller ist auch etwas faul, ich weiß nur noch nicht, was genau. Er hat zu wenig Kosten beim Finanzamt abgesetzt.«

Was an einem schlechten Buchhalter liegen konnte. Bernd beging denselben Fehler ja auch wieder jedes Mal aufs Neue.

»Wie auch immer«, sprach Ludwig weiter. »Es ergibt keinen Sinn, dass ein Stadtrat kurzfristig einen Kontakt zu einem Auftragskiller herstellen kann, der ganz zufällig in der Stadt ist. Wenn bei Muller senior etwas faul ist, hat er es bisher gut verstecken können, was darauf hinweist, dass er nicht blöde ist. Wenn sein Sohn wegen Vergewaltigung angezeigt wird, wäre es klüger gewesen, einen guten Anwalt anzurufen als einen Auftragsmörder.«

Womit er recht hatte. Bei einer Vergewaltigung war er nach ein paar Jahren wieder draußen, wenn er nicht sogar nur mit einem Schlag auf die Finger davonkam. Mord war ein anderes Kaliber.

»Fakt bleibt«, fuhr Ludwig fort, »dass Muller in den letzten zehn Tagen viermal mit Horvath telefoniert hat. Seine Nummer war übrigens die erste, die Horvath angerufen hat. Noch am Tag seiner Ankunft. Außerdem war Muller Lucios Kunde. Seiner Kreditkartenabrechnung nach hat Muller in den letzten neun Monaten viermal Beratungskosten in Höhe von sechs- bis siebenhundert Euro an Lucio bezahlt.«

Ich konnte mir lebhaft vorstellen, wie diese »Beratung« ausgesehen hatte. Mittlerweile war mir auch klarer, warum man Lucio hatte umlegen müssen. Er hatte ja wirklich überall mit dringesteckt.

»Was hast du über diesen Horvath?«, fragte ich.

»Noch nicht viel. Er hat in Südamerika gearbeitet, und

ja, es ist sein Stil, solche Auftritte hinzulegen. Aber nach den Daten, die ich von ihm habe, hat er bei seiner Mutter gelebt. Und die hat den Namen des Vaters nicht angegeben. Was Gernhardts Geschichte nicht unmöglich, aber weniger wahrscheinlich macht. Ich habe noch herausgefunden, dass er in Ungarn Betriebswirtschaft studiert und das Studium im fünften Semester abgebrochen hat. Danach hat er zumindest unter seinem eigenen Namen keine Spuren mehr hinterlassen. Bei Achim Krüger ist das anders. Wenn es eine falsche Identität ist, dann ist es eine gute. Oder Horvath benutzt sie schon seit Jahren. Aber er wird mit den neuen biometrischen Ausweisen ein Problem bekommen, wenn die Fingerabdrücke verglichen werden.«

»Welche Probleme er bekommen wird, interessiert mich jetzt wenig. Kannst du anhand der Telefonverbindungen herausfinden, wo er sich rumtreibt?«

»Oh«, meinte er. »Das ist einfach. Er wohnt im Elbhotel am Bahnhof. Zimmer dreihundertzwölf. Er hat kurz nach seiner Ankunft dort eingecheckt. Ich habe ein Scan seines Ausweises im Hotelcomputer gefunden. Viele Hotels arbeiten mittlerweile zusammen und verwenden dasselbe Buchungssystem. Eines, das ständig online ist. Und, wenn du mich fragst, nicht besonders sicher.«

Ich spürte, wie sich mein Puls beschleunigte.

Das ist zu einfach.

»Wenn du ihn so schnell gefunden hast, wieso hatte Gernhardt dann so wenig über ihn? Der Tipp stammt doch von ihm?«

»Frag mich was Leichteres. Rein theoretisch könnte es daran liegen, dass selbst der BND um Erlaubnis fragen muss, um fremde Datenbänke zu durchsuchen. In der

Praxis glaube ich nicht daran, dass sie fragen müssen. Eher denke ich, dass sie alle überall ihre Finger drin haben. Hätte ich auch. Hotelcomputer lohnen sich, jeder muss irgendwo schlafen. Auch Spione und Verbrecher. Ohne Gernhardts Hinweis wäre es schwieriger gewesen, aber wenn man einen Namen hat, wird es einfach. Oder aber es ist eine falsche Fährte. Ich hab das auch schon so gemacht, mich in mehreren Hotels einzubuchen und einen Köder auszulegen, um zu sehen, ob jemand drauf reinfällt. Alleine schon um zu testen, ob die Identität kompromittiert ist.«

Ja. Das eine oder andere Mal hatte ich es auch so gehandhabt.

»Also kann es eine Falle sein?«

»Das fragst du mich? Ich gehe grundsätzlich von so etwas aus. Ich hab dir eben den Scan von seinem Ausweis gemailt. Das Bild passt zu Horvath, die Gesichtserkennung sagt, dass er es mit zweiundsiebzig Prozent Wahrscheinlichkeit auch ist. Ich versuche gerade herauszufinden, ob er unter anderem Namen irgendwo anders abgestiegen ist. Aber es gibt genügend Pensionen oder Hotels, die noch nicht vernetzt sind. Wäre ich an seiner Stelle, hätte ich mich nie in ein Hotel eingecheckt, das dezentral vernetzt ist. Ich glaube, dieser Achim Krüger ist ein Köder.«

Ja, dachte ich, als ich auflegte. Was aber nichts daran ändert.

Du musst anbeißen. Auch wenn es ein Köder ist. Es ist die einzige Spur.

Schon richtig. Aber es gab ja auch noch andere, die diesen Köder schlucken würden.

Ich rief Alexej an. Offenbar war er gerade erst in Frankfurt gelandet. »Was gibt's so Wichtiges?«, fragte er in seinem russischen Akzent, den er pflegte, obwohl er auch akzentfrei sprechen konnte. Weil es die Weiber verrückt machte, wie er meinte. »Wir sind gerade gelandet, und ich schleppe mich an Nataschas Paketen kaputt. Sie hat halb London aufgekauft.«

»Ich dachte, du hast einen Fahrer, der dir die Koffer trägt?«, grinste ich.

Er lachte. »Sie hat so viel gekauft, dass selbst Dimitri nicht alles tragen kann.«

»Können wir uns sehen?«, fragte ich.

»Nein, mein Freund«, antwortete er lachend. »Kommt nicht infrage! Weißt du, wie fertig ich bin? Meine Tochter hat mich in Grund und Boden gerammt ... sie hat die Energie dafür, doch ich bin ein alter Mann! Ich geh jetzt nach Hause, betrinke mich, lass mich von Irina und ein paar anderen Weibern trösten und schlafe dann bis nächste Woche.«

»Guter Plan so weit«, stimmte ich zu. »Schade, dass nichts daraus wird.«

»Heinrich«, grollte er. »Du bist mein Freund. Aber ...«

»Es geht um Natascha. Ein alter Feind hat mir geflüstert, dass die Hintergründe ganz anders waren, als wir dachten.«

Stille.

»Ich bin um vier zu Hause«, sagte er dann. »Sei pünktlich.« Damit legte er auf. Ich sah auf die Uhr. Kurz vor zwei. Etwas Zeit hatte ich also noch. Aber es gab ja noch jemanden, der mir vielleicht etwas erklären konnte. Marvin. Bei der Gelegenheit fiel mir ein, dass er mich gestern hatte zurückrufen wollen, es aber nicht getan hatte. Ans Funktelefon ging er nicht, also rief ich in der Firma an. Wo seine Frau ans Telefon ging und mir mitteilte, dass sie ihn seit gestern Nachmittag nicht mehr gesehen hätte. »Ich bin etwas beunruhigt«, fügte sie hinzu. »Manchmal, wenn er einen neuen Lover gefunden hat, verschwindet er mal ein oder zwei Tage ... aber meistens sagt er mir Bescheid. Diesmal war es anders. Er sagte, er müsse einen dringenden Geschäftstermin wahrnehmen, und eilte aus dem Büro. Das Seltsame daran ist, dass er heute Morgen einen wichtigen Termin bei der Bank hatte und ihn ebenfalls versäumte. Das sieht ihm gar nicht ähnlich.«

Sie hatte recht. Das sah dem zuverlässigen Marvin nicht ähnlich.

»Was war das für ein Termin?«

»Wir wollen unsere Lasterflotte modernisieren, und es gab ein paar Dinge mit der Bank abzugleichen. Wir ...«

»Nein. Der Termin gestern.«

»Keine Ahnung. Er erhielt einen Anruf, und ein paar Minuten später war er weg.«

»Hhm...«

»Sag, Margaret, war er schon bei der Polizei?«

»Bei der Polizei?«, fragte sie überrascht. »Nein. Weswegen sollte er?«

»Hat er dir etwas von einer CD erzählt?«

»Nicht dass ich wüsste.«

»Er soll sich melden, wenn er wieder da ist, ja?«

»Ich richte es ihm aus. Um was geht es hier eigentlich?«

»Da fragst du lieber Marvin«, wich ich aus und beendete das Gespräch.

Das alles gefiel mir nicht. Brockhaus mochte sich im Chaos wohlfühlen, aber ich mochte das Leben lieber in geordneten Bahnen. Wenn etwas anders lief als gedacht, brachte mich das aus der Ruhe.

Schöne Umschreibung.

Ich versuchte noch, Marietta zu erreichen, aber die war dienstlich unterwegs. Ana Lena hatte ihr Telefon noch immer ausgeschaltet, wahrscheinlich weil sie noch im Krankenhaus war.

Ich suchte aus Lucios Brieftasche die Nummer von der Wohnung in Bornheim heraus, von der Brockhaus gesprochen hatte. Aber auch dort ging niemand dran. Also versuchte ich es noch mal mit Brockhaus und erhielt ein »Kein Anschluss unter dieser Nummer«. Ich war nahe dran, das Telefon gegen die Wand zu werfen. Also gut. Mit dem zu erwartenden Verkehr war es sowieso schon Zeit, zu Alexej zu fahren. Allerdings sollte ich vorher noch etwas aus dem Keller holen.

Als mich diesmal einer von Alexejs Panzerschränken abtasten wollte, öffnete ich mit spitzen Fingern mein Jackett. »Ich will sie wiederhaben«, teilte ich dem Russen mit. Der nickte nur, zog mir die Glock aus dem Schulterholster und tastete mich weiter ab, bevor er mir die Tür aufhielt.

Diesmal waren nur Irina und Alexej anwesend. Alexej stand am Kamin, wo der Fernseher hing, Irina hatte sich elegant auf einem der Sofas drapiert und rauchte eine Zigarette.

»So«, stellte Alexej fest, während er sich an der Bar zu schaffen machte. »Du bist bewaffnet.« Er drehte sich um und hob mahnend seinen Zeigefinger. »Ich mag es nicht, wenn jemand bewaffnet zu mir kommt.«

»Es geht um Natascha«, sagte ich, und er erstarrte, um dann ganz langsam die Gläser wieder abzusetzen.

»Was ist mit ihr?«, fragte er ganz ruhig, während die gefühlte Temperatur um zehn Grad fiel. Mindestens.

»Gernhardt hat mich aufgesucht.«

»Dein alter Partner?«

Ich nickte.

»Was ist mit ihm?«

»Er sagt, dass Nataschas Entführung einen ganz anderen Grund hatte als den, von dem wir wussten.«

»Welcher soll das sein?«, fragte er. »Sie wollten Geld, das war alles.«

»Aber sie bekamen es nicht. Sie haben dich drei Stunden durch Frankfurt gejagt und dann die Übergabe abgeblasen.«

»Ja«, grollte er und fuhr sich über das militärisch geschnittene Haar. »Und dann haben wir einen Tipp bekommen.«

»Und habt mich gerufen«, nickte ich. »Weil ihr davon ausgehen musstet, dass es in die Hose geht, wenn dort jemand aufkreuzt, den die Entführer möglicherweise kennen. Natascha war genau da, wo man es uns gesagt hatte. Und der Pole, der sie bewachte, hatte nicht die geringste Ahnung, was eigentlich los war.«

»Hat er wenigstens behauptet«, knurrte Alexej.

»Er hat sich vor Angst in die Hosen gemacht. Er wusste von nichts«, beharrte ich. »Ich brachte Natascha zu euch, jeder war glücklich, und das war das Ende der Affäre.«

»Nein«, sagte Irina kalt. »Jemand hat meinem Baby einen Finger abgeschnitten. Ich bin nicht glücklich.«

Ich nickte. »Mittlerweile glaube ich, dass es zu einfach war. Wie du sagst, sie haben Natascha verstümmelt, um zu zeigen, wie ernst es ihnen ist. Dann bekommen wir einen Tipp und – puff – alles ist gelaufen. Sie haben noch nicht einmal das Geld bekommen.«

Er nickte knapp. »Wahrscheinlich haben sie kalte Füße bekommen.«

»Vielleicht. Aber Gernhardt meint jetzt, es wäre um etwas anderes gegangen. Haben sie von euch irgendetwas bekommen? Habt ihr doch bezahlt?«

Irina schüttelte den Kopf. »Zu diesem Zeitpunkt hätten wir ihnen alles gegeben, was sie wollten. Aber sie wollten nur die fünfhunderttausend.« Sie zuckte elegant mit den Schultern. »Das Geld war uns egal. Aber dafür, dass sie sich an Tascha vergriffen haben, werden sie noch büßen.« Sie trank einen kleinen Schluck. »Irgendwann finden wir sie.«

Ich verstand es nicht. Ich hatte schon damals gedacht, dass, wer auch immer Natascha entführt hatte, wahnsinnig gewesen sein musste, um sich mit den Orlovs anzulegen.

Aber er ist damit durchgekommen, nicht wahr?
Irgendwie schon. Nur hat er nichts davon gehabt.
Das glaubst du doch selbst nicht.
Nein. Da steckte mehr dahinter.

»Wer hatte einen Vorteil davon?«, fragte ich sie. Sie sahen sich gegenseitig an.

»Wie meinst du das?«

»Wenn es nicht um das Geld ging, ging es um etwas anderes. Ich will wissen, was das sein könnte. Also, wer hatte einen Vorteil davon?«

Alexej zuckte mit den Schultern. »Da fällt mir nichts ein.«

»Okay«, sagte ich, während ich ruhelos auf und ab ging. »Ich frag mal andersherum. Hattet ihr einen Nachteil dadurch?«

»Ja. Es waren die schlimmsten vier Tage meines Lebens«, knurrte Alexej. »Ich war nicht einmal imstande, mich um meine Geschäfte zu kümmern, bis das ausgestanden war.«

Ich blieb stehen und drehte mich langsam zu ihm um.

»Welche Geschäfte waren das?«

»Nichts Besonderes«, sagte er achselzuckend. »Für das Tagesgeschäft haben wir unsere Angestellten. Die verdienen ja genug. Wir kümmern uns eher um die strategische Planung. Ich weiß noch, dass ich daran gedacht hatte, ein paar Aktien zu verkaufen, die dann in den Keller gingen. So etwas. Hat in dem Fall aber nicht geschadet, zwei Monate später habe ich sie mit Gewinn abgestoßen. Das Einzige, über das ich mich geärgert habe, war, dass eine Firmenübernahme schieflief.«

»Welche Firma war das?«

»Wir haben über eine Beteiligung an einem Geldtransportunternehmen nachgedacht.« Er zuckte erneut mit den Schultern. »Hält die Kosten niedriger. Sie steckten in der Klemme, haben einen Kreditgeber gesucht. Wäre ein solides Geschäft gewesen, vor allem da wir wussten, dass sie ein paar feste Aufträge von der Bundesbank erhalten hatten. Jede Bank braucht regelmäßig neues Geld und gibt das beschädigte Geld an die Bundesbank zurück. Die Firma, die wir im Visier hatten, war zwar für den Moment etwas klamm, hatte aber alleine durch diese Aufträge eine solide Grundlage.«

Die Bundesbank druckt Geld.

Danke, das wusste ich schon. Dennoch ...

»Was ist passiert?«

»Schröder hat mir die Firma vor der Nase weggeschnappt.«

»Marvin Schröder?«, fragte ich ungläubig.

»Ja. Genau der. Schwul mag er sein, aber er ist auch gerissen«, fügte er hinzu und lachte kurz und trocken. »Bin ja selbst schuld gewesen, ich hab ihn mit der Nase drauf gestoßen. Allerdings hätte ich auch nicht gedacht, dass er das Kapital dazu hätte aufbringen können.« Er schüttelte den Kopf. »War vielleicht auch besser so. Dieser Anschütz war ein harter Brocken. Er hätte uns wahrscheinlich noch ein paar Probleme gemacht. Kannst du dir das vorstellen?«, fragte er mit gespielter Entrüstung. »Er war der Ansicht, dass wir zur russischen Mafia gehören! Keine Ahnung, wie er auf die Idee kam!«

Das hätte ich ihm erklären können. Aber den Namen Anschütz hatte ich kürzlich schon gehört.

»Anschütz. Ferdinand Anschütz, nicht wahr?«, kam mir Irina zuvor.

Alexej nickte. »Ja. Wieso?«

»Er wurde mit einer Autobombe weggeblasen, während du in London warst.«

Irinas stahlgraue Augen schienen Löcher in mich zu brennen. »Am besten«, sagte sie ganz langsam, »erzählst du uns mal alles, was du weißt.«

⊕ »Also ging es nur darum, dass jemand verhindern wollte, dass wir Clarion Security übernehmen?«, fragte Alexej ungläubig, nachdem ich fertig war.

»Gernhardt meinte, es wäre ein Währungsbetrug von großem Ausmaß im Gange«, sagte ich und lehnte dankend ab, als Alexej mir nachschenken wollte. Das eine Glas Wodka war mir schon zu viel gewesen. Die beiden hatten zwischenzeitlich fast die ganze Flasche geleert, ohne dass ihnen das Geringste anzumerken war. Übung. Oder genetische Disposition. Das Zeug zeigte jedenfalls bei ihnen so wenig Wirkung wie Leitungswasser.

»Schröder ist so gut wie tot«, schwor er aufgebracht. »So tot, toter geht's nicht mehr. Ich werde mir Zeit lassen mit ihm, er soll es genießen. Ich fang bei seinen Fingern an. Jeden Tag einen. Und steck sie ihm nacheinander in seinen schwulen Hintern!« Er stieß einen russischen Fluch aus und warf sein Wodkaglas quer durch den Raum, es prallte an der Wand ab, kullerte über den Boden und blieb vor mir auf dem Boden liegen.

»Vergiss Marvin«, widersprach Irina. »Er kennt uns gut genug, dass er sich nicht mit uns angelegt hätte. Aber du weißt, wer bei ihm mit drinsteckt und die meisten Anteile hält.«

»Ja«, knirschte Alexej. »Robert Hu.«

Und damit löste sich der Knoten. Ich erzählte ihnen von der Agentin, die für Lucio gearbeitet hatte, und Gernhardts Bitte und dass sie es gewesen wäre, die ein Gespräch zwischen Hu und Lucio mitgehört hätte.

Wieder sahen sie sich an.

»Ich denke, da wird sich etwas einrichten lassen«, meinte Irina dann. Während Alexej noch immer kochte, war Irina kalt wie Eis.

Sie war schon immer die Gefährlichere der beiden.

Da konnte ich nur zustimmen.

»Es ergibt jetzt alles einen Sinn«, sagte ich dann. »Ich habe zwar noch immer keine Ahnung, wie genau der Betrug abläuft, aber wir wissen jetzt immerhin, wer da mit verwickelt ist. Es gibt nur eines, das mir Sorgen macht.«

»Und was?«, fragte Alexej grimmig.

»Gernhardt. Er hat mir die Puzzlesteine schön nacheinander auf den Tisch gelegt. Es passt alles zu dem, was er gesagt hat. Und genau darin liegt der Haken.«

»Du traust ihm noch immer nicht?«, fragte Irina.

»Du etwa?«

Sie lächelte entzückend. »Ich traue mir noch nicht mal selbst.«

»Gut«, sagte ich und sah auf die Uhr. »Ich melde mich, sobald ich ein paar Dinge überprüft habe. Tut nichts Unüberlegtes.«

»Keine Sorge«, meinte sie nach einem Blick zu Alexej. »Ich handele niemals unüberlegt.«

Genau deswegen hatte ich Bedenken.

Das hättest du dir überlegen sollen, bevor du ihnen alles brühwarm erzählst.

Hatte ich.

Du hast auch nicht vergessen, dass sie Verbrecher sind?

Genau deswegen traute ich ihnen ja auch mehr als Gernhardt.

⊕ »Mein Gott, was für ein Arschloch!«, begrüßte mich Ana Lena, kaum dass ich die Haustür aufgesperrt hatte. So wütend hatte ich sie noch nie gesehen.

»Wer ist ein Arschloch?«, fragte ich, während ich sie umarmte, um dann innezuhalten, als ich Marietta in der Küche an der Theke sitzen sah.

»Henri«, erklärte Ana Lena aufgebracht. »Er hat Nina einen Blumenstrauß geschickt. Weißt du, was er auf die Karte geschrieben hat? Gute Besserung, und wir hoffen alle, dass du so etwas nie wieder durchmachen musst!« Sie sah zu Marietta hin. »Ich sage Ihnen, er war's, der Nina hat überfahren lassen!«

»Nur dass es dafür keine Beweise gibt«, antwortete Marietta ruhig.
»Was machst du denn hier?«, fragte ich sie.
»Ich habe sie vom Krankenhaus abgeholt und nach Hause gebracht. Ich war zufällig dort gewesen ... ich hoffe, du hast nichts dagegen.« Sie lächelte ein wenig.
»Ich hörte, du hast versucht, mich zu erreichen?«
»Ja, aber wegen etwas anderem.«
»Bedeutet das, dass du mich nicht sehen willst?«, fragte sie lächelnd.
»Ich habe nur nicht damit gerechnet.«
»Gott«, unterbrach uns Ana Lena. »Ich habe sie gefragt, ob sie mich mitnehmen kann! Weißt du, dass sie kein Blaulicht in ihrem Wagen hat?«
»Äh ... nein.«
»Ich dachte, jeder Polizist hat so eines unter dem Sitz.«
»Das ist mein Privatwagen«, erklärte Marietta schmunzelnd. »Ich ziehe es vor, damit keine Einsätze zu fahren.«
»Aber Sie unternehmen etwas in Bezug auf Henri?«, fragte Ana Lena.
»Nur, wenn du ihn anzeigst.«
»Damit er auch mich überfahren lässt?«, fragte Ana Lena, während ihre Augen feucht wurden. »Ich bin sicher, dass es Henri war. Nina ist es auch. Und Nina steigt aus. Sie sagt, sie hätte ihre Lektion gelernt. Ich auch. Ich weiß, dass es feige ist, aber ich werde gar nichts mehr sagen.«
»Es ist ein Offizialdelikt, weißt du?«, erinnerte sie Marietta. »Und wir könnten Henri in Gewahrsam nehmen und ...«
»Der ist doch nicht so blöde und macht seine Dreck-

arbeit selbst! Der hat einen Killer angeheuert. Wie im Fernsehen. Einen Profi. Ich schwöre es euch!« Ana Lena schüttelte den Kopf und verpasste den Blick, den mir Marietta zuwarf. »Ich werde es irgendwie überstehen. Sie haben mir versprochen, nichts zu sagen, wenn ich nicht will. Und so ist es. Ich will nicht. Und wenn Sie mich zwingen wollen, streite ich alles ab.«

»Keine Sorge«, sagte Marietta. »Ich habe es dir versprochen, und ich halte meine Versprechen. Ich verspreche dir auch, dass wir diesem Henri Muller auf den Zahn fühlen werden.«

»Onkel Heinrich hat eine große Bohrmaschine, vielleicht können Sie die dafür nehmen«, schlug Ana Lena bitter vor. Sie wischte sich Tränen aus den Augen und sah zu mir hin. »Am liebsten würde ich Henri selbst einfach überfahren. Aber so bekomme ich meinen Führerschein nie.« Sie sah von mir zu Marietta und bemühte sich um ein Lächeln. »Ich hoffe, Sie finden etwas, Frau Steiler. Ich gehe jetzt hoch, ich bin total kaputt, und morgen will ich früh aufstehen, um Nina zu besuchen.«

»Sag mir noch, wie es ihr geht«, bat ich.

»Jennys Mutter meint, dass sie wieder vollständig gesund wird. Nur wird das dauern. Ein halbes Jahr, vielleicht länger. Ihr Becken ist gebrochen, das macht es so schwierig. Und die ganze Zeit, in der sie sich damit quälen wird, wieder gehen zu lernen, lacht sich dieser Henri ins Fäustchen. Wusstest du, dass Nina Ballett tanzt? Tanzte. Bis gestern.« Sie ballte die Fäuste. »Ich könnte den Arsch eigenhändig umbringen, wenn ich nur wüsste, wie!« Sie stürmte zur Tür hinaus, hielt kurz inne, drehte sich wieder um, wünschte uns eine gute Nacht und rannte die Treppe hoch, George mit hängender Zunge hinterher.

Wir sahen ihr nach, dann seufzte Marietta. »Ich kann sie verstehen.«

»Ich auch«, sagte ich und musterte meinen Gast. »Das ist eine Überraschung.«

»Eine willkommene, hoffe ich?«

»Schon«, nickte ich. »Nur irgendwie unerwartet. Habt ihr etwas über den Ungarn herausgefunden?«

»Ungarn?«, fragte sie überrascht, während ich mir am liebsten selbst auf die Zunge gebissen hätte. »Du meinst unseren Attentäter? Wie kommst du darauf, dass er Ungar ist?«

»Ich weiß nicht«, log ich. »Es war einfach so dahergesagt. Ich kam einfach auf die Idee, dass er Ungar wäre.«

»Und warum?«

Ich zuckte mit den Schultern. »Keine Ahnung.«

Sie musterte mich misstrauisch.

»Ich hab ihn ursprünglich für einen Italiener gehalten. Aber Ungar passt auch«, versuchte ich mich aus der Affäre zu ziehen. »Habt ihr denn nun schon etwas herausgefunden?«

Sie sah mich immer noch skeptisch an, schüttelte dann aber den Kopf.

»Wir überprüfen gerade die üblichen Verdächtigen. Auch in Zusammenarbeit mit Interpol. Aber er ist nicht der Grund, weshalb ich hergekommen bin.«

»Weshalb dann?«

»Ich habe Hunger. Gestern hast du angedeutet, dass du sogar kochen kannst.«

»Und du hast gesagt, dass wir dann im Bett landen würden.«

»Stimmt«, sagte sie und zog sich das Haarband vom Pferdeschwanz. »Hast du etwas dagegen?«

»Das war kein Toilettenpapier«, meinte Marietta viel später und strich sanft über eine meiner Narben. »Wie viele sind es?«

»Ich hab's vergessen«, log ich. »Es ist alles lange her.«

»Vier«, stellte Marietta fest. »Dreimal von vorne, einmal von hinten. Keine Austrittswunde für den Schuss in den Rücken ... eine Pistole nehme ich an.«

»Ich will nicht darüber reden«, sagte ich und setzte mich auf, um nach meinem Hemd zu greifen, doch sie hielt mich davon ab.

»Was ist mit deinem Rücken passiert?«, fragte sie leise. »Das sieht aus ...«

»Ich sagte doch, ich habe im Irak etwas Pech gehabt. Die stehen dort auf Stockhiebe.« Ich schüttelte sie ab und zog mein Hemd an, stand auf und ging zu meiner Jacke, um mir die Zigaretten herauszuholen. Sie sah mir schweigend zu, wie ich ans Fenster ging, es öffnete und eine Zigarette anzündete. Die Straßenlaternen waren vor Kurzem ausgeschaltet worden, es war stockdunkel da draußen. Ein halbes Bataillon konnte sich da verstecken, ohne dass es jemand sehen würde.

Kalte Luft strömte in das Zimmer, und sie zog die Decke höher. Sie sah zu meinem Schulterholster hin, das neben ihrem auf dem Nachttisch lag. »Was ist los?«, fragte sie leise. »Ich weiß, dass du dafür eine Lizenz besitzt, aber du musst einen Grund haben, warum du eine Waffe trägst.«

»Habe ich«, antwortete ich ihr. »Aber ich will nicht darüber reden.«

»Es ist meine Schuld, nicht wahr?«, sagte sie zögernd. »Ich kann halt meine Klappe nicht halten und ... und du interessierst mich. Ich will alles über dich wissen.

Berufskrankheit. Ich wollte die Stimmung nicht kaputt machen.«

Ich sagte noch immer nichts.

»Du hast nicht oft Damenbesuch«, meinte sie dann.

»Wie kommst du darauf?«, fragte ich, ohne vom Fenster wegzusehen. Es war zu dunkel, aber dennoch meinte ich, irgendwo eine Bewegung gesehen zu haben.

»Kleinigkeiten. Ein Doppelbett, aber nur ein Kopfkissen und eine Decke. Abgesehen von Ana Lenas Kosmetikartikeln gibt es keinen Hinweis, dass du in den letzten Jahren anderen Frauenbesuch gehabt hast. Was ist mit dir los, Heinrich?«

»Ich mag die Fragen nicht.« Ich drehte mich um, zog an der Zigarette und sah auf die Glut herab, bevor ich sie nach draußen abschnippte, dann zu ihr hin. Sie zog die Knie hoch und stützte ihr Kinn darauf ab, während sie mich nachdenklich betrachtete.

»Willst du mich loswerden?«

»Ich weiß es nicht ... nein.«

»Gut. So leicht wird man mich nicht los. Ich mache das nicht oft. Eigentlich nie.«

Das erklärte die gewisse Unschuld, die ich bei ihr gespürt hatte. Mein Gott, dachte ich, was für ein Schlamassel. Und trotzdem, die letzten Stunden hätte ich nicht missen wollen.

»Es ist mir ernst, Heinrich. Sonst wäre ich nicht hier.«

»Es war eine Dummheit.«

»Sag ich ja auch«, meinte sie und lächelte. »Aber irgendwie kann ich es nicht bereuen. Nur, jetzt tut es mir leid, dass ich gefragt habe.«

»Mir auch.« Ich fuhr mir durch das Haar. »Ich glaube nicht, dass dir die Antworten auf deine Fragen gefallen würden.«

»Das befürchte ich auch«, sagte sie. »Aber ich habe trotzdem gefragt.«
»Du hast einen Amtseid geschworen.«
Sie nickte.
»Ich auch.« Ich seufzte und ging zum Bett zurück. »In einem Rechtsstaat zu leben, ist eine feine Sache. Aber es gibt Menschen, die das ausnutzen. Nicht alles kann man in einem Gerichtssaal verhandeln. Es gibt manchmal Notwendigkeiten. Ein Staat muss sich auch schützen können, wenn die üblichen Regeln nicht greifen. Bei einer Geiselnahme kann es unter Umständen nötig sein, einen gezielten Schuss abzusetzen.«
»Geht es darum, was du beim BND gemacht hast?«, fragte sie leise.
Ich nickte. »Die Idee ist, dass der Staat seinem Schutzauftrag nachkommt. Dafür sind wir alle zuständig, ob nun die Polizei, der Verfassungsschutz, MAD, BND, welcher Buchstabensalat auch immer. In der Beziehung haben wir alle denselben Auftrag. Aber auch der Staat muss geschützt werden. Manchmal eben auch auf unkonventionelle Art und Weise. Wie bei deinem Kollegen, der dem Entführer Folter angedroht hat ... es ging ihm ja darum, den Jungen zu retten.«
Sie nickte wieder.
»Es gibt für alles Ausnahmen«, fuhr ich leise fort, während ich mich daran erinnerte, wie es gewesen war. Gott, es kam mir vor, als wäre das alles ewig her. Und doch war mir manches so in Erinnerung geblieben, als wäre es gerade erst gestern gewesen. Wie der Tag, an dem die Kugel so nah an mir vorbeiflog, dass ich sie auf meiner Haut spüren konnte, bevor sie diese junge Frau mit Namen Anna traf. Eben hatte sie sich mit einem Seufzer der Erleichterung im Polster zurückgelehnt, im

nächsten Moment hatte sich ihr Hinterkopf im Wagen verteilt. Manchmal, wenn ich die Augen schloss, sah ich sie noch. Ich schüttelte den Gedanken und die Erinnerungen ab. »Manchmal muss man eine Entscheidung treffen, die sich nicht mit unseren Grundsätzen vereinbaren lässt. Dann braucht man jemanden wie mich.«

»Beantwortest du mir eine Frage?«

Ich sah sie lange an und seufzte dann. »Vielleicht.«

»Weshalb warst du im Irak?«

»Willst du das wirklich wissen?«

Sie nickte nur.

»Aufklärung. Ich habe arabische Sprachen studiert und kannte ein paar Leute dort. Am Anfang war das auch alles. Wir haben Informationen gesammelt. Wir wollten selbst wissen, was dort geschah, und nicht nur immer das wiederkäuen, was die Amis uns zum Fraß vorwarfen.«

»Das war aber nicht alles, nicht wahr? Du hast gesagt, du hättest dort ... Pech gehabt.«

»Kann man so sagen.«

»Heinrich, was du mir sagst, bleibt unter uns. Versprochen. Was ist im Irak geschehen?«

Zum Teufel damit, dachte ich. Gernhardts Besuch hatte mich bereits aufgewühlt und alte Erinnerungen geweckt. Und ich hatte die Schnauze voll von allem. Vor allem von Gernhardt. Ganz besonders von ihm.

»Die Amis hatten ein paar Leute verloren, und wir haben versucht herauszufinden, wo die abgeblieben waren. Dann fanden wir heraus, wer dahintersteckte und dass die Soldaten demnächst hingerichtet werden sollten. Wir gaben das weiter und erhielten den Auftrag, das zu verhindern, da wir das einzige Team vor Ort waren.«

»Und?«

»Das Problem war, dass derjenige, der wusste, wo die Soldaten gefangen gehalten wurden, vorsichtig war. Er hatte drei Leibwächter und verließ sein Haus so gut wie nie. Und das war ausgebaut wie eine Festung. Aber er hatte eine Tochter. Dreizehn Jahre alt, und meistens wurde sie von ihm und einem Leibwächter zur Schule gebracht und wieder abgeholt. Das war die einzige Gelegenheit, bei der er das Haus verließ. Die Idee war, ihn dann zu greifen, nachdem er seine Tochter zur Schule gebracht hatte und zurückkam. Ich sollte ihn mit einem gezielten Schuss verwunden und die beiden Leibwächter ausschalten.«

»Das ging schief?«

Ich nickte knapp. »Als er zurückkam, war seine Tochter mit dabei. Sie stieg als Erste aus und lief mir ins Visier. Ich zögerte, um auf einen besseren Schuss zu warten, das dauerte meinem Teamkollegen zu lange, und er eröffnete selbst das Feuer. Es war ein Fiasko. Das Mädchen starb, doch der Vater kam davon. Wir wurden unter Feuer genommen und konnten nur mit Mühe fliehen. Später wurde ich von zwei Kugeln getroffen und konnte nicht mehr weiter. Mein Kollege glaubte mich tot und ließ mich zurück. Ich hatte insofern Glück, als man mich nicht mit dem Einsatz in Verbindung brachte. Sie haben mich bewusstlos in einer Gasse liegend gefunden. Ein irakischer Militärarzt flickte mich zusammen, und dann hatte ich zwei Jahre Zeit, in einem irakischen Militärgefängnis darüber nachzudenken, was mir im Leben wichtig war. Sie haben mich viermal rausgezerrt, um mich hinzurichten. Früher oder später hätten sie es wohl tatsächlich getan, aber dann haben sie einen amerikanischen Piloten erwischt, der bei mir in der Zelle landete. Drei Tage später haben die Amis ihn rausgeholt. Mich auch. Das Ganze war sinnlos gewesen, ich erfuhr später, dass man die amerikanischen Soldaten zu dem Zeitpunkt bereits hingerichtet hatte.« Ich seufzte. »Wir sind natürlich niemals dort gewesen. Das war mein letzter Einsatz, als ich zurückkam, wurde ich ausgemustert und entlassen.«

»Eine schlimme Geschichte«, sagte sie leise.

»Du hast sie niemals gehört.«

»Aber es ist irgendwie verständlich«, fuhr sie leise fort. »Es war Krieg und ...«

»Es war nicht unser Krieg. Wir hatten dort nichts zu suchen«, unterbrach ich sie. »Es war mein letzter Einsatz. Doch davor gab es viele andere.«

»Wie viele?«, fragte sie zögernd. »Wie viele hast du ...«

»Siebzehn.«

»So viele?«, hauchte sie. »Wie ...«

»Ich war ein Müllmann, wie die Amis es nennen. Jemand, der den Dreck wegräumt. Und ich habe viel Dreck weggeräumt. Ich bereue es nicht. Es war notwendig.«

»Immer?«, fragte sie.

»In den Fällen, in denen ich mehr wusste, ja. In anderen Fällen musste man darauf vertrauen, dass derjenige, der den Auftrag gab, wusste, was er tat.« Na ja, dachte ich. Die Sache mit dem Hundetreter Meinert fiel etwas aus dem Raster. Das war einfach dumm gelaufen.

»Also warst du so etwas wie ein deutscher James Bond?«, fragte sie und lächelte, doch es gelang ihr nicht ganz.

»Von wegen«, knurrte ich. »Es gab nie und wird es auch nie geben eine Gesetzesgrundlage für unser Handeln. Außerdem hat der gute alte James immer die heißen Frauen abgekriegt ... irgendwie hat der Teil nicht geklappt.«

»Das würde ich jetzt so nicht sagen«, meinte Marietta und zog mich am Hemdkragen zu sich heran. »Von mir aus kannst du dein Hemd anbehalten«, flüsterte sie. »Solange du keine Socken trägst ...«

⊕   »Guten Morgen!«, begrüßte uns am nächsten Morgen Ana Lena mit einem strahlenden Lächeln, als wir uns in die Küche schleichen wollten. »Ich habe euch schon Kaffee gemacht.« Sie musterte Marietta und grinste spitzbübisch. »Schickes Hemd, Frau Hauptkommissarin. Kommt mir irgendwie bekannt vor.«

»Danke«, meinte Marietta trocken.

»Sie hat es mir zum Geburtstag geschenkt«, erklärte ich, und sie lachte leise.

»Ich hoffe, es stört dich nicht?«, fragte sie vorsichtig, doch Ana Lena schüttelte nur den Kopf.

»Das Hemd steht Ihnen besser als ihm. Und falls Sie das andere meinen, es war überfällig, er hat ja gelebt wie ein Mönch!«

»Ana Lena ...«, fing ich an, doch sie unterbrach mich. »Ist doch wahr!«

»Wieso bist du schon auf? Es ist noch nicht einmal fünf!«

»Zum einen konnte ich doch nicht schlafen. Zum anderen wollte ich nicht, dass Frau Steiler denkt, es wäre nötig, sich aus dem Haus zu schleichen. Ich bin keine fünfzehn mehr.« Sie grinste breit. »Nur Jenny wird enttäuscht sein, wenn ich es ihr erzähle.«

»Mir wäre lieb, wenn du es niemandem erzählst«, knurrte ich. »Ich ...«

»Oben klingelt ein Telefon«, meinte Ana Lena. »Ich nehme an, es ist Ihres?«, fragte sie Marietta, die den Kopf schräg legte und dann aufsprang.

Ana Lena und ich sahen ihr hinterher, dann wandte ich mich Ana Lena zu. »Hast du damit Probleme?«, fragte ich. »Ich meine ...«

»Ich weiß, was du meinst«, sagte Ana Lena überraschend ernst. »Nein. Ist alles cool. Ich mag sie. Sie ist nett. Und du brauchst jemanden wie sie.«

Bevor ich etwas sagen konnte, kam Marietta wieder. Sie hatte sich hastig angezogen und ihr Haar wieder in einem Pferdeschwanz zusammengebunden. »Ich muss weg«, sagte sie, während sie mir einen Kuss auf die Wange gab. »Es hat sich etwas ergeben. Und du hattest recht.«

»Womit?«

»Unser Mann ist tatsächlich ein Ungar.«

»Habt ihr etwas herausgefunden?«

»Ja ... aber ich erzähle es dir später.« Sie trank rasch den Kaffee aus, schenkte Ana Lena und mir ein Lächeln. »Wir telefonieren«, versprach sie und zog die Tür hinter sich zu. Durch das Fenster sahen wir zu, wie sie den Weg entlangeilte und in einen alten, verbeulten Porsche einstieg, um dann rasant loszufahren. Ohne dass jemand auf sie schoss oder versuchte, sie zu überfahren.

Du solltest ihr trotzdem reinen Wein einschenken.

Besser nicht.

Nun, wenn du meinst, du kannst es dir verzeihen, wenn ihr etwas geschieht, nur zu. Dann sag nichts.

»Sie ist hübsch«, stellte Ana Lena fest und grinste breit. »Hast du tatsächlich mal etwas mit ihr gehabt und sie wieder gehen lassen?«

»Ja. Aber das ist ...«

»Fail, Onkel Heinrich. Einfach nur fail«, grinste Ana Lena. »Lass es«, lachte sie, als ich noch etwas sagen wollte. »Hauptsache, es passt zwischen euch beiden.« Ihr Lächeln schwand. »Kannst du mich zum Krankenhaus fahren? Die Besuchszeiten fangen zwar erst um neun an, aber ich glaube nicht, dass sie mich rauswerfen werden.«

»Vielleicht solltest du noch etwas schlafen?«, schlug ich vor. »Du hast noch etwas Zeit. Ich kann dich um neun wecken und dann hinfahren. Bevor du doch nur vor verschlossener Tür stehst, und vielleicht will Nina so früh gar nicht Besuch.«

»Vielleicht hast du ja recht«, gab sie zu. »Aber vergiss nicht, mich zu wecken, ja?« Sie wandte sich ab, blieb dann aber in der Tür stehen, während Captain Jack um ihre Füße strich. »Ich habe vergessen, dir auszurichten, dass Frau Kramer gestern Abend angerufen hat. Sie bat dich vorbeizukommen. Sie hat sich aufgewühlt angehört. Und George muss auch noch Gassi. Kannst du ...«

Ich seufzte.

»Ich kümmere mich um ihn.«

»Danke«, meinte sie und eilte die Treppe hoch.

»So ist das, George«, teilte ich Hund mit, als ich geduldig wartete, dass er einen Baum markierte. »Kaum wickelt dich eine Frau um den Finger, da wirst du weich und erzählst ihr Dinge, die niemand anders wissen sollte.«

»Wuff!«, meinte George und schnüffelte an einem Gebüsch.

»Okay, ich weiß, dass sie damit nicht viel anfangen kann, aber sie kann eins und eins zusammenzählen.«

»Wuff«, sagte George und wedelte tröstend mit dem Schwanz.

»Du hast recht. Wenn eine Frau erst einmal weiß, dass man ein Geheimnis hat, dann glaubt sie, es gibt überall noch mehr.«

»Wuff?«

»Ein Mann braucht ein paar Geheimnisse, und nur weil er sie hat, muss sie ja nicht jedes kennen, oder?« Vor allem, wenn sie eine Polizistin ist und eigentlich dazu verpflichtet wäre, jemanden wie mich in den Knast zu bringen.

George schielte zu dem Nachbarhaus und sah dann mit treuen Hundeaugen zu mir hoch. »Um dein Herrchen kümmere ich mich auch noch«, versprach ich.

Einen Trost gab es. Mit einem Hund zu reden, war schon besser als mit einer Ratte. Das taten andere ja auch.

Ana Lena kam ausnahmsweise mal gut aus dem Bett. Es reichte sogar noch, um zusammen zu frühstücken. Irgendwie, dachte ich, schien sie mir verändert. Die Art, wie sie mich hin und wieder verstohlen musterte, machte mich noch zusätzlich nervös. Ich kannte genau diesen Blick von meiner Schwester, wenn die wieder irgendetwas ausgefressen hatte.

»Onkel Heinrich?«

Jetzt kommt es.

»Ja?«

»Wieso vertraust du Frau Steiler?«

Ich hielt mit dem Essen inne. »Ich weiß es nicht«, sagte ich langsam. »Vielleicht, weil ich irgendwann damit anfangen muss?«

Sie spielte mit ihrer Gabel herum. »Du traust mir nicht?«

»Hhm«, sagte ich vorsichtig. »So stimmt das nicht.«

»Du vertraust mir?«

Ich nickte.

»Aber nicht mit allem.«

»Ja. Nicht mit allem.«

»Warum nicht?«

»Weil es zum einen ein paar Dinge gibt, die dich nichts angehen. Und zum anderen ...«

»Bin ich zu jung, um sie zu verstehen.«

»Das wollte ich gerade sagen.«

»Letzte Woche hätte ich dir widersprochen.«

»Jetzt nicht mehr?«, fragte ich überrascht.

»Nein«, sagte sie leise. »Jetzt nicht mehr. Ich dachte, du bist eine Buchhalterseele. Du lachst so selten, bist immer so ernst ...«

»Und das ist falsch?«

»Nein. Das ist es nicht. Ich ...« Sie sah mich direkt an. »Ich wusste nicht, dass es so schlimm für dich war.«

»Was?«

Sie holte tief Luft. »Die Sache im Irak. Ich ... ich war auf der Toilette, da habe ich euch reden hören.«

»Oh«, sagte ich. Mehr fiel mir nicht ein.

»Ja, oh. Das habe ich auch gedacht«, sagte Ana Lena. »Bist du mir böse?«

»Nein. Ich ... ach, verdammt.« Ich stand auf und lehnte mich an die Küchentheke, um zum Fenster hinauszusehen. »Am liebsten«, sagte ich leise, »würde ich das alles vergessen.«

»Und das geht nicht?«

»Nein, das geht nicht.«

Sie nickte. »Okay.«

»Das ist alles, was du sagst, okay?«

»Was soll ich sonst sagen«, meinte sie und lächelte schief. »Wir sind alles, was wir haben. Und ich kann mich nicht wirklich über dich beschweren.«

»Nicht? Dafür konntest du es in der letzten Zeit ganz gut.« Doch der Scherz entlockte ihr nur ein schwaches Lächeln.

»Die Sache mit Nina hat mir gezeigt, dass manche Dinge im Leben wichtiger sind als andere. Fahren wir?«

»Wir fahren.«

»Was siehst du mich so an?«

»Ich habe gerade gedacht, dass es mir eigentlich gar nicht gefällt, wie schnell du erwachsen wirst.«

»Mir auch nicht. Aber irgendwie lässt es sich nicht verhindern, nicht wahr?«

Als ich vom Krankenhaus zurückkam, fühlte ich mich seltsam. Irgendwie haltlos. Dass Nina wach gewesen war und sich offensichtlich gefreut hatte, Ana Lena und auch mich zu sehen, war die eine Sache gewesen, sie so zu sehen, in den Streckverbänden und dieser Schale, die man ihr um das Becken gelegt hatte, eine andere. Und natürlich ging mir Ana Lena nicht aus dem Kopf.

Als ich in meine Straße einbog, sah ich den blauen BMW vor dem Haus stehen. Mein Puls beschleunigte, aber es war nur Berthold, von Marietta war weit und breit nichts zu sehen. Ich parkte den Wagen und stieg aus.

»Guten Morgen«, meinte Berthold und stieß sich von dem BMW ab. Diesmal trug er wieder Jeans und eine Windjacke. Und eine Bild-Zeitung in der Hand. Er sah hoch zum Himmel und kniff etwas die Augen zusammen. »Wird ein schöner Tag.«

»Sind Sie wirklich gekommen, um übers Wetter zu reden?« Ich zögerte einen Moment. »Wollen Sie mit hineinkommen?«

Berthold nickte.

»Danke, nein«, sagte er, als ich ihm einen Kaffee anbot. »Ich habe schon so viel von dem Zeug getrunken, dass mein Magen gluckert.« Er zog sich einen der Thekenhocker heran und pflanzte sich darauf. »Ich habe Ihre Geschichte überprüft. Die Frau vom Tierheim hat sie soweit bestätigt.« Er sah zu George hin, der sich in einer Ecke der Küche zusammengerollt hatte. Captain Jack lag halb auf ihm drauf und schnurrte wie eine Nähmaschine.

Ich nickte. »Anschließend waren Sie in der Tierarztpraxis«, fuhr Berthold fort und lachte kurz auf. »Sie müssen irgendwie ein schlechtes Karma mit sich herumtragen.«

»Wieso denn das?«

Berthold faltete die Bild-Zeitung auseinander. »Frau erschlägt Mann wegen Baby!«, lautete die Schlagzeile, und daneben prangte das Foto eines Leguans. Es war nicht Baby, denn der hier hatte noch seinen Schwanz.

»Bild sprach mit dem Leguan«, grinste Berthold und ließ die Zeitung auf die Theke fallen. »Selbst ich sehe keine Möglichkeit, wie Sie etwas damit zu tun haben könnten. Allmählich glaube ich fast selbst, dass Sie einfach nur das Pech anziehen.«

»Aber nur fast«, stellte ich fest.

»Ja. Nur fast. Wir wissen jetzt, wer der Mörder ist«, fuhr er fort, ohne mich aus den Augen zu lassen. »Ein Ungar. Sein Name ist Milos Horvath. Wir haben auf dem

Parkticket, mit dem er aus dem Parkhaus fuhr, einen Teilfingerabdruck von ihm gefunden. Da Sie nun mal dieses seltsame Talent haben, dass Leute um Sie herum Morde begehen, wollte ich Sie fragen, ob der Name Ihnen etwas sagt.«

Ich schüttelte den Kopf.

»Irgendwie habe ich es mir fast gedacht«, meinte Berthold. Er sah zu George hin. »Ich habe nachgefragt. Sie können George erst einmal behalten, bis sich die Sache mit Meinert aufgeklärt hat.«

»Danke, habt ihr diesen Ungar erwischt?«

»Nein, noch nicht. Aber wir kommen ihm näher. Hier«, sagte er und zog ein Hochglanzfoto aus der Innentasche seiner Jacke. »Das ist er. Er reist mit einem deutschen Pass auf den Namen Achim Krüger. Erkennen Sie ihn?«

Achim Krüger trug eine dicke Hornbrille, gegeltes Haar mit Seitenscheitel und war glattrasiert. Im Hintergrund war ein Teil des Frankfurter Flughafenterminals zu sehen. Die Überwachungskamera hatte den Mann nicht besonders gut getroffen, aber er zog einen schwarzen Samsonite-Koffer hinter sich her.

»Eher nicht«, sagte ich. »Im Bistro hatte er eine Sonnenbrille auf, und der Winkel war ein anderer. Aber er könnte es sein. So viel Zeit hatte ich auch nicht, um ihn mir anzusehen. Aber ...« Ich tippte auf die Armbanduhr, die Krüger auf dem Foto trug.

»Ja«, nickte Berthold. »Die gleiche Uhr. Darüber haben wir ihn gefunden. Wir wissen, dass er ein Taxi genommen hat, und jetzt versuchen wir noch herauszufinden, wohin. Marietta sagte, dass Sie vermutet haben, dass er ein Ungar ist. Wieso?«

»Ich sagte es ihr bereits. Nur ein Gefühl.«

Kommissar Berthold nickte langsam. »Ich kenne das«, sagte er dann. »Ich nenne es Instinkt. In den meisten Fällen kann ich ihm vertrauen.« Er legte Horvaths Foto neben die Bild-Zeitung auf die Theke. »Bei Ihnen sagt mir mein Instinkt, dass Sie gefährlich sind. Zu viele Dinge sind seltsam an Ihnen. Aber in einem bin ich mir unschlüssig.«

»Und was wäre das?«

»Sind Sie gut für Marietta?«

»Ich weiß es nicht«, sagte ich. »Ich hoffe es.«

»Nun, das hoffen wir dann wohl alle«, meinte Berthold. »War nett, mit Ihnen zu plaudern. Und falls Sie Horvath über den Weg laufen ...« Er nickte in Richtung des Fotos und zog eine Visitenkarte heraus. »Rufen Sie mich an.«

»Sollte er mir über den Weg laufen, werde ich das tun«, versprach ich.

»Sie sind ihm im Bistro begegnet, und er hat Ihren Vorgarten umgepflügt. Wie heißt es doch so schön, alle guter Dinge sind drei.« Er nickte mir zu. »Schönen Tag noch. Ich finde den Weg hinaus.« Er öffnete die Tür, doch dann blieb er mit der Hand auf der Klinke im Türrahmen stehen, um zu mir herüberzuschauen.

»Haben Sie eine Idee, warum Horvath überwacht wird?«

»Woher sollte ich?«, sagte ich. »Wie kommen Sie darauf?«

»Das Foto«, meinte Berthold. »Ich habe mit dem Sicherheitspersonal gesprochen. Der Name Achim Krüger war geflaggt. Die wussten schon vorher, dass er kommen würde. Offenbar hat noch jemand ein Interesse an unserem Freund. Ein ehemaliger Kollege vom AMK vielleicht?«

Ich zuckte mit den Schultern.

»Na, hätte ja sein können«, meinte Berthold mit einem Lächeln. »Wir sehen uns noch.« Dann zog er die Tür hinter sich zu und ging zu seinem Wagen zurück. Als er einstieg, winkte er mir noch fröhlich zu.

Ich sah ihm zu, wie er davonfuhr, nahm dann das Foto zur Hand und musterte es genauer. So viel also dazu, dass Gernhardt keine aktuellen Fotos besaß. Von wegen. Ich nahm die Zeitung und warf sie in den Papierkorb, dabei fiel ein anderes Foto heraus. Noch eine Aufnahme einer Sicherheitskamera vom Frankfurter Flughafen. Nur dass diese nicht den Ungarn zeigte, sondern Gernhardt, wie er ungeduldig auf seine Uhr sah.

Ich pfiff leise durch die Zähne und musterte den Timecode auf dem Foto. Tag und Uhrzeit stimmten. Zehn Minuten später war der Ungar in Frankfurt gelandet. Marietta hatte recht, Berthold war gerissen.

So viel also dazu, dass Gernhardt angeblich so wenig über den Ungarn wusste. Ich nahm eine Lupe heraus und musterte das Päckchen, das Gernhardt in der Hand hielt. Es war gerade groß genug, dass eine Walther hineingepasst hätte.

Ich ging in den anderen Keller, suchte mir den üblichen Kram zusammen, den ich brauchte, und fuhr nach Bornheim, zu der Adresse, die Brockhaus herausgefunden hatte. Auf dem Schild für die Wohnung im vierten Stock stand der Name Schneider, ich klingelte, aber niemand öffnete.

Es war eines dieser schicken Gründerzeithäuser, die man in Eigentumswohnungen umgebaut hatte, und es gab noch fünf andere Klingelknöpfe.

Irgendjemand öffnet immer, ohne Rückfrage, so auch hier.

Auf dem polierten Namensschild im vierten Stock stand ebenfalls Schneider. Ich klingelte erneut, klopfte und musterte dann das Schloss. Schön und neu, kaum Kratzer daran. Die Firma machte Werbung damit, dass man es so gut wie gar nicht knacken konnte. Die schöne alte Tür war restauriert und neu lackiert worden, es änderte aber nichts daran, dass der Türspalt mehr Spiel hatte als heutzutage üblich. Oder daran, dass die wenigsten Leute heutzutage auch abschlossen.

Warum sich ein schönes neues Schloss kaufen und dann die Tür nur zuziehen? Sie hätten auch gleich eine Einladung drucken können. Zwei Sekunden später war ich drin und zog die Tür leise hinter mir zu.

Das ist Einbruch. Eine strafbare Handlung, wie es so schön heißt.

Sechs Zimmer, alle schön eingerichtet und renoviert, niemand zu Hause. Mittlerweile war klar, welchem Zweck diese Wohnung diente. Zwei gut ausgestattete Schlafzimmer, eines davon noch nett mit Andreaskreuz und diversen Dekoelementen wie Peitschen und Handschellen ausgestattet. Die Bar war bestens bestückt, und in den Schlafzimmerschränken hingen ein paar durchaus interessante Kleidungsstücke in unterschiedlichen Größen. In einer Schublade befand sich ein Packen Windeln für Erwachsene. Irgendwie hatte ich bis dahin nicht so richtig glauben können, dass es wirklich Männer geben sollte, die auf so etwas standen.

In dem Schlafzimmer links, dem ohne Lederdekor, fand ich einen großen Samsonite-Koffer, mit Kleidungsstücken und allem, was eine Frau so braucht, daneben ein Rucksack, den ich kannte. Auf dem Schreibtisch in dem kleinen Büro stapelten sich Fachbücher. Offensichtlich gehörten sie der Studentin, die bei Lucio angeheuert hatte ... und die er am Abend seiner Ermordung hatte aufsuchen wollen. Auf dem Bett waren Kleidungsstücke verstreut, die die junge Frau offenbar vor dem großen Spiegelschrank anprobiert hatte, auf dem Boden ein Paar ultrahochhackige Stiefel, die ich nur ungläubig anglotzen konnte.

Die Absatzhöhe betrug bestimmt zwanzig Zentimeter, und ich konnte mir kaum vorstellen, dass irgendwer die Teile auch nur anziehen konnte, ohne sich den Fuß zu brechen, geschweige denn darin einen einzigen Schritt machen zu können. In diesem Schlafzimmer fehlten zwar die Folterinstrumente von nebenan, dafür gab es eine ansehnliche Sammlung von Dildos in allen Größen und Farben, die ich mit geradezu naivem Erstaunen registrierte, sowie gleich drei Schachteln Kondome. Im Hunderterpack, aber noch nicht angebrochen. Die Dame hatte wohl noch einiges vor.

Auf dem Schreibtisch fand ich einen fast neuen Terminplaner, demzufolge sie gerade eine Vorlesung in der Uni besuchte. Viel mehr an Einträgen gab es nicht, offenbar hatte sie noch keine Kundenbesuche gehabt.

Aber dennoch hatten Horvath und Muller hier mehrfach angerufen. War unsere Studentin Gernhardts Mitarbeiterin, die sich hier für das Vaterland opferte?

Vielleicht. Es gab drei Telefone in der Wohnung, Internetanschluss und alles andere, was man heutzutage brauchte. Und einen Computer im Büro. Freundlicherweise war er nur auf Standby, ein Tastendruck später sah ich die Anmeldung vor mir.

Ich rief Brockhaus an. Diesmal gab es seine Nummer

wieder, und er meldete sich nach dem ersten Klingelton. Die junge Frau, deren Name wohl Sara war, hatte noch ein paar Stunden Vorlesungen, etwas Zeit hatten wir also noch.

»Der Computer ist an und hat eine Internetverbindung?«, fragte mich Brockhaus.

»Ja.«

»Gut, dann gehe ich mal schauen, ob ich ... Sag mal, ist das ein Server?«

»Keine Ahnung. Sieht nach einem normalen Windows 7-Rechner aus. Ich wollte dich nur bitten, mir bei der Anmeldung zu helfen.«

»Drück mal Return«, sagte er abwesend, während ich ihn wieder auf seiner Tastatur klackern hörte.

Ich drückte Return, und der Desktop erschien. Er war, bis auf ein paar Standardprogramme, ziemlich leer, ein Verzeichnis war offen, in dem sich gut zweihundert Fotos befanden, ich erkannte die Studentin aus dem Café, nur dass sie hier wesentlich weniger anhatte. Außerdem war Photoshop offen, und ich stellte mit einem Grinsen fest, dass die Dame dabei war, virtuell ihren Busen zu vergrößern. Nicht, dass an dem viel auszusetzen wäre.

»Hier stimmt etwas nicht«, sagte Ludwig. »Ich bin hier auf einem Linux File Server. Warte mal ... klingelt irgendwo etwas?«

Nein. Tat es nicht.

»Okay, das haben wir gleich.« Mehr Klackern auf der Tastatur, während ich mir den Verlauf des Explorers ansah. Außer dass sie sich die letzten zwei Tage viel auf Facebook herumgetrieben hatte, war nichts zu finden. Ich nahm an, dass sie lieber ihren eigenen Laptop verwendete, dass sie einen besaß, war an der leeren Laptop-

Tasche zu erkennen, die neben ihrem Rucksack auf dem Boden lag.

»Schau mal, ob du die Telefonleitung findest.«

Das war nicht weiter schwer, der Anschluss fand sich gleich im Flur. »Wo gehen die Kabel hin?«

»Eines verschwindet in den Fußleisten, das andere geht am Türrahmen hoch zur Decke.«

»Zur Decke ... hhm. Schau mal, wo das hinführt.«

»Nur in die Decke. Warte mal.« Die Decke. Wie alles hier war sie sauber renoviert und frisch gestrichen. Überall gab es diesen schönen alten Stuck und ... ich holte einen Stuhl aus der Küche und stellte mich darauf, klopfte gegen die Decke. Es klang hohl. Ich ging zur Eingangstür und betrachtete mir die Decke im Treppenhaus. Sie war gut zwanzig Zentimeter höher als in der Wohnung.

»Es gibt eine Zwischendecke.«

»Das habe ich mir fast gedacht. Es gibt Dutzende von Videodateien auf dem Server. Und Live Feeds. Wink doch mal.« Ich hörte ihn fast grinsen. »Ich kann dich sehen.«

Ich suchte die Decke ab, aber ich brauchte trotzdem einen Moment, um die Linse zu entdecken. Sie war zwischen dem falschen Stuck angebracht und fiel kaum auf.

»Es muss irgendwo einen Zugang zur Decke geben.«

Ich fand ihn in einer Abstellkammer. Dort war die Decke lose, und als ich sie anhob ... »Treffer«, teilte ich Ludwig mit. »Ich sehe einen ISDN-Anschluss, Videokabel, Router und einen Computer.«

»Hast du dein Notebook dabei?«

»Nein. Unten im Auto.«

»Warte, ich gebe dir die Zugangsdaten durch. Heinrich, das ist ein erstklassiges Setup, das sie hier haben. Die Kameras werden durch Bewegungsmelder aktiviert, in dieser Wohnung geschieht nichts, ohne dass es aufgezeichnet wird. Allerdings wurden offenbar jede Woche gezielt Dateien gelöscht. Nur seit letzter Woche nicht.«

Dazu war Lucio dann wohl nicht mehr gekommen.

»Etwas Interessantes dabei?«

»Das kann ich dir noch nicht sagen. Es wird eine Weile dauern, bis ich alles runtergeladen habe. Am besten du verschwindest von dort, dann kann ich die Videos löschen, die dich zeigen. Ich ruf dich wieder an. Und mach den Koffer wieder zu.« Damit legte er auf. Ich machte den Koffer wieder zu, stellte den Stuhl zurück und machte mich davon.

⊕ Kaum am Auto angekommen, sah ich schon die Politesse, die ihren Block zückte. »Reicht es noch, wenn ich gleich wegfahre?«, fragte ich sie mit meinem freundlichsten Lächeln. Sie lachte und nickte. Da soll mal jemand behaupten, dass es keine Wunder mehr gab. Weit fuhr ich nicht, nur einmal um den Block herum, wo ich parkte und meinen Laptop herausholte.

Ich loggte mich ein, und Sekunden später fand ich mich auf dem Rechner in Lucios kleiner Wohnung wieder. Brockhaus hatte recht, die ganze Wohnung war verkabelt, es gab über dreißig Kameras dort, wobei die in den Schlafzimmern und im Bad die meiste Aufmerksamkeit erhalten hatten.

Jede Kamera hatte ein Fenster für sich und einen Archivlink daneben. Ich suchte den Flur, klickte auf den letzten Link und konnte zusehen, wie die Studentin ihre Jacke anzog und dann aus dem Haus ging. Oder wie sie frühstückte ... Müsli und Wasser. Die Frau gönnte sich nichts.

Ich loggte mich aus, ließ die Scheibe herunter, zündete mir eine Zigarette an und dachte darüber nach, wie das alles zusammengehörte. Warum die Wohnung verkabelt war, erschien mir klar. Heutzutage konnte man mit so etwas im Internet viel Geld verdienen. Sowohl Horvath als auch Muller hatten den versteckten Anschluss in der Wohnung angerufen, vielleicht gab es dort eine Anruf-Weiterschaltung. Was dann eine dritte Person ins Spiel brachte. Lucio war es jedenfalls nicht, der nahm keine Anrufe mehr entgegen.

Die Studentin, die bei Lucio angefangen hatte, wusste wahrscheinlich noch gar nicht, dass Lucio nicht mehr unter uns weilte. Vielleicht wartete sie ja noch immer darauf, dass Lucio sie kontaktierte. Oder sie arbeitete tatsächlich für Gernhardt.

Doch weder Horvath noch Muller konnten das wissen. Der Ungar lief noch irgendwo da draußen frei herum. Je länger ich wartete, umso größer wurde die Gefahr, dass er wieder zuschlug. Für mich alleine war das Ganze mittlerweile etwas zu heikel geraten. Ich brauchte Hilfe, und Gernhardt konnte und wollte ich nicht vertrauen. Also blieben nur die Orlovs.

Das stimmt so nicht ganz.

Ich suchte in meiner Jackentasche nach Bertholds Visitenkarte und griff nach meinem Telefon, wollte ihn gerade anrufen, als es an der Scheibe klopfte.

Ich sah auf. Ein Polizeiwagen hatte so neben mir geparkt, dass ich nicht mehr herausfahren konnte. Ein Polizist mit besonders grimmigem Gesichtsausdruck stand neben der Fahrertür, ein anderer rechts hinter dem Wagen, die Hand auf der Pistolentasche.

»Aussteigen!«, befahl der Polizist in barschem Tonfall. »Aber gaaanz langsam!«

Folgsam tat ich ihm den Gefallen.

»Um was geht es hier?«, fragte ich höflich, als man mir die Beine auseinanderschob und abtastete, als wären die besten Zeiten der RAF nicht längst vorbei.

»Sie parken seit fast einer halben Stunde an derselben Stelle«, teilte mir der Polizist finster mit. Ich sah hoch, und da stand das verdammte Schild. Gut, Parkverbot, aber seit wann wurden Strafzettel auf diese rüde Weise verteilt?

»Und was ist daran so schlimm?«

»Das weißt du genau, du perverser Bastard!«, fluchte der eine Polizist. Es schien fast, als ob er nur auf eine Gelegenheit warten würde, handgreiflich zu werden.

»Aber ...«, begann ich, doch der andere Polizist, der im Polizeiwagen meine Papiere überprüft hatte, stieg aus und nickte dem ersten zu.

»Er ist im System ... wir nehmen ihn mit.«

»Darf ich vielleicht erfahren, warum ...«

»Schnauze! Hände auf den Rücken! Du kannst dir auf der Wache eine Geschichte einfallen lassen!« Offenbar war man wenig an einer Unterhaltung mit mir interessiert.

⊕ »So war das mit dem Wiedersehen nicht gedacht«, grinste Marietta, als sie sich von einem Polizisten die Zellentür aufschließen ließ. Ich hatte es mir auf der viel zu schmalen und kurzen Pritsche nur mit Mühe bequem machen können, jetzt richtete ich mich auf und massierte mir den Hals, während ich sie mit einem bösen Blick bedachte.

»Habe ich diesen Spaß dir zu verdanken?«, fragte ich, während ich ihr aus der Zelle folgte. Berthold war auch da und schien seine Erheiterung kaum verbergen zu können.

»Nein«, antwortete Marietta immer noch schmunzelnd. »Wir haben im System vermerkt, dass, solltest du irgendwie auffällig werden, wir kontaktiert werden wollen. Außerdem hast du in deinem Telefon die Nummer von Thomas eingegeben, sodass wir einen seltsamen Anruf erhielten, in dem die Kollegen erst einmal wissen wollten, wer Thomas denn sei.«

»Und?«, fragte ich, während ein Polizist mir den Schuhkarton mit meinen Sachen über die Theke schob.

»Du hast Waffen auf dich registriert«, teilte mir Marietta mit. »Dein Sprengschein erlaubt dir, Sprengmittel zu beziehen. Du bist ledig und kinderlos, was auf eine schlechte Sozialisation schließen lässt. Wahrscheinlich bist du ein gefährlicher Psychopath oder, noch schlimmer, ein Terrorrist.«

»Ich werde verhaftet, weil ich nicht verheiratet bin?«, fragte ich ungläubig.

Marietta lachte amüsiert und grinste breit, ihr Blick schien mir mitzuteilen, dass ich ja selbst daran schuld wäre. Wobei sie nicht ganz unrecht hatte.

»Nein«, grinste Berthold, der das Ganze offensichtlich für sehr unterhaltsam hielt. »Sie haben sich nur verdächtig verhalten.«

»Ich habe in meinem Auto gesessen«, widersprach ich empört.

»Eben. Eine halbe Stunde. Vor einem jüdischen Kindergarten. Sie hatten Glück, es hätte nicht viel gefehlt und man hätte Sie mit einem Einsatzkommando abgeholt.«

»Ein Kindergarten?«, fragte ich fassungslos. »Ich habe nicht mal einen gesehen!«

»Das war auch die Idee«, grinste Berthold. »Man hat sich Mühe gegeben, ihn nicht so auffällig zu gestalten, damit ihn niemand mit selbstgebauten Bomben in die Luft sprengt!« Er schüttelte erheitert den Kopf. »Tatsächlich hat es eine Bürgerinitiative gegen Kinderlärm gegeben, Kinder sind ja heutzutage nicht mehr erwünscht. Also haben sie den Kindergarten so umgebaut, dass die Kinder drinnen spielen.«

»Das meinen Sie jetzt nicht ernst, oder?«, fragte ich, während ich mir die Handgelenke rieb. Vorhin hatten die Polizisten die Handschellen doch etwas eng angelegt.

»Und ob«, meinte Berthold. »Ich weiß von drei Kindergärten, die wegen störendem Lärm verklagt und dichtgemacht worden sind.«

»Danke, dass ihr gekommen seid«, sagte ich knirschend. Ich warf dem einen Polizisten, der mich vorhin beinahe noch aus dem Auto gezerrt hätte, einen bösen Blick zu. »Ein Kindergarten? Ernsthaft?«

Der Polizist zeigte sich wenig beeindruckt von meinem Blick und zuckte nur mit den Schultern. »Es war eine Parkverbotszone«, sagte er und drückte mir einen blauen Zettel in die Hand. »Halten nur bis fünf Minuten. Hätten Sie sich dran gehalten, wäre nichts geschehen. Machen Sie es einfach nicht wieder.«

»Gilt das auch für andere Kindergärten?«, wollte ich wissen.

»I wo«, sagte Berthold grinsend. »Vor deutschen Kindergärten können Sie einen Laster tagelang stehen lassen, und wenn Sie einen muslimischen finden, kann es sein, dass ein Neonazi Sie noch fragt, ob Sie Hilfe brauchen.«

»Thomas«, sagte Marietta scharf, doch Berthold schüttelte nur den Kopf. »Du weißt, dass ich recht habe: Und du hast doch auch diesen Bericht gelesen ...« Er wandte sich wieder mir zu. »Gestern hat man auf offener Straße eine junge Türkin zusammengeschlagen und keiner will es gesehen haben. Wie war das? Sie hatten Glatzen und trugen Bomberjacken mit Springerstiefeln, aber keinem sind sie aufgefallen?«

»Wo war das?«, fragte ich neugierig.

»In der Königsteiner Straße«, antwortete Marietta entnervt. Also nicht weit von der Wohnung von Opa Niemann entfernt.

»Wo ist mein Wagen?«, fragte ich, als wir das Polizeirevier verließen.

»Man hat ihn zur Spurensicherung gebracht«, erklärte Berthold mit einem breiten Grinsen. »Aber keine Sorge, wir fahren Sie hin. Betrachten Sie es als Dienst am Kunden.«

⊕ »Na?«, fragte Berthold, als ich meinen Wagen vom Polizeihof fuhr und neben Marietta und Berthold parkte, die beide an ihrem BMW lehnten.

»Noch alles dran?«, stichelte der Kommissar, als ich zu ihnen an den Wagen kam. »Ich hatte ja gehofft, sie würden ihn zerlegen ... man wollte ihn auf Sprengmittel- und Pulverrückstände untersuchen. Und auf alles andere, das ihnen so einfiel.«

»Ich weiß«, meinte ich und zündete mir eine Zigarette an. »Man hat sich fast noch bei mir dafür entschuldigt, dass sie zu viel zu tun hatten, um meinen Wagen sofort zu zerlegen.« Ich musterte Berthold. »Ich hoffe, es betrübt Sie nicht zu sehr!«

»Jungs, seid friedlich«, mahnte Marietta.

»Was den Kindergarten angeht, habe ich meine Zweifel, dass das Ihr Ding wäre«, meinte Berthold. »Aber Lucio ist gerade vier Straßen von dort erschossen worden. Das Café ist zu ... Also, was wollten Sie dort?«

»Nichts. Ich bin rechts rangefahren, um etwas in meinem Laptop nachzusehen. Außerdem wollte ich Sie gerade anrufen.«

»Wollten Sie das?«, fragte er skeptisch. Ich nahm mein Telefon heraus und drückte auf Wahlwiederholung. In seiner Tasche begann es zu bimmeln.

»Okay«, sagte Berthold. »Weshalb?«

»Wir sollten uns zusammensetzen und Informationen abgleichen.«

»Nun, da stelle ich Ihnen für den Anfang eine ganz einfache Frage«, sagte Berthold. »Sind Sie zurzeit noch aktiv für den BND tätig?«

»Nein.« Jedenfalls hatte ich noch nicht unterschrieben.

»Sie sind jetzt also nur noch ein ganz normaler Bürger, richtig?«

Ich nickte.

»Gut. Können Sie mir dann erklären, warum Sie Ihre Nase in etwas hineinstecken, das Sie nichts angeht? Warum überlassen Sie das nicht uns?«

»Es geht mich etwas an, wenn jemand auf meinem Grundstück eine Freundin meiner Nichte überfährt.«

»Was wollen Sie tun? Selbstjustiz üben? Muller junior überfahren?«, fragte Berthold aggressiv.

»Thomas!«, mahnte Marietta ihn.

»Was denn?«, begehrte der auf. »Wir sind nett zu ihm. Ohne uns hätte es noch Stunden gedauert, bis man ihn hätte laufen lassen. Aber wir werden bestimmt nicht mit einem Zivilisten ... wie nannten Sie das?« Er durchbohrte mich mit seinem Blick. »Informationen abgleichen. Wir ermitteln in einem Fall, und Sie, Herr Schmitt, werden sich ab sofort da raushalten!«

»Ich weiß es zu schätzen, dass Sie mir geholfen haben«, sagte ich. »Aber gut, vergessen wir es. Nur warum lassen Sie mich dann nicht einfach in Ruhe?«

Berthold sah mich prüfend an. »Wissen Sie«, sagte er nachdenklich. »Das ist genau das, was gefehlt hat. Wenn wir jemandem so auf die Füße steigen, wie ich das bei Ihnen gemacht habe, und der unschuldig ist, kommt genau diese Frage ziemlich früh. Bei Ihnen ... man könnte fast auf die Idee kommen, dass Sie wissen, warum. Jetzt würde ich nur noch gerne wissen, was der Grund ist, warum Sie so lange nicht protestiert haben. Sie haben genug Geld, um sich einen Anwalt zu leisten, der Beschwerde einlegen könnte!«

»Auszeit«, entschied Marietta und trat zwischen uns. »Ich habe keinen Bock mehr auf diesen Schwanzvergleich. Wir fahren jetzt zu dir, Heinrich, und klären das zwischen euch!«

»Und warum fahren wir nicht aufs Präsidium?«, meinte Berthold und schnippte sich ein unsichtbares Stäubchen von der Jacke.

»Bei ihm schmeckt der Kaffee besser.«

Er sah von ihr zu mir und dann wieder zu Marietta hin. »Gut«, sagte er. »Das ist ein Argument.«

⊕ »Du scheinst dich hier wie zu Hause zu fühlen«, stellte Berthold säuerlich fest, als Marietta ihm einen Kaffee hinhielt, den sie eben mit der Maschine gebraut hatte.

»Noch nicht so ganz«, antwortete sie lässig. »Ich habe erst einmal hier übernachtet.«

»Marietta!«, entfuhr es dem Kommissar, und es hätte nicht viel gefehlt und er hätte sich den frischen Kaffee über die Hose geschüttet. Auch ich verschluckte mich fast.

»Ich weiß nicht, was daraus wird«, meinte Marietta verärgert. »Aber ich habe es satt, dass du dich einmischst!«

Ich war froh, dass es Berthold war, den sie mit einem funkelnden Blick bedachte, und nicht ich.

»Es gibt Verdachtsmomente gegen ihn!«, beschwerte sich der Kommissar, als ob ich nicht zwei Schritt von ihm entfernt stehen würde. George hob den Kopf an, sah zu dem Kommissar hin, gähnte und rollte sich wieder ein.

»Darf ich fragen, welche das denn sind?«, fragte ich.

»Wir sind nicht verpflichtet, Sie über laufende Ermittlungen aufzuklären«, meinte Berthold stur. »Ich will jetzt endlich wissen, was hier gespielt wird.«

Ich seufzte. »Geben Sie dann Ruhe?«, fragte ich.

»Das kommt darauf an, was Sie erzählen«, meinte Berthold ungnädig, und Marietta seufzte.

»Bitte«, bat sie. »Wenn du mit dem Mord an Valente nichts zu tun hast, dann erzähle uns, um was es geht. Wenn du willst, bleibt es unter uns.«

»Marietta ...«, begann Berthold, doch sie stoppte ihn mit einem Blick.

»Okay«, seufzte der. »Überzeugen Sie mich.«

»Valente hat sich das alles selbst eingebrockt. Unser italienischer Freund hat sich neben seinen üblichen Geschäften noch einen kleinen Nebenerwerb gegönnt. Meist ging es um Erpressung. Ein paar Fotos, die die

Ehefrau nicht sehen sollte. Die Masche war einfach. Während der Kunde abgelenkt war, ließen seine Pferdchen Valente in das Haus des Kunden ... und der schaute sich nach Dingen um, die er verwenden konnte. Wurde er erwischt, was ein- oder zweimal vorgekommen ist, konnte er immer noch sagen, dass er auf seine Pferdchen aufpasste. Nur wurde vor zwei Jahren der Nachrichtendienst auf ihn aufmerksam und machte ihm einen Vorschlag, den Lucio nicht ablehnen konnte. Seitdem arbeitet er für den Dienst.«

Berthold blinzelte.

»Okay, so weit deckt es sich mit unseren Ermittlungen«, sagte er. »Wir sind schon auf seine kleinen Geschäfte gestoßen. Gut. Lucio arbeitete also für den BND. Scheint ihm ja nicht viel geholfen zu haben. Aber was hat das mit Ihnen zu tun? Sie sind doch nicht mehr beim BND, Entschuldigung, AMK? Oder war das eine Lüge?«

»Ich wurde von einem ehemaligen Kollegen gebeten, bei laufenden Ermittlungen mitzuwirken.«

»Hat der BND keine Leute mehr?«, fragte Berthold spöttisch.

»Das habe ich ihn auch gefragt. Er sagt, es ginge darum, dass ich die Orlovs kenne und sie dazu bewegen kann, der Agentin, die bei Lucio verdeckt ermittelt hat, einen neuen Job zu vermitteln, damit sie imstande ist, ihren Auftrag weiter auszuführen.«

»Eine Agentin?«, fragte Berthold und schüttelte ungläubig den Kopf. »Eine von Lucios Nutten arbeitet für euch?«

Ich zuckte mit den Schultern. »War nicht meine Idee.«

»Aber Sie kennen die Orlovs?«, fragte er.

»Wir sind befreundet.«

Marietta pfiff leise durch die Zähne. »Sie sind eng mit

der russischen Mafia verbandelt, aber das weißt du sicherlich schon längst.«

»Wahrscheinlich steckt er selbst mit drin«, knurrte Berthold.

»Nein«, widersprach ich. »Aber wir kennen uns von früher. Bevor sie nach Deutschland gekommen sind.«

»Ach ja?«, fragte er und zog skeptisch eine Augenbraue hoch. »Wie befreundet man sich mit der russischen Mafia?«

»Gar nicht. Aber ich kenne die beiden noch aus Petersburg, wir haben dort zusammengearbeitet, um eine terroristische Zelle auszuheben. Irina war damals noch beim KGB. Aber es geht hier nicht um die Orlovs. Sondern um laufende Ermittlungen.«

»Was für laufende Ermittlungen?«, fragte Marietta.

»Es geht angeblich um einen riesigen Währungsbetrug. Mein ehemaliger Kollege ist der Ansicht, dass die Chinesen tief mit drinstecken und das Ganze von Peking gedeckt wird. Das ist auch der Grund, weshalb der Nachrichtendienst tätig wurde.« Ich zog eine Küchenschublade auf und nahm Gernhardts Bild heraus.

»Das ist mein ehemaliger Kollege. Major Gernhardt Hollmann. Wir haben lange zusammengearbeitet, bis unser letzter Einsatz schiefging. Dann hat er mir in den Rücken geschossen, mich für mausetot gehalten und liegen lassen.«

»Hört sich an, als ob Sie ihn nicht leiden könnten«, meinte Berthold, während Marietta erschrocken die Luft einzog und mich mit großen Augen anstarrte. Er zog sich einen der Thekenhocker heran, um sich zu setzen. »Also gut«, sagte er. »Das wird ja immer interessanter. Erzählen Sie mehr.«

Das tat ich. Aber nur das Notwendigste. Brockhaus

ließ ich außen vor, auch die Wohnung in Bornheim vergaß ich zu erwähnen. Marietta schüttelte nur immer wieder ungläubig den Kopf, während ich langsam das Gefühl bekam, dass Berthold mir doch allmählich Glauben schenkte. Sorgsam notierte er sich alles, was ich über Achim Krüger sagen konnte. »Wo haben Sie die Telefonnummer her?«, fragte er mich, als er die von der Prepaid-Karte notierte, die Lucio am Flughafen gekauft hatte.

»Ein paar Dinge will ich noch für mich behalten«, antwortete ich. Er zögerte einen Moment und nickte dann. »Okay. Fair genug.«

Dann erzählte ich ihm von Anschütz und dass ich erfahren hatte, dass der Mann bei der Bundesbank für die Vergabe von Transportaufträgen zuständig gewesen war.

»Hhm«, sagte Marietta nachdenklich. »Hast du irgendetwas von einer Verbindung zwischen ihm und Lucio erfahren?«

Ich schüttelte den Kopf. »Nein. Soviel ich weiß, wussten sie nichts voneinander.«

»Sagen Sie, könnte es sein, dass der BND ein Interesse an Valentes Tod hatte?«, fragte Berthold etwas später, nachdem ich von Marvin Schröder und der CD erzählt hatte.

»Es mag manchmal notwendig sein, direkte Methoden zu verwenden«, sagte ich. »Aber nicht in diesem Fall. Stellen Sie sich vor, jemand vom BND wäre zu Ihnen gekommen und hätte Ihnen mitgeteilt, dass es von nationalem Interesse wäre, dass unser kleiner Zuhälter das Material, mit dem er seine Kunden erpresst, herausgibt. Meinen Sie wirklich, Sie hätten sich dem in den Weg gestellt? Zur Not hätte Sie der Innenminister angerufen. Sie hätten Valente eingebuchtet, man hätte seine Hütte auf den Kopf gestellt und ihm ein paar eindringliche Fragen gestellt. Valente war ein brutales Arschloch, aber er verging sich ja immer nur an Frauen ... meiner Meinung nach war er ein Feigling. So jemanden kann man leicht einschüchtern. Ein kleiner Hinweis, dass man manche Sachen großzügig vergisst, und die Angelegenheit wäre vom Tisch gewesen.«

»Und warum hat man es nicht gleich so gemacht?«, fragte Berthold.

»Es hätten mehr Leute eingeweiht werden müssen, so etwas sorgt bei Nachrichtendiensten immer gleich für Zahnschmerzen.« Ich zuckte mit den Schultern. »Aber es wäre einfacher gewesen, als Valente umzulegen. So etwas ist immer schlecht fürs Image, wenn es herauskommt.«

Marietta nickte. »Das leuchtet mir ein. Doch warum hast du das Ganze nicht gleich erzählt?«

»Hättest du es getan?«, fragte ich säuerlich. »Wenn man so lange in dem Geschäft war wie ich, entwickelt man eine Abneigung dagegen, es irgendwem auf die Nase zu binden. Abgesehen davon, dürfte ich euch eigentlich gar nichts erzählen.«

Berthold sah mich lange an. »Wissen Sie was«, sagte er langsam. »Ich glaube Ihnen, wenigstens, was Valente angeht. Allerdings bin ich mir auch sicher, dass Sie noch mehr zu verbergen haben. Ich habe noch eine andere Frage.«

»Ich habe euch jetzt alles gesagt, was ich weiß.«

Na, wenigstens fast alles.

»Darum geht es nicht«, meinte er. »Was ist mir Ihrer Schwester und Ihrem Schwager?« Er sah mich direkt an. »Ich bin geneigt, Ihnen alles andere zu glauben, aber diese Sache mit Ihrer Schwester und ihrem Mann ist so faul, dass sie noch heute stinkt. Überzeugen Sie mich, dass Sie damals nichts damit zu tun hatten, und wir können weiterreden.«

»Thomas«, begann Marietta, doch er schüttelte stur den Kopf. »Wenn ich bei diesem Scheiß mitspielen und meine Karriere und meine Haut riskieren soll, will ich wissen, wer dein Freund ist!«

Ich seufzte und stand auf. »Warten Sie hier.«

Ich ging in mein Büro, öffnete einen Aktenschrank und nahm eine dicke Mappe heraus, die ich dann dem Kommissar auf die Theke legte.

Berthold öffnete sie, fing an zu lesen und pfiff dann leise durch die Zähne.

»O Mann, waren Sie am Arsch«, stellte er fest. Marietta schielte neugierig über seine Schulter und zog die Augenbrauen hoch.

»Siebzig Kilo?«, fragte sie erstaunt. »Bei deiner Größe?«

Ich nickte knapp. »Als ich zurückkam, war ich ein Wrack. Ich hatte alles, vom Durchfall bis zum Sandfloh. Als Elisabeth mich anrief, war ich noch im Bundeswehrkrankenhaus. Sie wollten mich nicht gehen lassen, also habe ich mich selbst entlassen. Auf eigenes Risiko. Als ich dann Elisabeth im Krankenhaus besuchte, ging ich noch auf Krücken, weil meine Beinmuskeln verkümmert waren. Ich brauchte fast ein halbes Jahr Physiotherapie, bis ich wieder gehen konnte. Ich kam mit dem Taxi vom Krankenhaus zurück, hab die Schweinerei in der Küche gesehen und Ana Lena zu unserer Nachbarin gebracht, damit sie das Blut nicht sieht. Anschließend habe ich die Polizei gerufen. Ich habe das Haus nicht mehr verlassen, bis eure Kollegen da waren.« Ich zog die

Akte heran und schlug eine andere Seite auf. »Am gleichen Abend, nach der ersten Vernehmung, hatte ich einen Zusammenbruch und wurde vom Notarzt ins Krankenhaus gefahren. Es hat zwei Tage gebraucht, bis sie mich wieder herausgelassen haben.« Ich schob ihm den Ordner hin. »Hier ist der Bericht. Wie Sie sehen, war ich vollständig entkräftet. Ich hätte keiner Fliege etwas antun können.«

»Und warum stand das nicht im Polizeibericht?«, fragte Berthold, nachdem er einen Blick auf den Krankenbericht geworfen hatte.

Ich zuckte mit den Schultern.

»Vielleicht deshalb, weil mich Ihre Kollegen nicht im Verdacht hatten? Schauen Sie, wie ich damals aussah. Ich war mehr tot als lebendig. Und Frank war, nach allem, was ich gehört habe, ziemlich fett geworden. Neunzig, vielleicht hundert Kilo schwer? Was soll ich denn mit ihm gemacht haben? Unter den Arm geklemmt und zum Taxi getragen? Ich weiß nicht, was mit meinem Schwager geschehen ist, und ich wäre froh, wenn ihr Elisabeth finden könntet. Das zumindest solltet ihr mir glauben können.«

Berthold musterte die Akte, dann klappte er sie langsam zu. »Ich werde das hier überprüfen«, sagte er, aber nicht unfreundlich. »Was ja leicht genug möglich ist ... also gehe ich davon aus, dass das stimmt, was hier steht.« Er sah zu Marietta hin, dann wieder zu mir. »Es tut mir leid, Herr Schmitt«, sagte er dann einfach. »Es könnte sein, dass mein Instinkt mich auf eine falsche Fährte gelockt hat.« Er zögerte ein wenig. »Ich bin gläubiger Katholik«, fuhr er dann leise fort. »Ich bin der Meinung, dass es sich in die Seele eingräbt, wenn man einen anderen Menschen tötet, in ihr Spuren hinterlässt. Ich glaube, dass man es fühlen kann ... und genau das fühle ich bei Ihnen.«

»In diesem Punkt werde ich Ihnen nicht widersprechen«, sagte ich leise. »Haben Sie jetzt genug von mir erfahren?«

»Ja«, sagte Berthold nachdenklich. »Nur noch eines. Ich weiß, dass Sie davon ausgehen, dass Henri Muller Frau Melkamp ermorden lassen wollte.«

Frau Melkamp. Ich musste einen Moment überlegen, bis mir einfiel, wen der Kommissar meinte. Nina.

»Es liegt nahe«, nickte ich.

»Vielleicht. Sagen Sie, Herr Schmitt, haben Sie sich in Ihrem alten Job Feinde gemacht?«

»Das bleibt nicht aus. Ich habe Ihnen ja schon erzählt, dass Gernhardt behauptet hat, Horvath wäre auch hinter mir her. Aber er hätte mich bereits im Café erschießen können. Erkannt hat er mich ja, sonst hätte er mir nicht zugenickt.«

»Dieses kleine Detail hast du glatt vergessen zu erwähnen«, beschwerte sich Marietta.

»Aber er hat recht«, meinte Berthold nachdenklich. »Trotzdem, es ist wahrscheinlicher, dass Horvath Sie erwischen wollte. Das ergibt mehr Sinn, als dass es jemand auf ein siebzehnjähriges Mädchen abgesehen hätte.«

»Ich war noch nicht mal auf der Straße.«

»Aber Ihre Nichte war es. Könnte es vielleicht wirklich sein, dass Horvath Sie so sehr hasst, dass er Ihre Nichte überfahren würde, um Sie zu treffen? Nina und Ana Lena sehen sich etwas ähnlich. Er könnte sein Ziel verwechselt haben.«

»Das glaube ich nicht. Er ist ein Profi. Und vergessen Sie nicht, dass Muller auch mit drinsteckt.«

»Das kann ein Zufall sein. Vielleicht ist er nur einer von Lucios Kunden«, warf Marietta ein.

»Ich glaube nicht an Zufälle.«

»Ich auch nicht. Aber man kann es auch nicht ausschließen«, meinte Berthold und stand auf. »Ich geh jetzt raus und lasse das Hotel überprüfen, in dem dieser Krüger angeblich abgestiegen ist. Wenn er dort ist, werde ich sofort den Zugriff einleiten.«

»Ich glaube nicht daran«, erinnerte ich ihn. »Ich halte das für eine falsche Fährte. Aber seid trotzdem vorsichtig.«

»Das sind wir.« Er hielt mir die Hand hin. »Passen Sie auf sich auf, Herr Schmitt«, sagte er leise. »Und auf Ihre Nichte. Und Marietta.«

Sie sah überrascht auf. »Ich kann auf mich selbst aufpassen.«

Berthold nickte. »Schon. Aber es schadet ja auch nichts, oder?« Er sah von ihr zu mir, nickte uns noch einmal zu und ging zur Tür. »Lass dir Zeit. Aber nicht zu viel.«

Ich sah ihm nach und wartete, bis er die Tür hinter sich zugezogen hatte. »War es das jetzt?«, fragte ich Marietta, die mich nachdenklich musterte.

»Ich denke schon. Ich sagte dir doch, dass er wie ein Terrier ist, bis er erfährt, was er wissen will.« Sie sah zum Fenster hinaus zu Berthold hin, der wie üblich am Wagen stand und eine rauchte, während er telefonierte. »Jetzt, da er weiß, dass das mit dir eine falsche Fährte ist, kann er sich auf den Ungar konzentrieren.« Sie zögerte etwas. »Wir können versuchen, euch Polizeischutz zu gewähren. Der Chef ist nie froh darüber, uns wurden schon wieder Mittel gestrichen, aber vielleicht …?«

Ich schüttelte den Kopf. »Das wird nicht nötig sein«,

meinte ich. »Aber du kannst mir helfen, indem du mir mitteilst, ob ihr Horvath festsetzen konntet.«

»Das mache ich. Wann sehen wir uns wieder?«, fragte sie

»Das weiß ich noch nicht«, antwortete ich ihr und stellte bedauernd fest, dass ihr Lächeln an Strahlkraft verlor. »Ich habe noch einiges zu tun. Aber wenn es nicht zu spät wird, könnte ich dich anrufen.«

»Tu das«, meinte sie und stand auf. »Bis später also.« Als sie vor mir stand, schien sie zu zögern, dann stellte sie sich auf die Zehenspitzen und gab mir einen schnellen Kuss, lächelte mir noch einmal zu und ging.

Warum hast du sie nicht in die Arme genommen?

Weil es immer noch ein Fehler ist.

Dann sieh zu, dass du deine Fehler in den Griff kriegst.

»Ich bin dabei«, sagte ich zur leeren Küche. George fühlte sich wohl angesprochen, er öffnete ein Auge, dann das andere, schien intensiv nachzudenken und stand dann gemächlich auf, um die Küchentür mit der Pfote aufzudrücken.

»Wuff«, meinte er und schielte zur Leine hin, die über dem Schlüsselkasten im Flur hing.

Ich seufzte. Es war ja auch nicht anders zu erwarten gewesen.

»Er sieht George I. ähnlich«, stellte Frau Kramer fest, als sie mir den Tee einschenkte, und musterte Hund, der es sich neben uns auf dem Teppich bequem gemacht hatte und sofort wieder in einen Trancezustand abzugleiten schien. Als ich mit George Gassi ging, war mir wieder eingefallen, dass Ana Lena mir ausgerichtet hatte, dass Frau Kramer mich hatte sprechen wollen.

»Nur ruhiger. Was mir lieb ist«, lachte sie und wies mit ihrer Tasse auf einen kleinen Beistelltisch, an dem noch immer Bissspuren zu erkennen waren. »Ich habe damals befürchtet, dass er mir die ganzen Möbel auffrisst.«

Ich musste lachen, ich hatte fast vergessen, wie oft Frau Kramer Hunde- oder Babysitter gespielt hatte, erst für unsere Eltern, dann auch für Elisabeth und mich. Und für George. Ohne ihre Hilfe wäre es mir nicht möglich gewesen, mich um Elisabeth und später auch um Ana Lena zu kümmern.

»Danach sieht es jetzt nicht aus«, meinte ich lächelnd. »Der hier schläft oder frisst und vermeidet jede überflüssige Bewegung. Ein echt fauler Kerl. Dabei soll er ein Champion sein.«

»Wie das?«, fragte sie neugierig. Also erzählte ich ihr die gleiche Geschichte, die mir Berthold erzählt hatte, und sie nickte nachdenklich.

»Sie können sich nicht vorstellen, was so ein Wettbewerb für ein Zirkus sein kann«, lachte sie. »Ich erinnere mich noch sehr gut daran, wie es war, als wir unsere Pferde vorgestellt haben. Man könnte meinen, es gäbe nichts Wichtigeres auf der Welt. Dabei ging sie um uns herum in Flammen auf.« Einen Moment sah sie in die Ferne, dann schüttelte sie leicht den Kopf. »Wollen Sie mir sagen, was los ist?«, fragte sie. »Irgendetwas bedrückt Ana Lena, und zwar schon vor diesem fürchterlichen Unfall. Ich hoffe, die junge Frau hat es überlebt?«

Ich nickte langsam. »Es sieht aus, als hätte sie Glück gehabt.« Wenn man das so sagen konnte.

»Und Ana Lena?«

»Ich denke«, sagte ich zögernd, »dass sie selbst entscheiden sollte, ob sie Ihnen erzählt, was sie bedrückt.«

Sie setzte ihre Tasse sorgfältig ab. »Richten Sie ihr aus, dass sie mich jederzeit besuchen kommen kann, ja?«

»Gerne. Kann ich sonst noch etwas für Sie tun? Haben Sie Ihren Einkauf für diese Woche schon zusammengestellt?«

»Dort liegt der Zettel«, sagte sie und wies mit ihrer Hand auf den Beistelltisch. »Aber das müssen Sie nicht tun. Ich komme sowieso zu wenig heraus ... ich kann auch mit dem Taxi fahren.«

»Es macht mir nichts aus.«

»Danke«, sagte sie und legte dann den Kopf etwas schräg, wobei sie mich irgendwie an eine Eule erinnerte. »Eine schöne Frau, Ihre Freundin«, sagte sie dann. »Ich dachte schon, Sie hätten es mit den Frauen aufgegeben. Sie ist bei der Polizei, nicht wahr?«

Was wieder einmal bewies, wie wenig Frau Kramer entging.

»Ist sie«, lachte ich. »Beides. Schön und bei der Polizei.«

»Sind Sie in Schwierigkeiten, Heinrich?«, fragte sie vorsichtig. »Ich bin zwar alt, aber nicht ganz so hilflos, wie es erscheinen mag. Wenn ich etwas für Sie und Elisabeth tun kann, lassen Sie es mich wissen?«

»Ana Lena und ich schaffen das schon«, teilte ich mit. Es schien sie nicht sonderlich zu beruhigen, aber sie sagte auch nichts weiter dazu. »Aber danke für das Angebot.« Ich sah auf George herab und seufzte. »Obwohl ...«

Sie schmunzelte ein wenig. »Das ist etwas, bei dem ich nicht mehr helfen kann«, meinte sie. »Gassi gehen machen meine alten Beine nicht mehr mit.«

Als ich mich von ihr verabschiedete, war ich mir nicht ganz so sicher, was sie eigentlich von mir gewollt hatte.

Sie hatte noch zweimal nachgefragt, wie es Ana Lena ging, und ich hatte das Gefühl, als ob sie schon ahnte, was Ana Lena widerfahren war.

Als wir nach Hause kamen, lief George genau vier Schritt in die Küche hinein und brach dann zusammen, als hätte er zehn Stunden rennen müssen. Er wusste offensichtlich sehr genau, wie er seine Kräfte einzuteilen hatte.

Ich versuchte noch einmal, Ana Lena zu erreichen. Diesmal klappte es, sie war gerade zusammen mit Jenny in der Krankenhauscafeteria, um etwas zu essen.

»Ich muss heute Abend noch einmal weg«, teilte ich ihr mit.

»Ich komme schon klar«, sagte sie, und im Hintergrund hörte ich, wie Jenny etwas sagte, das Ana Lena lachen ließ.

»Wenn du nicht gefahren wirst, dann kannst du dir ein Taxi nehmen. Das Geld findest du in der Küchenschublade.«

»Ich fahre nachher mit Jenny mit. Wir wollen uns ein paar traurige Filme holen, um uns aufzumuntern. Ist das okay?«

»Willst du dort wieder übernachten?«

»Das wissen wir noch nicht. Ich sag dir aber Bescheid, ja?«

»In Ordnung«, meinte ich, aber sie hatte schon aufgelegt. Die Unverwüstlichkeit der Jugend, dachte ich. Vielleicht kam sie ja doch gut darüber weg.

Besser als du wahrscheinlich.

Mochte sein.

Ich hatte mich dazu entschlossen, Marietta und ihren Kollegen wenigstens zum Teil einzuweihen. Es erschien mir immer noch als das Sinnvollste. Dennoch bereute ich es in diesem Moment, am liebsten wäre ich sofort zum Elbhof gefahren, um mich selbst um diesen Drecksack zu kümmern.

Er ist nicht dort.

Ja. Möglich. Um sicherzugehen, musste ich auf Mariettas Anruf warten. Aber bis dahin brauchte ich meine Zeit ja nicht zu verschwenden, es gab noch immer mehr als genug für mich zu tun.

Ich rief Theo an. »Weißt du, wie spät es ist?«, begrüßte der mich aufgebracht. »Da habe ich mich mal entschieden, früher nach Hause zu kommen und mich um meine Frau zu kümmern, und dann rufst du an!«

Ich unterdrückte ein Lachen. Es war gerade mal sieben Uhr, und ich konnte mich an andere Gelegenheiten erinnern, als er mich noch wesentlich später gestört hatte. Aber eines musste ich Theo lassen, er konnte sich herrlich aufregen. »Du hättest ja nicht ans Telefon gehen brauchen.«

»Was willst du?«

»Ich muss mich um die Frachtpapiere kümmern, habe aber so viel zu tun, dass ich es kaum tagsüber schaffe. Kannst du deinem Pförtner Bescheid sagen, dass er keinen Stress machen soll, wenn ich nachts mal vorbeikomme?«

»Gott«, beschwerte sich Theo. »Und deshalb machst du so ein Geschiss? Sag dem Pförtner doch selbst Bescheid ... ich bezahle ihn wahrscheinlich schon die Hälfte der Zeit fürs Schlafen! Welcher Depp würde Industriemüll klauen wollen? Hauptsache, ich werde den Scheiß so schnell wie möglich los ... und an jedem Tag, an dem der Mist auf meinen Gleisen herumsteht, wird die Rechnung höher!«

»Ich kümmere mich ja drum«, versuchte ich Theo zu beschwichtigen. »Aber ...«

»Mach, was du willst. Räum den Scheiß weg. Gott, ich glaube das nicht ... weißt du, wie oft wir Sex haben?«

Das will ich gar nicht wissen.

»Ich ...«

»Gute Nacht!!«, bellte Theo ins Telefon und legte auf.

Ich sah das Telefon an und schüttelte grinsend den Kopf. Das wäre das, dachte ich. Ich loggte mich in den Server in Lucios Wohnung ein. Die Studentin war wieder zurückgekommen und machte sich etwas zu essen. Sie hatte sich umgezogen, trug Trainingshosen und ein leichtes Shirt mit Spaghettiträgern und wackelte beim Kochen mit dem Hintern zu dem neuesten Beyoncé-Song.

Kein Wunder, dass Leute für so etwas zahlen, dachte ich, ihr so zuzusehen übte eine seltsame Faszination aus. Vielleicht auch, weil es sich nicht gehörte. Ich sah ihr noch einen Moment lang zu und schüttelte dann den Kopf. Mittlerweile war ich sicher, dass sie nicht wusste, dass die Wohnung verkabelt war.

Ich sah ihr eine Weile zu, loggte mich dann aus. Kurz nach sieben, wenn ich mich beeilte, konnte ich noch den Einkauf für Frau Kramer erledigen. Und Hundefutter kaufen. George besaß einen ordentlichen Appetit.

⊕ Diesmal rechnete ich mit allem. Doch dann fand ich einen Parkplatz direkt vor dem Eingang des Supermarkts. Als ich meine Sachen zusammengesucht hatte, gab es drei riesige Schlangen ... und direkt vor meiner Nase wurde eine vierte Kasse aufgemacht, sodass ich keine Sekunde warten musste.

Nur als ich den Einkauf in meinen Mercedes packen wollte, gab es eine brenzlige Situation. Eine Wochenendfahrerin mit dem Pick-up ihres Mannes parkte rückwärts aus, ohne zu schauen, ob der Weg frei war, und hätte mich beinahe überfahren ... hätte ein Rentner nicht genau im gleichen Moment das Gleiche getan und sie mit seinem X3 von der Seite gerammt, sodass sie die Betonsäule neben mir erwischte und mich nicht zwischen ihrer Stoßstange und meinem Wagenheck zerquetschte.

Ich sah an meinen Beinen entlang, stellte fest, dass ich noch etwa vier Millimeter Bewegungsfreiheit besaß, und schob mich vorsichtig seitlich aus der Klemme heraus. Drei Dutzend Einsätze ... und die bundesdeutsche Hausfrau hätte fast fertiggebracht, was sogar Gernhardt nicht geschafft hatte.

Da die beiden Wagen ineinander verkeilt waren, sah es nicht so aus, als ob ich hier wegkommen würde, bis die beiden sich lautstark geeinigt hatten. Was auch daran liegen konnte, dass der Rentner offensichtlich eine neue Batterie fürs Hörgerät benötigte.

Seufzend stellte ich mich auf ein längeres Warten ein, als neben mir erst ein und dann ein zweiter Kunde wegfuhr und mir so die Möglichkeit gab, meinen Wagen aus der Klemme zu fahren.

Währenddessen bat eine junge Türkin mit Kopftuch die beiden freundlich, einen Wagen zur Seite zu fahren, damit auch sie ausparken konnte, um dafür nunmehr von beiden angeschrien zu werden, als hätte die junge Frau das Malheur verursacht.

Am deutschen Wesen soll die Welt ...
Nur schnell weg hier.

⊕ Kaum hatte ich den Einkauf bei Frau Kramer abgegeben und meine Sachen im Kühlschrank eingeräumt, als das Telefon klingelte. Ich ließ es fast fallen, so hastig klappte ich es auf. Es war Marietta.

»Er hat sich eingecheckt, war auch zweimal hier im Hotel, um nach Nachrichten zu fragen. Es gab nie welche. Das Zimmerpersonal sagt einstimmig, dass das Zimmer nicht benutzt wurde. Die Spurensicherung nimmt es jetzt trotzdem auseinander, aber viel Hoffnung haben wir nicht.«

Tatsächlich war ich froh, ihre Stimme zu hören. Wenn er da gewesen wäre, hätte er sich bestimmt nicht widerstandslos eintüten lassen.

»Ehrlich gesagt habe ich es auch nicht anders erwartet. Aber er wird in der Nähe sein, wissen wollen, ob Achim Krüger aufgeflogen ist.«

»Wir hoffen, dass wir das vermeiden können, wir waren sehr diskret.«

Ich sah aus dem Küchenfenster auf die ruhige Straße vor meinem Haus. So ruhig wir auch wohnten, es würde noch einige Zeit dauern, bis alle Nachbarn im Bett waren. Fernsehen und Internet waren eine echte Plage. Wussten die Leute denn nicht, dass das Licht der Monitore den Schlafzyklus verändern konnte? Es kam mir so vor, als ob inzwischen jeder Spießer, der früher die Sportschau gesehen hatte und eine Viertelstunde später in der Falle gewesen war, heutzutage bis in die Puppen vor dem Bildschirm hing. So oder so war es besser, mich heute Nacht um Ludwigs Schwager zu kümmern. Aber ...

»Ich muss Schluss machen«, sprach Marietta weiter. »Ich ...«

»Warte bitte ... hättest du Lust, heute Abend vorbeizukommen? Ich muss zwar noch etwas erledigen, und es könnte dauern, aber ...«

»Ich weiß nicht, ob das so eine gute Idee ist.«

»Ich auch nicht. Doch, ich weiß es. Es ist sogar eine ganz beschissene Idee, aber im Moment ist mir das egal.«

Ich hielt den Atem an, während sie überlegte.

Sie ist dir wichtig. War ja auch noch nie anders gewesen.

»Okay«, sagte sie. »Ich komme zu dir. Wann bist du fertig?«

»Gib mir noch eine Stunde«, antwortete ich. »Allerdings muss ich morgen früh raus.«

»Das macht nichts«, sagte sie. »Geht mir ja nicht anders. Kann ich bei dir übernachten? Ich bring auch eine Zahnbürste mit.«

»Äh«, meinte ich. »Heute Nacht wäre es mir nicht so recht, aber ...«

»Ich verstehe schon. Nur Sex, kein Schmusen«, unterbrach sie mich. »Ist in Ordnung. Hauptsache, du strengst dich an.« Sie sagte das so drollig, dass ich lachen musste.

»Keine Sorge, ich werde mir Mühe geben.«

Sie legte auf und ließ mich grinsend in meiner Küche stehen. Gott, wieso hatte ich diese Frau nur gehen lassen!

Weil du dumm warst.

Danke.

Doch als ich eine halbe Stunde später in einer Seitenstraße parkte, von der aus ich Richters Wohnung sehen konnte, überraschte ich mich damit, dass ich ein gewisses Bedauern fühlte. Vielleicht sogar Scham.

Oder ein schlechtes Gewissen?

Dafür, dass ich Lügen hasste, war ich viel zu gut darin. Eine gute Lüge braucht die Wahrheit. Wer hatte das gesagt? Egal ... ich hatte sowieso schon eine Entscheidung getroffen.

Die Geschichte mit dem Hundetreter. Das war derart aus dem Ruder gelaufen, dass es keine Entschuldigung mehr gab. Auch wenn es jetzt so aussah, als hätte der seine Großtante wegen einem Hund unter die Erde gebracht.

Glücklicherweise. Denn jetzt braucht es dir nicht leidzutun.

Ganz so war es nicht. In dem Fall bedauerte ich es wirklich.

Weil es zeigt, dass du nicht unfehlbar bist.

Ich gab es ungern zu, aber genau das war das Problem. Ich hatte es mir vielleicht selbst nicht eingestehen wollen, aber vielleicht waren damals die Ergebnisse des psychologischen Gutachtens doch nicht so falsch gewesen. Wie hatte es der Psychologe für mich so nett zusammengefasst?

»Sie leiden am Gott-Syndrom, Herr Schmitt. Sie sind der Ansicht, dass alleine Sie entscheiden, was richtig oder falsch ist. Was die Amis eine ›loose cannon‹ nennen. Tut mir leid, aber ich kann Sie nur bedingt diensttauglich schreiben, für Außeneinsätze kann ich Sie nicht freigeben.«

Warum hatte der Kerl nur den Hund getreten? Mir war es schon immer gegen den Strich gegangen, wenn sich jemand an Wehrlosen vergriff.

Und was hast du jetzt vor? Du willst dir Richter greifen. Du bist eine ausgebildete Kampfmaschine, und er ist ein Säufer, der seine Frau schlägt. Er ist auch wehrlos.

Aber er schlägt seine Frau.
Klar. Das gleicht es wieder aus.

Es war zwar richtig, dass ich vorhatte, mir Ludwigs Schwager vorzuknöpfen. Aber anders als zuvor geplant. Vielleicht reichte Plan C ja aus. Wenn nicht, blieben ja noch immer Plan A oder B. Deshalb war ich heute auch etwas früher dran, ich wollte den feinen Herrn Richter auf dem Weg zur Kneipe abpassen, bevor er sich wieder besoff und nichts mehr mitbekam.

Ich öffnete das Handschuhfach, nahm die stabilen Handschuhe heraus, die sich für unangenehme Arbeiten so gut eigneten, und ging zu dem alten Umspannturm, um meine Verabredung mit Herrn Richter einzuhalten.

Dafür, dass er ein Säufer war und nichts von unserer Verabredung wusste, dachte ich, als ich die Handschuhe anzog und zusah, wie Herr Richter die Straße herunterkam, war der Kerl richtig pünktlich. Am Ende führte er sogar ganz penibel einen Terminkalender. Sinnlos fernsehen, Frau verprügeln, trinken gehen.

Als Richter nahe genug war, trat ich aus dem Schatten hinter dem alten Umspannturm heraus und hielt eine Zigarette hoch.

»Guten Abend, Herr Richter«, begrüßte ich den Frauenschläger höflich. »Haben Sie mal Feuer für mich?«

»Klar ...«, begann der, bevor ihm dämmerte, dass irgendetwas nicht so ganz richtig lief. »Sagen Sie, kennen wir uns?«, fragte er, während er sein Feuerzeug rausfischte.

»Nein«, meinte ich ruhig. »Aber wenn Sie Ihre Frau noch einmal grob anfassen, dann lernen wir uns kennen.« Ich blies die Flamme aus. »Das ist die letzte Warnung.«

Cool. Hör auf, dir diese beschissenen Filme reinzuziehen!

Ein paar davon waren gar nicht so schlecht.

Ein paar. Mag sein. Zwei. Von Hunderten.

»Hey!«, beschwerte sich Richter. »Wie sind Sie denn drauf? Sie können doch nicht auf offener Straße ...«

»Und wie ich kann«, meinte ich drohend und zog mir die Handschuhe zurecht.

Das war der Moment, in dem Richter der Ansicht war, einen folgenschweren Fehler begehen zu müssen.

»Ich lasse mir von niemandem vorschreiben, wie ich die Schlampe zu behandeln habe«, fauchte er. »Du hast ja keine Ahnung, wie mich diese Hure verarscht hat!« Er griff an seinen Gürtel und zog einen Zylinder hervor und verwandelte diesen mit einer Handbewegung in einen Metallschlagstock. »Aber von mir aus kannst du gern Prügel beziehen!«

Das gibt's doch nicht, dachte ich. Läuft denn heutzutage jeder Depp bewaffnet herum?

Ist gefährlich heutzutage. Es ist dunkel, die Gegend ist um diese Uhrzeit menschenleer, und du bist auch da. Irgendwie würde ich sagen, dass er seine Gründe hat.

Klasse, dachte ich. Jetzt ergreift mein Unterbewusstsein auch noch Partei für ihn.

Ich bin nur ein stiller Beobachter. Vor allem still.

»Das könnte jetzt ein Fehler sein«, teilte ich dem aufgebrachten Mann mit und beobachtete aus den Augenwinkeln den Schlagstock. Waren die überhaupt noch legal? Aber jetzt war auch klar, wieso Ludwigs Schwester so oft im Krankenhaus landete. So ein Knüppel konnte echt mörderisch sein! »Wir sollten ruhig bleiben ...«, schlug ich vor und hob entschuldigend die Hände.

»Von wegen«, knurrte Richter. »Mir drohen und dann kneifen? Gibt's nicht. Dafür gibt's jetzt was auf die Schnauze!«

Der Kerl mochte ein Säufer sein, der sich selbst zu gerne reden hörte, aber offensichtlich kannte er sich aus: Hätte sein erster Schlag getroffen, hätte mein Ellenbogen etwas Urlaub in Gips bekommen, und das hätte mir ordentlich den Tag versaut. Ganz zu schweigen von dem, was ich nachher noch mit Marietta vorhatte.

So weit kam es aber nicht, denn ich stand ja nicht einfach nur dumm herum, um mich vermöbeln zu lassen. Ich trat zur Seite und griff, wie hundertmal geübt, nach dem Arm des wütenden Säufers – nur dass der nicht dort war, wo er sein sollte, denn irgendwie hatte Richter nicht mit meinem Ausweichmanöver gerechnet und war ins Straucheln gekommen. Oder er hatte sich den Fuß umgeknickt, so genau konnte ich das auch nicht sagen. Machte aber keinen Unterschied.

Denn ich sah nur noch, wie Richter formvollendet an mir vorbeitaumelte, mit dem Kopf an die Ecke des alten Umspannturms schlug und dann zu Boden rutschte. Und still lag.

Ein Blick reichte mir, um zu erkennen, dass Richter sich das Genick gebrochen hatte. Er sah mit weiten Augen zu mir hoch, bewegte die Lippen ... und dann röchelte er ein wenig und lag still. Ich sah auf ihn herab und stieß ihn mit der Fußspitze an. Keine Reaktion.

So viel zu den guten Vorsätzen.

Nein, widersprach ich. Das war Schicksal. Und Brockhaus konnte es egal sein, wieso Richter tot war. Nur für mich machte es einen Unterschied. Einen großen, wie ich zu meiner Überraschung feststellte.

Ich nahm dem Mann den Schlagstock aus den schlaffen Fingern, schob ihn zusammen, steckte ihn in die Ledertasche an seinem Gürtel und schloss die Lasche wieder.

Ich hob die Zigarette auf, die ich hatte fallen lassen, zündete sie an und sah auf Richter herab. Dann sah ich hoch zum Himmel. Die trüben Wolken verdeckten die Sterne, und selbst den Mond konnte man kaum sehen.

Ich habe ja meine Zweifel, ob es dich gibt, dachte ich. Aber wenn, hast du Humor. Ich sah mich um, die Straße war ruhig und leer. Also ging ich zu meinem Wagen zurück.

Wenigstens brauchst du diese Leiche nicht zu entsorgen.

Wo ich recht hab, hab ich recht, dachte ich, schob meine Lieblings-CD von Mozart ein und fuhr davon. Schließlich hatte ich noch ein Date, das ich nicht verpassen wollte.

⊕ »So können wir nicht weitermachen«, stellte Marietta fest und zog die Bettdecke enger um sich. Sie sah bezaubernd aus, das Haar verwuschelt, die Art, wie sie mich ansah. »Thomas ist nicht gerade begeistert. Und wenn es herauskommt, gibt es ein Disziplinarverfahren gegen mich ... und eine Abmahnung.«

Ich ging zu meiner Hose, nahm die Zigaretten heraus, öffnete das Fenster und lehnte mich an das Fenstersims. Der Sommer hatte noch nicht ganz Einzug gehalten, die Nachtluft war recht kühl, und ich war froh darum.

»Warum gehst du dann das Risiko ein?«, fragte ich sie.

Sie setzte sich auf, klemmte sich das Kissen hinter den Rücken und musterte mich nachdenklich. »Das frage ich mich andauernd selbst. Vielleicht, weil es damals keinen Abschluss gab?«

»Wir wollten beide Karriere machen«, erinnerte ich sie. »Du wolltest in Darmstadt studieren, ich ging zur Bundeswehr. Wenn ich mich richtig erinnere, haben wir uns gegenseitig versichert, dass es uns leidtut, aber es wichtiger wäre, sich um die Zukunft zu kümmern.« Ich sah dem Rauch nach, wie er zum Fenster hinauszog.

»Die Zukunft«, seufzte sie und zog die Knie an, um die Arme um sie zu schlingen. »Wir waren fürchterlich verliebt damals. Bis zum Ende. Dann musste ich ausziehen ... und dann war es vorbei.«

»Ich hab versucht anzurufen«, erinnerte ich sie. »Du bist einmal drangegangen und hast mir gesagt, ein harter Schnitt wäre besser.« Ich zuckte mit den Schultern. »Hat mir nicht gefallen, aber es war ja deine Entscheidung.«

Gut so. Zeig ihr, wie egal es dir war. Gib auf keinen Fall zu, dass du gelitten hast wie ein Schwein. Oder dass du zweimal vor ihrer Tür gestanden hast und einfach nicht den Mumm hattest, zu klingeln.

Vielleicht auch besser so.

Das war Ironie, du Depp.

»Du hast mir gefehlt«, gestand ich zögernd. »Ich weiß noch, dass ich gedacht habe, wir könnten es noch einmal probieren, wenn du mit dem Studium fertig bist. Doch dann war ich schon beim BND, und es war abzusehen, dass das keine solide Grundlage für eine Beziehung sein würde. Ich habe später noch versucht, dich zu finden, aber es gelang mir nicht.«

Sie schmunzelte ein wenig. »Du warst beim Nachrichtendienst und konntest nicht mal herausfinden, wo deine alte Freundin wohnt?«

»Wie war es denn bei dir?«, konterte ich. »Du bist bei der Polizei.«

»Als du zurückgekommen bist, habe ich es am selben Tag noch erfahren.« Sie lehnte sich im Kissen zurück. »Krieg ich auch eine?«

»Ich dachte, du rauchst nicht mehr?«, fragte ich überrascht.

»Ist ja auch so«, meinte sie und nickte dankend, als ich ihr Feuer gab und den Aschenbecher aus dem Schränkchen holte. »Es gibt Gelegenheiten, da fehlt es einem. Beispielsweise nach heißem hemmungslosem Sex.« Sie seufzte. »Ich befürchte, ich bin dabei, eine riesengroße Dummheit zu begehen. Du bist nicht mehr der gleiche Mensch wie damals, Heinrich.«

Da hat sie recht.

Leider.

»Also sollten wir es lassen?«, fragte ich sie leise.

»Gott«, fluchte sie. »Ich will wissen, was du willst! Du bist doch der James Bond von uns beiden ... und wenn ich nicht die Initiative ergriffen hätte, hättest du mich vorgestern Abend gehen lassen! Wieder einmal.« Sie sah mir direkt in die Augen. »Warum hast du es damals einfach so hingenommen? Du hast nicht einmal um mich gekämpft! Ich teile dir mit, dass ich studieren werde und nicht mit nach Hamburg komme, du sitzt da, überlegst eine Sekunde lang und sagst, o.k. Das war alles!«

Ja. Das war alles gewesen. Abgesehen davon, dass eine Welt für mich zusammengebrochen war.

»Es war eine vernünftige Entscheidung«, meinte ich und drückte meine Zigarette aus. »Es war auch ein wenig viel verlangt, dass du deine Zukunft aufgibst, nur um mit mir nach Hamburg zu gehen.«

Scheiß auf die Vernunft. Du hättest sie an den Haaren nach Hamburg schleifen sollen.

Nur dass wir nicht mehr in der Steinzeit leben.

Schade eigentlich.

»Du hättest mich an den Haaren mitschleifen sollen«, meinte Marietta und sah überrascht auf, als ich hustete. »Ist etwas?«

Ich schüttelte den Kopf, während ich nach Luft rang. »Verschluckt«, keuchte ich. »Das meinst du doch nicht ernst!«

»Doch. Ein Wort hätte gereicht ... Ich war mir ganz und gar nicht sicher, ob es die richtige Idee war zu studieren. Abgesehen davon, es hätte mir eine Menge Scheiße erspart.«

Und mir erst, dachte ich.

Sie richtete sich auf und durchbohrte mich mit ihrem Blick. »Ich fange an, mich wieder daran zu erinnern, warum du mich in die schiere Verzweiflung treiben konntest! Gott«, fluchte sie und für einen Moment dachte ich, dass sie sich die Haare raufen würde. »Wie deutlich muss ich denn werden! Du bist doch der Mann ... ich will endlich wissen, ob du mich willst!«

Ich sah sie ungläubig an. »Fragst du das ernsthaft? Nach all den Turnübungen eben?«

»Das«, meinte sie und blies sich die Haare aus den Augen, »war Sex. Ich sehe nicht nur großartig aus, sondern bin auch noch verdammt heiß im Bett. Du bist hetero. Damit wäre das geklärt.«

Wo sie recht hat ...

»Worauf willst du hinaus?«, fragte ich vorsichtig.

»Tu nicht so, als ob du es nicht wüsstest. Ich will wissen, ob du mich in deinem Leben willst.«

Das wäre jetzt der Moment...

»Da muss ich drüber nachdenken«, antwortete ich.

...wo du sie auf Knien hättest anflehen sollen.

»Gut«, sagte sie hoheitsvoll und stand auf, die Decke

um sich gewickelt, als wäre es die Robe einer Königin.
»Dann denk drüber nach. Aber nicht hier, ich will mich anziehen.«

Es hätte nicht viel gefehlt und sie hätte mich aus meinem eigenen Schlafzimmer geschoben. Hinter mir schloss sich die Tür mit einem vernehmlichen Klick.

Das lief prima. Willst du einen Rat?

Welchen?

Such dir einen Strick und erschieße dich. Das war das Zweitdümmste, das du in deinem Leben bisher angestellt hast.

Und was, bitte schön, war das Dümmste?

Da war die Sache mit dem Haar ...

»Wir sehen uns«, meinte Marietta kühl und gab mir einen schnellen Kuss auf die Wange. »Wenn ich mal wieder Lust auf Sex habe.«

Es sah eigentlich nicht so aus, als ob sie die Eingangstür zuwerfen würde, es gab dennoch einen ordentlichen Schlag, der die Tassen in der Küche klirren ließ.

Ich sah zu, wie sie, ohne auch nur noch einmal zu mir hinzusehen, in ihren Porsche stieg und gewohnt rasant davonfuhr.

Das hatte ich ja großartig hinbekommen. Ich wollte mich gerade abwenden, als mir auf der anderen Straßenseite eine Bewegung auffiel. Dort befand sich eine kleine Grünfläche, mit ein paar Bäumen, Büschen und einem kleinen alten Springbrunnen, der, solange ich mich erinnern konnte, nicht mehr gesprudelt hatte. Viel hatte ich nicht sehen können, ein Lichtreflex, vielleicht entstanden, als sich die Lampe in der Küche auf einem Objektiv spiegelte. Wie das von einem Zielfernrohr.

Ich ließ mir nichts anmerken, spülte die Kaffeetassen

ab, stellte sie in die Spülmaschine, machte das Licht aus und ging hoch zu meinem Schlafzimmer. Wo das Fenster noch immer offen stand und ich mit einem Schritt auf das Garagendach gelangen konnte.

Da hatte jemand zu viele Filme gesehen, dachte ich, als ich mich langsam an die schwarz gekleidete Gestalt heranarbeitete. Die hatte sich hinter einen Busch geduckt und trug einen schwarzen Overall, inklusive einer Skimütze und dazu noch Springerstiefel. Klar, dachte ich. Es ist ja so unauffällig, wenn man eine Skimütze anhat.

Eines allerdings war beruhigend. Anstelle eines Scharfschützengewehrs hielt der Kerl eine Kamera mit einem Teleobjektiv in den Händen.

Besser, als beschossen zu werden.

Aber nicht viel. Ich konnte beides nicht leiden.

Da der ungebetene Beobachter noch nicht bemerkt hatte, dass ich hinter ihm stand, steckte ich meine Glock wieder in das Holster zurück und entnahm der Tasche an meinem Gürtel ein kleines Etui mit einer Injektionsspritze.

Dann trat ich von hinten an den Mann heran, nahm ihn hart in den Schwitzkasten und drückte ihm die Hochdruckspritze an den Hals. Es zischte kurz, der Mann strampelte noch ein paar Sekunden, um dann zu erschlaffen.

Du hättest ihn auch einfach fragen können, was er da macht.

Genau das hatte ich jetzt vor.

Klebeband hatte ich schon immer als ziemlich praktisch empfunden. Dazu noch ein stabiler Stuhl, und man konnte davon ausgehen, dass der Gast dort blieb, wo er war. In diesem Fall in meiner Garage, das Gesicht zur Wand, wo es am wenigsten zu sehen gab. Die Garagentür schloss nicht mehr so genau wie vor dem Angriff auf Nina, aber es war genug für den Moment.

Während ich darauf wartete, dass sich mein ungebetener Gast wieder regte, studierte ich dessen Besitztümer, die ich vor mir auf dem alten Campingtisch ausgebreitet hatte. Die Kamera, eine hochwertige Nikon, Zubehör, drei Speicherkarten, eine Brieftasche, Autoschlüssel, Kleingeld, ein kleines Schweizer Taschenmesser. In der Brieftasche etwa siebzig Euro, noch mehr Kleingeld und ein paar Ausweise. Alle ausgestellt auf den Namen Martin Landvogt. Unser Zaungast aus dem Café. Der Künstler der freien Presse, wie Kommissar Berthold ihn bezeichnet hatte. Der sich darüber beschwert hatte, als die alte Dame ihn verpetzte. Ich hatte ihn in dem Moment erkannt, als ich ihm diese blödsinnige Skimütze vom Kopf gezogen hatte.

Nur, warum zur Hölle war der Kerl nun hinter mir her?

Das Gute an Digitalkameras war, dass man keinen Film entwickeln musste. Ich holte meinen Laptop und zog mir den Inhalt der Speicherkarte auf meine Festplatte herunter. Als ich die ersten Bilder öffnete, konnte ich nur mit dem Kopf schütteln.

Schon gestern hatte ich ja das Gefühl gehabt, als ob mich jemand beobachten würde, aber tatsächlich war mir niemand aufgefallen. Auch Landvogt nicht, der da aber offenbar bereits Zaungast gewesen war.

Tja, du hast auch nicht nach ihm gesucht. Wolltest ja unbedingt den Köder spielen.

Weil ich wissen wollte, ob ich mich täuschte oder nicht. Mein neuer Freund hier hatte den Köder geschluckt. Und gegen seine Kamera waren meine Panzerglasscheiben wirkungslos gewesen.

Noch etwas anderes wurde mir klar: Es war wirklich dringend an der Zeit, endlich Vorhänge für das Küchenfenster zu besorgen.

Langsam klickte ich die Bilder durch, hier und da zog ich eines in einen anderen Ordner, manchmal verharrte ich auch länger auf einem Bild. Dieses eine zeigte Marietta heute Morgen in der Küche, mit einer grinsenden Ana Lena im Hintergrund. Marietta trug mein Hemd, und die Art, wie Landvogt sie eingefangen hatte, ihren Blick, ihr Lachen, war atemberaubend.

Ich sah zu meinem Gast hin. Landvogt war ein Idiot. Er sollte Bildbände herausgeben, sich als Künstler versuchen und nicht als Schmierenjournalist armen Exagenten durch ein Küchenfenster nachstellen.

Anhand der Bilder auf der Speicherkarte ließ sich Landvogts Weg rekonstruieren. Er hatte mir wohl heute schon den ganzen Tag aufgelauert, aber die letzten Bilder von mir, oder die ersten, waren die Bilder, die mich zeigten, als ich vor dem Kindergarten verhaftet worden war.

Offenbar hatte er mich erkannt, denn er war mir sogar bis zur Wache gefolgt, wo man mich eingesperrt hatte. Er hatte auch Mariettas und Bertholds Ankunft dort fotografiert, war uns zum Polizeihof und dann zu mir nach Hause gefolgt. Ein lückenloses Portrait meines Tages. Inklusive meiner Spritztour nach Hanau. Eines der Bilder zeigte, wie Richter nach mir schlug. Wie er hinfiel.

Wie ich seinen Schlagstock wieder in die Gürteltasche steckte.

Ich sah mir diese Bilder an und schüttelte den Kopf. Da wird man ausgebildet zu bemerken, wenn jemand einem folgt, und dieser Paparazzo für Arme war mir entgangen. Ausgerechnet heute Abend war er zur Stelle gewesen, um zweifelsfrei zu dokumentieren, dass Richter mich angegriffen hatte und dann gestürzt war.

Jetzt war es amtlich: Gott hat tatsächlich einen schrägen Humor.

Natürlich konnte man mich noch fragen, was ich dort eigentlich zu suchen hatte, aber schließlich war dies ja ein freies Land.

Das nächste Bild war von Marietta, als sie vorhin zu mir gekommen war. Landvogt hatte sie im sanften Licht der Straßenlaterne erwischt, als sie aus ihrem alten Porsche ausstieg und auf diese ganz spezielle Art lächelte, die ich noch von früher kannte. Als ob sie glücklich wäre.

Und du hast es ihr versaut.

Das blieb noch abzuwarten. Ich kopierte die Bilder in einen anderen Ordner und ging dann wieder zurück, bis zu dem Moment, an dem ich verhaftet wurde.

Ich sah gelangweilt aus, stellte ich überrascht fest.

Du wusstest ja auch, dass du nicht in einem Militärgefängnis landest.

Mag sein. Ist aber irgendwie auch interessant, sich mal von außen zu sehen. Offenbar war das die Szene gewesen, in der Landvogt auf mich aufmerksam wurde, denn die Bilder vorher zeigten, dass er zunächst einen anderen Mann verfolgt hatte.

Ich war ihm bisher noch nie persönlich begegnet, aber ich erkannte ihn aus Brockhaus' Akten, die er mir zugemailt hatte. François Muller. Der Stadtrat. Der Vater von meinem heißgeliebten Frettchen Henri. Wie er in seinen Mercedes einstieg und wegfuhr. Der natürlich auch in einem Halteverbot gestanden hatte.

Ich sah zu Landvogt hin, der sich langsam wieder regte. Wieso war er hinter Muller her gewesen? Nun, die Frage konnte ich ihm nachher ja noch stellen.

Ich klickte weiter rückwärts, sah Muller die Straße herunterkommen, vor einem Hotel stehen, durch die Rezeption gehen und dann, wie er einem Mann die Hand schüttelte, der mit dem Rücken zur Kamera stand. Einen Mann, den ich nur zu gut kannte, auch wenn ich ihn nur von hinten sah. Gernhardt. Drei Bilder weiter und ich konnte ihn im Profil bewundern, er war es wirklich. Landvogt hatte ihn an der Rezeption erwischt, wie er gerade dem Portier eine Magnetkarte zurückgab. Und direkt neben ihm stand ein junger Mann mit Glatze, strahlend blauen Augen und einem blonden Vollbart. An dessen Handgelenk eine alte Breitling zu erkennen war.

»Hhmpf!«, meldete sich Landvogt zu Wort.

Wenn diese Uhr nicht gewesen wäre, hätte ich Horvath nicht erkannt. Glatze, Kontaktlinsen, ein Bart ... manchmal brauchte man nicht mehr, damit einen selbst die eigene Mutter nicht erkennen konnte.

Ich atmete tief durch und klickte wieder vor, bis zu dem Moment, in dem Muller aus dem Hotel kam. Es war nicht der Elbhof, sondern das Hotel Rheingau. Das sich auf der anderen Straßenseite vom Elbhof befand. Um was sollte ich wetten, dass Horvath dort abgestiegen war? Und er sich ein Zimmer genommen hatte, das es ihm erlaubte, einen Blick in Achim Krügers Zimmer zu werfen? Was wäre geschehen, wenn ich dort aufgetaucht wäre? Ein Schuss von der anderen Straßenseite? Oder hätte er gewartet, bis ich das Hotel verließ?

»Mmm hmmpf!«, meinte Landvogt und stemmte sich gegen das Klebeband.

Gernhardt, der mir von einem Währungsbetrug ungeheuren Ausmaßes erzählt hatte. Muller, der Stadtrat, der darüber entschied, wer die städtischen Recyclingaufträge erhielt. Marvin, der sich in ein Geldtransportunternehmen eingekauft hatte, das beschädigtes Geld zur Bundesbank und neues Geld zu den Banken karrte. Anschütz, der bei der Bundesbank die Aufträge für diese Touren vergab. Lucio, der sowohl Marvin seine Windeln als auch Muller seine Lederdamen vermittelt hatte. Horvath, der Lucio und Anschütz auf dem Gewissen hatte, und beinahe noch Nina, die so gar nicht in das Muster passte.

Mein alter Campingstuhl protestierte quietschend, als ich mich nachdenklich zurücklehnte. Der Schlüssel zu dem Ganzen lag bei Clarion Securities. Irgendetwas geschah in den Geldtransportern auf dem Weg hin oder zurück zur Bundesbank. Nur was? Es war schwer vorstellbar, dass man den Banken oder gar der Bundesbank auf diese Weise Blüten unterschieben konnte. Wenn die Banken neue Scheine erhielten, mochte ich wetten, dass sie druckfrisch und fortlaufend nummeriert waren. Und wenn die Banken selbst Falschgeld ausgeben würden, dann würden sie es irgendwann bemerken. Dagegen sprach, dass die ganze Sache schon seit Jahren laufen musste. Es wäre irgendwann aufgeflogen.

»Hhmpfff!!«

Irgendwie hatte es mein Gast fertiggebracht, sich mit den Fußspitzen so abzustemmen, dass er mitsamt dem Stuhl nach hinten kippte. Es tat einen dumpfen Schlag. »Hhmpff!«, protestierte Landvogt erneut. Diesmal klang er eher weinerlich dabei.

Ich zog ihn und seinen Stuhl wieder hoch und stellte ihn an die gleiche Stelle wie zuvor.

Eines war sicher. Gernhardt hatte mich belogen. Er brauchte mich wohl kaum, um Horvath zu finden oder den Währungsbetrug aufzudecken. Er saß mittendrin im Netz. Wie eine fette haarige schwarze Spinne.

Du bist erleichtert.

War ich auch. Mein Hass auf Gernhardt hatte mich am Leben erhalten, daran gab es kaum einen Zweifel. Hätte es sich gezeigt, dass Gernhardt es ehrlich meinte, hätte es meine Grundfesten ins Wanken gebracht. Gernhardt hatte mich nach Strich und Faden belogen. Wahrscheinlich war auch die Geschichte über Horvath falsch. Selbst wenn er vor fast zwanzig Jahren gesehen haben sollte, wie ich seinen Vater erschoss, hätte er mich kaum ohne Hilfe finden können. Vielleicht hatte Gernhardt seine Finger darin. Wäre ihm zuzutrauen, er spielte immer gerne andere gegeneinander aus.

Ich zog ein Foto von Gernhardt vor, auf dem er zusammen mit Muller an einem Tisch saß und speiste.

Was ist deine Rolle in diesem Spiel?, fragte ich Gernhardts Bild. Was hast du vor?

Das ist die falsche Frage.

Ach ja? Und was wäre die richtige?

Frag dich doch mal, welche Rolle Gernhardt dir dabei zugedacht hat.

Gute Frage. Schauen wir doch mal, ob wir noch mehr herausfinden können.

»Hhmmpf hmpf!«

Dem Schlüssel nach fuhr Herr Landvogt einen Volvo. Einen älteren, denn der Schlüssel hatte keine Fernbedienung. Die Wagen der meisten Nachbarn kannte ich ja, so schwer sollte sich der Volvo nicht finden lassen.

»Hhmpf!«

Ich warf den Schlüssel in die Luft und fing ihn wieder auf. »Bin gleich wieder da«, teilte ich Herrn Landvogt mit und ging auf die Suche.

Der Volvo war in der Tat nicht schwer zu finden. Die meisten Nachbarn parkten ihre Wagen in ihren Garagen. Der Volvo stand zwei Ecken weiter auf der Straße.

Ich warf einen Blick in das Innere. »Bingo«, flüsterte ich. Dass dies Landvogts Wagen war, wusste ich, noch bevor ich ausprobierte, ob die Schlüssel passten. Gesund schien Herr Landvogt nicht zu leben, denn unzählige McDonald's-Schachteln, leere Becher und Dosen und Pizzakartons hatten den Wagen in eine rollende Müllhalde verwandelt. Seinen Cholesterinspiegel wollte ich nicht haben.

Nur der Fahrersitz war einigermaßen frei von dem Müll ... dafür gab es im Fußraum des Beifahrers eine sorgsam ausgebreitete Decke. Kopfschüttelnd schob ich die Decke zur Seite, griff mir die schwere Tasche, die darunter lag, schloss wieder ab und machte mich auf den Weg zurück.

»Hmpf«, meinte Landvogt sogleich, als er hörte, dass ich zurückkam.

»Später«, vertröstete ich ihn und leerte seine Tasche auf dem Campingtisch aus. Mit spitzen Fingern warf ich die Wäsche auf den Boden und musterte das, was übrig blieb. Gut ein Dutzend Speicherkarten, Objektive, sonstiges Zubehör, eine Gaspistole, Taschenlampe und sogar ein Satz Dietriche. Und ein Notebook.

Na also, dachte ich und stöpselte das Ladegerät an. Damit sind wir doch schon weiter.

Die Kennwortaufforderung kam, und ich wandte mich Landvogt zu.

Probiere es doch einfach.

Niemand ist so blöde, dachte ich und drückte die Returntaste. Oder doch? Kopfschüttelnd sah er zu, wie der Desktop erschien. Nicht zu glauben, das war das zweite Mal an einem Tag, dass sich Ludwigs These von der Dummheit der Menschen bestätigte.

Und dort, mitten auf dem Desktop, damit man es auch auf keinen Fall übersehen konnte, befand sich ein Dateiordner, der mit dem Namen »Muller-Skandal« beschriftet war.

Ich machte es mir auf meinem Klappstuhl bequem ... diese Lektüre versprach interessant zu werden.

Herr Landvogt, stellte ich fest, war wahrscheinlich kein besonders netter Mensch. Journalisten konnte ich ohnehin fast noch weniger leiden als Anwälte, aber eines musste ich ihm lassen: Der Mann besaß gute Instinkte.

Während auf den anderen Speicherchips die rohen Bilddaten zu finden waren, hatte Landvogt sich für seinen Artikel schon ein paar Perlen herausgepickt. Ein Foto zeigte Stadtrat Muller in einem Park, in dem er sich offenbar mit Anschütz getroffen hatte. Zwar wusste auch Landvogt nicht, um was genau es gegangen war, aber die Körpersprache war eindeutig. Drohgebärden bei Muller, steife Entschlossenheit bei Anschütz. Und warum war Landvogt hinter Muller her? Offenbar hatte der Stadtrat Muller ein Interview verweigert und ihn aus dem Büro werfen lassen.

Was Herrn Landvogt geradezu zu Höchstleistungen animiert hatte, denn er musste während der letzten vier

Wochen den Löwenanteil seiner Zeit darauf verwendet haben, den Stadtrat zu beobachten.

Das nächste Bild zeigte einen anderen alten Bekannten, niemand Geringeren als Lucio Valente, wie der sich mit Muller traf und ihm scheinbar ein Foto zeigte. Valente grinste breit und schien den Moment zu genießen, Muller wiederum zeigte Panik und Abscheu in etwa gleichem Maße.

Nach dem Zeitstempel hatte sich Muller keine zwei Tage später mit Gernhardt getroffen, diesmal auf einem Autobahnrastplatz an der A5 ... und einen Tag später war Horvath dann in Frankfurt gelandet.

Allerdings war es Landvogt nicht gelungen, mehr über Gernhardt zu erfahren. Dafür hatte er sich dann auf Lucio konzentriert. Er musste seinen Spaß daran gehabt haben, dachte ich schmunzelnd, als ich die weiteren Bilder durchforstete, denn Landvogt hatte einige erstklassige Bilder von Valentes Mädchen schießen können, als die ihrer Arbeit nachgingen. Eines dieser Bilder zeigte mir dann auch einen Anblick, den ich möglichst bald wieder aus meinem Gedächtnis verbannen wollte, Marvin, auf Knien, in Windeln, wie er mit Hingabe den Umschnalldildo einer jungen Frau ableckte.

Gut, Marvin konnte tun und lassen, was er wollte, aber das ... hastig klickte ich das Bild wieder weg, bevor es sich mir noch zu sehr einbrannte. Ich hoffte nur, dass ich den Anblick bald wieder vergessen konnte, sonst bestand die Gefahr, jedes Mal daran erinnert zu werden, wenn ich Marvin sah. Bitte, Gott, lass es mich vergessen.

Hastig las ich weiter. Scheinbar hatte Landvogt dann irgendwann den Versuch unternommen, Valente zu kontaktieren. Nach dem zu urteilen, was Landvogt hier schrieb, hatte sich Valente geziert und ließ sich erst überreden, nachdem ihm Landvogt mitteilte, dass er Beweise dafür hätte, dass Valente seine Kunden erpresste.

Fast hatte ich Mitleid mit dem Zuhälter. Erst kam er auf die Idee, seine Kunden zu erpressen ... und dann wurde er selbst gleichzeitig von Landvogt und von Gernhardt erpresst.

Nur wenn der Teil von Gernhardts Geschichte wahr ist.

Stimmt. Die Information, dass Lucio für den Nachrichtendienst tätig gewesen war, stammte von Gernhardt und war daher schon automatisch suspekt. Ich las weiter.

Wenn es stimmte, was hier stand, hatte es Lucio gar nicht gefallen, nun selbst erpresst zu werden, aber er hatte dem Treffen zugestimmt und sich mit Landvogt für drei Uhr in einem Café in Bornheim verabredet.

Doch keine zehn Minuten vor dem vereinbarten Termin hatte Horvath das Bistro betreten und die Unterhaltung beendet, bevor sie beginnen konnte.

Ich lud mir den Inhalt der ganzen Speicherkarten und den Artikel auf meinen Laptop. Es war Zeit, mich um meinen Gast zu kümmern, also drehte ich ihn mit seinem Stuhl zu mir herum.

»Das kann jetzt ein wenig wehtun«, teilte ich Landvogt mit und zog mit einem Ruck das Klebeband ab ... und mit ihm einen Teil von Landvogts Schnauzer.

Offenbar tat es doch mehr als nur ein wenig weh, denn Landvogts Schrei ließ meine Ohren klingeln.

»Schön, dass ich jetzt Ihre Aufmerksamkeit habe«, meinte ich, während der Journalist noch nach Luft schnappte. »Sie sind in mein Haus eingedrungen ...«

»Bin ich nicht!«, protestierte Landvogt.

»Sie sind hier, nicht wahr?«, fragte ich freundlich. »Also, wie ich sagte, Sie sind in mein Haus eingedrungen. Grund genug für mich, die Polizei zu holen. Die wiederum könnten den Inhalt Ihres Notebooks durchaus interessant finden. Ich nehme mal nicht an, dass Sie Ihrer Pflicht als Staatsbürger nachgekommen sind und der Polizei bei ihren Ermittlungen geholfen haben? Nicht? Dachte ich's mir doch. Das könnte Ihnen ein klein wenig Ärger einbringen.« Ich beugte mich vor, damit ich ihm besser in die geweiteten Augen sehen konnte. »Oder aber, wir helfen uns gegenseitig etwas aus. Das könnte dann dazu führen, dass Ihr Artikel noch ein bisschen, sagen wir, explosiver wird, als er es jetzt schon ist. Fangen wir mit meinen Fragen an.«

»Und wenn ich sie nicht beantworten will?«, fragte Landvogt herausfordernd.

»Kommt darauf an, wie gut ich gelaunt bin«, erklärte ich. »Ich könnte alle Ihre Daten löschen, bis natürlich auf die Aufnahmen, die zeigen, dass Sie mich beobachtet haben, bevor Sie sich dazu entschlossen, hier einzubrechen. Es könnte auch sein, dass Sie Gegenwehr geleistet haben, als ich Sie auf frischer Tat ertappt habe, was dann auch die Knochenbrüche erklärt.«

»Welche Knochenbrüche?«, fragte Landvogt vorsichtig, während er den alten Baseballschläger beäugte, der etwas weiter hinten an der Wand stand.

»Die kämen dann ins Spiel, wenn ich wirklich sehr unglücklich über Ihre Antworten wäre«, erklärte ich ihm freundlich. »Aber ich schlage vor, dass wir das Thema besser nicht vertiefen.«

Landvogt nickte eifrig. »Stellen Sie Ihre Fragen.«

»Sehen Sie, ich wusste, dass wir uns einig werden. Es ist auch etwas für Sie drin.«

»Und was wäre das?«

»Wie wäre es damit, dass Sie zu einem Held werden,

der der Polizei entscheidende Hinweise auf den Aufenthaltsort eines gesuchten Mörders gibt?«

Landvogt setzte sich so weit aufrecht hin, wie das Tape es zuließ.

»Erzählen Sie weiter«, sagte er.

»Gerne«, sagte ich. »Aber was halten Sie davon, wenn wir es Ihnen etwas bequemer machen und wir alles bei einem Kaffee vertiefen?«

Man muss die Leute nur höflich fragen, dachte ich, als ich durch den Keller ins Nachbarhaus ging, dann kann man so einiges erreichen. Ich sah auf die Uhr, es war kurz nach eins, und die Zeit wurde langsam wirklich knapp. Ich öffnete den Waffentresor und überlegte kurz, bevor ich mich für die kleine Walther entschied, das gleiche Modell, das Horvath bei Valente verwendet hatte. Der Schalldämpfer ließ sie nicht lauter als ein Sektkorken sein, ein immenser Vorteil in dem Geschäft.

Das Hotel, in dem Horvath abgestiegen war, gehörte nicht zu den besten, aber es war auch keine Absteige, eher solides Mittelfeld. Es lebte wahrscheinlich hauptsächlich von den Messekunden, die nicht zu anspruchsvoll waren. Da diese es gerne auch mal krachen ließen, war es nicht ungewöhnlich, einen träge aus der Wäsche blickenden, aber wachen Nachtportier vorzufinden.

Ich legte einen Brief auf das polierte Holz der Rezeption, den ich mit einem Finger festhielt.

»Da steht kein Name drauf«, stellte der Portier fest.

»Er ist für Sie«, teilte ich ihm mit. »Die fünfhundert

Euro darin gehören Ihnen, wenn Sie mir einen Gefallen tun.«

Der Portier öffnete vorsichtig den Umschlag und warf einen Blick auf das Foto von Horvath.

»Sehen Sie nicht hoch zur Kamera«, riet ich ihm. »Schütteln Sie bedauernd den Kopf und zucken Sie mit den Schultern ... aber wenn Sie mir die Zimmernummer sagen, gehört der Umschlag Ihnen.«

»Zimmer zweiunddreißig«, antwortete der Portier, ohne zu zögern. »Im dritten Stock«, fügte er hilfreich hinzu und ergänzte: »Die Kamera ist kein Problem. Das System fiel vor einer Woche aus. Die Servicefirma war schon zweimal da, aber sie haben noch nicht herausgefunden, woran es liegt.«

Ich warf einen Blick auf die Monitore an der Seite. Sie schienen ganz gut zu funktionieren.

»Die Rekorder haben einen Schlag«, erklärte der Portier. Ein netter Zufall, dachte ich. Oder Horvath plante vor.

Der Portier musterte mich. »Was soll das Ganze?«

»Der Freund eines Freundes hat eine Ehefrau, die ihn über den Tisch ziehen will, obwohl sie es ist, die ihn betrügt«, log ich, ohne mit der Wimper zu zucken. »Er will vor allem, dass die Angelegenheit diskret geregelt wird.«

So ganz schien der Portier mir die Story nicht abzukaufen. »Das ist eine ziemlich dünne Geschichte«, stellte er fest.

»Deshalb sind Sie ja eben auch um fünfhundert Euro reicher geworden.«

Er ließ sich das durch den Kopf gehen und nickte dann. »Gutes Argument. Kann ich sonst noch etwas für Sie tun?«

»Haben Sie eine Kopie des Ausweises von unserem Gast auf Zimmer zweiunddreißig? Und wissen Sie, ob er einen Mietwagen fährt?«

Der Portier nickte. »Beides.«

»Ich hätte gerne einen Ausdruck. Dann möchte ich noch wissen, wo der Mietwagen steht.«

»Bei uns in der Tiefgarage.«

»Okay. Ich brauche die Ausweiskopie, das Kennzeichen des Mietwagens und einen Generalschlüssel.«

Der Mann zögerte. »Das kann eine Menge Ärger geben.«

»Ja. Aber nicht für Sie, ich werde ihn nicht lange brauchen, Sie bekommen ihn zurück, wenn ich gehe. Fünfhundert Euro sind eine Menge Geld.«

»Ist das alles?«, fragte der Mann.

»Es wäre nett, wenn Sie mich vergessen könnten.«

»Dazu müssten Sie hier gewesen sein, nicht wahr?«, grinste der Portier und sah an mir vorbei.

Mittlerweile war es kurz vor zwei. Es war nicht ausgeschlossen, dass noch Gäste zurückkommen würden, aber im Moment war der Flur im dritten Stock ruhig und leer. Mit der Walther in der linken Hand stellte ich mich seitlich neben die Tür und zog die Karte für den Hauptschlüssel durch das Türschloss. Es klickte leise, und ich hob die Pistole an. Aber nichts regte sich.

Es wäre vernünftiger, das der Polizei zu überlassen.

Ja. Wahrscheinlich. Doch die hätte etwas gegen meine Pläne einzuwenden.

Vorsichtig drückte ich die Tür ein Stück auf und zog einen kleinen Zahnarztspiegel aus der Innentasche meiner Jacke, um den Spalt abzusuchen. Keine Drähte oder

Kontakte. Dunkel hinter der Tür. Ich steckte den Spiegel wieder ein. Nach dem Lageplan, der hier im Flur aushing, lag hinter der Tür ein kleiner Flur, von dem man links ins Badezimmer kam. Der Flur war zum Zimmer hin offen, rechts gab es dann einen Schrank und eine Anrichte, auf der ein Fernseher stehen müsste, links befand sich dann das Bett.

Sobald ich die Tür öffnete, würde Licht in das Zimmer fallen. Wenn man wie der Ungar für Geld Leute umbrachte, dann war man auch im Schlaf auf der Hut. Also musste es schnell gehen.

Ich schob die Tür auf, tat drei lange Schritte in den Raum hinein, sah, dass das Bett leer war, wirbelte herum und trat gegen die Badezimmertür, die aufflog und hart gegen die geflieste Wand prallte, so laut, dass das halbe Hotel davon hätte wach werden müssen.

Der Ungar versteckte sich weder in der Duschkabine noch im Schrank, weder unterm Bett noch hing er wie Spiderman unter der Decke, und er stand auch nicht draußen auf dem Fenstersims.

Er war schlicht und einfach nicht da.

Das Bett war zerwühlt. Im Badezimmer lagen Zahnpaste und eine Bürste, ein Koffer mit Kleidung stand im Schrank, dort hingen zwei Anzüge. Im Koffer befanden sich Hawaiihemden und Shorts sowie türkise Badeschlappen und ein Prospekt für eine Tauchschule auf der Insel Barbados.

Wir sind nicht auf Barbados.

Horvath trug auch keine Größe 58. Wahrscheinlich war das nur Staffage, würde mich nicht wundern, wenn Horvath den Koffer auf dem Flughafen hatte mitgehen lassen.

Und das bedeutete, dass ich hier verschwinden sollte.

Ich war schon fast zur Tür draußen, als der altersschwache Aufzug mit einem gedämpften Pling auf der Etage zum Stehen kam und zugleich die Tür vom Treppenhaus am anderen Ende des Gangs zuklappte. Wenn es der Ungar war, dann war er nicht allein. Und beide Fluchtwege hatten sie jetzt blockiert. Verdammt, es war drei Uhr morgens, anständige Leute lagen um die Uhrzeit im Bett!

Genau das ist das Problem.

Die Zimmertür wurde so fest aufgestoßen, dass sie laut gegen den Schrank anstieß und wieder nach vorne federte, jemand fing sie auf, bevor sie wieder zuschlagen konnte. Stille. Dann ging das Licht an.

»Hier ist niemand«, hörte ich eine mir unbekannte Stimme. Den ungarischen Akzent hörte man nur heraus, wenn man danach suchte. »Sind Sie sicher, dass er es war?«

»Es war Schmitt«, hörte ich Gernhardts Stimme. »Ganz sicher. Der Portier hat ihn mir beschrieben.«

Okay. Gernhardt stand in der Tür, der Ungar etwas weiter im Zimmer. Gernhardt zuerst. Wenn das schiefgehen sollte, wollte ich ihn zumindest noch mitnehmen. Ich hätte doch lieber die Glock mitnehmen sollen, dachte ich. Bei der Walther kam es zu sehr darauf an, ob es massive Türen waren oder nicht.

»Auf jeden Fall war jemand hier«, stellte Horvath fest. »Hier liegt ein Badeschlappen aus dem Koffer unter dem Bett. Er hat den Koffer aufgemacht, den Braten gerochen und ist wieder verschwunden. Reichlich schnell für jemanden, der derart aus der Übung ist.« Er trat an den Schrank heran und öffnete ihn. »Nichts.«

Als Nächstes würde er hinter der Tür nachsehen. Kleine Planänderung. Zuerst Horvath, dann gegen die

Tür treten und hoffen, dass ich Gernhardt die halbe Sekunde damit nahm, die ich brauchte.

Niemand versteckt sich hinter einer Tür.

In Filmen funktioniert das.

Du siehst die falschen Filme.

Das hatten wir doch schon, dachte ich und hielt den Atem an. Mit ein bisschen Glück ...

»Es war mit Sicherheit Heinrich. Ich kann ihn fast riechen«, meinte Gernhardt jetzt. Der arme Kerl klang etwas frustriert. »Also gut. Verschwinden wir, und ich schaue, was noch zu retten ist.«

»Warum dieser ganze Affentanz?«, stellte Horvath die Frage, die mir auch schon auf der Zunge brannte. »Warum legen wir ihn nicht einfach um? Wenn er wirklich hier war, dann ist er mir schon zu nahe gekommen.«

»Wir brauchen ihn zu einer bestimmten Zeit an einem bestimmten Ort«, antwortete Gernhardt. »Deshalb.«

»Das ist mir alles viel zu kompliziert«, beschwerte sich der Ungar. »Warum verschwinden wir nicht einfach von hier? Sie werden uns nie finden.«

»Für Sie mag das angehen, aber ich habe keine Lust, auf der Flucht zu sein, mir gefällt es da, wo ich bin, danke«, meinte Gernhardt bissig. Es klickte und das Licht ging aus. »Beschweren Sie sich nicht bei mir, sondern bei Hu. Er hat sich das alles ausgedacht, nur um sicherzugehen, dass die Orlovs da mit hineingezogen werden. Ist wohl etwas Persönliches.« Während er noch sprach, wurde die Tür zugezogen, und die beiden Stimmen wurden leiser.

»Und jetzt?«, hörte ich noch Horvath fragen.

»Wir verschwinden. Hu will die Frau heute Abend

noch mal sehen. Sie müssen sich dann um sie kümmern, wenn er mit ihr fertig ist.«

»Machen Sie es doch selbst«, beschwerte sich Horvath.

Was dann Gernhardt noch antwortete, konnte ich kaum verstehen. Irgendetwas davon, dass es ihm zu pervers wäre und es auch irgendwie gegen seine Berufsehre verstoßen würde.

Wie, er hat eine?

Nicht dass ich wüsste, aber er war schon immer gut darin, anderen die Drecksarbeit zu überlassen.

Ob die Kameras noch funktionierten oder nicht, war mir jetzt ziemlich egal. Fast hatte ich damit gerechnet, dass sie mir auf dem Gang auflauern würden, aber der war leer, auch auf der Treppe wartete niemand auf mich.

»Wann sind sie gegangen?«, fragte ich den Portier, während ich ihn an seiner Krawatte über den Tresen zu mir heranzog und ihm mit dem Schalldämpfer meiner Walther in der Nase herumbohrte. Meine Stimme klang recht höflich. So höflich, wie ich nach dieser netten Begegnung mit meinem geschätzten ehemaligen besten Freund noch sein wollte.

»Hrhrhg!«

»Ich kann Sie nicht verstehen.«

Er zerrte mit beiden Händen an seiner Krawatte, also ließ ich ihm etwas Luft zum Atmen.

»Eben gerade. Nicht zusammen, sondern nacheinander. Der Blonde zur Tür hinaus, der Schwarzhaarige durch die Tiefgarage. Eben gerade«, keuchte er und gestikulierte in Richtung der Monitorbank. Dort sah ich einen weißen Ford Ka die Rampe hochfahren. Nicht gerade der Wagentyp, von dem ich erwartet hätte, dass Horvath ihn fahren würde. Was ich ansprechend fand, war das grüne Schildkrötenlogo auf der Seite.

»Hatten sie Gepäck dabei?«

»Herr Krüger hatte eine Reisetasche dabei. Nicht mehr. Die Gleiche hatte er auch schon dabei, als er eincheckte. In Zimmer dreiundvierzig. Ehrlich, ich sag die Wahrheit.«

»Was ist mit dem Koffer in Zimmer zweiunddreißig?«, fragte ich misstrauisch. Nicht, dass der verdammte Koffer wichtig wäre.

»Den hat er von mir, ein Gast hat ihn vergessen ... das geschieht ständig!«

Ich glaubte ihm. Er sah aus, als ob er sich im nächsten Moment in die Hosen machen würde.

Nö. Das sieht nicht nur so aus, er tut es gerade.

»Gut«, sagte ich. »Da bliebe nur die eine Kleinigkeit ...«

»Ich weiß nicht, was Sie meinen!«, stammelte der Mann und schielte ängstlich an dem Schalldämpfer entlang.

»Denken Sie ein wenig nach«, schlug ich vor und schob ihm die Walther tiefer in die Nase. »Ich gebe Ihnen einen Hinweis: Was haben Sie sich nun wirklich nicht verdient?«

Er sah mich angstvoll, aber vor allem verständnislos an.

»Den Umschlag, Mann!«

Die Erleichterung war ihm anzumerken, konnte er doch endlich etwas gegen die Walther in seiner Nase tun. »Ach, den!«

Ja. Genau. Den. Es war mehr eine Frage des Prinzips, dachte ich, als ich den Umschlag wieder einsteckte. Aber ich sah beim besten Willen nicht ein, dass er an meiner Dummheit noch Geld verdienen sollte.

»Und was jetzt?«, fragte der Portier, als er wieder Luft bekam. So wie er zum Ausgang schielte, erwog er wohl, stiften zu gehen.

»Jetzt«, sagte ich, während ich die Walther wieder einsteckte, »überlegen Sie sich am besten eine wirklich gute Geschichte für die Polizei. Ach ja, noch eines. Dieser Krüger hat in Zimmer dreiundvierzig eingecheckt?«

Er nickte eiligst.

»Dann sehen Sie zu, dass das Zimmer für die nächsten zwei Tage unberührt bleibt. Kein Zimmermädchen, das alle Spuren verwischt, verstanden?«

Er nickte. »Verstanden. Und sonst?«

»Ich würde mir an Ihrer Stelle etwas anderes anziehen.«

Tatsächlich, dachte ich, als ich das Hotel verließ, war dies wieder eine der Gelegenheiten, bei denen ich mehr auf mich sauer war als auf jeden anderen. Nicht nur das, ein Blick auf meine Uhr verriet mir, dass ich mehr als eine halbe Stunde überzogen hatte.

Spare nie beim Bestechungsgeld. Das war die erste Regel. Ein anderer könnte mehr bezahlen. Die zweite Regel ergab sich aus der gleichen Logik. Traue niemandem, den du bestechen kannst. Er lässt sich auch von anderen bestechen.

Der Volvo des Journalisten war zwei Straßen weiter geparkt.

»Hat alles geklappt?«, fragte Landvogt, während ich ihm den Kabelbinder aufschnitt, mit dem ich ihn an sein Lenkrad gebunden hatte.

»Nein, nicht ganz«, teilte ich ihm kurz angebunden mit und steckte die Reste des Kabelbinders ein. Er sprang wie ein Kistenteufel aus dem Wagen und stellte sich an die nächste Wand, um es mit einem Seufzer der Erleichterung laufen zu lassen.

»Schauen Sie nicht so«, beschwerte er sich, als er sich wieder wegpackte. »Sie haben ewig da drin gebraucht, und ich dachte schon, mir platzt die Blase!« Er hielt mir vorwurfsvoll die Hände entgegen, an denen sich rote Striemen abzeichneten. »Sie hätten mich ja nicht so fest fesseln müssen!« Er bedachte mich mit einem vorwurfsvollen Blick und rieb sich die Handgelenke.

»War mir lieber so.«

»Mir nicht, die Dinger tun höllisch weh!« Er musterte mich. »Was ist passiert?«

»Es war eine Falle.«

Seine Augen weiteten sich. »Ich habe nichts damit zu tun!«, schwor er. »Wirklich nicht.«

»Ich weiß«, antwortete ich. »Sonst würden wir diese nette Unterhaltung nicht mehr führen. Und jetzt verschwinden Sie. Ich gebe Ihnen Bescheid, wenn es zu Ende ist.«

»Woher weiß ich, dass Sie mich nicht bescheißen?«, fragte er misstrauisch.

»Warum sollte ich?« Ich ließ ihm seinen Wagenschlüssel in die Hand fallen. »Ich habe nichts davon. Und laufen Sie mir nicht noch mal über die Füße. Das nächste Mal werde ich nicht so freundlich sein.«

Er sah mich ungläubig an. »Das war freundlich?«

»Ja. Glauben Sie mir. Ich kann auch anders.«

»Keine Angst, ich halte mich an den Deal.«

»Na gut«, meinte ich und nickte Landvogt zu. »Dann wünsche ich eine gute Nacht.«

Als er laut rasselnd davonfuhr, war ich in Gedanken schon ganz woanders. Ich verstand zwar noch immer nicht, was für ein Spiel Gernhardt spielte, aber jetzt wusste ich zumindest, wo Horvath das nächste Mal zuschlagen würde.

Ich sah auf die Uhr, kurz vor vier Uhr morgens. Für das, was ich geplant hatte, bevor ich über Landvogt stolperte, war es jetzt zu spät. Gut, ein paar Tage hatte ich noch, aber langsam brannte es mir damit doch unter den Fingernägeln.

Aber was immer Gernhardt da laufen hatte, langsam wurde es mir eine Nummer zu groß. Es wurde Zeit für die Verstärkung. Am besten von beiden Seiten des Zauns.

Also rief ich Marietta an. Dreimal ließ ich es klingeln, bis die Verbindung automatisch getrennt wurde, erst beim vierten Mal ging sie dran.

»Wenn das nicht wichtig ist, Thomas, dann bringe ich dich um!«, drohte sie. Ihre Stimme klang noch verschlafen, aber an Thomas' Stelle hätte ich die Warnung ernst genommen.

Gut, dass sie mich nicht gemeint hatte.

»Ich kann auch auflegen und dir erst morgen sagen, was ich über unseren Mörder herausgefunden habe«, bot ich ihr schmunzelnd an. »Wenn dir das lieber ist...«

»Heinrich«, seufzte sie. »Wie kannst du... wie meinst du denn das, was du herausgefunden hast?« Sie klang nicht besonders erfreut, von mir zu hören.

So viel zu deinem Charme.

»Wir müssen uns sehen. Am besten zum Frühstück. Wir haben heute noch zu tun.«

»Wir?«

»Ja, wir«, bekräftigte ich. »Aber von mir aus kannst du deinen Thomas auch mitbringen.«

»Okay«, seufzte sie. »Bei dir?«

»Nein«, antwortete ich. »Hast du schon mal russisch gefrühstückt?«

»Nicht dass ich wüsste. Wo ist der Unterschied?«

»Es gibt Wodka, ist lauter und kann deiner Karriere schaden.«

⊕ Auf dem Weg zu den Orlovs rief ich Brockhaus an.

»Ich bin nicht da«, antwortete er auf den ersten Klingelton.

»Warum rede ich dann mit dir?«

»Tust du nicht. Nicht solange dieser Dreckskerl noch unbehelligt herumläuft. Sie ist auf der Intensivstation, Heinrich. Und es ist nicht sicher, ob sie durchkommt. Du hättest das verhindern können.« Ludwig hörte sich an, als ob er sich nur mühsam unter Kontrolle halten würde.

Den Schuh zog ich mir nicht an. »Er war der Schläger, nicht ich.«

»Ich weiß das«, sagte er kühl. »Aber kannst du dir vorstellen, dass ich einen Grund habe, weshalb ich den Mistkerl tot sehen will? Das ist ja nicht nur zum Spaß! Ich habe keine Lust mehr, dir zu helfen, solange das Schwein da draußen herumläuft. Ruf mich erst wieder an, wenn es erledigt ist. Gute Nacht.«

Damit legte er auf.

Also rief ich ihn wieder an.

»Ich bin immer noch nicht da«, grollte er.

»Doch, bist du.«

»Ich sagte ... ooh ... wann?«

»Dein Freund stürzte unglücklich und brach sich das Genick. Gestern Abend, auf dem Weg zur Kneipe. Offenbar kurz nachdem er deine Schwester so zugerichtet hat. Er hatte einen Metallschlagstock dabei.«

»Das hört sich an, als wärest du wegen dem Schlagstock sauer?«

»Es ist unfair.«

»Ja«, seufzte er. »Aber das war es auch ohne diesen verdammten Schlagstock. Die Sache ist erledigt?«

»Ja.« Ich sah zum Wagenhimmel hoch. »Gott hat es so gewollt. Wusstest du, dass *Er* Humor besitzt?«

»Wenn du es sagst«, meinte er und schien mir etwas skeptisch. »Auf die Diskussion lasse ich mich nicht ein.«

»Ist auch gut so. Ist auch nicht so ganz mein Ding.«

»Gut. Danke, Heinrich. Ich schulde dir etwas. Was du auch willst, du bekommst es.«

»Ich brauche alles über einen gewissen Robert Hu. Er könnte ein chinesischer Diplomat sein und hängt irgendwie in Devisen drin. Ein Hongkong-Chinese mit britischem Pass, hat wenigstens Gernhardt behauptet.«

»Prima«, meinte er ironisch. »Das hilft ungemein. Weißt du, wie viele Chinesen es gibt, die Hu heißen?«

»Mehr als Schmitt, nehme ich an. Aber du bist der Beste. Du schaffst das«, munterte ich ihn auf, und er lachte kurz.

»Worauf du einen lassen kannst. Noch etwas?«

»Horvath hat sich von einer Autovermietung hier einen weißen Ford Ka geliehen. Turtle Rent. Meinst du, du bekommst heraus, auf welchen Namen der gemietet ist?«

»Das kommt darauf an, ob sie am Netz sind. Wenn nicht, ruf ich einfach an und frage.«

Vielleicht meinte er das sogar ernst.

»Ich brauche ...«

»Dieser Hu«, unterbrach er mich. »Ist er ein Chinese? Mittelgroß, eher untersetzt, glattes schwarzes Haar?«

»Keine Ahnung, ich habe ihn noch nie gesehen. Wahrscheinlich schon, die Beschreibung passt auf ein paar Millionen von ihnen, warum nicht auch auf Hu. Warum?«

»Ich schaue mir hier eine Aufzeichnung aus dieser Wohnung an. Er bearbeitet gerade die Studentin.«

»Jetzt gerade?«, fragte ich alarmiert.

»Nein. Das war schon vorletzte Woche.«

»Moment«, unterbrach ich ihn. »Ich dachte, die wäre erst kürzlich bei Lucio eingestiegen?«

»Nein«, sagte Ludwig rau. »Nach der Nummer, die Hu hier abzieht, hat sie wahrscheinlich eine Auszeit gebraucht.«

»Vom Vögeln?«, fragte ich ungläubig.

»Nein. Die sind im SM-Raum zugange«, sagte er mit rauer Stimme. »Ich wusste nicht, dass sich jemand für Geld so zurichten lässt. Er hat sie am Kreuz festgemacht und schlägt sie.«

»Nun«, meinte ich. »Es gibt ...«

»Er schlägt sie mit der Faust. Ins Gesicht.«

»Oh.«

»Ja. Oh. Ich kann das gerade nicht gebrauchen. Könntest du mir einen Gefallen tun?«

»Welchen, dass Hu sich auch das Genick bricht?«

»Genau den.«

»Mal schauen, was sich da machen lässt. Dazu muss ich aber mehr über ihn wissen.«

»Ich kümmere mich um ihn«, versprach er. »Jetzt gleich. Sofort. Ich ruf dich an.« Und damit legte er auf.

Irina begrüßte mich mit einem Küsschen auf die Wange. Wie üblich war sie elegant gekleidet, weniger üblich war der strafende Blick, mit dem sie mich bedachte.

»Was hast du dir dabei gedacht, Heinrich?«, fragte sie, als sie mir den Weg zum Frühstücksraum wies.

»Ich weiß, es ist noch ziemlich früh, aber ...«

Alexej saß bereits am Tisch und sah auf, als wir eintraten. »Das meint sie nicht«, grollte er. »Du kannst doch nicht einfach die Polizei zu uns einladen!«

»In dem Fall schon«, sagte ich, während er mit einer nachlässigen Handbewegung auf einen freien Platz am Tisch wies. »Wir werden sie brauchen.«

»Ich bezweifle das zwar, aber du kannst ja versuchen, es mir zu erklären«, sagte er. »Greif zu.«

Der Frühstücksraum war im französischen Stil eingerichtet, und der Tisch bog sich geradezu unter der Last des Essens, das aufgefahren worden war. Was fehlte, war der Wodka.

»Also«, übernahm Irina. »Warum brauchen wir die Hilfe der Polizei?«

»Weil ich gehört habe, wie Gernhardt dem Ungarn mitgeteilt hat, dass ein gewisser Hu euch das Ganze in die Schuhe schieben will.« Ich nahm mir ein Brötchen und bestrich es. »Sagt euch der Name etwas?«

Die beiden sahen sich gegenseitig an.

»Also ja«, stellte ich fest. »Erzählt es mir«, bat ich, bevor ich in mein Brötchen biss.

»Es war vor ein paar Jahren, kurz nachdem wir hierhergekommen sind«, erklärte Alexej langsam, den Blick in die Ferne gerichtet. »Wir waren damals noch dabei, uns zu ... orientieren. Wir hatten uns bereits dazu entschlossen, uns aus gewissen Geschäften herauszuhalten, aber manchmal«, er hob hilflos die Schultern und ließ sie wieder fallen, »ist das nicht so einfach. Einer unserer Freunde hat einem chinesischen Geschäftsmann ein Mädchen vermittelt. Dabei ging etwas schief, die junge Frau wurde schwer verletzt. Danach brauchte sie ein paar Schönheitsoperationen. Wir wurden ... gebeten, uns um den Mann zu kümmern.«

Ich dachte an das, was ich eben gerade von Brockhaus erfahren hatte.

»Das war Robert Hu, nehme ich an?«

»Ja«, sagte Irina. »Ich habe das übernommen.« Die Art, wie sie dabei lächelte, gefiel mir gar nicht. »Ich habe ihm den Schwanz abgeschnitten und ihn nackt und blutend vor einem Krankenhaus aus dem Wagen geworfen.«

Nun, das war eine Methode, mit dem Frettchen umzugehen, an die ich noch nicht gedacht hatte.

»Das könnte erklären, warum er euch nicht mag«, stellte ich fest.

»Schon möglich, dass er ein wenig nachtragend ist«, gab sie zu. »Dabei war ich nett zu ihm. Ich habe ihm sein bestes Stück auf Eis mitgegeben. Sie haben es ihm sogar wieder angenäht.«

»Was hat er jetzt damit zu tun?«, fragte Orlov.

»Er scheint mit an dem ganzen Deal beteiligt zu sein. Der Mann im Hintergrund. Wenigstens behauptet Gernhardt das.« Ich erzählte ihm, was Gernhardt mir mitgeteilt hatte und was er im Hotelflur zu dem Ungarn gesagt hatte.

»Eben habe ich dann noch erfahren, dass Hu noch

immer auf die harte Nummer steht«, sagte ich und berichtete ihnen von dem Video, das Brockhaus sich angesehen hatte. Ohne ihn zu erwähnen.

»Verstehe ich das richtig? Gernhardt setzt dich auf den Typen an, gibt dir den Namen und Hinweise und arbeitet dennoch mit denen zusammen? Warum?«, fragte Orlov, während Irina nachdenklich auf ihre Kaffeetasse starrte.

»Das ist es, was ich nicht verstehe«, gestand ich ihm, als es an der Tür klopfte und einer von Orlovs Panzerschränken Marietta und Thomas in den Raum führten.

»Nett haben Sie es hier«, stellte Kommissar Berthold fest, während er uns zur Begrüßung zunickte. »Und ich dachte, Verbrechen lohnt sich nicht.«

»Sei brav«, meinte Marietta zu ihm, während sie Irina und Orlov sorgfältig musterte. »Ich bin Hauptkommissarin Steiler, und dies ist mein Kollege, Kommissar Berthold. Aber das wussten Sie sicher schon.«

»Ja«, sagte Alexej. »Das wussten wir. Und was das Verbrechen angeht, Herr Kommissar, ich bin jetzt Bankier.«

»Was nicht viel besser ist«, grummelte Berthold, der offenbar keinen gesteigerten Wert auf einen guten ersten Eindruck legte. Er war wieder tadellos angezogen, was mich in dieser erlauchten Gesellschaft etwas deplatziert wirken ließ. Mein Anzug sah aus, als hätte ich darin geschlafen. Ich wollte nur, es wäre dazu gekommen.

»Richtig«, meinte Alexej und neigte leicht den Kopf, als er Berthold den Punkt zugestand. »Aber es wird besser bezahlt und ist legal.«

Marietta ignorierte das Geplänkel. »Warum sind wir hier?«, fragte sie, während die beiden am Tisch Platz nahmen.

»Greift zu«, meinte Orlov und wies mit einer großzügigen Geste auf den reich gedeckten Tisch. »Das Ganze haben wir nur für euch aufgefahren, wir frühstücken sonst beide nicht.« Er lächelte scheinbar freundlich. »Ich habe die Erfahrung gemacht, dass man auf einen vollen Magen meist freundlicher gestimmt ist.«

»Danke, nein«, sagte Berthold steif. »Deswegen sind wir nicht hier.«

»Ich schon«, sagte Marietta. »Ich habe noch nicht gefrühstückt, und Heinrich kann uns derweil erklären, was das Ganze hier soll.«

»Ich will Sie nicht beleidigen, Frau Steiler«, meinte Alexej, bevor ich etwas sagen konnte. »Aber Sie sind nicht zufällig verkabelt?«

»Nein«, gab Marietta zurück und nickte in Richtung ihres Kollegen. »Er auch nicht.«

»Sie verstehen aber, dass wir fragen mussten?«

Sie winkte großzügig ab. »Schon gut. Also«, sagte sie und wandte sich mir zu. »Was ist hier los?«

Ich erzählte alles, was ich bisher herausgefunden hatte.

Beide hörten geduldig zu, dann schüttelte Marietta den Kopf.

»Ich verstehe das nicht, Gernhardt kam also nach Frankfurt, um dich darum zu bitten, ihm zu helfen, diesen Devisenschwindel auffliegen zu lassen. Er gibt dir außerdem noch Informationen über Horvath und diesen Robert Wu...«

»Hu«, korrigierte Irina sie freundlich. »Der Mann heißt Robert Hu.«

»Von mir aus. Er gibt dir Informationen über die beiden, die scheinbar auch der Wahrheit entsprechen. Aber gleichzeitig arbeitet er mit den Leuten zusammen?«

»So weit waren wir, als Sie hereinkamen«, teilte Irina den beiden übertrieben freundlich mit. »Vielleicht kommen wir ja jetzt etwas weiter.«

Ich ignorierte das Geplänkel und zog ein paar zusammengefaltete Fotoausdrucke aus meiner Jackentasche, die ich den anderen reichte.

»Das ist Gernhardt, der dort mit Muller frühstückt«, erklärte ich. »Und der Mann, der scheinbar zufällig neben Gernhardt an der Rezeption steht, ist Horvath.«

»Also steckt Muller doch irgendwie mit drin«, stellte Marietta fest, während sie das Bild besah und dann an Berthold weiterreichte. »Vielleicht kennt er Horvath auch. Und dann wäre es denkbar, dass er ihn wirklich angeheuert hat, deine Nichte zu überfahren. Oder eben doch ihre Freundin.«

Orlov sah sie fragend an, also erzählte ich ihm davon, was Nina zugestoßen war.

»Ein Wunder, dass der Kerl noch lebt«, murmelte Orlov und sah mich erstaunt an. »Du bist doch sonst nicht so zurückhaltend ... oh«, meinte er, als er sich daran erinnerte, wer mit am Tisch saß. »Das habe ich nicht so gemeint.«

»Schon klar«, sagte Berthold kühl und bedachte mich mit einem kritischen Blick. »Ist ja nicht so, als ob ich mich das nicht auch schon gefragt hätte.«

»Übertreibe es nicht«, mahnte Marietta ihn, bevor sie sich mir zuwandte. »Hast du die Bilder gemacht?«, fragte sie mich. »Hast du ihn observiert? Du hättest dich da heraushalten sollen!«

»Es war der Journalist aus dem Café. Landvogt. Offenbar ist er schon länger hinter Muller her«, erklärte ich. »Wir haben uns kürzlich etwas unterhalten.«

»Der Schmierfink?«, fragte Berthold überrascht.

»Genau der.«

»Also, was haben Sie vor?«, fragte Berthold jetzt, während er das Bild nachdenklich musterte.

»Gernhardt sprach von einer Agentin, die verdeckt ermittelt und für Lucio als Prostituierte arbeitet. Ich glaube, Horvath soll sie heute Abend umbringen, nachdem dieser Robert Hu mit ihr ›fertig‹ ist. Ich weiß, wo sie sich befindet, und ich brauche eure Hilfe, damit wir das verhindern können.«

»In Ordnung«, meinte Orlov, doch ich schüttelte den Kopf. »Ich meinte die beiden«, sagte ich und nickte in Richtung von Marietta und dem Kommissar. »Das, was ich vorhabe, lässt sich von uns nicht so leicht arrangieren. Aber sie können das.«

»Und dabei locken wir Horvath in die Falle?«, fragte Marietta.

»Nein. Das ist das Problem. Wir müssen den ganzen Sack zuschnüren. Es reicht nicht, wenn wir nur Horvath bekommen. Wir brauchen Hu, Horvath und Gernhardt. Und dazu gibt es nur eine Möglichkeit.«

Berthold schüttelte stur den Kopf. »Wenn wir wissen, wo dieser Horvath aufkreuzt, dann müssen wir den Zugriff veranlassen. Der Mann ist zu gefährlich, um ihn frei herumlaufen zu lassen.«

»Gernhardt ist gefährlich. Der Ungar ist nur ein Werkzeug. Nein, wir müssen sie alle auf einmal erwischen.«

Berthold sah zweifelnd drein.

»Und wie?«, fragte dafür Marietta.

»Gernhardt wird mich anrufen. Wenigstens hat er das dem Ungarn gesagt. Um mich dorthin zu bekommen, wo er mich haben will.«

»Und das wäre?«, fragte Marietta.

»Das weiß ich nicht mit Sicherheit«, gestand ich ihr. »Aber ich habe da so eine Ahnung. Bei der Gelegenheit, ein Bekannter von mir ist verschwunden. Ein gewisser Marvin Schröder. Könnt ihr euch vielleicht ...«

Berthold nickte. »Ich habe den Namen gehört. Seine Frau hat ihn vermisst gemeldet, nicht wahr?«

Ich nickte nur.

»Nun, bis jetzt ist er nicht wieder aufgetaucht. Aber ich teile es Ihnen mit, wenn wir etwas hören.« Er sah zu Marietta hin. »Dir ist klar, dass uns das hier Kopf und Kragen kosten kann, wenn wir uns darauf einlassen?«

»Ihr braucht nichts Illegales zu tun«, erklärte ich. »Ihr müsst uns nur ein paar Steine aus dem Weg räumen. Dafür erntet ihr den ganzen Ruhm.«

»Und was haben die Orlovs damit zu tun?«, fragte Berthold misstrauisch. »Machen sie dann Ihre Drecksarbeit?«

Ich schüttelte den Kopf. »Ich räume meinen Mist schon selbst auf«, erklärte ich. »Ich habe euch doch schon gesagt, dass Hu ihnen etwas anhängen will. Ihr sollt nur dafür sorgen, dass das nicht funktioniert. Seht es als Rückversicherung.«

»Und was will er ihnen nun genau anhängen?«, fragte Berthold.

»Das wüsste ich auch gerne«, meinte Irina und tupfte ihre Lippen mit der Serviette ab, um sie dann akkurat zusammenzufalten und neben ihrem Teller zu deponieren.

»Das sage ich euch, sobald ich es weiß.«

Als ich anderthalb Stunden später in meiner Auffahrt parkte, war ich so müde, dass ich beinahe mit der Stirn aufs Lenkrad gesunken wäre. Doch bevor ich das

Haus betreten konnte, winkte mich Frau Kramer, die vor ihrer Tür stand, zu sich heran.

Ich mochte sie ja, aber im Moment war es mir eindeutig zu viel.

»Herr Schmitt!«, rief sie, als ich nicht schnell genug reagierte. »Haben Sie mal einen Moment Zeit?«

Also gut, dachte ich, unterdrückte einen Seufzer und ging zu ihr hin.

»Sie sehen müde aus«, stellte sie fest, während sie mich prüfend musterte. »Haben Sie denn noch gar nicht geschlafen?«

»Nein, noch nicht«, antwortete ich und versuchte, nicht durchklingen zu lassen, dass es jetzt der falsche Moment für eines ihrer üblichen Schwätzchen war.

»Dann will ich Sie nicht lange aufhalten«, meinte sie. »Es geht mir nur darum, dass meine Enkeltochter heute Abend zu Besuch kommt. Ich wollte Sie bitten, uns am späteren Abend zu besuchen.« Sie legte mir ihre knöcherige Hand auf den Arm. »Bitte, Heinrich«, bat sie eindringlich. »Es ist wichtig. Für uns alle.«

Daran hatte ich so meine Zweifel. Aus irgendeinem Grund hatte ich sogar gedacht, dass ihre Enkeltochter tot wäre. Hatte Frau Kramer nicht mal irgendetwas in der Richtung gesagt? Egal. Ich war zu müde, um noch klar zu denken.

»Das kann ich nicht versprechen, ich habe heute Abend noch so einiges vor.«

Schöne Untertreibung.

Frau Kramer schien enttäuscht zu sein, aber sie nickte tapfer. »Versuchen Sie es. Oder kommen Sie morgen früh, sobald Sie es einrichten können.«

Aber klar doch. Am besten gleich nachdem Gernhardt, Hu und der Ungar erledigt waren.

»Um was geht es denn?«, fragte ich. »Ist es wirklich so wichtig?«

»Das kann ich Ihnen jetzt noch nicht sagen«, meinte sie. »Aber ja. Es ist wichtig. Sehr sogar. Für uns alle. Bitte, versprechen Sie mir, dass Sie kommen?«

»Ja«, seufzte ich. Falls ich dann noch am Leben war. »Kann ich jetzt schlafen gehen?«

»Natürlich, Heinrich«, strahlte sie. »Schlafen Sie sich aus. Sie werden sehen, es wird alles wieder gut.«

So langsam, dachte ich, als ich die Haustür aufschloss, wird die alte Dame doch etwas seltsam. Ich öffnete die Tür, und George saß auf der Schwelle, die Leine im Maul, sah mich an und wedelte mit dem Schwanz.

»Du erwartest doch nicht etwa, dass ich jetzt mit dir Gassi gehe?«, fragte ich ihn ungläubig.

»Wuff!«

Ana Lenas Klopfen riss mich aus dem Schlaf. Ich hatte gar nicht mitbekommen, dass sie nach Hause gekommen war. Ich warf einen Blick auf die Uhr, es war kurz vor drei. Nachmittags.

»Telefon«, sagte sie und reichte mir den Apparat. »Eine Frau«, fügte sie mit vielsagendem Blick hinzu.

Es war Irina. »Du hast recht behalten«, teilte sie mir knapp mit. »Sieh zu, dass du herkommst, es könnte interessant werden.«

»Ui, das war ein kurzes Telefonat«, stellte Ana Lena fest und lehnte sich gegen den Türrahmen, während sie mich neugierig musterte.

»Es muss ja nicht jeder stundenlang telefonieren«, stichelte ich, doch sie lachte nur. Offenbar war sie deutlich besserer Laune.

»Wie geht es Nina?«, fragte ich.

»Sie haben sie gestern Nacht noch einmal operiert. Jetzt schläft sie. Aber es geht ihr besser, und sie kann beide Füße spüren und sogar bewegen. Jennys Mutter sagt, es gibt Grund für vorsichtigen Optimismus. Was auch immer das heißen mag.«

»Schule?«, fragte ich, während ich nach frischen Socken wühlte.

»Heute nicht«, antwortete sie schulterzuckend. »Irgendwie geht es noch nicht. Aber ich werde schon nicht durchfallen. Ich geh ab nächsten Montag wieder. Versprochen.«

»Okay«, sagte ich. »Und jetzt raus hier, ich will mich anziehen.«

Sie rührte sich nicht vom Fleck, sondern musterte mich nur auf eine Art, die mir nicht gefiel.

»Was ist?«, fragte ich sie.

»Nichts«, sagte sie. »Doch ... diese Narben. Sind das alles Einschüsse?«

Sechs Jahre hätte sie Zeit gehabt, ihre Neugier zu befriedigen, aber ausgerechnet heute fiel es ihr ein. Mir wäre morgen lieber gewesen, aber wenn es nach Gernhardt ging, kam ich dann vielleicht nicht mehr dazu, ihr eine Antwort zu geben. Oder hatte noch ein paar mehr zukünftige Narben aufzuweisen.

»Nicht alle«, sagte ich und zeigte auf eine Narbe an der Seite. »Die habe ich abbekommen, als ich in deinem Alter mit dem Mofa in einen Zaun gerast bin. Also denk dran, vorsichtig zu fahren.«

»Mein Roller ist nicht frisiert«, teilte sie mir mit. Ich sah sie überrascht an und sie lachte. »Mama hat es mir erzählt«, grinste sie, doch sie rührte sich immer noch nicht vom Fleck. Sie schien über etwas zu grübeln.

»Jaaa?«, fragte ich. »Gibt es sonst noch einen Grund, warum ich mich nicht anziehen kann?«

»Ja. Jenny hat mir erzählt, wie du mit Henri umgesprungen bist. Wenn du ihn das nächste Mal siehst, kannst du ihm ein paar Knochen brechen? Bitte?«

»So etwas ist strafbar«, erinnerte ich sie. »Das wäre Körperverletzung.«

»Ja, ebendeshalb«, sagte sie und lächelte etwas gezwungen. »Ich mach dir einen Kaffee, ja?«

Und damit zog sie die Tür hinter sich zu, und ich hörte, wie sie die Treppe hinunterrannte.

Es war Jahre her, dass sie mir einen Kaffee gemacht hatte. Na gut, dachte ich. Erst Gernhardt und der Ungar. Danach dann schauen wir mal, ob wir ihr nicht einen kleinen Gefallen tun können.

Es war eine dieser Lagerhallen am Ostbahnhof. Die meisten von ihnen waren noch in Benutzung, doch diese hier wurde wohl nur noch selten gebraucht. Gras wuchs in den Fugen zwischen den Betonplatten, und die Farbe blätterte bereits ab. Auf jeder zweiten Straßenlaterne, die in regelmäßigen Abständen entlang des verrosteten Zauns standen, befand sich eine dieser alten monströsen Sicherheitskameras, ebenfalls schon etwas angerostet und bewegungslos. Das Gittertor zum Gelände und das Rolltor des Lagerhauses standen offen.

Ich befand mich auf dem Dach eines anderen Lagerhauses, etwa dreihundert Meter entfernt, es war höher gelegen als die anderen und bot einen guten Blick.

Neben mir lag Irina, ein Scharfschützengewehr lose im Anschlag, und reichte mir ein Fernglas, das aussah, als stamme es aus Wehrmachtsbeständen. Die Optik war gut genug, um Gernhardt zu sehen, der Umzugskisten aus einem mitten in der Halle platzierten Container lud.

Sorgfältig suchte ich die Umgebung ab, aber weder Horvath noch sein Ford Ka noch etwas anderes Ungewöhnliches waren zu erkennen.

»Er ist zum dritten Mal hier. Er lädt den Kombi voll und fährt drei Straßen zu einem anderen Lagerhaus. Dort lädt er den Kombi wieder aus und kommt dann gleich wieder zurück.«

»Irgendeine Idee, was sich in den Kisten befindet?«, fragte ich sie.

»Wir brauchen nicht zu raten, wir wissen es bereits«, sagte sie. »Einer unserer Leute hat nachgesehen, als dein alter Freund zum zweiten Mal hier packen ging. Jeder dieser Kartons ist vollgestopft mit gebrauchten Euroscheinen. Jede Größe, vom Fünfer bis zum Fünfhunderter. Es müssen schon jetzt Millionen sein, die er da zur Seite schafft.« So, wie sie es sagte, hätte sie auch über das Wetter sprechen können. »Versuch mal, hinter den Container zu schauen, dort hinten, an der rechten Seite. Wo die Reihe alter Spinde steht. Siehst du es?«

Ich richtete das Fernglas aus und sah die Spinde. »Am vorderen rechten, unten am Boden.«

Es war schwer zu erkennen, aber es sah mir wie die Spitze eines Schuhs aus.

»Er ist nicht allein?«

»Vom Dach nebenan kann man es besser sehen. Zwei Männer, gefesselt. Sie bewegen sich allerdings nicht. Vielleicht sind sie betäubt. Oder tot. Du erkennst den Schuh nicht wieder, nein?«

»Wohl kaum.«

»Tja«, sagte sie. »Wir werden dann wohl nachher erfahren, wer die beiden sind. Hu und Horvath wären meine Lieblingswahl, aber irgendwie glaube ich nicht daran.« Es klickte leise, als sie die Sicherung des Gewehrs umlegte. »Ich kann ihn für dich wegpusten«, bot sie mir an. »Macht mir nichts aus. Oder willst du es machen? Das Gewehr ist nicht nachzuverfolgen.«

Der Gedanke war verlockend.

»Nein danke«, sagte ich. »Aber was nicht ist, kann ja noch werden.«

»Und wenn du dich täuschst?«, fragte sie.

»Wenn, dann sag ich dir Bescheid, wo wir uns treffen«, versprach ich. »Ich glaube, es wird hier geschehen.«

»Wie kamst du eigentlich darauf?«, fragte sie mich.

»Marvin hat das Lagerhaus irgendwann erwähnt. So nebenbei. Er hat sich gewundert, wie dort Geld entwertet werden sollte, da er dort keine Maschinen sah. Es hat eine Zeit lang gedauert, bis bei mir der Groschen fiel.«

Sie lachte leise. »Der Cent, meinst du wohl.«

»Richtig.« Ich sah durch das Fernglas zu, wie Gernhardt den letzten Karton in den Kombi packte, den Wagen hinausfuhr, sorgfältig das Tor verschloss und dann davonbrauste.

»Was meinst du, wissen seine Partner davon, dass er das Geld kistenweise zur Seite schafft?«

»Wohl kaum«, meinte sie. »Aber wir«, fügte sie mit einem wölfischen Grinsen hinzu. Wir sahen zu, wie Gernhardt um die Ecke abbog, und sie löste das Gewehr von den Schultern. »Wir haben fast zwanzig Mann hier in der Gegend verteilt. Alle außer Sicht, aber wir können in zwei Minuten da sein. Gute Leute, die meisten ehemalige Soldaten. Aber zwei Minuten können lang sein.«

»Das ist mir klar«, sagte ich und gab ihr das Fernglas zurück. »Wenn ich nachher nicht überlebe, dann lege ihn um.«

»Ich denke«, sagte sie und strich fast zärtlich über den Schaft ihres Gewehrs, »dass sich das einrichten lässt.«

Auf dem Weg zurück wäre ich beinahe noch Gernhardt über den Weg gelaufen, der offenbar genug Millionen abgestaubt hatte und auf dem Weg woandershin war. Gott sei Dank sah ich ihn noch rechtzeitig und konnte mich hinter einen Laster ducken. Er hielt ein Handy an sein Ohr und schien mir recht entspannt. Und abgelenkt.

Deswegen nur mit Freisprecheinrichtung.

Ja, klar. Als ob ich mich selbst daran halten würde.

Auf dem Weg zurück rief ich Marietta an, sie ging beim ersten Klingeln dran, schien mir aber etwas gestresst.

»Es sieht aus, als klappt alles«, meinte sie. »Unser Boss ist nicht zufrieden, er würde den Ungar am liebsten gleich einsacken, aber sein Boss meint auch, dass es besser ist, den ganzen Ring zu fassen. Es gibt aber auch eine schlechte Nachricht.«

»Und die wäre?«

»Wir wissen, wer dieser Robert Hu ist. Ein Handelsattaché. Mit Diplomatenpass.« So wie sie es sagte, klang es wie eine Beleidigung. »Wir können ihm nur auf die Finger klopfen. Aber deinen alten Freund Gernhardt und Muller senior werden wir kriegen, verlass dich drauf.«

Nur wenn ich sie nicht vorher erwische. Oder Irina vorbeischießt.

»Danke«, sagte ich artig. »Sagt mir Bescheid, wenn es so weit ist?«

»Nur wenn du versprichst, dich rauszuhalten«, meinte sie kühl. »Und selbst dann nur unter Vorbehalt. Dies ist eine Polizeiaktion.«

»Genau so soll es ja auch sein«, sagte ich. »Ich werde brav sein. Versprochen.«

»Das werden wir ja sehen.« Offenbar glaubte sie nicht recht daran.

Ich auch nicht.

Auf dem Heimweg erhielt ich noch drei andere Anrufe. Einen von Bernd. Er hatte die Dieselabrechnungen gefunden. Vom letzten Jahr.

»Danke«, sagte ich und sparte mir den Kommentar, der mir auf der Zunge lag. Irgendwie war ich gestresst. »Schick mir das Zeug per Post. Ich kümmere mich morgen drum.« Wenn es denn ein Morgen für mich gab. Aber im Moment war ich nicht in der Stimmung, mich um unsere Steuern zu kümmern.

Der Nächste war Theo.

»Ich dachte, du wolltest dich um den verfickten Chemiezug kümmern?«, tobte er frisch und frei durchs Telefon. »Er steht immer noch hier und blockiert mir meine Gleise ... und am Montag erwarte ich vier Güterwagen Buntmetall ... wenn der Mist dann noch immer mein Gleis blockiert, wird's verflucht teuer für dich!«

»Am Montag ist das Gleis frei. Versprochen.« Ich hatte zwar noch etwas mit dem Zeug vor, aber im Moment interessierte mich sein Problem nicht sonderlich. Aber es war ja eh schon alles arrangiert.

»Das will ich hoffen!«, schnaubte er und legte auf.

Kurz und knapp. Das war Theo. Man musste ihn einfach lieb haben.

Der nächste Anruf kam von Irina.

»Wir haben einen Mann hineingeschickt«, teilte sie mir ohne weitere Umstände mit. »Keine Angst, er ist ein Profi, Gernhardt wird es nicht bemerken. Die beiden Typen in der Ecke sehen beide etwas verbeult aus, sind betäubt, aber sie leben. Der eine ist dein schwuler Freund, wer der andere ist, wissen wir nicht.«

»Danke«, sagte ich, während ich nachdachte.

»Ich dachte, du würdest es wissen wollen. Und jetzt? Willst du deine Freundin anrufen und alles abblasen?«

»Nein«, entschied ich. »Wir lassen sie, wo sie sind. Wenn Gernhardt sie hätte umbringen wollen, hätte er es schon getan.«

»Okay«, sagte sie. »Dann warten wir mal ab.«

Das war nur die halbe Wahrheit, dachte ich, als ich das Telefon zuklappte.

Du kennst Gernhardt. Der lässt keine Zeugen zurück.

Ja, so war er, mein alter Freund. Als ob sie mich daran erinnern wollten, fingen die Einschusslöcher an zu jucken. Wenn die Sache schiefging, wäre es um Marvin etwas schade. Er hatte mich zwar in die Sache hineingeritten, aber mittlerweile glaubte ich, dass er nur das Pech gehabt hatte, zu viel zu wissen. Nun, mit etwas Glück kamen wir da beide heil heraus.

Oder auch nicht.

Manchmal wünschte ich mir, ich könnte optimistischer durchs Leben gehen.

⊕ Als ich nach Hause kam, war Ana Lena schon wieder auf dem Sprung. Sie wollte Jenny besuchen und sich ein neues Computerspiel ansehen. Ihr Lächeln war fast wieder das alte, doch anstelle ihrer vorher üblichen Aufmachung trug sie eine Jeans und einen weiten Schlabberpullover. Vorher hätte ich es nicht geglaubt, aber mittlerweile wünschte ich mir die alte Ana Lena zurück.

»Ich bin schon mit George Gassi gewesen«, teilte sie

mir zwischen Tür und Angel mit. »Macht es etwas, wenn ich später nach Hause komme?«

»Nein, ich habe auch zu tun.«

»Gut«, sagte sie und gab mir einen flüchtigen Kuss. »Dann sehen wir uns morgen.« Sie grinste breit. »Und grüß mir die Frau Kommissarin.«

Ich sah ihr nach, wie sie mit dem Roller davonfuhr, nicht ohne nach auffälligen Fahrzeugen Ausschau zu halten. Niemand versuchte, sie zu überfahren.

Ich wollte nur, sie hätte recht, und ich hätte für den Abend nicht mehr geplant als ein Stelldichein mit Marietta.

Der Nachmittag verging quälend langsam. Ich bereitete mich so gut es ging vor und ließ das Telefon nicht aus den Augen. So gegen fünf Uhr klingelte es dann, gerade als ich unter der Dusche war. Tropfnass sprang ich heraus.

Eine elektronische Stimme fragte mich, ob ich einen Moment Zeit für eine kleine Umfrage hätte. Es würde nur ... Weiter ließ ich den Computer nicht kommen.

Fast sofort klingelte es wieder.

Ich drückte den Anruf weg.

Es klingelte erneut.

»Ich bin es«, verkündete Gernhardt fröhlich, gerade als ich mir überlegte, wie man einen Computer beleidigen konnte. »Es hat sich etwas ergeben. Ich glaube, ich weiß jetzt, wo sich Horvath aufhält.«

»Gut«, entgegnete ich anerkennend. »Sieht aus, als hättest du mich gar nicht gebraucht.«

»Da irrst du dich«, widersprach er und wurde ernster. »Ich will heute Abend da hineingehen und brauche ein Backup. Bist du dabei?«

»Warum lässt du das nicht die Polizei erledigen?«

»Und blamiere mich, wenn ich falsch liege? Nein, ich will erst mal nur die Lage sichten. Wenn Horvath dort zu finden ist, können wir immer noch die Bullen rufen.«

Ich tat, als ob ich überlegte.

»In Ordnung. Wann?«

»So gegen acht«, sagte er und gab mir die Adresse des Lagerhauses am Osthafen. Also hatte ich richtig geraten. »Parke zwei Straßen weiter, da stehe ich dann schon, in einem schwarzen Mercedes Kombi.«

Er legte auf, und ich stand tropfnass neben der Dusche und fragte mich, ob ich darauf hereingefallen wäre, hätte mir Landvogt nicht die Bilder gezeigt. Oder hätte ich ihn nicht selbst und leibhaftig zusammen mit Horvath gesehen.

Ich rief Marietta an. »Er will sich um acht mit mir treffen. Hat sich bei euch schon etwas getan?«

»Nein«, sagte sie. »Aber wenn er sich um acht mit dir treffen will, dann wird Horvath vorher hier auftauchen. Wenn du die Show nicht verpassen willst, solltest du dich beeilen.«

»Genau das«, sagte ich, »habe ich vor.«

»Ich hoffe, du magst Currywurst.«

»Bitte?«

»Du wirst schon sehen«, lachte sie und legte auf.

⊕ »Das meint ihr nicht ernst?«, fragte ich, als ich die Tür hinter mir zuzog.

»Warum nicht?«, meinte Berthold und wies mit einer großherzigen Geste auf eine Bockwurst, die in einer Pappschale auf dem Tresen stand. »Bedienen Sie sich. Sind gar nicht mal so schlecht.« Sie hatten beide ein

Headset auf und schienen es sich bereits gemütlich gemacht zu haben.

»Ein Frittenwagen?«

»Er stand schon immer hier, wird also niemandem auffallen«, erklärte Marietta nebenbei. Sie schloss gerade vier Laptops an, die sie nebeneinander auf dem Tresen aufgestellt hatte. Viel Platz war nicht dafür, aber okay ... niemand käme auf die Idee, dass die Polizei einen Frittenwagen als Kommandozentrale einrichten würde.

»Wir haben in der ganzen Umgebung Leute postiert und die Verkehrsüberwachungskameras werden auch zu uns umgeleitet. Hier.« Sie drückte eine Taste auf einem der Laptops und gut ein Dutzend Bildschirmausschnitte wurden sichtbar.

»Du bist der Einzige, der Horvath besser gesehen hat«, teilte sie mir mit. »Also ist es dein Job, ihn für uns zu finden, wenn er auftaucht.« Sie lehnte sich zurück und sah zu mir hoch. »Zeit genug wirst du dafür haben. Die Ampelschaltung wurde für uns verändert, keiner kommt hier mit einem Wagen an, ohne mindestens zwei Mal in der Ampelphase stecken zu bleiben.«

»Was ist mit der Studentin?«, fragte ich.

»Deiner Kollegin, meinst du wohl.« Marietta schüttelte leicht den Kopf. »Ich habe keine Ahnung, wie sie zu so etwas imstande war, aber als wir sie da rausgeholt haben, hat sie sich zu erkennen gegeben, meinte, wir würden eine Operation stören. Weißt du, dass sie noch gar nicht wusste, dass Lucio tot ist?«

»Wird eine herbe Enttäuschung für sie gewesen sein«, meinte ich bissig.

»Sie schien erleichtert. Viel hat sie von ihm wohl nicht gehalten.«

»Stimmt die Story, die Gernhardt mir über sie erzählt hat?«, fragte ich sie.

»So weit ja. Nur dass sie tatsächlich noch eine Studentin ist. Sie wurde von Gernhardt selbst abgeworben ... und wir haben es auch von ihrer Dienststelle bestätigt bekommen. Allerdings schienen die nicht ganz so genau zu wissen, was sie hier tut. Aber du kannst sie gleich selbst fragen.«

In dem Moment ging die Tür auf, und eine junge Frau mit Pferdeschwanz und Trainingsklamotten kam herein. Ohne Make-up und in ganz schlichten Klamotten war sie fast nicht als die junge Frau zu erkennen, die Lucio so kurz vor seinem Tod besucht hatte. Sie sah kaum älter aus als Ana Lena.

»Ich bin Bridget Farin«, stellte sie sich vor und lächelte etwas verlegen, während sie sich mit großen Augen umsah. Warum auch nicht, wenn ich es recht bedachte, hatte ich bisher auch noch keinen Frittenwagen von innen gesehen.

»Sie ist hier, weil sie Robert Hu für uns finden soll«, erklärte Marietta und sah zu mir hoch. »Und ja, sie weiß, dass Horvath unterwegs ist, um sie zu töten.«

»Wie hat Gernhardt Sie eigentlich gefunden?«, fragte ich die junge Frau, die bereits die Monitore musterte.

»Ich habe mich ganz normal beworben. Dann hat Gernhardt mich aufgesucht, sich mit mir unterhalten und dann das Weitere in die Wege geleitet. Sie haben mich fast sechs Wochen auf Herz und Nieren gecheckt, und dann war ich drin.«

»Und es stört Sie gar nicht, was Sie haben tun müssen?«, fragte Berthold neugierig.

Sie zuckte mit den Schultern. »Ich steh drauf. Es kam bei der Hintergrundüberprüfung zur Sprache, und

Gernhardt brauchte jemanden für eine Operation, die bereit war, genau das zu tun.« Sie wurde sogar etwas rot, sah uns aber offen an. »Es ist mein Ding, also hab ich ja gesagt. Nur dieser Hu... der ist schon etwas unheimlich.«

Wenn ich daran dachte, was Ludwig mir von der Aufnahme mit ihr und Hu erzählt hatte, dann fand ich das leicht untertrieben.

»Er hat nie mit mir geschlafen ... nur ... andere Sachen gemacht. Was auch mir zu weit ging. Aber durch so etwas muss man manchmal eben durch.«

So kann man das auch sehen.

Eines wollte ich noch wissen. »Bei einer Gelegenheit hat sich Hu mit Ihnen beschäftigt, während ein anderer Mann zugegen war. Sie haben sich über Geldgeschäfte unterhalten. In Chinesisch.«

»Ja, ich erinnere mich.«

»Können Sie uns vielleicht noch mal mit Ihren Worten sagen, was Sie damals mitbekommen haben?«

»Klar«, sagte sie. »Aber Sie sind doch Heinrich Schmitt, Gernhardts alter Partner, nicht wahr?«

Ich nickte.

»Gut«, meinte sie. »Warum fragen Sie ihn dann nicht selbst?«

»Ich verstehe nicht«, sagte Marietta. »Wie meinen Sie das?«

»Er war es, der mich an Hu vermittelt hat. Hu war nur ein Mal nicht alleine bei mir, und das war, als Gernhardt mich ihm vorstellte. Um mich ... auszuprobieren.«

»Und?«

»Die beiden haben sich auf Chinesisch unterhalten«, sie sah uns mit großen blauen Augen an. »Also fragen Sie am besten ihn.«

»Wissen Sie was«, sagte Berthold langsam, während er einen Blick mit Marietta tauschte. »Genau das haben wir vor.«

»Ich bin jedenfalls froh, dass Sie mich rausgeholt haben«, plapperte Bridget fröhlich weiter. »Das Ganze hat weniger gebracht, als Gernhardt sich erhofft hatte. Ich hatte schon Angst, dass er mich vergessen hätte. Der Tipp, dass dieser Horvath mich umlegen soll, kam doch von ihm, nicht wahr?«

»So könnte man es sagen«, meinte ich mit einem warnenden Blick zu Marietta und Berthold.

»Gut«, sagte sie und rieb sich die Arme, als ob sie frieren würde. »Ich bin froh, dass ich mich getäuscht habe.«

»Wie das?«, fragte Marietta neugierig.

»Gernhardt. Ich weiß, dass er mein Vorgesetzter ist und den Einsatz leitet. Ich denke, er musste manches tun, um seine Tarnung aufrechtzuerhalten, aber an diesem einen Abend hatte ich mehr Angst vor ihm als vor Hu. Hu ist getrieben von irgendetwas. Vielleicht sogar wahnsinnig. Aber Gernhardt ... er scheint einfach nie die Kontrolle zu verlieren. Und irgendwie macht mir das mehr Angst.«

»Können Sie das erklären«, fragte Marietta sanft.

Bridget lachte etwas nervös. »Wenn man solche ... Hobbys hat wie ich, lernt man Leute abzuschätzen. Und mit Gernhardt ... sagen wir einfach, er ist ein kalter Fisch, und privat würde ich nichts mit ihm zu tun haben wollen.«

Aber du lässt dich überreden, für ihn zu vögeln. Und mehr. Gut gemacht.

Aber vielleicht lernt sie etwas daraus.

Ja. Jetzt hat sie auch die Chance dazu.

»Hier«, sagte sie plötzlich.

»Dort«, sagte ich im gleichen Moment. Wir deuteten beide auf den gleichen dunklen Mercedes, der gerade vor einer der Ampeln hielt.

Horvath. Und der Typ mit den Schlitzaugen auf dem Beifahrersitz musste der Chinese sein.

Marietta nickte und sprach in ihr Mikrofon. »Perfektes Timing«, sagte sie und nickte Bridget zu. »Sie wissen, was Sie zu tun haben?«

»Ja. Tot stellen und Klappe halten. Keine Angst, das kriege ich noch hin«, nickte Bridget und öffnete die Tür. »Sie«, meinte sie im Türrahmen noch zu mir, »machen mir allerdings auf andere Art Angst als Gernhardt.«

Ich sah sie überrascht an.

»Die Sorte Angst, die ich mag«, lächelte sie und ließ die Tür hinter sich zufallen.

»So«, sagte Marietta mit einem undefinierbaren Blick in meine Richtung. »Ist das so?«

Ich zuckte mit den Schultern.

»Sie kennt mich nicht«, sagte ich und wies auf die Bildschirme. »Es geht los.«

Für den ganzen Aufwand, den wir betrieben hatten, verlief alles recht unspektakulär.

»Und all das dafür, dass sie nichts bemerken sollen«, stellte Berthold unzufrieden fest. Er beugte sich vor, um sich Horvath nun etwas genauer anzusehen, er und Hu hatten den Wagen geparkt und gingen schräg über die Straße auf das Haus zu, in dem Lucio seine Wohnung hatte. »Wir sollten ihn auf der Stelle kassieren. Ist immer noch meine Meinung.« Er sah fast vorwurfsvoll zu mir hin. »Nicht zu glauben, dass sich der Boss darauf eingelassen hat.«

Ich sagte nichts, sondern sah nur weiter zu. Noch bevor die beiden die Gittertür von dem kleinen Garten vor dem alten Gründerzeithaus erreichten, ging die Haustür auf, und zwei Polizisten stießen einen wankenden Mann mit blutverschmierter Kleidung vor sich her, gleichzeitig fuhr schon ein Polizeiwagen vor.

Als hätten sie es niemals anders vorgehabt, bogen Hu und Horvath ab und gingen mit unbeteiligten Mienen weiter, aber an der Ecke blieben sie stehen und traten etwas zurück, als ein Rettungswagen mit Blaulicht und Sirene um die Ecke kam. Zwei Sanitäter und ein Notarzt stürzten mit einer Bahre in das Haus hinein.

»Menschliche Neugier«, flüsterte Marietta, während sie mit der ferngesteuerten Kamera näher heranzoomte und ein Bild nach dem anderen schoss. Hu und Horvath standen beide da und sahen sich das Spektakel an wie etwa zwei Dutzend anderer Passanten auch.

Es dauerte dann nicht mehr lange, und die Sanitäter kamen wieder aus dem Haus heraus, diesmal lag eine Frau auf der Bahre, blutverschmiert, eine Atemmaske auf Nase und Mund. Der Notarzt hielt eine Blutinfusion hoch, und sie hatten es sehr eilig, die Anspannung stand ihnen ins Gesicht geschrieben.

Horvath flüsterte Hu etwas zu, und der nickte, beide sahen zu, wie Bridget in den Notarztwagen gehoben wurde und dieser dann mit Blaulicht losfuhr ... um keine zwei Sekunden später die Sirene auszumachen und rechts ranzufahren.

Einer der Polizisten ging hin und klopfte an die hintere Tür, ein Sanitäter öffnete und man konnte sehen, wie der Notarzt verzweifelt versuchte, Bridget zu reanimieren. Der Sanitäter sah zurück in den Wagen, schüttelte den Kopf, sagte etwas zu dem Polizisten und zog die Tür wieder zu.

»Oscarreife Vorstellung«, meinte Berthold und wies mit seiner Bockwurst auf Hu und Horvath. »Auf jeden Fall haben die beiden es geschluckt. Und die Wanze sitzt auch.« Wir sahen zu, wie die beiden zu ihrem Wagen zurückgingen.

»Ist das nicht Hus Wagen?«, fragte ich ihn.

»Schon«, meinte er kauend. »Und damit ist es ein Diplomatenfahrzeug, das wir nicht verwanzen dürfen. Aber irgendwie kam ich noch nicht dazu, es zu überprüfen. Wenn wir feststellen, dass es ein Diplomatenwagen ist, machen wir selbstverständlich die Wanze wieder ab.« Er sah mich herausfordernd an. »Wir machen es im Moment so, wie Sie wollen, Schmitt. Aber wenn etwas schiefgeht, sehe ich nicht ein, dass Horvath damit durchkommt. Wir bekommen ihn. Etwas dagegen?«, fragte er in aggressivem Ton.

»Ganz und gar nicht.«

»Und jetzt?«, fragte Marietta.

Ich sah auf die Uhr. Es war kurz nach sieben. »Ich werde zu dem Treffpunkt...«

Im gleichen Moment klingelte mein Telefon. Es war Alexej.

»Wir haben eben den Köder bekommen«, teilte er mir mit belegter Stimme mit. Sein russischer Akzent war mehr als deutlich. »Ein Tipp.«

»Von wem?«

»Einem Chinesen, der angeblich für ein paar Tausend Euro die Fronten wechseln will. Um uns zu zeigen, dass er es ernst meint, hat er ein paar Fotos angehängt. Sie zeigen Robert Hu, der gerade einen Zigarrenschneider an Nataschas Finger ansetzt. Er lächelt sogar noch in die Kamera, als ob er es genießen würde.« Er stieß einen russischen Fluch aus, den ich nur halb verstand. »Der Informant will sich mit uns treffen. Wir sollen alleine kommen. Um acht. Rate mal, wo.«

»Das Lagerhaus?«, fragte ich.

»Genau dort. Er will uns verraten, wer unserem Liebling das angetan hat. Wir sollen dreißigtausend Euro mitbringen ... und alleine kommen. Gott, Heinrich, dieser Mistkerl hat das seit Jahren geplant!«

»Wie hat Irina es aufgenommen?«, wollte ich wissen, während meine Gedanken rasten. Irina war einer der kaltblütigsten Menschen, die ich kannte, aber wenn es um Natascha ging, galten keine Regeln mehr.

»Sie sagte ›gut‹.«

»Gut?«

»Du kennst diesen Tonfall, den sie hat, wenn sie jemanden umlegen will?«

Ja. Ich hatte ihn schon einmal gehört.

»Wann sollt ihr da sein?«

»Acht Uhr fünfzehn. Pünktlich.«

»Hörst du, Alexej, ihr werdet nicht dort aufkreuzen. Es wird so schon unübersichtlich. Und vielleicht verschafft es uns etwas Zeit, wenn es bei ihnen nicht nach Plan geht. Es bringt sie hoffentlich durcheinander.«

»Er hat unserer Natascha den Finger abgeschnitten.«

»Und Irina ihm den Schwanz.«

»Ja«, sagte er mit rauer Stimme. »Also sind wir noch lange nicht quitt.«

Damit legte er auf.

»Probleme?«, fragte Marietta.

Ich schüttelte den Kopf. »Nein. Es ist, wie wir vermutet haben. Es ist etwas Persönliches zwischen Hu und den Orlovs. Sie haben eben den Köder bekommen, der sie dort hinlocken soll.«

»Sie hat ihm wirklich den Schwanz abgeschnitten? Diesem Chinesen?«, fragte Berthold ungläubig.

Das hättest du nun nicht unbedingt am Telefon erwähnen brauchen.

»Ja. Das hat sie wohl.«

Berthold nickte einsichtig.

»Ja. Das kann man dann wirklich persönlich nennen.«

Marietta schüttelte den Kopf. »Wisst ihr, was ich gerade denke?«, fragte sie, während sie anfing, die Laptops auseinanderzustöpseln.

Wir sahen sie beide fragend an.

»So, wie es aussieht, läuft hier ein Riesending ab«, meinte sie kopfschüttelnd. »Dein Freund Gernhardt, er muss Hu gebraucht haben, wahrscheinlich wäre er ohne ihn nicht dazu imstande gewesen, das Ding durchzuziehen. Aber Hu ist ein verrückter Sadist und wollte die Orlovs mit hineinziehen, um seine Rache zu bekommen. Hätte er darauf verzichtet, wäre Lucio wahrscheinlich noch am Leben ... und Bridget ... ich glaube fast, dass Gernhardt sie angeheuert hat, damit Hu sich an ihr austoben konnte.« Sie verzog angewidert das Gesicht. »Dein alter Freund ist wirklich skrupellos.«

»Er ist vor allem eines«, sagte ich, als ich zur Tür ging. Schließlich hatte ich noch ein Date mit einem alten Freund zu wahren. »Er ist vor allem berechnend.« Ich sah sie beide eindringlich an. »Er hat einen Plan, wie sich das alles für ihn auflösen soll, damit es ihm zum Vorteil gereicht.«

»Hat er dir deshalb so viel erzählt?«, fragte Marietta besorgt. »Sollst du jetzt für ihn den Kopf hinhalten?«

»Vielleicht. Warten wir's ab.«

»Hier«, sagte sie und reichte mir eine altmodische Streichholzschachtel. »Da sind sogar Streichhölzer drin. Steck das Ding ein, dann wissen wir, wo du bist. Und können mithören.«

»Okay, danke.«

Ich öffnete die Tür.

»Hey, Schmitt?«

Ich sah zu Berthold hin.

»Wir werden in der Nähe sein. Aber ... viel Glück.«

»Ja, Heinrich«, sagte Marietta leise. »Pass auf dich auf.«

⊕ Gernhardt wartete neben seinem Wagen und begrüßte mich mit einem freundlichen Lächeln. »Pünktlich wie die Maurer!«, meinte er fröhlich, als ich meinen Wagen hinter seinem parkte. Wie üblich war er tadellos gekleidet, selbst seine Schuhe waren auf Hochglanz poliert, und er schien allerbester Laune.

»Du kennst mich, ich bin immer zuverlässig.«

»Ja«, nickte er. »Das mochte ich schon immer an dir. So berechenbar.«

Dann lass uns mal hoffen, dass du dich täuschst.

»Also, was gibt's?«

»Dein Freund Marvin Schröder hat uns den Tipp gegeben«, meinte er, als er langsam vorging. »Da vorne, das graue Gebäude, das muss das Lagerhaus sein, in dem die Bande ihre Beute lagert.«

»Der gute alte Marvin«, sagte ich. »Wie geht's ihm so?«

»Ich hoffe gut«, meinte Gernhardt, ohne mit der Wimper zu zucken. »Er klang etwas gehetzt, als er mich anrief.«

»Woher hatte er deine Nummer?«

»Ich hab ihn vor ein paar Tagen angerufen und ihn um ein Treffen gebeten.«

Was wahrscheinlich die reine Wahrheit war. Schließlich wusste er so gut wie ich, dass man die Verbindungsnachweise überprüfen konnte. Es musste wohl der Anruf gewesen sein, von dem seine Frau erzählt hatte, der, nach dem Marvin so plötzlich gehen musste.

Ich folgte Gernhardt, der an der Ecke stehen blieb und sorgfältig die Straße musterte. Was hatte er Horvath gesagt? Dass er nicht vorhatte, auf der Flucht zu leben? Auch das war wohl die Wahrheit gewesen. Er hatte jedes Puzzleteil schon sorgfältig gesetzt, nachher, wann immer das sein mochte, würde er für alles eine Erklärung haben.

»Vorhin waren Horvath und Hu hier«, teilte er mir flüsternd mit. »Aber sie sind wieder gefahren. Dennoch ...« Er sah zu mir zurück. »Ich hoffe, du bist bewaffnet?«, fragte er, während er seine Glock zog.

»Ich ...«, begann ich, als mein Telefon bimmelte.

Gernhardt verdrehte die Augen. »Geh schon dran!«

Genau das tat ich. Es war Ana Lena.

»Ich wollte dir sagen, dass die letzte Operation erfolgreich war«, teilte sie mir aufgelöst mit. »Sie haben ihr den Wirbel richten können und den Druck von ihrem Nerv nehmen können ... sie wird wieder vollständig in Ordnung kommen!«

»Das ist schön, Ana Lena«, sagte ich und meinte es auch so. »Aber ich bin hier sehr beschäftigt und ...«

»Ist schon gut«, meinte sie. »Ich wollte es dir nur sagen. Ist das nicht toll?«, sprudelte sie weiter. »Wenn du nichts dagegen hast, dann bleibe ich heute Nacht bei Jenny, und wir feiern die gute Nachricht ein wenig!«

»Das kannst du gern machen«, sagte ich. »Ich ...«

»Ich liebe dich, Onkel Heinrich«, sagte sie und legte auf.

Ich stand da, mit einem blöden Lächeln im Gesicht. Es war Jahre her, dass sie das zu mir gesagt hatte.

Gernhardt wedelte mit dem Lauf seiner Pistole vor meinem Gesicht herum. »Fertig mit dem Privatkram?«, fragte er ungehalten. »Wir haben einen Job zu erledigen.«

»Das war meine Nichte«, erklärte ich ihm.

»Fein. Toll. Können wir jetzt diesen Fall aufklären?«

»Aber gerne doch«, sagte ich und zog meine Glock. »Nach dir.«

Wir gingen über die Straße, und ich sah mich verstohlen um. Um diese Zeit war es hier menschenleer, und in der anbrechenden Dämmerung war es ein Gebiet, das man meiden sollte. Von Irina, Alexej oder ihren Leuten fehlte jede Spur. Von Hus Mercedes und Marietta, Berthold und ihren Kollegen auch. Am Lagerhaus angekommen, tat Gernhardt so, als ob er die Schlösser überprüfen wollte. Ich benutzte die Streichholzschachtel, um mir eine Zigarette anzuzünden. »Niemand hier«, stellte ich fest und hoffte, dass jemand mithörte.

»Hoffentlich«, meinte Gernhardt und nickte zufrieden, als die Seitentür unter seinen Bemühungen nachgab. »Ich liebe einfache Schlösser.« Er spähte durch den Türspalt ins dunkle Innere des Lagerhauses.

Er zog eine Taschenlampe aus der Jackentasche, hob die Glock und sah mich fragend an.

»Also gut. Bereit?«

»Klar«, antwortete ich ihm. »Wie früher.«

Vorsichtig gingen wir hinein, es war dunkel da drin, nur durch die verdreckten Oberlichter kam etwas Licht. Gerade genug, um den Container zu erkennen und den kleinen abgetrennten Bereich mit den Spinden, der wohl früher so etwas wie ein Aufenthaltsraum gewesen sein musste. Einen Moment lang stand er genau vor mir, den Rücken mir zugewandt.

Drück ab. Jetzt.

Noch nicht. Dann sah ich die beiden dort liegen, genau wie Irina es gesagt hatte. Beide schienen noch zu atmen. Landvogt, mein Lieblingsfotograf, und Marvin Schröder, mein schwuler Freund, der mich in das alles hineingezogen hatte.

Obwohl ich darauf vorbereitet war, lenkte es mich doch für einen kurzen Moment ab, lange genug für Gernhardt, einen schnellen Schritt zur Seite und zurück zu machen und seine Glock auf mich zu richten.

»So«, sagte er und lächelte etwas verlegen. »Da sind wir. Lass deine Waffe sinken ... ganz langsam.«

Genau das tat ich. Auch wenn die Versuchung groß war abzudrücken.

Das hättest du tun sollen, als du die Gelegenheit dazu gehabt hast.

»Kommt jetzt nicht der Moment, in dem du sie haben willst?«, fragte ich so ruhig ich konnte.

Er schüttelte leicht den Kopf. »Ob du es glaubst oder nicht, Heinrich, ich hab nicht vor, dich umzubringen. Behalt die Waffe, du wirst sie noch brauchen.« Er sah kurz zu den beiden menschlichen Rouladen hin. »Dieser Fotograf ...« Er schüttelte fassungslos den Kopf. »Er hätte mir fast noch alles verdorben. Übrigens, ich wusste, dass du hinter der Tür gestanden hast. Wir haben oft genug zusammen geschwitzt, sodass ich dich tatsächlich riechen konnte.«

»Und warum hast du mich nicht damals schon umgelegt?«

»Ich sagte doch, das ist nicht der Plan.« Er schüttelte den Kopf. »Ich brauche einen Helden, Heinrich. Einen, der das Ganze glorios auflöst und im Rampenlicht steht. Vielleicht sogar in der Zeitung.« Er sah mich an und ließ seine eigene Waffe sinken. »Ich will aussteigen«, erklärte er. »Alles, was ich dir von dem Devisengeschäft erzählt habe, entspricht der Wahrheit. In diesem Container dort sind fünfundsiebzig Millionen in gebrauchten Euroscheinen. Echte Scheine, Heinrich. Nicht rückverfolgbar. Eine Million davon ist für dich. Sieh es als eine Art Entschuldigung an.«

Ich sah ihn sprachlos an.

»Meinst du das ernst?«, fragte ich ihn.

»Ja«, sagte er und legte den Kopf schräg. »Hast du das Mädchen retten können? Ich wusste nicht, ob dir der Hinweis ausreichen würde, aber du warst schon immer gut.«

Ich zögerte, und er lachte.

»Ich kenne dich, Heinrich. Du vergisst das immer wieder. Also ja. Sag mir eines, habt ihr Hu und Horvath auch erwischt?« Er schüttelte lächelnd den Kopf. »Ach komm, Heinrich, du glaubst doch nicht, dass ich nicht wüsste, dass du mit dieser Kommissarin unter einer Decke gelandet bist. Landvogt hat mir alles gesagt, was er wusste. Schade, dass du die Bilder gelöscht hast.«

»Nein«, sagte ich, »das haben wir nicht. Hu und Horvath laufen noch frei herum«

»Zu schade«, meinte er und zuckte mit den Schultern. »Also kommen sie bald her. Also gut, ich brauche jetzt doch deine Waffe. Vertrau mir. Nein, Heinrich«, fuhr er mit kühler Stimme fort. »Ich meine es ernst. Ich schulde dir was, aber ich lasse mich deswegen nicht von dir umlegen. Deine Waffe ... aber vorsichtig. Oder ich muss Plan B verwenden. Und der sieht nicht so rosig für dich aus.«

Wenn er es so formulierte ...

Schweigend gab ich ihm meine Glock. Er überprüfte sie kurz und nickte dann.

»Stell dich dort hin«, sagte er und wies mit dem Lauf seiner eigenen Pistole zu einem der Spinde. »Halt dir den Kopf, als wärest du angeschlagen, am besten lehnst du dich noch so hin, als ob du kaum mehr stehen könntest. Bitte«, meinte er lächelnd. »Tue es. Denk an Plan B.«

Ich hielt mir den Kopf und lehnte mich wie angeschlagen gegen den Spind.

»Und was soll das jetzt werden?«, fragte ich ihn.

»Du brauchst nichts zu tun. Gar nichts«, sagte er leise. »Ich habe alles schon seit Jahren geplant. Ich muss nur noch die losen Enden verknüpfen.« Er musterte mich. »Hast du noch immer die Walther, die du in deinem Wadenholster trägst?«

»Ja.«

»Dabei?«

»Ja.«

»Gut«, meinte er überraschend. »Wenn es schiefgeht, benutze sie.« Er legte den Kopf schräg. »Was ist mit den Orlovs?«

»Sie werden nicht kommen. Tut mir leid.«

»Nun, Hu wird etwas enttäuscht sein.« Er lachte leise. »Du verstehst es noch immer nicht, nicht wahr?«

»Du könntest es mir erklären«, schlug ich ihm vor.

»Es ist ganz einfach. Ich habe dich um Hilfe gebeten, und du hast mir geholfen, den größten Devisenraub der Geschichte aufzuklären. Zudem hast du den Mörder erwischt, der in den letzten Tagen sein Unwesen hier getrieben hat. Du bekommst die Lorbeeren ... und ich gehe in den Ruhestand. Damit sind dann meine Schulden bezahlt, in Ordnung?«

Er klang so überzeugt. Als ob er glauben würde, was er da sagte.

Ich schüttelte fassungslos den Kopf. Hier standen wir in diesem Lagerhaus, und er tat so, als ob unsere alte Freundschaft noch bestehen würde. Das kam mir alles derart absurd vor ...

»Warte es einfach ab«, sagte er. »Hast du die Polizei einbezogen?«

Ich nickte nur.

»Gut«, sagte er erneut. »Damit habe ich gerechnet. Pscht«, meinte er, als ich etwas sagen wollte. »Sie kommen.«

Die Nebentür ging auf, und Hu und Horvath kamen herein. Speziell Hu schien nicht besonders glücklich. Horvath griff zur Seite und schaltete das Licht an, und sie blieben beide dort stehen und sahen uns ohne Überraschung und Neugier an. Gernhardt hielt indessen seine Waffe auf mich gerichtet.

»Also haben Sie ihn tatsächlich herlocken können«, stellte Horvath dann fest und schüttelte etwas den Kopf, als er langsam näher kam.

»So war es doch geplant«, meinte Gernhardt, und zu mir gewandt: »Keine Bewegung, Heinrich. Ich meine es ernst.« Er sah zu Hu hin. »Und, die Sache mit dem Mädchen erledigt?«

Der zuckte mit den Schultern und zog die Tür hinter

sich zu. »Ein anderer Freier hat sie umgebracht. Sie haben ihn gerade verhaftet, als wir dort ankamen. Schade, die Freude hätte ich gerne selbst gehabt.«

»Tja«, meinte Gernhardt. »Manchmal läuft nicht alles wie geplant.«

»So, Heinrich Schmitt«, sagte Horvath leise und kam näher. »Wussten Sie, dass wir uns kennen? Sie haben meinen Vater ermordet.«

»Der Scharfschütze, der Anna erschossen hat«, erklärte Gernhardt mir und warf einen Blick auf seine Uhr.

»Glückstreffer«, meinte ich und zuckte mit den Schultern. »Nehmen Sie es nicht persönlich, aber ich hatte das fast schon vergessen.«

»Was ist mit den Orlovs?«, fragte Hu ungehalten. »Sie haben versprochen, dass sie hier sein werden!«

»Sie sind noch nicht hier«, antwortete Gernhardt. »Offenbar sind sie nicht so blöde, wie Sie dachten.«

»Es war Bestandteil unseres Deals«, meinte der Chinese scharf, während er mich mit seinen dunklen Augen musterte.

»Ja«, sagte Horvath. »Und ich bekomme Schmitt.« Er griff unter seine Jacke.

»Der Deal hat sich gerade geändert«, sagte Gernhardt und schwenkte mit meiner Pistole herum.

Horvath war schnell. Während Hu noch dastand und glotzte, hatte der Ungar bereits seine Waffe gezogen und schoss. Gernhardt war trotzdem schneller. Er schoss insgesamt viermal. Solange ich ihn kannte, hatte er nur ein einziges Mal sein Ziel verfehlt. Diesmal traf er. Eine Kugel in den Kopf, eine ins Herz. Für beide. Das Ganze hatte keine Sekunde gedauert.

Während mir noch die Ohren klingelten, ich dumm dastand und Hu und Horvath schwer und offensichtlich tot zu Boden fielen, lächelte Gernhardt etwas mühsam. »Okay«, sagte er und reichte mir meine warme Waffe wieder. »Schieß noch einmal. Irgendwohin. Nicht auf mich«, warnte er.

Ich schoss auf den Container.

»Ich frage mich, wie viele Millionen du gerade gelocht hast«, sagte er mühsam und öffnete mit spitzen Fingern seine Jacke. »Du hast mir gerade das Leben gerettet«, teilte er mir mit. »Wenigstens werde ich das aussagen. Du ahnst gar nicht, wie schwer das war, ihn schießen zu lassen ... gut nur, dass er diese Walther so geliebt hat. Taugt nichts, das Ding.«

Ja. Ganz meine Meinung.

Er sah zur Tür hin. »Kommt die Polizei von alleine, oder müssen wir sie erst noch anrufen?«

»Sie ist unterwegs«, teilte ich ihm mit.

Er steckte seine Waffe ein und inspizierte das kleine Loch auf seiner linken Seite, wo es dunkel aus seinem Hemd tropfte. Ich hob die Glock, und er sah zu mir hin.

»Und?«, fragte er. »Legst du mich jetzt um?« Er ging schwerfällig hinüber zu den Spinden und zog sich einen der alten Stühle, die an dem Tisch standen, heran, um sich schwerfällig darauf zu setzen.

»Warum das Ganze?«, fragte ich ihn noch einmal.

»Warum nicht?«, lächelte er. »Ich habe es immer bedauert, dir in den Rücken schießen zu müssen. Es gehörte sich einfach nicht. Egal, wie sehr ich mir gesagt habe, dass es notwendig war. Als du zurückkamst, konnte ich nicht zulassen, dass du meine Karriere zerstörst, also habe ich deine zerstört. Auch das gefiel mir nicht.«

Er zog das Hemd hoch und inspizierte die Wunde. »Für so ein kleines Loch tut das Ding ziemlich weh«, stellte er fest und verzog schmerzhaft das Gesicht. »Den Rest hat mir dann Maya gegeben. Das Drecksbiest ist eine echte Schlampe ... ich hatte genug. Dann kam dieser Job. Und die Gelegenheit, sauber auszusteigen. Direkt vor deiner Haustür. Also dachte ich, warum nicht. Lassen wir dich den Fall lösen ... das Rampenlicht kassieren ... und ich gehe in den Ruhestand.«

»Du hast mir in den Rücken geschossen«, teilte ich ihm mit.

Er nickte.

»Ich weiß. Aber es gibt einen Unterschied zwischen uns beiden. Wir sind beide Soziopathen. Auch dir macht es nichts aus, jemanden umzulegen. Der Unterschied besteht darin, dass du noch daran glaubst, dass das Leben eine Moral besitzt. Du wirst mich nicht umlegen, Heinrich. Weil du jetzt weißt, dass ich alles dafür getan habe, meine Schulden zu bezahlen.«

»Ist das alles?«, fragte ich, während ich darüber nachdachte, ob er recht hatte. Ehrlich gesagt, hatte ich große Lust abzudrücken.

»Nein«, lachte er und verzog schmerzverzerrt das Gesicht. »Ich kenne dich, Heinrich. Ich hatte oft genug den gleichen Albtraum. Immer wieder. Ich sah dich an meinem Bett stehen ... und abdrücken. Früher oder später wäre es so gekommen. Du kannst es genauso wenig gehen lassen wie ich. Also gab es nur diesen Weg. Entweder lege ich dich um ... schon wieder ... oder ich zahle meine Schulden.«

Er meinte es tatsächlich so, stellte ich ungläubig fest. Und offenbar kannte er mich doch nicht gut genug.

Ich hob die Waffe, und die Tür flog auf. »Polizei«, dröhnte es. »Keine Bewegung!«

Du hättest früher schießen sollen.

Ja. Aber jetzt war es zu spät. Ich ließ die Waffe fallen und hob die Hände.

⊕ »Beinahe hätten wir dich noch umgelegt«, meinte Marietta etwas später und sah zu Gernhardt hin, der gerade in einen Krankenwagen geladen wurde. Dann musterte sie mich prüfend. »Was ist los? Du siehst nicht gerade glücklich aus.«

»Gernhardt«, sagte ich. »Ich kann nicht glauben, was da eben geschehen ist. Habt ihr alles aufgezeichnet?«

Sie schüttelte den Kopf. »Nein. In dem Moment, in dem du das Lagerhaus betreten hast, haben wir das Signal verloren.« Sie sah zur Seite. »Was suchen die denn dort?«, fragte sie mich. »Ich dachte, die hätten sich heraushalten sollen?«

Es waren Alexej und Irina, die zusahen, wie Hu aus dem Lagerhaus getragen wurde. Sie nickten uns beiden zu und gingen wieder davon.

»Haben sie auch.« Ich sah ihnen nach. »Gernhardt sprach von einem Plan B. Ich nehme an, dass der beinhaltet hätte, uns alle umzulegen … und er hätte es als einen Disput zwischen der Russenmafia und der Triade darstellen können.«

Sie nickte langsam. »Nur dass wir keine Beweise haben. Was meinst du, kann er sich herausreden? Er behauptet, du hättest die beiden erschossen. In Notwehr.«

»Und was hat er genau erzählt?«

»Dass er verdeckt ermittelt hat. Du hättest dich hinter den Spinden versteckt, um ihm im geeigneten Moment Rückendeckung zu geben. Nur hätte Horvath Schröder und Landvogt töten wollen, und als er dazwischen ging, hat Horvath auf ihn geschossen. Woraufhin du geschossen hast.«

»Okay«, sagte ich. »Was ist mit Hu? Hatte er eine Waffe?«

»Ja. Aber er kam nicht dazu, sie zu ziehen. Gut geschossen übrigens.« Sie glaubte kein Wort.

»Ja. Wir haben es immer und immer wieder geübt.«
»Scheint geholfen zu haben.«
Offensichtlich.
»Was ist mit den anderen Morden?«, fragte ich dann. »Wie will er die erklären?«

Sie zuckte mit den Schultern. »Wir werden ihn noch gründlicher befragen. So lange, wie man uns lässt, mein Boss hat bereits einen Anruf von seinem Boss bekommen, der auch schon einen Anruf erhalten hat. Wir sollen euch beide mit Glacéhandschuhen anfassen. Ihr seid Helden. Das Außenministerium schickt jemanden, das BKA kommt mit einem ganzen Team, die Bundesbank will Leute schicken ...« Sie zuckte mit den Schultern. »Ein Wunder, dass das Fernsehen noch nicht da ist. Jeder will etwas von dem Kuchen abhaben. Ihr habt fünfundsiebzig Millionen Euro sichergestellt ... da stellt man keine Fragen mehr. Lucio war ein Zuhälter, keinen interessiert es, dass er umgelegt wurde.«

»Und was ist mit Anschütz?«

»Gernhardt hat Beweise, dass er mit drinsteckte. Offenbar war der Mann der Schlüssel für die ganze Angelegenheit und hat alles von innen heraus arrangiert. Muller hat dafür gesorgt, dass Schröders Geldtransportfirma den Auftrag bekam, die gebrauchten Scheine zur Entwertung zu fahren. Und dort ... « Sie schüttelte fassungslos den Kopf. »Dort schwört jeder, dass das Geld auch verbrannt worden ist.«

»Blüten«, sagte ich. »Sie haben Falschgeld verbrannt, das ist die einzige Lösung.«

»Gernhardt behauptet, dass er auch nicht wüsste, wie genau sie das gemacht haben. Wie auch immer, er sagt, dass, als er erfahren hat, dass Anschütz aus dem Weg geräumt werden sollte, es schon zu spät gewesen sei, es zu verhindern. Und das Ganze hat er nur herausgefunden, weil diese Studentin Hu dazu gebracht hat, Gernhardt zu vertrauen. Den Rest habt ihr zusammen herausgefunden.« Sie schüttelte ungläubig den Kopf. »Er hat mehrfach betont, wie wichtig sie für die Auflösung des Falls gewesen wäre. Offenbar hält er sich an sein Versprechen ihr gegenüber, dass es ihrer Karriere nutzen wird.«

»Und wenn ich dir sage, dass Gernhardt das alles arrangiert hat?«

»Ich glaube dir«, sagte sie. »Berthold auch. Aber hast du Beweise?« Sie nickte in Landvogts Richtung, der bleich auf der Stoßstange von einem Rettungswagen saß und sich untersuchen ließ. »Seine Fotos zeigen Gernhardt, Horvath und Muller. Aber Gernhardt hat verdeckt ermittelt. Natürlich hat er sich mit ihnen getroffen. Und Landvogt hat ausgesagt, dass es tatsächlich Gernhardt war, der Horvath daran gehindert hat, ihn und deinen Freund Schröder umzulegen. Das war zwar, bevor er und dein Freund Schröder betäubt wurden, macht Gernhardts Aussage aber glaubhaft. Ach ja. Noch eines. Gernhardt hat angegeben, dass Muller Horvath engagiert hatte, Nina zum Schweigen zu bringen. Es war so eine Art Gelegenheitsdeal. Wenn schon ein Auftragsmörder in der Stadt ist und man ihn kennt, dann kann man das auch ausnutzen.« Sie schüttelte ungläubig den Kopf. »Auf was für Ideen die Leute kommen.«

»Und das war es jetzt?«, fragte ich ungläubig. »Gernhardt kommt einfach so davon?«

»Er hat dich zum Helden gemacht«, erinnerte sie mich. »Wenn du jetzt anfängst, irgendetwas anderes zu erzählen, wird man dich nur komisch ansehen. Warum sollte er das tun? Er hätte das auch alleine durchziehen können ... vielleicht glaubt man dir, aber ohne Beweise ...« Sie schüttelte den Kopf. »Ich denke, das war es dann.« Sie stand auf. »Lass es gut sein, Horvath ist tot, Hu auch ... Schröder und Landvogt leben noch. Du auch. Ehrlich gesagt, ist mir das das Wichtigste.« Sie musterte mich nachdenklich. »Kann es sein, dass du dich in Gernhardt täuschst? Hat er dir gegenüber irgendwie gesagt, dass er nicht verdeckt ermittelt hat? Irgendwo eine Schuld zugegeben?«

Nein, hatte er nicht. Und sogar das, was er im Hotel gesagt hatte, als ich hinter der Tür darauf gewartet hatte, dass mich jemand umlegte, hatte er nur vorgetäuscht.

Vielleicht hat Gernhardt ja doch die Wahrheit gesagt.

Unmöglich, dachte ich und rieb mir die Schläfen. Ich war fix und fertig, und der Kopfschmerz brachte mich fast um.

»Er sagt, er habe alles so eingerichtet, um mir zu helfen, wieder rehabilitiert zu werden«, gestand ich ihr.

»Ist das möglich?«

»Woher soll ich das wissen?«, sagte ich ungehalten. »Ich verstehe den Mann nicht. Aber er hat es von Anfang an behauptet, also ...« Ich zuckte mit den Schultern und ließ den Rest des Satzes offen.

Eines musste ich zugeben: Damit, dass es so ausging, hatte ich beim besten Willen nicht gerechnet.

»Nun«, sagte sie. »Meiner Meinung nach macht es keinen großen Unterschied. Die Sache ist vorbei. Geh nach Hause, Heinrich. Schlaf aus ... und kümmere dich um Ana Lena.«

»Was ist mit Henri Muller?«

»Wir kriegen ihn dran.« Sie legte mir die Hand auf den Arm. »Geh nach Hause, Heinrich«, drängte sie mich. »Es ist vorbei.«

Sie hat recht. Es ist vorbei.

Aber glauben konnte ich das noch immer nicht.

Mittlerweile war es Nacht. Ana Lena war bei Jenny. Landvogt war erst mal mit der Polizei beschäftigt, Gernhardt würde wahrscheinlich im Krankenhaus landen, wo man ihm die Kugel rausholen würde. Ich war sicher, er konnte alles erklären.

Er kommt damit durch.

So war es wohl. Auf jeden Fall konnte ich mir jetzt ziemlich sicher sein, dass mich niemand verfolgen würde. Ich war hundemüde, aber dies war eine Gelegenheit, die ich nutzen sollte. Also holte ich mir von unserer Firma den Lieferwagen und fuhr nach Hause.

Da gab es noch etwas, das dringend erledigt werden musste.

⊕ Ich hatte gerade die beiden länglichen Pakete in den Wagen gewuchtet, als mein Telefon klingelte. Ich schloss die Ladentüren und ging dran, es war Irina. Sie klang so kühl und gelassen wie immer.

»Also war es Hu, der damals unsere Tochter entführen ließ«, sagte sie zur Begrüßung.

»Sieht so aus.«

»Er ist tot. Es heißt, dass du ihn erschossen hast. Bekommst du Ärger deswegen?«

»Nein. Ich glaube nicht.«

Ich ließ den Wagen an und fuhr langsam los. Weit und breit war niemand zu sehen, nur als ich gerade abbog, kam mir ein Taxi entgegen, das vor Frau Kramers Haus hielt. Eine junge Frau stieg aus, mehr konnte ich im Spiegel nicht sehen, bevor ich um die Ecke bog. Also war Frau Kramers Enkelin doch am Leben. Ich war sicher, dass sie irgendetwas davon gesagt hatte, dass ihre Enkelin schon vor Jahren umgekommen war. In irgendeinem Urlaub. Oder vielleicht hatte sie ja zwei Enkelinnen gehabt. Nun, ich würde es morgen Abend erfahren.

»Wir sind dir zu Dank verpflichtet«, sprach Irina weiter. »Wir kümmern uns um unsere Freunde, das weißt du, ja?«

»Ja«, sagte ich. »Das weiß ich.«

»Gibt es irgendetwas, das wir für dich tun können?«

Ich grübelte. »Da fällt mir nichts ein. Es ist vorbei, das ist die Hauptsache. Und wir haben es alle geschafft. Übrigens, danke, dass du dich zurückgehalten hast.«

»Alexej sagte, ich sollte dir vertrauen. Er hat mir mein Gewehr abgenommen.« Es klang ein ganz klein wenig nachtragend, wie sie das sagte. »Bist du sicher, dass wir nichts für dich tun können?«

»Ganz sicher«, sagte ich, doch dann fiel mir doch etwas ein. »Vielleicht doch«, sagte ich. »Aber es ist etwas viel verlangt. Und vor allem sehr kurzfristig.«

»Um was geht es?«

»Es gibt da jemanden, mit dem ich mich gerne unterhalten würde ...«

⊕ Theos Recyclinghof war nachts wie ausgestorben, war jedoch wie üblich hell erleuchtet, und auch an der kleinen Pförtnerhütte brannte Licht. Ich klopfte an die

Scheibe, und der grauhaarige Mann schreckte aus seinem Nickerchen hoch. Vor ihm stand eine Reihe Monitore, die das Gelände, hauptsächlich den Eingangsbereich, zeigten und auch die Gleisanlage, nur dass man dort nicht viel sehen konnte, weil der hintere Teil vom Hauptgebäude abgeschirmt war.

»Ich bin Heinrich Schmitt«, teilte ich dem Mann mit. Ich hielt eine Schreibunterlage hoch. »Theo hat gesagt, ich kann auch nachts kommen, um die Container zu überprüfen, bevor sie am Montag abgeholt werden.«

»Geht in Ordnung«, sagte der ältere Herr und musterte erst mich und dann unseren Firmenlaster. »Der Boss hat gesagt, dass Sie kommen würden. Ich hatte Sie nur schon gestern erwartet.« Er schob mir ein Buch durch den Schlitz. »Tragen Sie sich hier ein.« Ganz verkalkt war er aber nicht. »Was ist in dem Wagen?«

»Zwei alte Schränke, die ich wegwerfen will«, sagte ich. »Theo hat bestimmt nichts dagegen.«

»Wenn Sie es sagen. Die Holzabfälle sind im vierten Hof auf der linken Seite. Gute Nacht.«

Es war mittlerweile deutlich nach Mitternacht, aber ich hatte auch eine gute halbe Stunde warten müssen, bis die schwarze Limousine am vereinbarten Treffpunkt erschienen war, um mir das dritte Paket zu bringen.

Ich fuhr mit dem Lieferwagen bis hinten an das Ende der Gleise und öffnete die Ladetüren. So hell, wie hier alles erleuchtet war, brauchte ich die Lampe nicht einmal anzumachen, um die aufgerissenen Augen zu sehen, die mich nun mit wachsender Panik anstarrten, während ich mich in einen etwas zu kleinen Schutzanzug zwängte. Mit dem Zeug war wirklich nicht zu spaßen.

Aber die anderen Augenpaare waren geschlossen.

Dann kletterte ich auf den letzten Wagen und musterte den Verschluss des Containers. Alles schön dicht festgeschraubt, aber dafür gab es Akkuschrauber.

Es ging überraschend schnell, dann hob ich den Deckel ab und trat zurück, als der Dampf aufstieg. Ohne die Atemmaske hätte ich jetzt meine Freude gehabt. Ich leuchtete mit meiner Taschenlampe hinein, die Säure war trübe und der Schein der Lampe reichte kaum in die Tiefe des Keramikbehälters. Fünftausend Liter waren hier untergebracht. Und das Zeug war so ätzend, dass ein einziger Atemzug schon der letzte gewesen wäre.

Ich wuchtete das erste Paket nach oben, es war steif und unhandlich, beinahe wäre es mir abgerutscht ... wenn die Säure übergeschwappt wäre, hätte mir der Anzug wohl auch nicht mehr geholfen. So aber verschwand es sanft in der trüben Brühe, die sogleich anfing, heftig zu sprudeln. Hastig schloss ich den Deckel und holte den Hundetreter. Der war etwas leichter zu handhaben. Als ich den Deckel für ihn öffnete, stiegen nur noch vereinzelt Bläschen auf. Diesmal ging es besser, der Hundetreter versank ohne ein Plätschern. Ich schloss den Deckel erneut und ging zum Wagen zurück.

Ich nahm die Maske ab und musterte das Frettchen. Dann riss ich ihm das Klebeband vom Mund.

»Noch irgendwelche berühmten letzten Worte?«

»Was ... was wollen Sie?«, fragte das Frettchen stotternd. Ich verklebte ihm den Mund wieder.

»Da hätte dir auch was Gescheiteres einfallen können«, teilte ich ihm mit und legte ihm einen Kabelbinder um den Hals, um ihn dann fest zuzuziehen.

Dann sah ich zu, wie er blau anlief und zuckte.

»Glaub mir, ich tu dir damit einen Gefallen.«

Als er sich nicht mehr bewegte, packte ich ihn und trug ihn hoch. Doch als ich ihn in die Säure abließ, zeigte sich, dass er doch noch nicht so ganz tot war. Seine Augen sprangen auf und sein Mund öffnete sich zu einem letzten Schrei, der ihm schon von den Knochen schmolz, bevor er mehr als gurgeln konnte.

»Sorry«, meinte ich entschuldigend zu ihm. »Ich hätte wohl länger warten sollen.«

Dann setzte ich den Deckel wieder auf und zog ihn fest. Ich überprüfte alles dreimal, ganz speziell die Dichtung des Deckels, aber alles war trocken und sauber. Es gab eine kleine Sichtluke an der Seite. Ich leuchtete mit der Taschenlampe hinein, aber es war nichts zu erkennen. Vielleicht war die Brühe trüber als vorher, aber selbst das hätte ich nicht beschwören können.

Okay. Das war das. Ich fuhr hinüber zur Holzsammelstelle und warf zwei alte Schränke hinaus.

»Alles erledigt?«, fragte der alte Mann, als ich mich in seinem Buch wieder austrug.

»Ja«, antwortete ich ihm. »Alles erledigt.«

Als ich nach Hause kam, brannte in der Küche Licht, und Mariettas alter Porsche stand in der Einfahrt.

Ich schloss auf, George sprang mir entgegen und ließ sich kraulen, hinter ihm stand eine schmunzelnde Ana Lena, die offenbar bester Laune war.

»Das ist eine Überraschung«, stellte ich fest, als ich Marietta an der Küchentheke sitzen sah.

»Freut mich, wenn es so ist«, lächelte sie.

»Wie kommt's?«, fragte ich. »Nicht, dass ich mich beschweren will.«

Ana Lena konnte nicht ruhig sitzen, sie war so aufgeregt, dass sie mich an einen Flummi erinnerte.

»Sie hat mich angerufen, um sich nach Ninas Befinden zu erkundigen. Und um mir mitzuteilen, dass sie Henri zur Fahndung ausgeschrieben haben. Sein Vater hat den Mörder auf Nina angesetzt ... und dann gestanden, dass sein Sohn sie und mich vergewaltigt hat!«, erklärte sie ganz aufgeregt. »Ist das nicht klasse!«

»Ich habe ihn selbst verhört. Ich tat so, als wüssten wir alles schon, und er fiel drauf rein«, erklärte Marietta lächelnd. »Ich hab sie angerufen, um ihr die gute Nachricht zu sagen, und sie hat mich gefragt, ob ich sie abholen kann. Sie wollte, dass du es auch direkt erfährst.«

»Ich werde die Verhandlung gegen Henri nicht verpassen«, schwor Ana Lena. »Ich freue mich schon auf sein dummes Gesicht.«

»Allerdings haben die Kollegen, die ihn verhaften wollten, ihn nicht angetroffen«, erklärte Marietta etwas gedämpfter. »Er ist flüchtig, aber weit kann er nicht kommen, er ist wohl zu Fuß unterwegs und hat kaum etwas mitgenommen. Wir werden ihn finden.«

Ich hoffe doch sehr, dass nicht.

»Auf jeden Fall haben wir jetzt etwas zu feiern«, meinte Ana Lena begeistert und öffnete den Kühlschrank, um eine Flasche Sekt herauszunehmen, die dort schon seit Jahren verstaubte.

Genau in diesem Moment klingelte es an der Tür. Ich sah auf die Uhr, es war schon deutlich nach eins, und mehr Gesellschaft konnte ich jetzt nicht gebrauchen.

Speziell diese nicht.

»Was willst du?«, fragte ich Gernhardt. Der trug einen frischen Anzug und blickte grimmig.

»Dass du mich hineinbittest«, teilte er mir mit und zeigte mir die Glock, die er in der linken Hand hielt. »Aber höflich, wenn's geht.«

»Bist du jetzt durchgedreht?«, fragte ich ihn, als ich

einen Schritt zurückging, um ihn einzulassen. Ich hatte keine Waffe mehr, die Glock hatte man als Beweismittel zurückbehalten, und auch meine kleine Walther, um sie ballistisch zu überprüfen.

»Tu nicht so«, er lächelte freundlich an mir vorbei.

»Du musst Ana Lena sein«, sagte er zu meiner Nichte.

»Gernhardt«, begann ich. »Was willst du hier?«

»Guten Abend, Frau Hauptkommissarin«, begrüßte Gernhardt Marietta. Er trat einen Schritt vor, und ich sah die Gelegenheit, doch er duckte sich unter meinem Hieb weg und trat zurück, neben Marietta, die gerade die Hand zu ihrer Handtasche ausstreckte.

»Nicht doch«, meinte er kopfschüttelnd und schob die Tasche von der Theke. Sie schlug hart, schwer und metallisch klingend auf die Küchenfliesen auf.

»Dorthin, wo ich euch alle sehen kann. Rücken zum Fenster«, forderte er und hob drohend seine Pistole.

»Was soll das, Herr Hollmann?«, fragte Marietta. Sie war bleich geworden, aber sie behielt die Ruhe und stellte sich schützend vor Ana Lena.

»Gute Frage.« Links neben mir befand sich unser Messerblock. Auch wenn es Jahre her war, dass ich mich im Messerkampf geübt hatte, es war eine Chance.

»Du bist mit allem durchgekommen. Warum jetzt das? Dir ist doch klar, dass das nicht gut gehen kann.«

»Sie bedrohen eine Polizeibeamtin«, teilte ihm Marietta kühl mit. »Da kommen Sie so leicht nicht raus.«

Gernhardt ignorierte sie, starrte mich hasserfüllt an.

»Das ist alles deine Schuld. Es lief alles wie am Schnürchen, und dann musstest du es verderben!«

»Ich weiß nicht, wovon du sprichst«, sagte ich.

»Ich will es wiederhaben. Du hast mich reingelegt ... du wolltest mich schon immer fertigmachen, nicht wahr?«, zischte er, seine Spucke sprühte durch die Gegend. »Egal, was ich tat, es war dir nicht genug, was?«

Damit hat er recht.

Und ich fand es faszinierend, dass ich gar nichts getan hatte. Aber er klang, als ob ich ihn seit Jahren verfolgt hätte.

»Was willst du wiederhaben?«, fragte ich ihn.

»Das verdammte Geld«, schrie er. »Ich will mein verdammtes Geld zurück!«

»Welches Geld?«, fragte Marietta ganz ruhig.

»Fragen Sie ihn doch, wo er war«, meinte Gernhardt und wedelte mit der Waffe herum. »Wo war er denn eben, huh? Er hat es abgeholt und versteckt, das hat er!«

»Ich habe zwei alte Schränke weggeworfen. Ich weiß nichts von deinem Geld.«

Und kaum hatte ich es gesagt, fiel es mir wieder ein. Das Geld, das er beiseitegeschafft hatte. Die Orlovs. Beinahe hätte ich gelacht, als ich verstand, was geschehen war. Nur dass die Situation jetzt nicht zum Lachen war.

Gernhardt schwankte etwas und wischte sich mit der freien Hand die schweißnasse Stirn ab.

»Weißt du was?«, sagte er und trat nahe an Marietta heran, um ihr seine Pistole so fest auf die Schläfe zu drücken, dass sie das Gesicht verzog. Für einen Sekundenbruchteil sah er nicht zu mir hin, es reichte, damit ich unser Ausbeinmesser greifen konnte. Ana Lena hatte es gesehen, und sie sah mich mit weit aufgerissenen Augen an und biss sich auf die Lippen.

»Ich helf deiner Erinnerung auf die Sprünge«, drohte Gernhardt. Seine Augen glänzten und der Sabber flog ihm beim Sprechen von den Lippen.

Jetzt ist er ganz durchgedreht.

»Zuerst lege ich sie um. Dann schieße ich deiner

Nichte nacheinander in jedes Gelenk, ich fang bei den Knien an, damit sie nie wieder laufen kann. Und wenn das nicht reicht ... dann lege ich euch eben alle um.«

»Entschuldigung«, sagte Frau Kramer von der Tür her. Sie stand mit einer Hand auf eine Krücke gestützt, hatte sich sorgfältig zurechtgemacht und trug ein elegantes altes Abendkleid und Schmuck, sogar lange Handschuhe, als ob sie in die Oper gehen würde. »Aber ich glaube, das wäre eine ganz dumme Idee«, teilte sie meinem alten Freund ruhig, aber bestimmt mit. »Ich kann das nicht zulassen.«

Er sah mindestens ebenso verblüfft drein wie wir alle.

»Und wer sind Sie?«, fragte er verdutzt.

»Die Nachbarin. Ich kam her, um die Familie zu mir einzuladen. Es ist eine besondere Gelegenheit, müssen Sie wissen. Da können Sie nicht stören.«

»Ach ja?«, höhnte Gernhardt und nahm die Waffe von Mariettas Schläfe, um sie auf die alte Frau zu richten. »Und was wollen Sie dagegen tun?«

»Das«, sagte sie und ihr linker Arm schnellte vor. Etwas flog durch die Luft und schlug dumpf in Gernhardts Hals ein. Seine Augen weiteten sich, dann fiel er zur Seite weg, rutschte an der Theke herab und saß vor ihr auf den Boden, die Pistole glitt aus seinen Händen und fiel neben ihm auf die Küchenfliesen.

Fast an der gleichen Stelle hatte ich schon einmal jemanden sitzend vorgefunden.

»Der Trick ist«, sagte Frau Kramer, während sie vorsichtig heranhumpelte, »die Wirbelsäule genau zu treffen, um das Rückenmark zu durchtrennen.« Sie beugte sich vor und musterte meinen alten Freund, der sie mit weiten Augen ansah. »Es dauert ein paar Minuten, bis er tot ist«, teilte sie uns dann mit und zog sich einen Thekenstuhl heran, um elegant darauf Platz zu nehmen und sich die Haare zu ordnen.

Sie saßen perfekt.

»Bekomme ich einen Tee, Liebes?«, fragte sie Ana Lena, die zu Gernhardt hinsah, schluckte und dann nickte. »Und hört auf, mich so anzustarren. Schaut lieber, wen ich mitgebracht habe.«

»Ich ...«, sagte Marietta, doch Frau Kramer schüttelte mahnend den Kopf. »Alle Fragen werden später geklärt. Jetzt, bitte, verderben Sie uns nicht den Moment.«

Langsam kam die junge Frau, die ich vorhin flüchtig gesehen hatte, in die Küche. Sie sah zu Gernhardt hin, der leise röchelte, und wurde noch bleicher, als sie es schon war, hob aber tapfer das Kinn und kam herein.

Im ersten Moment erkannte ich sie nicht. Sie war schlank, trug ein modisches Geschäftskleid, besaß schwarze Haare und dunkelbraune Augen, doch ...

»Mama!«, rief Ana Lena und rannte ihr entgegen, um sich in die Arme meiner Schwester zu werfen.

Später, viel später, saßen wir bei Frau Kramer im Wohnzimmer. Auch Marietta. Berthold war drüben im Haus, auch wenn er nicht mehr Dienst hatte, und hatte versprochen, sich um alles zu kümmern. Unsere Aussagen hatte er schon aufgenommen. Frau Kramer hatte gesehen, dass noch Licht bei uns brannte, und hatte vorbeikommen wollen, um uns ihre Enkelin vorzustellen. Sie sah durch das Küchenfenster, was Gernhardt gerade abzog, ging zu ihrem Haus zurück, holte ein Messer, öffnete die Tür mit ihrem Schlüssel und warf das Messer in Notwehr.

Berthold hatte nicht einmal mit der Wimper gezuckt

als er ihre Aussage aufgenommen hatte. Schließlich konnte ja jeder so mit Messern werfen.

»Wie?«, fragte ich Frau Kramer, während ich mich an einer zierlichen Tasse Tee festhielt, die sie mir eingeschenkt hatte. Mir gegenüber, auf dem alten Sofa, saß Elisabeth eng mit Ana Lena umschlungen, als ob sie sich nie wieder loslassen wollten.

»Ich muss dafür ausholen«, sagte sie. »Wenn Sie Zucker wollen, Kindchen, finden Sie ihn in der kleinen Porzellandose«, meinte sie zu Marietta. »Ich finde, der Tee wird dadurch verdorben, aber jedem sein Geschmack.«

»Danke«, sagte Marietta artig und legte sich Zucker nach. »Sie wollten gerade erklären, wie es dazu kam.« Sie sah zu Elisabeth und Ana Lena hin, die nun ebenfalls Frau Kramer mit weiten Augen ansahen.

»Ich komme aus reichem Haus«, fing Frau Kramer an. »Wir hatten ein Gestüt in Pommern, trugen ein ›von‹ in unserem Namen und waren mit der halben High Society des Dritten Reichs verbandelt.« Sie nahm einen Schluck und verzog das Gesicht, als wäre der Tee ihr doch zu bitter gewesen. »Natürlich waren wir einwandfreie Arier. Es gab einen Jungen im Dorf, der Sohn der Lehrerin dort. Sie war Witwe, ihr Mann im ersten Weltkrieg gefallen Und sie waren Juden. Ihr Sohn ... Franz«, sagte sie mit einem bedeutungsvollen Blick zu mir, »und ich waren beste Freunde und wuchsen zusammen auf. Schließlich ... schließlich wurden wir ein Liebespaar.« Sie seufzte leise und sah durch uns hindurch in die Ferne. »Mein Vater war über die Verbindung nicht erfreut, er war ein preußischer Landjunker von altem Schrot und Korn. Er weigerte sich, uns die Zustimmung zur Hochzeit zu geben ... und damals zählte das noch etwas«, meinte sie mit einem fast scheuen Lächeln.

»Aber er war ein guter Mann und konnte Hitler nicht ausstehen. Allerdings kam man damals auch nicht an ihm vorbei. Als Hitler an die Macht kam, ahnte mein Vater schon, worauf es hinauslaufen würde. Er sorgte dafür, dass Franz und seine Mutter rechtzeitig in die Schweiz kamen, bevor der ganze Spuk losging. Vielleicht hoffte er auch, dass damit die Liaison ein Ende finden würde. Wir hielten aber Kontakt. Und ab und zu, auch während des Krieges, besuchte ich Franz in Zürich.«

Ich nickte und erinnerte mich an das alte Foto.

»Ich erfuhr von ihm, was mit den Juden geschah. Irgendwie hatte man es ahnen, aber nicht glauben können. Und eines Tages, als ich bei Franz zu Besuch war, besuchte mich ein amerikanischer Gentleman. Er fragte mich, ob ich einem besonderen Club beitreten würde.«

Sie sah mich an. »Sagt Ihnen ›Oh So Social‹ etwas?«

Ich brauchte einen Moment, bis es klickte. »Sie waren beim OSS?«, fragte ich ungläubig. Oh So Social bezog sich darauf, dass der Vorläufer des CIA seine ersten Agenten aus den Reihen gut betuchter und situierter Dilettanten angeworben hatte.

»Der Vorläufer des CIA«, erklärte ich Marietta, als sie mich fragend ansah.

»Mein Gott«, sagte Marietta, und Frau Kramer nickte.

»Das trifft es genau«, sagte sie leise. »Es war eine schlimme Zeit. Aber ich wurde gut ausgebildet ... und mir ist nie etwas geschehen. Nur ... Franz. Er ist erwischt worden, als er unter falschem Namen nach Deutschland einreiste. Und er kam in ein Konzentrationslager. Bis fast dreißig Jahre nach dem Krieg habe ich gedacht, er wäre tot. Gleiches dachte er auch von mir.« Sie nippte wieder an ihrem Tee. »Wir haben es so eingerichtet, dass ich angeblich von zu Hause weggelaufen bin. Ich ging nach Berlin und trat dort als Varieté-Künstlerin auf, brachte es zu einem gewissen Ruhm. Vor allem brachte ich es in die Betten einiger wichtiger Leute. Hier ...« Sie stand mühsam auf und zog eine Schublade auf, um ihr eine alte Illustrierte zu entnehmen. »Das bin ich.«

Das Titelbild zeigte eine knapp bekleidete Frau, die in einer Hand gleich fünf Messer hielt. »Ich sang, ich tanzte, ich spielte Klavier. Und ich warf scharfe Gegenstände nach gut gekleideten Herren«, lächelte sie. »Blaublütig, Artistin, leicht zu haben, der perfekte Köder für die ganzen Herrenmenschen, die durchaus gerne auch etwas Anrüchiges im Bett haben wollten.«

»Das erklärt das Kunststück mit dem Messer«, sagte ich. »Aber ...«

»Das sollte ich besser erzählen«, unterbrach Elisabeth. Ich konnte mich nicht daran gewöhnen, wie sie aussah. Es waren nicht nur die gefärbten Haare und die Kontaktlinsen, auch ihr Gesicht war nicht mehr dasselbe.

»Frank holte mich vom Krankenhaus ab. Er sagte, Ana Lena ginge es nicht gut. Und ich Idiotin habe ihm geglaubt. Wieder einmal. Aber es war nur ein Vorwand gewesen, um mich erneut dazu zu bringen, zu ihm zurückzukehren. Er hatte nicht viel Zeit, er wusste, dass du mit Ana Lena zum Krankenhaus gefahren bist, um mich abzuholen. Er war unter Druck, und als ich stur blieb und ihn zum wiederholten Male rauswerfen wollte, rastete er aus und schlug mich zusammen. Schlimmer als je zuvor.« Sie fuhr sich leicht über ihre Wange. »Er brach mir die Wangenknochen, und beinahe hätte ich auch ein Auge verloren. Und dann stand plötzlich Frau Kramer in der Tür. Fast so wie eben. Sie sagte ihm, dass er verschwinden sollte. Er lachte sie aus und trat noch einmal zu. Ich war schon halb weggetreten, aber ich weiß noch, wie er plötzlich neben mir auf dem Boden saß und mich dumm anglotzte, während ihm das Blut aus dem Mund lief. Und dann war Frau Kramer da und half mir hoch. Sie sagte, sie wüsste eine Klinik, in der man sich um mich kümmert und in der man mich nicht findet.«

»Jemand schuldete mir einen Gefallen«, sagte Frau Kramer lapidar. »War kein großes Ding. Ich hatte Frank nicht gut getroffen, ich dachte zwar, dass er es nicht überleben würde, aber Zeit, das zu überprüfen, hatten wir nicht. Elisabeth brauchte schnell Hilfe ... und das an einem Ort, an dem Frank sie nicht finden konnte.«

»Und warum sind Sie nicht zur Polizei gegangen?«, fragte Marietta leise.

»Das hatte ich vor«, erklärte Frau Kramer gelassen. »Es hätte zwar einige Fragen aufgeworfen, die ich lieber nicht beantwortet hätte, aber es war Notwehr, und ich glaube kaum, dass mir jemand Ärger gemacht hätte. Ich war damals auch schon eine alte Frau«, lächelte sie. »Aber als ich zurückkam, erfuhr ich, dass Frank überlebt hatte. Er ist irgendwie davongekommen und ...«

»Er hat ja schon oft gedroht, dass er mich finden und mich dann umbringen wird«, erklärte Elisabeth. »Er war vollständig außer Kontrolle, und ich hatte panische Angst, dass er mich findet. Abgesehen davon ... es hat Monate gedauert, bis ich wieder einigermaßen genesen war. Frank hat nie ein Interesse an Ana Lena gezeigt, und du, Heinrich, hast dich um sie gekümmert. Ich war noch immer ein Krüppel, und Frau Kramer bot mir an, mich in eine Spezialklinik in Amerika einweisen zu lassen. Unter dem Namen ihrer Enkelin.«

»Chloe ist vor vierzehn Jahren auf einer humanitären Mission in Uganda entführt und umgebracht worden.

Sie haben mir ihre Besitztümer geschickt, aber sie dort begraben ... was wohl auch besser war«, sagte Frau Kramer und schluckte. »Es war nicht mehr viel von ihr übrig. Ich habe mich nicht darum gekümmert, alles Behördliche zu regeln ... und hatte noch ihren Ausweis und ihren Reisepass. Chloe ist Deutsch-Amerikanerin gewesen und sah Elisabeth etwas ähnlich«. Sie sah meine Schwester an. »Und so war es einfach. Geplant war, dass sie sich erholt und so zugleich vor Frank in Sicherheit ist. Sie wollte wiederkommen, sobald man Frank gefunden und eingesperrt hatte.« Sie seufzte. »Aber der Kerl ist davongekommen und spurlos untergetaucht.«

»Frau Kramer hielt mich immer auf dem Laufenden«, erklärte Elisabeth leise. »Und als ich dann erfuhr, was mit Ana Lena geschehen ist, oder zumindest, was Frau Kramer vermutete, und als dann dieser schreckliche Unfall geschah, bin ich so schnell hergekommen, wie ich nur konnte. Ich will dieses Versteckspiel nicht mehr.«

»Und was ist mit Frank?«, fragte Marietta.

»Warum schaut ihr mich alle so an?«, fragte ich unschuldig. »Ich habe seit Jahren nichts mehr von ihm gehört. Niemand hat das. Und ich glaube ehrlich nicht, dass er noch einmal wiederkommt.«

»Ich wollte nur, ich könnte sicher sein«, sagte Elisabeth leise und drückte Ana Lena enger an sich.

»Ich glaube, das kannst du«, sagte ich beruhigend. »Ich habe da so ein Gefühl.«

⊕ Später am nächsten Tag kam Marietta vorbei, als ich gerade die letzten Reste von Gernhardts Blut aufwischte. Den größten Teil des Morgens hatten wir damit verbracht, unsere Aussagen zu machen.

»Das war eine harte Woche«, sagte sie, an den Türrahmen gelehnt, während sie mir zusah, wie ich den Wischeimer ausschüttete. »Aber jetzt ist alles vorbei.«

»Ja, das ist es«, sagte ich.

»Was ist mit uns?«, fragte sie zögernd.

Ich war so müde, dass ich kaum noch stehen konnte, aber ihre Frage ließ mich wieder wach werden.

»Ich glaube, ich sollte dir einfach sagen, dass es ein Fehler war, dass wir uns jemals getrennt haben.«

»Das hat lange genug gedauert«, sagte Marietta und baute sich vor mir auf. »Meinst du es ernst?«

»Und wie.«

Das war noch nicht ganz das Ende der Geschichte. Zwei Wochen später kam Berthold und stellte mir eine Bierflasche auf die große Kiste, die zwei Tage vorher angeliefert worden war und meine Garage blockierte.

»Die habe ich im Garten von Meinert gefunden«, sagte er. Ich sah ihn fragend an. »Den Vorbesitzer von George«, erklärte er. »Er ist noch immer flüchtig. Irgendwie glaube ich auch nicht, dass wir ihn noch finden werden, er ist wie vom Erdboden verschluckt. Wie Henri Muller. Oder Ihr Schwager.«

»Und was soll ich damit?«

»Sie sollten nicht irgendwelche Dinge in anderer Leute Garten werfen«, sagte er und nickte mir zu, als er ging. »Richten Sie Marietta liebe Grüße aus.«

Die war gerade nicht da, weil sie Frau Kramer, Elisabeth und Ana Lena zum Flughafen gebracht hatte. So wie es aussah, gefiel es Elisabeth in Amerika. Ana Lena ist mitgekommen, um sich den Mann anzuschauen, der vielleicht ihr Stiefvater werden könnte.

Ach ja. Es ist herausgekommen, dass Marietta und ich miteinander geschlafen hatten, als ich noch Zeuge eines Mordfalls war. Sie hat eine Abmahnung bekommen ... und gekündigt. Sie will eine Anwaltskanzlei aufmachen.

»Schließlich haben wir uns getrennt, damit ich Jura studieren konnte«, war ihre Begründung gewesen. »Also sollte das nicht umsonst gewesen sein.«

Ich hatte ihr noch nicht gesagt, was in der Kiste war. Ich hatte es selbst kaum geglaubt. Es waren zwölfeinhalb Millionen in gebrauchten Scheinen. Mit Gruß von Irina und Alexej. Ich hatte nicht die geringste Ahnung, was ich damit tun sollte, aber Brockhaus arbeitete daran.

Aber ich hatte noch ein kleines anderes Problem. Kürzlich hatte ich mir unseren Lieferwagen wieder geliehen, um eine neue Couch bei Ikea abzuholen. Nur bin ich auf der Rückfahrt die Straße entlanggefahren, in der Opa Franz gewohnt hatte.

Und dann habe ich sie gesehen, die vier Nazis, die auf eine junge Türkin eingetreten haben. Und irgendwie ist es dann passiert, dass sie vor mir standen.

»Und, was willst du, Alter?«, hatte der eine gefragt und drohend mit einem Baseballschläger vor meiner Nase herumgefuchtelt. »Wer bist du eigentlich?«

»Ich bin nur jemand, der den Müll wegräumt«, sagte ich und nahm ihm den Baseballschläger ab.

Und jetzt habe ich wieder ein Problem, und der Keller ist voll. Aber irgendwas wird mir schon einfallen.

Für alle Leser, die nicht wissen, was eine schräge Quetschkommode ist: eine Ziehharmonika.